范存忠

1903—1987

字雪桥、雪樵，上海市崇明县人。1926 年毕业于国立东南大学外语系；1931 年获哈佛大学哲学博士学位后回国；1944—1945 年在牛津大学讲学；1931—1949 年间，历任原中央大学外国语言文学系教授、系主任，文学院院长等职；1956 年后，曾任南京大学副校长、图书馆馆长、中国英国史研究会名誉会长等职。主要著作有《英美史纲》、《英国文学史纲》、《英国文学论集》、《中国文化在英国》、《中西文化散论》等。

《英美史纲》是 1961 年受教育部委托，范存忠先生为英语专业学生学习英美历史编撰的教材，同时也是饶有趣味的普及性历史读物。《英美史纲》讲述从古代，即盎格鲁·撒克逊时期，到第二次世界大战后英国和美国的历史，对各时期进行了客观的描述。从政治、经济、社会等不同角度进行剖析，重视英美文化的介绍，着重描述语言文学的发展及其对社会的影响，是了解英美历史文化的基本著作。

英美史纲

n Outline of British and American History

范存忠 著

) 译林出版社

图书在版编目(CIP)数据

英美史纲 = An Outline of British and American History / 范存忠著. —南京：译林出版社，2015.12
（范存忠文集）
ISBN 978-7-5447-6070-6

Ⅰ. ①英… Ⅱ. ①范… Ⅲ. ①英国-历史②美国-历史 Ⅳ. ①K561 ②K712

中国版本图书馆CIP数据核字（2015）第301498号

书　　名	**英美史纲**
作　　者	范存忠
责任编辑	谢山青　胡兴曼
出版发行	凤凰出版传媒股份有限公司 译林出版社
出版社地址	南京市湖南路1号A楼，邮编：210009
电子邮箱	yilin@yilin.com
出版社网址	http://www.yilin.com
经　　销	凤凰出版传媒股份有限公司
印　　刷	南京爱德印刷有限公司
开　　本	718毫米×1000毫米　1/16
印　　张	28
插　　页	4
字　　数	287千
版　　次	2015年12月第1版　2015年12月第1次印刷
书　　号	ISBN 978-7-5447-6070-6
定　　价	58.00元

译林版图书若有印装错误可向出版社调换
（电话：025-83658316）

再版序言

《英美史纲》是1961年5月受教育部委派，父亲范存忠先生为英语专业的学生学习英美历史而编撰的一部教材，分上下两册。这部教材是由范先生编写的教材《英国史纲》延伸而来，1963年到1964年，曾在南京大学英语专业试用，深受教师和学生的欢迎，连续修订重印了四次。1964年7月中旬，高教部文科教材办公室决定将此教材作为全国高等院校英语专业的通用教材推广使用。由于"文革"，这个计划被耽搁了。

《英美史纲》既是一部教材，也是本饶有趣味的普及性历史读物。《英美史纲》讲述了从古代的英国，即盎格鲁·撒克逊时期一直到第二次世界大战后的英国历史和美国历史；对英美各个历史时期进行了客观的描述，并以马克思、恩格斯、列宁的理论从政治、经济、社会等各个不同的角度进行了剖析，语言简明扼要，内容丰富多彩。这部教材一个显著的特点就是十分重视英美文化的介绍；每章结尾都有一节着重描述语言文学的发展及其对社会的影响，特别是对著名的文学家和名著的介绍，其目的在于帮助英语专业的学生扩大和加深对英美文化的了解。

《英美史纲》能使读者从书中感受到英美各个历史时期的兴盛与衰落;语言生动活泼,引人入胜,对文史学科的学生和爱好者来说,是一本不多见的好书。在译林出版社的帮助下,在五十多年之后,我们将这本书整理出版,推荐给读者,衷心地希望能有更多的读者从中获得裨益。

范家宁　王英

2014年11月

目录

序言

这本书系供高等学校英国语言文学专业英美历史课程用的教科书。

这本书力图提供英美历史的基本事实,从而阐明英美两国历史发展的主要线索,同时也介绍与英美语言文学有关的一些文化史知识。我们觉得,介绍比较广泛的知识对目前英国语言文学专业的学生是有一定用处的。在进行教学的时候,有些地方不妨从略,有些地方可能还需要补充。教师讲授不必完全按照这本书的章节进行。

在编审过程中,我们得到了各方面的鼓励与帮助,特别是教育部文科教材编写办公室约请不少同志,提供宝贵意见。我们在这里谨表示感谢。

范存忠

1963年8月

第一章

前封建时期和封建早期的英国

诺曼征服以前

一　古代史时期的不列颠

1. **不列颠群岛**　不列颠群岛包括5500多个大大小小的岛屿，总面积约31.4万平方公里，其中主要部分是英格兰、威尔士、苏格兰和爱尔兰。在这四个部分中，英格兰较为重要：它的面积较大，天然物资较丰富，距离欧洲大陆也较近。

在远古时代，不列颠是欧洲大陆的一部分。现在英国与丹麦、荷兰之间的北海原是一片沼泽地，现在的泰晤士河原是莱茵河下游的一条支流，现在英国与法国之间的海峡原是一块白垩高原。后来，在古石器时代末期和新石器时代初期，约在公元前4000年至公元前3000年间，地质上发生陆沉作用；不列颠南部和东南部的白垩高原沦为英吉利海峡，东部和北部的沼泽地陷入北海。于是，不列颠和欧洲大陆分离了。

但是，不列颠和欧洲大陆之间的海和海峡都不是很深。英国和丹麦、荷兰之间有一个多格浅滩，最深处不过40厘米，最浅处不到15厘米，而其中深度在20米以下的面积，广达650平方公里。这是古代莱茵河下游所经过的地方。再者，不列颠和欧洲大陆之间的距离也不是很远。现今北海和英吉利海峡之间的多维尔海峡，宽度只有32公里。在天气晴朗的日子，站在多维尔海峡，遥望法国加莱一带的海岸线，似乎近在咫尺。这个海和海峡，正如莎士比亚所说，只是一道围墙、一条保护房子的壕沟而已。不列颠仍然是欧洲的一个组成部分。在历史发展上，它和欧洲其他国家有很多相同之处，而且和这些国家互有影响。

"不列颠"是一个很古老的名词。古代罗马人通常把这些岛屿叫做"不列塔尼亚"。现在所称的"大不列颠"是指英格兰、威尔士、苏格兰和周围许多小岛。现在所称的"联合区"是指大小不列颠、北爱尔兰和周围许多小岛。它的总面积为24.42万平方公里，约等于我国领土的四十分之一。

2. **伊利比亚人、凯尔特人**　在史前时期和古代史时期，好多个种族曾先后在不列颠居住。最古老的居民，通常被称为"伊比利亚人"，他们的居住年代约从公元前3000年至公元前600年到公元前700年。伊比利亚人不是一个种族，而是许多不同的种族。在古石器时代、新石器时代和青铜器时代的漫长岁月里，他们逐渐从狩猎、渔牧阶段进入农耕阶段。他们和地中海东部各地已有贸易关系。那时不列颠出产黄金、珠子、铜，特别是锡。在古希腊历史家希罗多德的著作里，不列颠有"锡岛"之称。我们对于伊比利亚人的知识，主要依靠考古发掘。现在英国南部维尔特郡、骚尔斯伯里有一堆环形的大石柱，叫做"斯通亨治"，据说是公元前1700年间伊比利亚人的建筑的遗迹。

在公元前后数世纪，占有不列颠的是凯尔特人。他们大约是从公元前 7 世纪起，分批从莱茵河上游地区移居过来的。他们的社会组织形式是氏族部落制度。他们有一种特殊的僧侣团体，除担任祭司外，兼理司法工作，解决部落之间的纠纷。随着生产的发展，凯尔特人中开始了社会分化。在公元 1 世纪，个别强大的部落领袖已经开始把自己的权力推广于大片的疆域。

凯尔特人的基本职业是农业和畜牧业。他们使用一种轻便犁，入土不深。因此，小块沙土必须纵横耙梳。后来改用重犁，由牛马拖拉，入土较深。于是，把土地划成长方形的条条，一次施犁，便可播种，叫做“条播制”。在公元 1 世纪，不列颠的东南部已能向欧洲大陆提供粮食。

3. 罗马对不列颠的征服和统治 公元前 55—公元前 54 年，罗马将军凯撒曾两次侵犯不列颠，但没有建立基地。43 年，罗马大军再次侵入不列颠。通过一系列的战役，侵略者占有现在英格兰的全部，并把它改为罗马的一个行政省。后来，占领区域有所扩展，但是罗马并没有占领不列颠全部，边远地区如爱尔兰、威尔士和苏格兰北部，都没有包括在罗马行政省之内。

罗马侵略者在征服不列颠的过程中曾遭到多次顽强的抵抗。其中最重要的是 61 年鲍迪西亚的起义。在一个凯尔特部落领袖的遗孀鲍迪西亚的领导下，起义者攻击罗马殖民化的中心如冈姆洛同（即今科尔切斯特）和伦迪尼（即今伦敦）等处，据说曾杀死罗马移民及其同盟者七万多人。

在罗马统治之下，大多数不列颠人要么是奴隶，要么是没有自由的农民。罗马的官吏、商家和庄园主对凯尔特人进行剥削，征收重税，如：土地税、谷物税、关税等。罗马征服者在其占领地区筑了不少公路，造了不少城堡和兵营。他们建立庄园，使用奴隶，扩大种植面积。他们还修建了一些罗马式的庙宇、浴坊、剧院，企图使不列颠人罗马化。公元3世纪时，基督教开始传入，逐渐代替了不列颠人的原始宗教。

罗马对不列颠的统治达370多年。但是这种统治是不稳固的。斯大林指出：凯撒所建立的帝国“不曾有自己的经济基础，而是暂时的不巩固的军事行政的联合”。① 到了公元5世纪初年，由于内部的奴隶起义，也由于外部的“蛮族”进攻，罗马帝国开始瓦解，罗马军团撤离不列颠，罗马对不列颠的统治也于410年左右结束。

罗马统治者在不列颠遗留了不少公路，其中有些一直保存至今。他们遗留了不少城堡和兵营，有些后来发展成为城市，例如：伦敦。他们在英格兰和苏格兰的边境上遗留了一道抵御“蛮族”的110余英里土墙，至今还有残迹。此外，罗马统治结束之后，基督教仍在不列颠人中传播，形成一种教派 —— 凯尔特基督教派。但是罗马对于不列颠的社会生活和政治生活，几乎没有留下什么影响。

二　盎格鲁·撒克逊人入主后的不列颠

1. 盎格鲁·撒克逊人的入侵　公元5世纪初，在罗马军团撤离不列颠之后，凯尔特人恢复了独立，但这独立没有维持得很久。从

① 斯大林：《马克思主义与语言学问题》（人民出版社1951年版），第10页。

5世纪中叶起(相传为公元449年),欧洲大陆西北部丹麦半岛及邻近地区的一些日耳曼部落如盎格鲁人、撒克逊人、朱特人等,开始入侵。朱特人占据东南部的肯特,撒克逊人占据南部的苏塞克斯和西南部的西塞克斯,盎格鲁人占据北部和东北部的盎格利亚。他们入侵,有的较早,有的迟到6世纪中叶。在入侵过程中,他们在不同地区遭遇到不同程度的抵抗,最顽强的抵抗是在西部,威尔士边界一带。当时凯尔特人中产生了不少抗敌领袖,其中最有名的是亚瑟王。亚瑟王在5世纪末到6世纪初领导人民抗敌有功,终因强敌压境,战败而死。人民怀念他,演为传说,以为亚瑟王没有死,一旦民族解放,他就会回到人间。到了13世纪之后,亚瑟王和他的"圆桌武士"变为一系列传奇故事的主题,以后历代诗人常有歌咏,形成了西欧文学中的"亚瑟传统"。

由于凯尔特人的抵抗,盎格鲁人、撒克逊人、朱特人等——一般通称为盎格鲁·撒克逊人——并不是一下子就征服不列颠的。他们摧毁了当地人民的抵抗,破坏了罗马人遗留下来的文物,然后定居下来,建立了一个个独立的小王国。一部分凯尔特人沦为奴隶或半自由人;大部分人被排挤到西部和北部边区,在威尔士、康沃尔等地占有土地,向征服者按期纳贡;还有一部分人不愿屈服,渡过海峡,迁到法国的阿马里加半岛,这个地区现在叫做"不列塔尼"。

关于征服者盎格鲁·撒克逊人,我们因为文献不足,在某些问题上,尚无一致意见,但大体轮廓还是清楚的。盎格鲁·撒克逊人在公元1世纪,还保存着氏族制度。但是,在他们入侵不列颠之前,氏族制度已开始解体,而在他们入侵不列颠的过程中,由于部落的混合,氏族制度已近于崩溃。他们已从经营畜牧业发展到经营农业,大多数人是自由农民。他们的社会单位不是氏族，而是农村公社。公社中已有贵族，即长老。在社会分化之初，这些长老原是氏族中的贵族，后来逐步转变为大土地的所有者。他们拥有奴隶与半自由人，大都是被征服的凯尔特人。奴隶充当贵族的佣役，或替贵族耕种土地。半自由人一般居住于贵族、地主拥有的土地上，缴纳实物租或充任劳役。

2. 盎格鲁·撒克逊人改信基督教　盎格鲁·撒克逊人本来信奉多神教。现代英语里还保存着他们原始信仰的遗迹。例如：星期二（Tuesday）原意是战神提乌（Tiw）的日子，星期三（Wednesday）原意是众神之王瓦丹（Woden）的日子，星期四（Thursday）原意是雷神索尔（Thor）的日子，星期五（Friday）原是爱情女神、瓦丹之妻弗瑞亚（Frea, Frigg）的日子。

公元597年，罗马教士奥古斯丁带着一批僧侣到英国南部传教。几乎同时，原先在盎格鲁·撒克逊人入侵之前，接受基督教的凯尔特派僧侣，从爱尔兰的东部与苏格兰的南部进入英国北部传教。这两个教派，在教义与宣教方式上颇不一样，因而引起争执。但是，凯尔特教派是在氏族影响之下发展起来的，因而适合于氏族社会。至于罗马教派，当时已有完整的组织系统，并已在欧洲大陆确立其地位，更适合于正向封建制度过渡的社会。结果，罗马教派占了上风。罗马僧侣用种种方法，使部落联盟的首领或国王皈依基督教，并建立教区。盎格鲁·撒克逊人改变信仰的过程是曲折的、缓慢的，但是到了7世纪末期，整个英格兰基本上都基督教化了。

基督教组织的利益与部落酋长的利益是一致的。它帮助统治者与贵族们巩固他们的政权。统治阶层把土地赐给教会，建立教堂，于是教会对正在发展的土地私有制积极支持。这些都促进了大地产的增长与土地公有制的瓦解。盎格鲁·撒克逊的自由农民曾对基督教的传播进行了持久的、坚强的抵制。

3. 盎格鲁·撒克逊诸王国 盎格鲁·撒克逊人在占领不列颠的初期，曾建立了十来个小王国。到了7世纪，十来个小王国合并为七个：诺森伯里亚、麦西亚、东盎格利亚、肯特、埃塞克斯、苏塞克斯和魏塞克斯。这七个小王国互争雄长，历史上称为"七国时代"。但是这种结合是不稳固的，有时一个国王统治着两个以上的王国，有时一个王国又分属于几个统治者。

在6世纪末与7世纪初，肯特占领导地位。从7世纪到8世纪中叶，北部的两个王国，诺森伯里亚与麦西亚，先后取得了领导权。从8世纪中叶起，领导权转移于南部的西塞克斯。西塞克斯国王爱格伯特(802—839在位)不断扩张其势力，到了829年，所有的王国，包括威尔士的酋长们，都对他承认隶属关系。于是西塞克斯国王名义上统治了盎格鲁·撒克逊全境。

英国的政治统一，有内因，亦有外因。当时大地主正在成长，遭遇到自由农民的反抗，因此需要较强大的国家机器来克服这反抗，这是内因。同时，外患频仍，只有统一国内政权，才能抵御。当时的外患就是丹麦人的入侵。

4. 丹麦人的入侵与丹麦王朝的建立 丹麦人，或称斯干底那维亚人，原先是盎格鲁·撒克逊人在大陆上的邻族，他们的语言很相近，又有血统关系。丹麦人侵袭不列颠群岛，前后达300年。他们首先向抵抗力最弱的爱尔兰进攻。到了8世纪末，他们开始在不列颠东海岸一带打劫破坏，后又占领土地，建立居留地。到了9世纪末期，他们向西塞克斯进攻。英王阿尔弗雷德大帝（871—899在位）在主要是小地主的骑兵军役的基础上建立新的军事组织，与丹麦人进行了7年的斗争。879年，阿尔弗雷德与丹麦人订立合约，把全国分为东北与西南两大部分。东北部分划归丹麦人管辖，叫做“丹麦区”。到了10世纪后半期，英王厄德加（959—975在位）收复丹麦区，于是盎格鲁·撒克逊全境又告统一。约在1000年，“英格兰”一词，原意为“盎格鲁人之地”，开始见于书面语。

但是从10世纪末年起，丹麦人又大举进犯，1017年占领全英。丹麦和挪威国王克努特依靠当地地主贵族，建立政权。从1017年到1042年，英格兰是由丹麦人统治的。

1042年，丹麦王国分裂，英格兰的丹麦王朝也告结束。英王后裔信士爱德华（1042—1066在位）即位，恢复了盎格鲁·撒克逊王朝。

5. 盎格鲁·撒克逊时期的农业和商业 盎格鲁·撒克逊人的主要从事农业。他们一般把耕地分为两块或三块，轮值经营，这叫做“二围制”或“三围制”。如果有两块耕地，则一块种庄稼，另一块休耕。如果有三块耕地，则一块在秋天种小麦、裸麦或冬大麦；另一块在春天种燕麦、豌豆或春大麦；第三块休耕。这比条播制进了一步。耕地在收获后变为牧场，由村社居民共同使用。这是封建时期的一般耕作方法。丹麦人对英国的农业发展有显著影响。他们带来了大铁斧，这对开拓森林和扩大耕地有很大作用。

在丹麦人入侵及统治时期，对外贸易有明显发展。丹麦人是从事航海的民族，他们是海盗，但同时也是商人。他们开辟了通往大陆的新航线，从英格兰到斯干底那维亚、法国、地中海的航线。在11

世纪初期，英格兰从外国输入皮货、毛货、武器、铁器、桅杆、丝绸、玻璃等物，同时输出锡、铅、羊毛和奴隶。贩卖奴隶的贸易，在凯尔特时期已经开始了，这时继续进行，一直到12世纪末期。

6. 英国封建关系的发展 在盎格鲁·撒克逊时期早年的英格兰，社会的主要阶级为：(1)国王与贵族，(2)自由人，(3)奴隶。国王与贵族被认为是上帝的后裔。自由人是独立的、占有大块土地的农民，他们是人民群众的主要部分。奴隶没有土地，只耕种贵族的土地，他们多半是被征服的凯尔特人。

盎格鲁·撒克逊的农村公社组织，保持了一个相当长的时期，它成为农民们对地主进行反抗的地方组织。但是，由于地主贵族的横暴，特别由于私有耕地制的伸展，自由农民逐渐分化为富裕农民为代表的上层与破产农民为代表的下层。破产农民不得不接受大地主的奴役，于是由自由农民降为依赖人。这样，自由农民的数量日趋缩减，封建关系一步步发展。国王的政权与教会的控制，都代表大地主的利益，它们在封建关系的发展中起着积极作用。

在与丹麦人进行战争期间，盎格鲁·撒克逊国王和贵族们的扈从，由于作战有功，得到土地。他们构成了一个数量很大的中小型封建地主阶层。他们持有国王的特许状，得到在其土地上征收赋税、执行司法权。农民对他们逐步转入“人身依附”的地位。

到了10世纪，贵族被认为是普通人的保护者，法律规定每一个普通人都必须依附于一个贵族。于是旧的氏族制度被新的封建制度代替了。国王是一国的领袖，其次是贵族，下面是骑士阶层，再下面是自由人，最下面是依附于土地的农奴。

但是，英国封建关系的发展，在各地区是不平衡的。在11世纪中期，在诺曼征服的前夕，还有半数农民保持着自由公社成员的地位，封建关系的进一步发展与完成是在诺曼征服以后。

三　盎格鲁·撒克逊时期的文化

1. 修道院及其影响　基督教传入后，英国兴建了不少教堂和修道院。较大的教堂和多数的修道院附设学校，传授神学。修道院和教堂控制着人民的文化生活。

僧侣们除进行宗教活动之外，还抄写手稿和历史文献，并编撰圣徒故事。这样，对教会和封建制度有利的古代文化就被保存下来了。一些非基督教的作品，如民间传说和人民口头创作等，偶尔也得到流传，往往是从基督教的观点予以收编或染上基督教的色彩。

在盎格鲁·撒克逊时期，最著名的学者是比德（673—735）。他是一个修道士，用拉丁文写了40部书，其中最著名的是《英吉利人的教会史》。这部书除了叙述教会活动而外，也记录英国的一般历史事件，并提供许多关于早期英国人民生活的原始资料。应当指出的是：最早叙述盎格鲁·撒克逊人入侵不列颠经过的就是比德。

2. 盎格鲁·撒克逊时期的文学　盎格鲁·撒克逊时期最重要的作品是《贝奥武甫》，这是英国人民的史诗。在这诗里，神话、传说和历史事实交织在一起。史诗记载着一位伟大英雄的冒险故事。贝奥武甫为了人民的自由，跟几个恶魔斗争，最后献出了自己的生命。他的整个形象是自我牺牲和忘我无私地为人民服务的典型。这篇长达三千多行的诗约于7世纪末、8世纪初形成，于10世纪初写定。因此，它反映了许多世纪（从氏族社会到早期的封建社会）盎格鲁·撒克逊人民的生活方式和社会理想。

从5世纪到诺曼征服，有3个时期文化比较发达：一个是在8世纪初期——比德时期，一个是在9世纪末叶——阿尔弗雷德时期，另一个是在10世纪末叶——亚尔弗列克时期。关于比德，上面已有介绍。至于阿尔弗雷德，他不但是一位出色的军事家，也是一位进步的政治活动家。他编纂了全英国通用的第一部法典。为了推行国语，他和学者们在一起，把一些拉丁语著作译成盎格鲁·撒克逊语。其中包括比德的《英吉利人的教会史》。他开办了学校，从欧洲大陆聘请学者，推行文化教育。他还编订了《盎格鲁·撒克逊纪年》，这是中世纪欧洲第一部用本国语编写的本国史。这部编年史对他自己这一代的事迹记载得特别详细，其中包括他抵抗丹麦人入侵的事迹。编年史的笔调极其质朴、极其具体，在某些重要部分又极其生动。因此，有些文学史家认为阿尔弗雷德是英国散文的始祖。

10世纪末叶和11世纪初叶是另一个文化比较昌明的时期。盎格鲁·撒克逊时期文学作品的四套手抄稿本是流传至今的主要文献，其中包括《贝奥武甫》稿本，都是在那时写定的。亚尔弗列克是当时散文作家之一。他用盎格鲁·撒克逊语和拉丁语相对照，写了一本《对话集》，其中有反映当时人民生活的章节。下面摘录一节是关于农民的对话：

“你说说看，农夫，你是怎样做你的工作的？”

“啊，我的爷，我工作很苦。天一亮我就出去，把牛赶到田里，把它们套在犁上。不管冬天多么冷，我都不敢停留在家里，因为我害怕主人。我把牛套好，把犁铧和犁刀扎好，每天要耕整整一英亩的地，或者还要多些。”

“你有什么伙伴吗？”

“我有一个小子，他用一根有刺的铁棒帮我赶牛。他因为着了凉，又因为叫喊太多，喉咙都哑了。”

“你每天还做些什么？”

“啊，我还有很多的工作呢。我还得把牛槽里装满饲料，给牛喂水，把牛粪运出去。”

“啊，这真是苦工。”

“是呀，这真是苦工，因为我是不自由的。”

这一节具体反映了当时庄园农奴的生活。

第二章

封建制度兴盛和开始衰落时期的英国

11 至 15 世纪

一　诺曼征服和诺曼封建制度

1. 诺曼人和诺曼征服　诺曼人 (Normans)，原意是“北方人”(Northman)，与第一章里所说的丹麦人或斯干底那维亚人属同一种族。在 9 世纪和 10 世纪时，当丹麦人向英格兰东部及北部迁移时，那些“北方人”侵入法兰西的西北部，建立居留地，叫做“诺曼底”。在 10 世纪初年，法兰西国王正式承认诺曼底是一个公国，同时诺曼人承认对法王的附庸关系。诺曼人改信基督教，吸收法兰西文化，甚至抛弃了自己的语言而学习法语。到了 11 世纪，诺曼的文化主要是法兰西的文化。

在 11 世纪初期，英格兰与诺曼底的关系相当密切。英王信士爱德华是在诺曼底教养下长大的，他的母亲是诺曼贵族。他与其说是一个英国人，还不如说是一个法国人。后来他回国登基，一批诺曼贵族也跟了过去。在他统治的二十五年中，英国宫廷里充满着诺曼—法兰西气氛。

1066年，爱德华去世，没有后嗣。英国贵族哈罗德与诺曼底公爵威廉争夺王位。那年9月，威廉率领了一支庞大的军队渡过海峡，在英国南部哈斯丁斯与哈罗德会战。组织齐整、并以骑兵和弓箭手配合行动的诺曼军队击败了仓促集合、手持标枪和石斧、徒步行军的盎格鲁·撒克逊人，哈罗德也被杀。威廉直趋伦敦，登上英国王位。他被称为征服者威廉（1066—1087在位）。盎格鲁·撒克逊人，包括自由农民，曾一再起义，但都遭到残酷的镇压。到了1071年，英格兰完全被征服了。

2. 诺曼征服后封建制的发展 诺曼征服以后，盎格鲁·撒克逊贵族大都被废除了，他们的领地被没收了。威廉把土地重新分配，首先册封他的诺曼臣属。他赐给臣属的土地叫做“采邑”，接受采邑的人就是诸侯。诸侯可以把采邑再分给自己的附庸。国王是诸侯的首领，诸侯又是他们附庸的首领。这样，一种新的、更繁复的等级制度产生了。

为了加强王权，威廉采取了一系列措施。首先，在册封诸侯时，他自己保留了全国六分之一的耕地和绝大部分的森林，其中也包括耕地。其次，他册封的采邑不是集中的，而是分散的。因此，英国诸侯没有像当时法国诸侯那样拥有集中的大块领地。再次，威廉不但要求诸侯向他宣誓效忠，也要求诸侯的附庸向他宣誓效忠。这样的封建关系和当时欧洲大陆的封建关系也是不同的。在欧洲大陆，国王只和他直接的臣属有封建关系，至于他的臣属的臣属却不是他自己的臣属。此外,威廉保留了盎格鲁·撒克逊的民众军役制度。在军事危机期间,自由农民可以组织起义,随带武器,为国王效力。就是说:国王不仅依靠诸侯的封建义务,更依靠广大的中小骑士的支持。这些是诺曼封建制的特色。

11世纪的英国,基本上形成了封建关系和以王权为首的中央集权国家。

3. 土地调查和《末日审判书》 为了加强统治,加紧剥削,威廉进行了一次广泛的土地调查。1085—1086年,他派遣大员分往各处,实地调查。每一郡里哪些土地是属于国王的,哪些是属于诸侯的,每个诸侯有多少附庸,每个庄园有多少土地、多少耕畜、多少自由农民、多少奴隶、多少森林、草地、牧场、有哪些手工业等,这些都一一记入簿册,以便国王掌握全国资源,要求臣民承担封建义务并摊派税收。臣民们说,什么事情都瞒不过国王的使者,就像将来末日审判时什么事情都瞒不过上帝一样。因此,把这簿册叫做《末日审判书》。

《末日审判书》有很高的历史价值。根据这材料,我们可以窥见当时社会结构的面貌。首先,没有一块土地没有领主,而国王被认为是土地的最高所有者,即所谓"普天之下,莫非王土"。当时英国大约有150万至175万人,其中奴隶占9%,自由人占12%,农奴和茅舍农占70%。奴隶是即将消灭的等级,在12世纪完全并入农奴和佃奴一类。自由人是急剧减少的等级,国王爱德华时代的很多自由人和半自由人,在《末日审判书》里已被列入农奴的等级。这些事实说明:封建土地所有制,在诺曼征服以后,已经形成,农奴制大大发展。

4. 诺曼时期的庄园制度 在盎格鲁·撒克逊时期的早年，英格兰的经济单位是村落。到了盎格鲁·撒克逊时期的晚年，出现了庄园制。诺曼征服后，庄园制推广，庄园成为经济单位。庄园生产全部食物、衣服、工具以及庄园中使用的各种经济物品。庄园经济基本上是自然经济。

庄园结构在全国各地并不完全一样。一般说，庄园是以庄园主邸宅为中心的村落，邸宅附近居住着自由人与农奴。农奴耕种少量土地，除付实物租，即“种啥出啥”外，每年需花一半或一半以上时间，执行劳役，并随庄园主需要，进行额外劳动。农奴是依附于土地的，不能离开土地。自由人有人身自由，不担负劳役，并可以离开庄园，但需向庄园主缴纳地租，因为土地的最高权力是属于庄园主的。这些是一般情况，即所谓惯例，但庄园主可以另行规定苛捐杂税，不论农奴或自由人都需缴纳。

庄园耕地，除庄园主整块家园外，一般分为若干长方形小块，由庄园主、自由人、农奴错杂分配，执行二围制或三围制。至于牧场、森林、河流、沼泽、荒野等，则归村民共同使用。这样，保存了前封建时期的一些习惯。但是，农民们虽可按照旧例抵制庄园主的过分要求，庄园主及其追随者，包括教士，在庄园里起着主宰作用。

5. 诺曼时期的城市与行会 诺曼征服以后，英格兰与大陆的联系加强了，特别是诺曼底和国王的故乡弗兰德斯的联系，国王仍然是诺曼底的公爵。这些联系刺激了英国的商业与生产。

很早以前，在一些适宜经营工商业的庄园里，农民们向国王或庄园主交纳大量金钱，取得了一些自主之权。这些庄园后来逐渐变为城市，庄园居民也变成城市居民，他们向国王或庄园主按年缴纳赋税，但不再承担军事义务与封建劳役。他们成为商人或手工业者。1250 年左右，英国大约已有两百个城市，每个城市大约有 1000 到 5000 人口，伦敦和约克的人口则在 5000 以上。伦敦在 12 世纪已成为重要的商业中心。

在诺曼统治时期，英国主要的商业和手工业都与羊毛业有关。英国差不多垄断了羊毛的生产，经常把羊毛供给弗兰德斯的纺织工场。同时，英国的纺织工业也开始发展起来了。在 14 世纪，英国自己纺织的呢绒，数量上超过了输出的羊毛。这样，就产生了两类人：交换货物的商人和制造货物的手工业者。他们有自己的组织，叫做“行会”。

行会是小生产者的联合，是一种自治和互助的团体，目的在于保护行会会员们的经营权利，抵制封建贵族的干涉，并防止行会以外人们的竞争。在 11 世纪，行会已经存在，到了 12 世纪，数量大增，毛纺织业、面包烘焙业、漂布业、杂货业、屠宰业等，各有各的行会。他们对工场设备、劳动条件、产品规格、产品价格等，都有详细规定。这些，在行会发展初期，对生产过程的组织和生产技术的改进，是有积极意义的。

二　国王、诸侯和教会及封建骚乱

1. 威廉以后的封建统治　正当欧洲大陆的一些国家被封建骚乱弄得四分五裂的时候，征服者威廉在英国奠定了强有力的王权基础。在他的次子威廉二世（又称“红胡子威廉”，1087—1100 在位）

统治时期，诸侯们曾一再暴动，但没有可靠的社会基础。因此，很快就被镇压下去。骑士、市民和农民们害怕封建诸侯的专横与压迫，宁愿有“一个暴君，不要一百个暴君”。因此，站在国王一边，并帮助国王制服叛乱的诸侯。

在威廉的幼子亨利一世（1100—1135在位）统治时期，王权得到进一步的巩固。亨利一世建立了一个常设的中央行政机构，叫做“王廷”，总理中央政府的事务。王廷的主要政务之一是管理国库。每年春秋二季，王廷官员会聚一室，接受地方税款，核对账册。室内备有类似下棋用的筹码，用来清点款项，因此该室被称为“棋盘院”（exchequer）。现今英国的财政部仍沿用旧名。

此外，亨利一世还建立国王法庭，把重要案件由诸侯们的法庭收归该庭审理。为了处理地方案件，他还指派一些巡回法官，分往各地，除解决司法问题外，并传达国王意旨，处理税收问题和监督地方行政人员的活动。这样，不论在中央或地方，国王行政制度得到巩固，国王的收入也大为增加。

1135年，亨利一世去世，遗命由女儿玛蒂尔达继位。但是他的外甥斯蒂芬（1135—1154在位）抢先夺了王位，于是开始了斯蒂芬和玛蒂尔达之间的长期内讧。诸侯们有的站在这边，有的站在那边，不是为了这边或那边，而是为了夺取禄位和特权。几百个大小诸侯互相掠夺，都想并吞邻近的采邑。他们修筑自己的城堡，铸造自己的货币，各自为政，为所欲为，好像英国没有个统一政府似的。

斯蒂芬时代可以说是“一百个暴君”统治的时代。人民大众无比痛苦，当时的记载如《盎格鲁·撒克逊纪年续编》，曾有凄惨的描述：“地上不生五谷，耕种土地等于耕种海水，因为土地全被毁了。”

诸侯们加紧了对人民的勒索，一不如意，就用火与剑来威逼、铲除。骑士、市民和广大贫民，甚至许多诸侯，体会到必须结束诸侯骚乱，必须巩固中央政权，才能生活下去。

在人民大众的压力下，敌对双方达成协议。根据协议，斯蒂芬被认定为国王，但他死后应由玛蒂尔达的儿子亨利继位。1154 年，斯蒂芬去世，19 年的无政府状态结束。

2. 亨利二世的改革 1154 年，亨利二世（1154—1189 在位）继位。除英国之外，他在法国境内拥有一半以上的土地，历史上被称为金雀花王朝的奠基人。他继承征服者威廉和亨利一世的成规，加强王权。

亨利二世继位之后，拆除了几百个诸侯的城堡，恢复了统一的局面。他扩大了王廷的作用，增加了巡回法庭，调整了国库管理。但是主要改革是在司法方面。他准许自由人越过诸侯法庭，直接向国王法庭申诉，诉讼程序亦做了变革。当时诸侯法庭，一般沿用原始公社时代的方法。审讯不得解决时，求助于“神命裁判”。受审两造，手握烙铁，或足履烘犁，或探手热汤中，受伤者为有罪，不受伤者无罪。亨利推行新法，审讯案件时，从小骑士或富裕自由人中遴选 12 个熟悉案情的人，令其宣誓作证，这是现代英美法庭的陪审团制的萌芽。同时，他根据习惯和判例，初步规定全国通行的法律来代替各地混乱的法律，这是现代英国习惯法的起源。但是，必须指出，国王法庭不接受农奴的诉讼，农奴的诉讼仍由庄园主的法庭处理，农奴是在习惯法的保护之外的。

但是，亨利二世虽能使世俗诸侯勉强驯服，却无法改变教会诸侯的特权。他曾企图使犯法的教士移归国王法庭审讯，但受到坎特伯雷大主教白克特的强烈反对。1170 年，他指使武士刺死白克特。诸侯们以此为借口，乘机叛变。亨利二世迫不得已，亲往大主教墓前忏悔，并撤销他改变教会司法权的企图。亨利二世的晚年是在诸侯叛乱中度过的。

三　自由大宪章和议会

1. 约翰王争取大宪章的斗争　在诺曼封建时期，英国国王往往在国外长期进行封建性的战争。亨利二世的长子理查一世（1189—1199 在位），或称狮心王理查，几乎没有在英国住过，而把全部时间花在十字军东征和法国战争上面。[①] 为了筹集军费，国王对诸侯们任意勒索，引起反感。亨利二世的第三子约翰（1199—1216 在位）即位后，勒索更甚。约翰庸碌无能，而又轻举妄动。他和法王进行战争，一再挫败，于 1204 年失去了他在法国的大部分领地，包括诺曼底。同时，为了坎特伯雷大主教的继承人问题，他和教皇发生冲突。为了准备作战，恢复失地，他不但向世俗诸侯，也向教会和市民征收苛捐杂税。1215 年，诸侯们在市民的支持下，强迫他签署《自由大宪章》。

大宪章的主要内容可以归纳为三条：(1) 未经封建诸侯的同意，国王不得向他们征收额外经费；(2) 国王不得任意修改法律；(3)

① 十字军东征，系于 11 世纪末年（1096）开始，至 13 世纪末年（1291）结束，前后达八次。发动东征的是罗马教会，其目的在夺取巴勒斯坦和扩张教会势力。西欧封建主和城市商人等纷纷参加，企图夺取国外领地、开发国外市场等，借以缓和国内阶级矛盾，狮心王理查是第三次十字军（1189—1192）的中心人物之一。

如果国王不遵守法律，则诸侯有权发动内战或用其他方法，强迫国王遵守法律。

以上三条都是当时谁都承认的国王与诸侯之间的封建关系，并无任何新颖之处。所不同的是：一般封建法律主要是明确限制诸侯的权利，而这一文件则明确限制国王的权利。大宪章保证诸侯的特权和利益，它的签订是大封建主的巨大胜利。

值得注意的是：骑士和市民中的上层阶级在英国第一次作为政治力量而出现了。封建诸侯需要他们的支持，因而也给予若干让步。大宪章确认伦敦和其他一些城市的自治权利，建立统一的度量衡，并允许外国商人自由出入英国。这些对于国内外贸易的发展起了促进作用。

但是，当时占全国人口六分之五的农民根本没有被提到，也没有得到任何权利。有些资产阶级历史学家把这大宪章说成为“英格兰自由的奠基石”，说它保障了人民的自由，这与实际情况是不相符合的。

2. 议会的起源和发展 1216 年，约翰去世，他的儿子亨利三世（1216—1272 在位）即位。亨利三世尚未成年，政权由诸侯贵族代为执掌。后来他成年亲政，依靠教皇、教会和外戚（他的母亲和妻子都是法国人）的力量来抵制英国诸侯。他的横征暴敛引起全国普遍的愤恨。1258 年，他不顾年岁欠荒，要求拨付国家收入全部的三分之一，远征意大利，为次子埃德蒙夺取西西里的王冠。诸侯们在骑士与市民的支持下，带着武器到牛津集会，制定条约即《牛津条约》，组织各种委员会，监督国王行政，于是形成了诸侯的寡头统治。

但是这寡头统治不顾骑士与市民的利益。骑士与市民提出抗议，并得到部分诸侯的支持。于是诸侯分裂为两派，其中以西门·德·孟特福为首的一派跟骑士和市民结成联盟。1263 年，发生内战。骑士、手工业者、商人和大学生，站在孟特福一边，参加反对国王的斗争。1264 年，亨利三世战败被俘，蒙特福成为实际的独裁者。1265 年蒙特福召集会议，其成员除大诸侯和高级僧侣（蒙特福的拥护者）外，还从每个郡邀请骑士两人，并从 21 个城市邀请市民各两人，这是英国史上第一次各等级议会。

蒙特福的统治没有能维持下去。在封建主之间的斗争中，农民运动起来了，反对封建义务；城市的中下阶层也起来了，想推翻商人寡头政治。诸侯们害怕人民运动，纷纷倒向国王一边，击败蒙特福，恢复王权，但是内战中产生的等级代表机构继续存在。

1272 年，亨利三世的长子爱德华一世（1272—1307 在位）继位。爱德华一世是富于侵略性的国王。他征服了威尔士，并和苏格兰长期作战，因此迫切地需要经费。1295 年，他召开议会，其规模比蒙特福的议会有所扩大。除贵族、僧侣、每郡骑士两人之外，一百多个城市各有市民两人。爱德华在召开议会的敕令上说得极其堂皇："大家关心的事情应当由大家来批准。"但是他的主要目的是在筹集经费，并且认识到通过议会比通过其他方式（例如勒索）更容易达到目的。这次议会的组成成为以后议会的模范。因此，历史家把它叫做"模范议会"。

到了 14 世纪，特别在百年战争（见第 11 节）期间，议会经常召开。除了核准征税以外，它取得了颁布法令之权。从 1343 年起，议会分为上下两院：上议院又名贵族院，包括上层贵族和高级僧侣；下议院又名平民院，包括各郡小贵族（骑士）和城市的富裕工商业者。

骑士阶级和城市上层阶级在经济和政治上有共同利益，因而结成联盟。这是英国等级代表机构的特色。

议会的发展有极大的进步意义。它有利于王权的发展与巩固，有利于中央集权化的增强。但是它是统治阶级的工具。英美资产阶级历史学家往往把它说成为人民的代议机构，这与历史事实是不相符合的。实际上，英国中世纪的议会主要是为封建主阶级和部分隶属为城市上层阶级服务的，农民群众在议会中没有代表，城市下层阶级也没有代表，而且议员是指派的，不是选举的。中世纪的议会还不是“民主政治”的机构。

四　13至14世纪的经济发展与农村变化

1. **货币经济和折算办法**　在13、14世纪，英国在经济上有长足发展。国外贸易，特别是羊毛贸易，刺激了生产；同时，由于城市成长了，发展了，农产品例如面包、肉类、奶品、兽皮等的需要也随之增加了。因此，农村与市场有了广泛的联系。自然经济逐渐被货币经济所代替，而货币经济的发展促使庄园制开始瓦解。

在早期诺曼时代，农奴必须按照规定的“工作日”，在贵族地主的土地上劳动若干天。但是强制劳动效率是不高的。早在12、13世纪，有些地主已把强制劳动改为货币地租，然后运用租金另雇自由出卖的劳动力。这一过程，叫做“折算”。地主们认为这办法对他们是有利的。农民们也接受这办法，因为这样一来，他们在工作中可有较多的自由，并可减少奴役。

但是，这并不是说农民的情况得到了普遍的改善。首先，在大封建主的庄园，特别在教会领地的庄园，强制劳役仍在严格地执行着。同时，在征收货币地租的庄园，农民们并不完全免于徭役，而且庄园主可以按自己需要，随时恢复旧规。其次，货币地租的推行导致农民的分化。农民中的上层，家有余粮，可以待价而沽，因而有充分能力完纳钱租。至于一般农民，为了完纳钱租，往往被迫出售不是多余的，而是一部分必需的农产品；有的甚至因此而负债，出售份地或者破产，沦为雇工。这样，农村里出现了大量的贫苦阶级，他们不能依靠自己的份地维持生活，必须到庄园主和富裕农民那里去做工。

因此种种，农民群众的不满情绪，不是减少，而是日益滋长。

2. 百年战争及其意义 英国国内的阶级矛盾，由于连年的对外战争而日趋尖锐。1337 年，英法之间开始了长期战争，即所谓百年战争。这不是一次战争，而是一系列的战争，有时这一方得胜，有时那一方得胜。整个战争断断续续地打到 1453 年。

百年战争是一个封建性的战争。从征服者威廉起，英国的国王在法国就拥有封地和属地。因此，也是法国的诸侯。这些封建关系是英法之间不断冲突的泉源。英王一直企图摆脱法王的控制，而法王总是想找机会削弱英王的势力。此外英王爱德华三世（1327—1377 在位）与法王有所争执。他的母亲是已故法王的女儿，因此，他觊觎法兰西王位。

百年战争也是一个商业性的战争。英国与法国的经济利益在弗兰德斯发生冲突。弗兰德斯是荷兰最富饶的省份之一。英国是输出羊毛的国家，而弗兰德斯的主要工业（毛纺织业）依靠英国供给原料。统治弗兰德斯的伯爵是法王的诸侯，他企图限制英国的商业。

而英国的国王、贵族及商人等则渴望在弗兰德斯得到一个据点，以便扩展他们的贸易。

这次战争有许多战役，英国人曾得到多次胜利，如1346年的克雷斯之役、1356年的波瓦底耶之役、1415年的阿琴科特之役。但是在战争结束的时候，英国在战争中获得的地方完全丢了，只剩下法国的港口——加莱。

在这次侵略性的战争中，钱币经纪人、军需供应商以及雇佣军队的首领都发了大财。对农村和城市的劳动群众来说，持续不断的战争只带来了日益增加的徭役和赋税以及不断上涨的物价等新的负担。

3. 黑死病与劳工立法 1348—1350年间，英国发生了中世纪最严重的瘟疫，又称"黑死病"。当时人口350万，据说死了40%，农村和城市里的下层贫民受害最大，于是劳动力显著缺少。同时，因为收成不好，物价上涨，农村里的农业工人和城市里的帮工和手工业工人都要求增加工资，至于农奴，则在为争取完全解放而斗争。

由于劳动力的缺少和劳动工资的提高，地主和手工业工场主面临着这样的问题：从什么地方可以得到工人？用什么方法可以强迫他们为低工资而劳动？封建国家是为剥削者的利益而服务的。1349年，爱德华三世颁布敕令，规定凡是在12岁以上、60岁以下没有土地或财产的男子和妇女必须用劳动力为雇主工作，其工资必须按照1347年通行的标准，如有违抗，即予以1351年及1361年议会颁布的劳工法的规定论处；对拒绝工作或要求提高工资的人立即予以酷刑惩罚，勒令宣誓；再犯者予以流浪法论罪，戴着枷锁服劳役，在额头或身上打上烙铁火印，重罪处以绞刑。关于劳工法，马克思曾做精确评述。他说:“一开始它的目的就是剥削劳动者,在它的发展中,也总是直接和劳动者相敌对。”[1]

这些措施普遍地激起人民对官吏、法官和地主的仇恨。不论在农村还是城市,阶级矛盾尖锐化了,导致1381年著名的农民起义。

4. 威克里夫与劳拉德派 14世纪的农民运动,在思想意识上是有些准备的。牛津大学神学教授约翰·威克里夫(1329—1384)揭露了教会的黑暗,主张进行根本改革。他反对罗马教皇对英国的勒索,反对教会对人民的勒索,认为财产是神职人员的最大障碍,神职人员应当过清苦生活。他说:一切东西必须由正直无私的人共同享用,因为只有正直无私的人才值得拥有一切。他有大批的信徒,叫做“劳拉德派”。他们把威克里夫的宗教改革的学说发展为社会改革的学说。他们是“穷苦牧师”,披着粗糙的羊毛教袍,在乡下到处宣传,使大家相信:人生来是平等的。他们说:

“当初亚当挖地,夏娃编织,

那时谁又是什么老爷绅士?”

“穷苦牧师”之一是约翰·保尔。他对于贵族地主的抨击尤其激烈。他对农民说:“亲爱的朋友们,只要所有物质还没有变为公有,只要农奴还存在,只要人民之中贵族之类的等级差别还没有废除,只要庄园主们仍然骑在我们头上管理我们,那么英国的事情是永远好不起来的。”他不仅主张废除农奴制,并且要求社会平等。1381年农民起义时,他成为农民领袖之一。

---

① 马克思:《资本论》第一卷(人民出版社1956年版),第933页。

五　瓦特·泰勒的起义及其后果

1. 瓦特·泰勒的起义　这次起义是酝酿了很久之后才爆发起来的，爆发的直接导火线是人头税的征收。那时百年战争还在进行，英军失利，急需筹款。但是大瘟疫之后，收入减少，国库空虚。于是在1377年开征人头税，税额每人4便士，凡14岁以上的人，不分男女、不论贫富，都须缴纳。1379年，续征一次。到了1380年，开征第三次，税额提高三倍，农民受苦最深。加之收税吏从中舞弊，大肆勒索，更引起农民的普遍愤怒。

1381年5月底，埃塞克斯发生了起义运动，很快就蔓延到邻近各郡——肯特、苏塞克斯、诺福克等郡。一个村子接着一个村子起来攻击收税吏，攻击庄园、城堡和教堂。在瓦特·泰勒和约翰·保尔等领导下，埃塞克斯和肯特的两支农民大军向伦敦进发，他们涌进了城，没有遇到困难，因为伦敦市民，特别是贫苦市民，对政府措施也深怀不满，对农民们是同情的。他们杀死了一些罪大恶极的大臣、大主教、大法官，焚烧了他们的邸宅。他们占领首府达3天之久。

农民天真地相信国王，以为国王同议会、大臣、大法官和地主是不一样的。当时国王是爱德华三世的幼孙查理二世（1377—1399在位）。查理和王室显贵以及政府重臣躲入伦敦塔，无计可施。农民要求接见。查理才15岁，迫不得已，来到郊外，和农民会面。农民递请愿书，基本内容为：废除农奴制、推行廉价折算办法、提倡贸易自由并豁免起义人员。查理当着6万农民，甜言蜜语，接受全部要求，并命令属员赶办农奴解放诏书。但是心里早就打定主意，一等时机来到，就撤回承诺。农民信以为真，感到高兴，约有半数人员解散回乡。

这次请愿各项，比较温和，主要反映富裕农民的要求。贫苦农民并不满足，因此，他们和起义领袖留在伦敦，要求再见国王，查理被迫同意。农民们另递请愿书，除要求废除农奴制外，并要求取消等级特权、严禁庄园主侵占公共土地、没收教堂地产分给无地的农民。在谈判过程中，伦敦市长用卑鄙手段杀死瓦特·泰勒。查理佯言，瓦特·泰勒已被封为骑士，农民已全部解放，命令农民们解散回乡。正在这时，骑士队伍到场，对农民进行驱逐、捕杀。查理撤回承诺，当众宣布："你们现在是农奴，将来仍然是农奴。"

这次起义是一个全国性的运动。英国40个郡之中，约有25个郡参加这运动。这次起义，过了很久，才被镇压下去。

2. 起义失败的原因、起义的后果 像所有中世纪其他农民一样，这次起义遭到失败。失败的原因是与起义的自发性和散漫性是分不开的。在货币经济的影响下，农民不断分化，农民上层和贫农大众的利益并不一致，已存在着矛盾，这在递交国王的请愿书里已显露出来。纲领的不统一很自然地导致行动的不统一。他们盲目地相信国王，也是一个致命伤，这说明阶级意识还很薄弱。

在当时情况下，农民作为一个阶级，既不可能独立地战胜敌人，又没有能够代表他们和捍卫他们利益的另一个阶级。城市的上层阶级虽在起义初期表示同情，但后来害怕镇压者的力量，终于参加镇压者的行列，成为了出卖者。至于城市的贫民阶层，他们力量薄弱，也缺乏组织，不能给予有力的支持。

但是这次起义还是有重大作用和深远影响的。统治阶级鉴于农民力量的强大，不得不做出若干让步。1382年的人头税只向土地所有者征收了。1390年的劳工法，改变旧例，授权地方治安法官按各地区物价水平来确定工资标准。但是，起义的最主要后果是：农奴制的继续，成为不可能的事了。庄园里不可能继续执行强制劳役，地主不得不放弃那些无用的、过时的封建权力。从这时起，农奴从依附的地位中解放出来，绝大多数成为自由的自耕农民。马克思说："在英格兰，农奴制事实上在14世纪末期已经消灭了。当时，尤其是15世纪，在英国人口中，自由的自耕农的比例大得惊人，尽管这些自耕农民的所有权，还由封建的招牌隐蔽着。"①

六　封建制度的危机

1. 15世纪英国的社会发展　在15世纪，英国的工商业，特别是毛纺织业，有显著发展。许多城市，如东部的诺列季、北部的波士顿、中部的纽伯里、西部的埃克塞特，都是呢绒生产的中心。到了15世纪中叶，毛纺织业越过城市行会的限制，向乡村发展，成为农民的家庭手工业。呢绒业者向农户分配原料，组织工序（如梳毛、理毛、修整、染色等），分头进行，然后收取成品或半成品，分别付酬。呢绒业者占有生产资料，并控制每一个生产过程，最后集中货品，向外销运，从雇佣劳动中获致厚利。这是资本主义的经营方式。

当时英国有各种商人集团，其中最有力的两个都与羊毛业有关。一个专营羊毛出口，另一个专营呢绒出口。这些集团叫做"规约公司"。规约公司是股份公司，也是一种商会组织，其成员共同享

① 《资本论》第一卷（人民出版社1956年版），第905—906页。

有垄断贸易之权。在 15 世纪以前，英国的羊毛、呢绒等进出口贸易，几乎都由汉撒商人和意大利商人经营。到了 15 世纪，英国的规约公司，特别是垄断呢绒出口的“商人冒险家”集团，开始与外国人竞争，并逐渐把他们排挤出去。

在资本主义经济发展的情况下，英国贵族可以明显地分为两类。一类是由中小地主所构成的新贵族。他们剥削雇佣劳动，出售粮食与羊毛，把自己的儿子送进城市，去学习手工业或商业。这类贵族就是后来“乡绅”的前身。在经营方法上，他们近于资产阶级，而且往往与资本家联姻，结为亲戚。而另一类是大封建贵族。由于农奴制已在消失，他们不可能坚持封建劳役，同时又不能适应新的经济变化。他们一般不经营企业，也没有经营企业的经验，只是把土地租给富裕农民或富裕市民，收取地租。但是地租是固定的，而生活活动费用不断增加。于是“世家大族”走上破落的道路。

在 15 世纪，英国的封建制度已在解体之中。

2. 兰加斯特王朝、开德的起义 从 14 世纪末年起，80 多年中，英国的统治阶级已是趋于没落的大封建贵族。他们掠夺官职、盗窃国库，或各霸一方，任意搜刮。他们各树党羽，进行混战，在国家政治生活中起破坏作用。

1399 年，北部诸侯废除查理二世，拥戴兰加斯特的亨利为国王，称亨利四世 (1399—1413 在位)。于是金雀花王朝结束，兰加斯特王朝开始。亨利四世即位后，针对贵族和主教，极立安抚，但北部和西部诸侯不断叛变。他的儿子亨利五世 (1413—1422 在位)，为了转移封建主的斗争目标，继续进行百年战争，希望从“海外”获得新土地，为封建主找一出路。在 1415 年的阿琴科特战役中，他曾煊赫一时（莎士比亚曾把这战役作为他的历史剧《亨利五世》的主要内容）。但是胜利果实没有得到巩固。在他的儿子亨利六世（1422—1461 在位）统治时期，对法战争一再失利，诸侯贵族的海外希望已成泡影。于是贵族内部形成了一个反对派，叫做“约克派”，开始了争夺控制国家事务的斗争。

封建诸侯的不断骚扰，赋税徭役的不断增加，以及对法战争屡遭失败，引起新贵族、资产阶级，特别是农民的不满。1450 年 5 月底，肯特发生起义。起义的首领是一个参加过百年战争的战士杰克·开德。起义的基本群众是农民，但乡绅和市民也有参加。他们要求加强中央政权、减收苛捐杂税、制止封建诸侯的胡作非为 —— 这些都符合起义者各个阶级的利益；他们要求废止劳工法，这显然符合下层民众的利益。但在约克派的影响之下，起义者也要求让约克公爵查理参与中央政权。起义日益扩大，城市贫民乘机而起，肯特以外的东南部各郡也有响应。7 月初，开德率领两万多人的大军，进入伦敦，杀死了令人憎恨的国王顾问。这浩大的声势吓坏了伦敦的富裕市民，他们倒向政府一边，协助镇压起义军。坎特伯雷大主教假装调解，遣散起义者的队伍，政府随即把开德和很多起义者追捕并处死。

3. 红白玫瑰战争 1453 年，对法的百年战争以失败告终。过了两年，爆发了兰加斯特派与约克派之间的封建战争。前者以红玫瑰为徽号，后者以白玫瑰为徽号。因此，这战争叫做“红白玫瑰战争”。站在兰加斯特派一边的是大多数的大地主，特别是经济比较落后的北部封建主。站在约克派一边的是经济比较发达的南部大封建主和一部分失意的封建主。新贵族和城市资产阶级指望改朝换代，指望能在强大的中央政权之下发展企业，因而也支持约克派。

在开始几个战役中，兰加斯特派占据优势。1461年，约克派取得胜利。爱德华四世（1461—1483在位）建立约克王朝。爱德华打击兰加斯特派贵族，没收他们的土地，分给中小贵族。他鼓励工商业活动，自己也参加这活动。但封建骚乱并未停止。爱德华四世死后，他的幼子爱德华五世（1483）继位，不久爱德华四世的弟弟理查篡夺王位，称理查三世（1483—1485在位），实行暴君统治。流亡在法国的兰加斯特族的远亲亨利·都铎，结集军队准备入侵。支持他的有兰加斯特派、爱德华四世的余党，特别是富裕大贾、中小骑士和自耕农民。商贾们给予贷款，资助军需，骑士和农民加入队伍，指挥作战。1485年8月，亨利率军在威尔士登陆，击败理查（莎士比亚的历史剧《理查三世》里有精彩描绘）。于是连续30年的混战局面结束。

红白玫瑰战争有一个重大后果，就是封建贵族势力大大地削弱了。恩格斯说："对英国可庆幸的，是旧的封建诸侯已经在红白玫瑰战争中自相残杀殆尽。"① 1485年，当都铎王朝的创始人亨利七世即位时，旧贵族不论在经济上或政治上都没有什么重要性了。

七　12至15世纪的文化

1. 宗教、哲学和科学　在这几个世纪，教会仍然控制着人民的精神生活。恩格斯写道："中世纪是从粗野的原始状态发展而来的。

① 《社会主义由空想发展为科学》英文本导言，见《马克思、恩格斯文选》，两卷集，第二卷，（人民出版社1962年版），第106页。

它把古代文明、古代哲学、政治和法律一扫而光，以便一切从头做起。它从没落了的古代世界承受下来的唯一事物就是基督教和一些残破不全而且失掉文明的城市。其结果正如一切原始发展阶段中的情形一样，僧侣们获得了知识教育的垄断地位，因而教育本身也渗透了神学的性质。政治和法律都掌握在僧侣手中，也和其他一切科学一样，成了神学的分支，一切按照神学中通行的原则来处理。教会教条同时就是政治信条，《圣经》词句在各法庭中都有法律的效力。"①

在12、13世纪，英国开始建立大学——牛津大学和剑桥大学。大学系科有文理科、神学、法律学和医学。文理科有所谓三学科（语法、修辞、论理学）和四学科（几何学、算术、音乐、天文学）。但是宗教被认为是"科学的皇后"。

这一时期的哲学主要是经院哲学。经院哲学是封建统治阶级上层分子的官方哲学，它在学校教育中占绝对统治地位。经院哲学家一般不研究人类社会和自然现象，而从事于空洞的、抽象的繁琐论证，因此，这哲学又名"繁琐哲学"。

但是这一时期却不是黑暗时期。经院哲学家中有唯名论者，他们坚信物质是先于意识而存在的，同时反对那主张意识先于物质而存在的"实在论者"。马克思和恩格斯指出："唯名论是英国唯物主义者理论的主要成分之一，而且一般来说，它是唯物主义的最初表现。"②

---

① 《德国农民战争》，见《马克思恩格斯全集》第七卷（人民出版社1961年版），第400页。

② 《神圣家族》，见《马克思恩格斯全集》第二卷（人民出版社1957年版），第163页。

同时，现代科学已萌芽。有些科学家已经知道观察和实验的重要性。罗杰·培根（1214—1294）认为人们不应该盲目崇拜古代权威，而应该自己进行实验。他说："只有经验才使问题真正最后获得解决。"他受教会迫害，曾入狱20多年。他的思想引导人们对于天体和整个物质宇宙进行科学的探索。

2. 全民语言和民族文学 盎格鲁·撒克逊人的语言就是盎格鲁·撒克逊语，有四五种语系，代表当时各部落、各王国的语言。这些语系，在诺曼征服以后继续发展，成为各地区的语言，统称为"中世纪英语"。诺曼人入主后，带来诺曼法语，在一小部分英国贵族中通行，成为官方语言，并被当作上流社会的标志。[①] 同时，大主教、神学家、经院哲学家用当时欧洲通信的拉丁语来著书立说。但是人民大众仍用他们自己的中世纪英语。

13世纪起，由于英国和诺曼底的关系业已削弱，再加上英法两国长期交战，特别是由于英国的诺曼人和英国人逐渐同化，诺曼法语的流行逐渐减退。至于拉丁语，那只是学术界的语言。同时，中世纪英语的使用范围扩大了。1362年，议会集会，爱德华三世致英语开幕词，并规定法庭审判改用英语。就在那时，威克里夫为了推进宗教改革，把《圣经》译成英语，这对英语势力的增长也有不小影响。

盎格鲁·撒克逊语原是一个语尾变化相当繁复的语言。在诺曼征服后的300年中，语尾变化逐渐简化，同时从法语和拉丁语吸收大量语言成分，于是词汇更加丰富。到了14世纪中叶，在伦敦方言的基础上，开始形成了全民语言，这是现代英语的基础。

---

① 斯大林：《马克思主义与语言学问题》（人民出版社1951年版），第15—16页。

这几个世纪最流行的文学是骑士传奇 —— 以骑士的冒险活动为题材的叙事诗。一般说，骑士传奇宣扬封建意识，是为了宫廷和城堡里人们的消遣而写作的。但是，这几个世纪也产生了广大人民所喜爱的作品 —— 故事诗、讽刺文、抒情诗、民谣等。民谣中有一组集中描述以罗宾汉为中心的一群绿林豪侠，叫做“罗宾汉民谣”。罗宾汉及其手下经常打劫封建主及其爪牙，但对老百姓表示友好。这组民谣反映了 1381 年农民起义以前的社会现实。

14 世纪后半期是英国民族文学的高涨时期。朗格兰写了《农民彼尔斯之梦》，成功地刻画了普通庄稼人的形象，同时大胆地暴露了教会的腐化与资产阶级的贪婪。大诗人乔叟（1340—1400）写了一套《坎特伯雷故事》，忠实地反映了当时各阶级的生活与理想，是一部现实主义的杰作；除了帝王与农奴以外，对各等级、各阶层、各行业的典型人物都有淋漓尽致的刻画。乔叟并没有号召人们消灭封建关系，但他从资产阶级人文主义者的观点尽情揭露社会的恶习败行，特别是教会中人的无耻行为。运用幽默的笔调来对社会做穷形尽相的描绘 —— 这是乔叟的现实主义的特色。

《坎特伯雷故事》的语言是当时正在形成的英国全民语言。乔叟的创作对英国文学语言的规范化起了重要作用。

第三章

16世纪的英国

封建社会向资本主义社会的过渡

一　资本主义经济的发展

1. **经济发展的历史条件**　在16世纪初年，英国的经济发展具有前所未有的一些有利条件。首先，农奴制已经解体，生产力得到解放。封建割据已经结束，中央集权的民族国家已经产生，资产阶级和新贵族在比较安定的政局之下，在手工业、农业、商业、航海业等方面，可以展开广泛活动，积累财富。

另一有利条件是：地理上的大发现改变了英国在世界上的地位。早在15世纪中叶，由于货币经济的日益发展，欧洲国家感到黄金白银不敷支配，于是探险家开始远涉重洋，寻找财富。葡萄牙人与西班牙人捷足先登。1486年，葡萄牙人巴托罗缪·迪亚士航行至非洲极南端好望角；1492年，克利斯托弗·哥伦布（1451—1506）

发现新大陆；1498 年，另一葡萄牙人瓦斯哥·达·伽玛远航至印度。恩格斯指出："葡萄牙人在非洲海岸、在印度及整个远东地区搜寻着黄金；黄金这两个字变成了驱使西班牙人远渡大西洋的符咒；黄金也是白种人刚踏上新发现的海岸时所追求的头一项重要的东西。"[①]这些航海冒险的成功，对于惯于经商的英国人，是莫大的刺激。英国在这方面是比较落后的，但是地理上的大发现变更了英国在世界上的地位。在古代的世界地图上，英国只是一些小岛，处在一个极其遥远的边缘。现在不同了，英国变成了西方和东方之间新航路的中心。

在 16 世纪，英国还不是一个大国。面积不大，除了英伦三岛之外，只有爱尔兰有些领地，在法国有一个加莱港。人口总共只有 300 万至 400 万，而法国有 1500 万，德意志有 2000 万，西班牙有 1000 万。城市的发达比不上荷兰；荷兰主要是一个城市国家，而英国的城市居民在 16 世纪初只占总人口的十分之一，在 16 世纪末也只占总人口的五分之一。但由于各种有利条件，英国的资本主义经济在 16 世纪得到蓬勃发展，很快地赶上比较先进的国家。

2. 毛纺织业的发达和圈地运动　在 16 世纪，英国的矿业和造船业有显著发展。新型企业如玻璃制造、肥皂制造、火药制造、造纸等，也以手工工坊的形式进行生产。但是，最主要的手工工业是毛纺织业。在 16 世纪初年，英国已经不仅是一个输出羊毛的国家，而且也是一个生产呢绒的国家。毛纺织业已经成为英国的"民族工业"。

---

① 《论封建制度的解体及资产阶级的兴起》，见《封建社会历史译文集》（三联书店 1955 年版），第 9 页。

由于羊毛价格的增长，富裕农民、投机商人、特别是贵族地主把村社公地和农民耕地改成牧羊场。他们把空旷的土地用濠沟、篱笆、栅栏、墙垣等圈起来，饲养绵羊，叫做“圈地”。圈地开始很早，14 世纪中叶起形成一个运动。到了 16 世纪，加速进行。1455 —1607 年间，圈为牧场的土地约 50 万英亩。这样，许多村庄整个耕地消失了。英国的人文主义者托马斯·莫尔（1478—1535）在他的名著《乌托邦》里写道：“你们的绵羊，本来极其驯服，吃得不多，现在听说肚子变大了，又很蛮横，甚至要把人也吃掉，甚至要把整个土地、房屋和市镇一起毁掉。凡是生产细软珍贵羊毛的地区，那里的贵族豪绅，乃至某些僧正，即所谓圣人之流……把整个土地化为牧场；拆了房屋，毁了市镇，只留下教堂作为羊圈。”关于失去耕地农民的苦况，莫尔也有描述。他说：“他们有时受尽折磨，以至不得不变卖所有家业。那些穷苦、天真、不幸的人们左思右想，只得出门上道，其中有男的、女的、丈夫、妻子、寡妇、孤儿、抱着婴孩的苦恼母亲以及人口多而给养少的全家老小（因为种地是需要人手的）。他们出门上道，和自己住惯的家园分手，前程茫茫，又不知何处可以安身。”

圈地运动是原始积累的方法之一。关于“原始积累”，马克思曾做过经典的定义。他说：“所谓原始积累，不外就是生产者与生产资料分离的历史过程。它表现为‘原始的’，不过因为它是资本及与其适合的生产方式的史前时期。”① 马克思指出：掠夺农民的土地，在英国具有“典型的形态”。②

3. 政府对圈地者的态度　对失地流浪者的血腥法律　英国政

---

① 《资本论》第一卷（人民出版社 1956 年版），第 903 页。

② 《资本论》第一卷（人民出版社 1956 年版），第 905 页。

府看到圈地运动的后果，也似乎有点吃惊。首先，失业、贫穷、流浪的群众威胁着有产者的安全。其次，小农破产会导致国家收入的减少，同时也影响国民兵役的来源。因此，从 15 世纪末叶到 17 世纪中叶，政府颁布了许多停止或限制圈地的法令。例如1489年的法令，规定凡有 20 英亩土地的农村住屋，不得拆除。1515 年的法令，规定于一年内在改成牧场的耕地上恢复耕种。1518 年 7 月，大法官下令，圈地应于 40 日内撤销，违者罚金 100 英镑。1534 年的法令，规定一个人不得占有两个以上农场，养羊不得超过 2000 只（但僧侣、地主在留用地和牧场上养羊不受这限制）。这些法令都没有贯彻执行。1548 年，由于人民群众不断抗议而农民起义迫在眉睫，政府发布文告，重申已有法令，并宣布组织调查圈地委员会，处理违法案件，但也没有发生作用。

另一方面，政府对失去耕地农民颁布了一系列的血腥法案。1530 年的法案规定：只有年老及没有劳动力的人，持有书面证明，才准行乞；至于“健壮的浪人”则应系在载重马车后部，鞭打至流血为止，然后勒令宣誓，回原籍劳动。1536 年的法案规定：凡再度犯流浪法而被捕者，除鞭打外，应割去半只耳朵；三度犯者即予处决。1547 年的法案更为残酷：凡浪人拒绝劳动，经人告发，应判为告发人的奴隶，从事苦役；凡奴隶逃亡达 14 天者，应判为终身奴隶，并在额上或背上打 S 字烙印；三度逃亡的奴隶，即予处决。主人对奴隶可以出售、转让或租赁。奴隶反抗，即予处决。如有浪人三天无所事事，一经发现，应遣送回原籍，并在胸前打 V 字烙印，然后系以锁链，令服劳役。[1] 马克思说：“今日工人阶级的祖宗，曾由于迫不得已变为浪人

① S 是 slave（奴隶）的缩写。V 是 vagabond（流浪者）的缩写。

和待救恤的贫民，而蒙受惩罚。”[①]

4. 凯特的起义和政府的镇压 圈地运动激起一连串的农民起义，其中最大的一次是1549年罗伯特·凯特的起义——这也是1381年后一次最大的起义。起义的中心地点是当时英国东部工业最发达的诺福克郡。

那年7月，在诺福克郡的首都诺列季近郊，集中了两万武装农民，向国王提出纲领29条，要求减轻租税、废除庄园法庭、消灭农奴制残余、保障农民能享用公共牧场等。凯特系小地主出身，同时起义队伍中富农占相当大的比重，因此，所提条款并不十分激烈。他们主要是反对不法的贵族地主。例如第一条，要求停止圈地，但又要求保留种植蕃红花的圈地，因为这种土地需要大量费用。这显然是维护小地主和富农的利益，因为种植蕃红花可以比圈地养羊获取更加丰厚的利润。但在另一文件里，起义者指出：农民的土地所有权完全没有得到保障。文件说：“我们要拆毁栅栏、填平沟渠，让每个人都能使用公共牧场……我们希望有自由、平等和同样享用一切物品的权利。”这显然是贫苦阶层的呼声。

政府拒绝接受起义者的纲领，只是派员前往，设法遣散，假意赦免。起义者拒绝接受赦免令。他们说：“帝王们总是赦免为非作歹的人，而不是赦免清白正直的人。”于是向诺列季进军，予以占领。政府派遣15000人的雇佣军前往镇压，于8月27日发生激战。作战中农民牺牲的达3500人，凯特和300多名起义者被处以死刑。

凯特的起义显然延缓了诺福克郡的圈地进程。三十多年后，历史学家克姆顿到英国各地进行调查。他提到诺福克郡，并说那里羊

---

① 《资本论》第一卷（人民出版社1956年版），第928页。

群虽然不少，但土地一般还没有圈起。

5. 对外贸易和对外掠夺 原始积累的另外一种形式，就是开辟外国贸易和进行对外掠夺。这在15世纪的英国也已开始。

15世纪90年代，兰加斯特和雷蒙德绕过好望角。到达锡兰和马六甲，加波特横渡大西洋，发现纽芬兰岛。1553年张塞勒向东北航行，绕过欧洲北角，驶入白海，在阿尔亨格尔斯克附近登陆后南行至莫斯科，见到莫斯科国王伊凡四世。这是英俄通商的开始。

航海探险，目的在寻找财富，与海盗活动是联系在一起的。从16世纪30年代起，英国西南部的德文郡沿海各港口是海盗出没之所，经常劫夺西班牙的过路商船，伊丽莎白女王及其臣属也参与其中。著名的航海家霍金斯和德瑞克都是海盗出身。约翰·霍金斯（1532—1595）于1562年从非洲几内亚海岸掠夺黑奴400人，运往南美洲西班牙殖民地，奠定了贩奴贸易的基础。霍金斯的表亲弗兰西斯·德瑞克（1580—1590）亦以航海掠夺闻名于世。

早于1519年，葡萄牙人费尔南多·麦哲伦（1470—1521）得西班牙资助，率领航队，渡过大西洋，沿巴西海岸南行，于次年到达南美洲南端的海峡，这海峡后称麦哲伦海峡。麦哲伦船队由此驶入太平洋，到达菲律宾群岛，西行入印度洋，绕过非洲，回到西班牙。这是第一次环绕全球的航行。1578年，德瑞克得到伊丽莎白女王和宫廷显贵的资助，率领一支舰队，驶往南美洲，通过麦哲伦海峡北行至北纬43度，沿途打劫西班牙的船只。单从一艘西班牙船上他就夺得货币13大箱，黄金80磅，白银26吨和大量珠宝。然后横渡太平洋，绕过南非洲，于1580年9月抵达普利茅斯。这是第二次环绕全球的航行，但对英国来说，这还是初次，因此轰动一时。西班牙政府提出严重抗议，要求英国归还赃物，并将海盗德瑞克处以极刑。英国政府部分官员深恐引起战争，决定将德瑞克归案查办。德瑞克于普利茅斯上岸后，雇佣快马若干匹，驮运金银珠宝，直趋伦敦，入宫进贡，另外将航海归来的金鹿号驶入泰晤士河，显示财富。伊丽莎白女王睹物心动，不顾西班牙政府的抗议，亲临金鹿号，盛赞德瑞克冒险成功，把他封为爵士。

英国的对外贸易机构，原有规约公司。16 世纪中叶起，新型的股份公司一个接一个地成立起来。1554 年，成立莫斯科公司，与俄罗斯以及中亚细亚国家发生商务关系。1579 年，成立东陆公司，在波罗的海、斯干底那维亚进行贸易。1581 年，成立里凡特公司，在地中海和近东一带进行贸易。里凡特公司规模很大，伊丽莎白和枢密院提供四万英镑作为股金。1588 年，成立几内亚公司，由非洲输出黄金，向美洲贩运黑奴。1600 年，成立东印度公司，垄断从好望角到远东的贸易。这些公司的成立，扩大了贸易，加速了资本积累。东印度公司后来成为英国在东方推行殖民政策的工具。

二　都铎王朝的专制制度和宗教改革

1. **都铎王朝的社会基础**　从 1485 年到 1603 年，统治英国的是都铎王朝。为了加强王权，王朝的奠基人亨利七世（1485—1509 在位）以及他的儿子亨利八世（1509—1547 在位）和封建旧贵族进行无情的斗争。亨利七世即位后，封建诸侯曾一再暴动，他进行镇压，并将叛乱者诛灭，没收其土地，充实国库。他严禁封建贵族豢养亲兵和炮兵。他设立一个特种法庭，叫做“皇室法庭”，处理普通法庭所不能处理的案件。他鼓励工商业与航海业。据弗兰西斯·培根说，亨利七世爱好财富，最不愿意见到贸易的凋敝。他的儿子继承他的做法，虽不及他精打细算，却比他更大胆、更泼辣。

都铎王朝的社会基础是：一、新贵族——经营企业起家的显贵人士和资产阶级化的绅士，包括小骑士和小地主；二、城市资产阶级——工商业者。此外，广大的中等贵族集团，在封建社会步步走向没落的情况之下，渴望得到一个强有力的国王给他们撑腰，因而也支持都铎王朝的专制政权。当时的议会主要代表这些阶级的利益，因此，在都铎王朝执政的绝大部分时期内，总是支持国王。

2. 亨利八世的宗教改革 解散寺院 亨利八世原来是罗马天主教的保卫者，后来因为种种原因，改变了他的宗教政策。英国的新贵族与资产阶级对教会的大片地产久存觊觎之心，亨利因国库空虚，亦有同感。同时，如果摆脱了罗马教皇的控制，亨利更可以加强他在政治和宗教上的权威。

离婚问题是宗教改革的借口。亨利原娶西班牙公主卡德琳为王后。这婚姻原是英国与西班牙联盟的表现。到了16世纪20年代后期，由于西班牙王室日益强大，英国外交政策倾向于联合法兰西以抵制西班牙。同时，卡德琳无子，而亨利渴望得一子嗣，继承大统。1527年，亨利向教皇申请允予离婚。教皇拒绝了，因为教皇是受卡德琳的祖国西班牙的保护。1533年，亨利通过特殊的议会法令，解决离婚问题，并与教皇决裂。1534年，他颁布“至尊法令”。根据这法令，他成为英国教会的首领。这样，英国的教会脱离了罗马而独立。宗教的教条和仪式很少改变，但是教会的管理权改变了。罗马天主教是国际性的组织，由教皇领导；而英国教会是国家的组织，由国王领导。

从1536年至1539年，亨利八世解散了600多个教会，没收其财产，其中地产约占全国耕地总面积的四分之一。地产的三分之一是大块标卖的，落入政府官员、殷实商户和土地投机者的手里。现代英国的许多世家大族如诺斯、达德莱、西摩尔、罗素等，都是那时发迹起来的。这些土地的新领主不是旧封建主，而是资本主义式的企业家，他们的兴起加强了新贵族的阵营。他们比封建贵族更为贪婪，为了经营牧场，把更多的农民从耕种的土地上赶走。马克思指出："16世纪对民众的暴力剥夺过程，又由宗教革新和继起的大规模的教产盗劫，受到可惊的新的刺激。"①

英国的宗教改革是从上面发动的，但是它也得到新贵族和资产阶级的支持。在人民看来，这是剥夺教会财富，进行土地投机，特别是加强圈地，赶走农民。很自然，人民群众对这样的宗教改革没有、也不可能表示什么同情。

3. 亨利八世以后的宗教改革 亨利八世以后，先后继承王位的是他的幼子爱德华六世（1547—1553在位）和他的长女玛丽（1553—1558在位）。爱德华六世是亨利八世第三任妻子珍·西摩所生。他即位时还不到十岁，由索默塞特公爵与诺森伯兰公爵先后为护国公。这些人都是新贵族，十分贪婪，大肆掠夺禄位和财富，于是宗教改革又推进一步。亨利八世时幸免的教会财产被没收了，教区的教堂也被掠夺了。宗教仪式和祈祷程序，也有所改变。

到了玛丽统治时期，开始了"反宗教改革"。玛丽是亨利八世原

① 《资本论》第一卷（人民出版社1956年版），第911页。

配卡德琳的女儿，信奉天主教，她与西班牙王子菲利普二世结婚，而菲利普是拥护天主教的。依靠西班牙和英国落后贵族的支持，她逼令议会废除亨利八世和爱德华任内的宗教改革措施，恢复天主教。她对新教徒进行迫害，在火刑柱上活活地烧死了 300 来名新教徒，主要是神圣人员，但也包括无辜的农民和手工业者。由于她的残酷，她被称为"血腥玛丽"。但是，她并没能够废除宗教改革的全部措施，亨利八世和爱德华六世任内没收的教堂财产没有归还原主。她受了西班牙的怂恿，参加西班牙和法国的战争。1558 年，英国失去了百年战争中唯一的战利品加莱港，这增加了新贵族和资产阶级对"血腥玛丽"的愤恨。

在 16 世纪英国文献中，宗教书籍占据很大比重，各种教派进行无休止的争论。实质上，这是新贵族、资产阶级与封建势力之间的斗争。

三　伊丽莎白的统治时期

1. 伊丽莎白与封建势力的斗争　"血腥玛丽"逝世后，伊丽莎白（1558—1603 在位）继承王位。伊丽莎白系亨利八世第二任妻子安·波林所生的女儿，信仰国教。她即位之后，恢复国教。为了巩固她的统治，她在宗教上采取了一些妥协的措施。她的父亲亨利八世曾自封为教会的"最高首领"，她只有自称为教会的"最高统领"。她设立高级委员会法庭，处理宗教事务。1571 年，议会颁布国教三十九条，其中有某些天主教的教条，但也有新教加尔文派的思想。

同时,对天主教徒进行压制。

贵族和豪绅中的天主教徒,特别是北方落后地区的天主教徒,反对伊丽莎白的宗教措施,阴谋颠覆活动。伊丽莎白依靠新贵族与资产阶级的支持,与反动封建势力进行长期的斗争。

1569 年,苏格兰女王玛丽·斯图亚特被迫退位,投奔伊丽莎白。玛丽·斯图亚特是亨利七世的外孙女,按照王族谱系,她对英国王位也有继承之权。她是天主教徒。英国北部封建贵族发动叛乱,想推翻伊丽莎白,改立玛丽为女王,其主要目的是以恢复天主教为名来恢复 15 世纪的封建秩序。叛乱被镇压了,但是封建势力,在罗马教皇和西班牙国王菲利普煽动之下,以玛丽为中心,继续进行阴谋活动。伊丽莎白于是对天主教徒采取更严厉的措施,于 1587 年把玛丽处死。

2. 伊丽莎白对西班牙的战争 在很长一段时间内,西班牙一直是英国的敌人。随着贸易的发展,英国资产阶级集团企业侵入西班牙和葡萄牙的殖民地。1572 年,荷兰 (原属西班牙) 爆发资产阶级革命,英国政府给予支持,以削弱西班牙的势力。英国军舰碰到西班牙的船只往往不宣而战,并抢劫他们从美洲运回的大量物资。西班牙国王菲利普二世想制止这些海盗活动,进而控制英国。

1588 年,菲利普派遣“无敌舰队”进攻英国。舰队共有船只 134 艘,载运士兵 21000 多人,水手 8700 多人,摇桨奴隶 2000 多人,牧师和神甫 300 人,真是声势浩大。英国方面,皇家海军船舰只有 34 艘,而且由于国库空虚,军需供应很不充足。但是新贵族和资产阶级极其出力,贡献大小船只 160 多艘,霍金斯·德瑞克等有多年海上冒险经验的人参加指挥。在船舰装备和战斗技术方面,英国远远超过了西班牙。西班牙的船舰虽又高又大，但是行动迟慢，转折不便，至于英国的船舰，轻便灵活，可以随风使舵，而且炮位多，发射快，火力也较猛烈。

无敌舰队进入英吉利海峡后，英舰出动，沿路追击。无敌舰队直趋加莱港停泊，准备和荷兰驻军会师赴英登陆。英军针对加莱港，施放火船，使无敌舰队陷入混乱状态。正在这时，多维尔海峡刮起大风，无敌舰队漂入北海。130多艘楼船，有的在战斗中毁了，更多的触礁沉没了，回到西班牙的不到半数。无敌舰队以彻底失败而告终。英国开始建立它的海上霸权。

1588年英国与西班牙的战争，不仅是一个国与国的战争，也是一种阶级斗争，更是资产阶级及其贵族中的同盟者与国内外封建势力的斗争。资产阶级供给人力、物力与财力，因此，1588年的胜利是资产阶级的胜利。从那时起，资产阶级显得更为强大。

3. 伊丽莎白与资产阶级的矛盾 伊丽莎白在她大部分的统治时期，不论在内政或外交政策上，保证了资产阶级的利益，并为他们创造向前发展的条件。因此，代表资产阶级利益的议会是拥护她的。但是到了她统治的后期，资产阶级渐有不满。伊丽莎白曾将某些商品的专卖权赐给宠臣或售给个别公司，说是为了鼓励企业活动，实际上是从中筹款，填补国库。这种政策，以前也曾施行过，可是时代变了，资产阶级已经成长起来了，认为这种政策对工商业发展极为不利。议会在1597年提出异议，没有效果，女王认为这是她的特权。1601年，议会提出强烈抗议。女王无奈，只得让步，保证改变旧例，并对议会批评表示感谢，借以平息责难。

资产阶级对伊丽莎白专制统治的抗议还表现在宗教领域里。英国国教，虽经一再改革，但在教义和仪式上和罗马天主教大同小异。部分资产阶级和新贵族主张清除国教中的天主教影响，使它更接近于大陆上的加尔文教派。因此，这些人被称为清教徒。清教徒的名称初见于16世纪60年代。在70年代和80年代，清教徒的数量大大增加。他们脱离国教，建立自己的宗教团体。清教徒的活动表示新贵族与资产阶级想从封建制度下解放出来。清教徒反对伊丽莎白的专制政府，因此也反对那拥护专制制度的国教。

16世纪末期，清教徒分成两派：一、代表大资产阶级和部分大贵族的长老派，主张教会应由长老管理；二、代表中小资产阶级、小贵族和农民上层的独立派，主张教会应由教徒自己管理。这两派在教义和仪式上颇不一致，但都反对英国国教的主张制度，都反对女王干预宗教信仰。伊丽莎白政府仇视清教徒及其活动。1583年，扩大高级委员会法院的权限，对不从国教的人，不论是清教徒或天主教徒，一律进行制裁。1588年，出现了一系列的小册子，攻击国教的主教，认为主教是小教皇、是上帝和国家的死敌。1593年，伊丽莎白通过议会，颁布法令，禁止人们参加清教徒的宗教集会，并迫令诽谤主教、诽谤女王的人离开国境。但是清教徒的势力不断增长。这说明资产阶级与专制统治之间的矛盾已有很大发展。

四　英国的文艺复兴

1. **文艺复兴和人文主义**　文艺复兴(Renaissance)的字义是“再生”，表面意思是“文化的再生”。但实际上，这不是消极地接受古代文化遗产，而是按照需要加以整理、改造、构成一个新的思想体系，这是一个与新兴资产阶级一同兴起的文化运动。13、14世纪时，首先在意大利开始，逐渐传入其他国家，到了15世纪后期进入高潮。意大利的进步思想家如《神曲》的作者但丁（1265—1321）、十四行体抒情诗的作者彼特拉克（1304—1374）和《十日谈》的作者薄伽丘（1313—1375）是这一运动的先驱。他们研究古代希腊、罗马的文化，反对当时的封建愚昧，为人的精神解放而努力，因此被称为人文主义者。人文主义者的世界观，归根到底是资产阶级个人主义的世界观。但就当时历史条件而言，人文主义者提倡人性以反对神性；提倡人权以反对神权；提倡个性解放与个人自由以反对宗教权威与封建束缚；对资产阶级上升时期的文化发展起了积极作用。

人文主义者是多方面的人物。恩格斯在论到文艺复兴时写道："这是一个人类前所未有的最伟大的进步的变革，是一个需要巨人而且产生了在思想能力上、热情上和性格上、在多才多艺上和学识广博上的巨人时代。" 恩格斯还举了几个典型的例子：如大画家、大数学家、力学家、工程师列奥纳多·达·芬奇，画家、铜版雕刻家、塑像家、建筑家、筑城学家阿尔勃莱希特·丢勒，政治家、历史家、诗人、近代军事著作家马基雅弗利，宗教改革家、德意志语言的整理者马丁·路德。[①] 科学、文化和艺术的每个领域都有新的发现、新的成就、新的代表人物。

在这时期，活字印刷术的发明，对新的资产阶级文化的发展具有重大的意义。欧洲古代和中世纪早期的书籍都是手抄稿本，费时、

① 《自然辩证法》，见《马克思恩格斯论艺术》（人民文学出版社1963年版），第120—121页。

费力、费钱，而流传不广。15 世纪初，西欧开始采用木板雕刻法，先把图画或文字刻上木板，然后印刷。这比抄稿子方便多了，但是进程缓慢，赶不上需求。15 世纪中叶，德意志人古登堡开始采用活字，并制成印刷机，大大地推进了印刷事业。1476 年，英国丝商威廉·卡克斯顿把这新技术传入英国，在伦敦开业。这是英国活字印刷业的开始，结束了多年来宗教团体和神职人员对知识教育的垄断，而为文艺复兴时期人文主义思想的传播提供了有利条件。

2. 英国的人文主义者 托马斯·莫尔 意大利的文艺复兴，早在 14 世纪后期的英国发生了影响。诗人乔叟的作品，不论在题材或艺术上，跟当时的意大利文学有继承关系。但是，英国的文艺复兴，作为一个显著的文化运动，则开始于 15 世纪末年。当时有不少学者到意大利留学，带回意大利的先进的思想与先进科学，在牛津大学形成一个人文主义者小组。小组成员中有约翰·柯列特（1467—1519），是古代语专家，也是教会改革的拥护者；有托马斯·林乃葛（1460？—1524），是伦敦医学会的创始者；有荷兰学者伊拉斯谟（又译：埃拉斯默斯，1466—1536），是当时享有全欧声誉的学者；英国文艺复兴时期最伟大的人文主义者托马斯·莫尔也在其中。

莫尔在他的古典作品《乌托邦》里，分析原始积累时期英国社会的矛盾。他认为当时的社会制度是“富人对穷人的阴谋”。他反对法律的野蛮、圈地者的贪婪、自私自利的战争、不公平的税收、不平均的财产分配等。他正确地做出结论：私有财产是一切罪恶的根源。他梦想一个理想国家，叫做“乌托邦”（Utopia），也就是“乌有之乡”。在这乌托邦里，没有私人财产，没有失业，没有侵略战争，人人参加劳动，但是每人每天只需劳动 6 小时就能丰衣足食了。这理想社会是以手工业生产为基础的，而且还保留奴役制度，这是时代与阶级的局限。

莫尔的《乌托邦》是用拉丁文写的，后来译成欧洲各种文字，对后来社会主义思想的发展有很大作用。

3. 伊丽莎白时代的戏剧 莎士比亚 在伊丽莎白时代，戏剧是广大群众所爱好的文化活动。有才能的作家都从事戏剧写作，从16世纪中叶到17世纪中叶，创作了两千多个剧本。

当时最伟大剧作家是莎士比亚（1564—1616）。在他三十多部喜剧、悲剧和历史剧里，他淋漓尽致地描写了由封建制度向资本主义过渡时期的英国和英国人。作为资产阶级的一员，他反对封建割据，拥护国家统一。在一系列的历史剧里，他比较真实地刻画了12世纪末年到15世纪末年（从约翰到理查三世）封建英国的政治面貌和社会面貌。同时，他也批判资产阶级的贪婪本质。例如在《威尼斯商人》里，他运用夸张的手法，塑造了一个爱财如命的食利者的形象。莎士比亚在他的作品里不但有力地揭示文艺复兴时期人文主义的理想，同时也揭示崇高的人文主义道德和资本主义新生时期社会现实之间的矛盾。这矛盾在他的《哈姆雷特》、《奥赛罗》、《李尔王》等伟大悲剧里表现得特别鲜明。

莎士比亚也是语言巨匠。当时的英语虽已确立为英国的全民语言，但还存在着若干问题。首先，词汇显得庞杂；其次，语法条例还没有整理出来。在学者们看来，这一语言和希腊语或拉丁语比较，未免相形见绌。这一语言能不能成为高度艺术和学术讨论的语言？对于这一问题，当时知识界曾展开不断争论。莎士比亚的创作实践，帮助解决了这一问题。英国作家中没有哪个比他掌握更大的词汇量，也没有哪个比他运用更多的格调。他的丰富多彩的“莎士比亚式”的人物形象，是通过丰富多彩的文艺复兴时代的英语表达出来的。他的作品里有许多单词、词组及其用法，在当时书面语言中初次出现，但经他在舞台使用之后，渐渐变为近代英语的成语或习惯用语。

4. 英国唯物主义者培根 弗兰西斯·培根（1561—1626）是“英国唯物主义和整个现代实验科学的真正始祖”。[1] 他写了两部重要的书，《学问的推进》和《新工具》，提出了研究科学的原则。在这两部书里，培根批判了中世纪的经院哲学。他说，经院哲学是“不生育的，就好像修道院的尼姑一样”。他劝人们研究自然现象，通过归纳、分析、比较、观察和实践，得出对人类实际有用的知识。他还写了一本类似《乌托邦》的小书，叫做《新大西洋岛》。在这本书里，他梦想一个理想共和国。在这共和国里，他的“新哲学”在政府指导之下得到了推行。

培根有他的局限。他认为宗教的启示可以和科学的研究平行存在，他的学说“还充满了神学的不彻底性”。[2] 但是尽管这样，他承认客观的、不以人们意识为转移的物质的存在，正确地解决了哲学上的根本问题。他的唯物主义认识论和他的科学研究方法论，对后代有深远影响。

培根说过不少格言式的语言，其中有一些对我们仍有启发作用。例如：“知识就是力量，力量就是知识。”又如，关于读书，他说：“有些书是应当品品滋味的，有些书是应当吞下去的，只有少数书是

---

①② 马克思、恩格斯：《神圣家族》，见《马克思恩格斯全集》第二卷（人民出版社1957年版），第163页。

应当咀嚼和消化的。换句话说，有些书只读某些部分就够了；有些书也应当读，但不用过于仔细；有少数书，不但应当全部读，还应当用功读、聚精会神地读。…… 阅读使人渊博，谈论使人机智，写作使人准确。”他写过58篇小型散文，简括、明确、有力，别具一格，叫做“培根式的散文”。

第四章

17世纪英国资产阶级革命

一　革命的经济和政治前提

1. 资本主义经济的发展　在资产阶级革命前，英国还是一个农业国。17 世纪中叶，人口 500 万，其中农村人口占五分之四。但是资本主义经济已有显著发展。在工业方面，羊毛加工、造船、炼铁、采煤等企业，都在迅速成长。17 世纪初，英国已有 800 座炼铁炉，每周已能生产 3 至 4 吨生铁，肯特、苏塞克斯、塞里等郡已成为制铁中心。1640 年，英国的采煤量占欧洲采煤总量的五分之四。此外，棉纺织、丝织、玻璃、肥皂等工业也开始兴起。

在某些工业部门，小工业作坊仍在进行小商品的生产，但不少企业中已出现了拥有几百个工人的资本主义手工工场。手工工场有集中的和分散的两种方式。在采矿、冶炼、造纸等企业中，采取集中的方式；在羊毛业方面主要是分散的方式。17 世纪初，分散的手工工场还是资本主义生产的主要方式。手工工场的发展与国内外贸易的增长有密切关系。国内贸易早已超出地方市场的范围，伦敦已成为统一的民族市场的中心。对外贸易，通过东印度公司、莫斯科公司、“商人冒险家”等的活动，成为英国资本积累的重要方式之一。国内外贸易的急速增长，促进了手工工场的发展。但是中世纪的封建行会有一套规章制度，例如一个作坊不得同时进行纺纱与织布两项工作，一位匠师只能带规定数量的学徒，城市附近的农村不得从事手工业等。这些占统治地位的封建生产关系束缚着生产力的发展，并限制了生产技术的革新。同时，政府颁发的封建特权性质的专卖权和特许权，更是自由企业的严重障碍。

在农业经济方面，特别是在南部和东部，资本主义也在迅速发展。圈地继续进行，农民继续成批地沦为无地的雇农。农村中已出现了租地的农业资本家。他们和资产阶级化的乡绅一样，都以资本主义方式经营土地，利用雇佣劳动，扩大谷物、蔬菜、奶制品以及羊毛的生产。但是他们也受到当时占统治地位的封建关系的阻碍。特别是在北部、西部和西南部，封建地主仍以封建地租进行剥削。这样，封建法权阻碍了资本主义的生产方式和土地的自由买卖。

这样，在资产阶级革命开始之前，英国封建社会内部已经有了日益成长的资本主义经济。生产力的发展要求新的、与生产力相适应的生产关系；就是说，封建的生产关系必须变革，才能适应生产力的进一步发展。

2. 詹姆士一世的专制统治　英国生产力的发展迫切地需要消灭封建关系，但是封建贵族还是要按照旧方式统治下去。他们不但占据最重要的国家职位，而且在国家的地方机关中起主要作用。他们是专制王权的主要支柱，也受到封建王权的保护。

1603年，伊丽莎白死后无嗣，由玛丽·斯图亚特的儿子、苏格兰国王詹姆士六世继位，称詹姆士一世（1603—1625在位）。这是斯图亚特王朝的开始。詹姆士一世依靠英国上层贵族的封建势力，开始他的专制统治，于是封建专制政权同日益增长的资产阶级之间的矛盾越来越趋尖锐。

英国的君主专制政体和法国或西班牙的专制制度有一个很大的不同；就是，在欧洲大陆上的国家，议会已不存在，而英国的议会不但还被保留，而且已经取得制定法律、批准税收之权。詹姆士一世倡导“君权神授”的理论，声称他的统治是上帝的意志。他说：“国王和上帝是一样的。”又说，国王是不受法律约束的。他要按照法国和西班牙的方式来统治英国。他对议会公开表示反对，不许议会干预国政，经常和议会发生冲突。这些冲突总括起来，有下列几个方面：一、在财政方面，国王总是任意征税，任意勒索，并广泛发售各种各样工商业专卖权的特许证来敛钱，于是议会援引13世纪的大宪章，坚持国王征税必须先由议会通过；二、在对外政策方面，詹姆士和西班牙和好，敌视荷兰，而议会则恰恰相反，议会代表资产阶级的利益，资产阶级和荷兰有密切的经济关系，并认为西班牙是英国对外贸易的主要敌人。1611年、1614年和1621年的议会对国王的对外、对内政策都有猛烈攻击，结果都被解散。

3. 查理一世的专制统治“权利请愿书” 1625年，詹姆士一世死了，其子查理一世（1625—1649在位）继位。像他父亲一样，查理一世也相信君权是无限的，神圣不可侵犯的，他也经常和议会发生冲突。他的外交活动引起不满。他想和西班牙联姻，没有成功，接着娶了信奉天主教的法国公主，转过头来和西班牙交战，遭到失败。查理一世连年用兵，需要军费，往往未经议会同意就开征新税，或强行借贷，引起议会反抗，于是沿用詹姆士一世的旧例，解散议会。1628 年，查理被迫召开第三次议会。新议会在反对派约翰·艾略特、约翰·皮姆、爱德华·柯克等领导下，向国王提出《权利请愿书》。规定：一、未经议会同意，不得向任何人强行借贷和征税；二、未经法院依法裁决，不得将任何公民逮捕入狱，或加以拘留，或剥夺其财产；三、不得强占民房驻扎军队；四、不得依据戒严令任意处罚公民。查理为了取得拨款接受了《权利请愿书》，但是过了不久就故态复萌破坏诺言。1629 年，下令解散议会。从那年起，11 年中进行无议会的专制统治。

在 1629—1640 年间，查理一世不顾一切地推行自己的政策。他曾逮捕议会中反对派议员 9 人，进行非法审讯，其中艾略特病死狱中，另两人被处 10 年监禁。他大量发售贸易专利权，把许多日用、必需品列入专卖范围。他还开征各种苛捐杂税，如“侵犯”国王森林地界的罚金、拒绝受封为骑士的罚金、骑士捐、船税等。1634 年，查理借口保护北海沿海商务，恢复 11 世纪至 12 世纪的“船税”，向沿海各郡征收，次年又将税额增加一倍，并将征收范围扩大至内地各郡。这些罚金和捐税比普通税和地租在广大人民群众中、在资产阶级和新贵族中，引起更大愤怒。1635 年，议会反对派领袖之一约翰·汉普顿（1594—1643）拒纳船税。汉普顿系富裕乡绅，应缴税款仅 20 先令，但他从议会观点出发，坚持拒绝缴税，并向法院控诉。这案件在法院闹了七八个月，最后法官投票表决，结果仅以两票的多数，把汉普顿判罪，并处以罚金。表面上，汉普顿败诉；而实际上，反对派取得胜利。船税案件引起广大人民的注意，起了广泛宣传作用，它使人民认识，国王可以为所欲为，而法律和法院不能保障公民的基本权利，从而使他们对即将到来的反对专制统治的斗争有所准备。

4. 詹姆士一世和查理一世对清教徒的迫害 国王和资产阶级、新贵族之间的冲突，也表现在宗教领域里。17 世纪初年起，清教运动日益广泛地发展起来，其中长老派要求另行组织国家教会，由长老管理，独立派主张每一个教会团体独立自主，但他们都反对国王任命的主教。詹姆士一世就位时，清教徒提出“千人请愿书”，要求做出进一步的宗教改革。国王的答复是：“没有主教，就没有国王。”他又说：“我一定要这些人尊奉国教，否则就把他们撵出国土。”一方面，国王保护国教教会；另一方面，国教教会积极支持国王。因为，就主教来说，“没有国王，就没有主教”。他们在教堂布道中宣扬君权神授的理论，并在牛津和剑桥两所大学公开宣布：凡申请变革，就是造反。

詹姆士一世，特别是查理一世，依靠国教教会，对清教徒进行残酷的迫害。查理一世有两个宠臣：斯特拉福伯爵和坎特伯雷大主教劳德。劳德掌握两个特种法院 —— 亨利七世时代审讯叛乱诸侯的皇室法院和伊丽莎白时代镇压天主教徒的高级委员会法院 —— 进行宗教迫害。1630—1640 年间，逃往荷兰和北美洲等地的清教徒达 65000 人。清教传教士被关进监牢，公开鞭打、削掉鼻子、割掉耳朵等。例如：1638 年，年轻的约翰 · 李尔本（1618—1657）曾因散发独立派作品，被课罚金 500 英镑，遭受鞭笞拷打，戴镣铐示众，并被判处无期徒刑，直至 1641 年“五月革命”爆发后才获赦。李尔本后来在革命中成为平等派的领袖。

英国国教既成为专制政权的支柱，因此，反对专制制度的斗争和反对英国国教教会的斗争是交织在一起的。清教运动反映英国资产阶级、新贵族、城市小资产阶级和一部分农民反抗政府的情绪。当时的反对派还没有发展成熟到足以提出为自己的斗争服务的一整套革命理论，于是就以清教来表达自己的意识形态。资产阶级和新贵族结成联盟，在宗教的旗帜下进行反对专制制度的斗争 ——这是英国革命的一大特征。

5. 广大阶层的革命情绪 然而，革命形势的主要因素是人民运动的高涨。首先是农民运动的高涨。16 世纪末和 17 世纪初，东部各郡发生了所谓沼泽人运动。运动开始于低洼地区的排水工作。地主在排干的沼泽地带筑上栅栏，改为牧场。农民因为不再能在那里放牧砍柴，奋而起义。1607 年，中部各郡如伯金汉、诺森普顿、莱斯特等郡，进行剧烈的圈地运动，农民展开广泛的反圈地斗争。到了 30 年代，也就是革命前夕，东部又掀起沼泽人运动，并和军队作战，政府无力镇压，这运动一直延续到革命的爆发。这些是几项大规模的运动，至于分散的、零星的起义，那是司空见惯的现象。

革命前，英国农民的基本群众是自由持有农和公薄持有农，统称为“自耕农”。自由持有农拥有自己的土地，但仍需向地主按期缴纳一定贡赋。公薄持有农系由农奴转变而来，虽早已摆脱对地主的人身依附，但仍有一定依附关系。他们除向地主缴纳地租、向教会缴纳什一税外，还需承担其他封建义务，如继承份地时，继承者需向地主缴纳“允准权”税，有时还需担负劳役。这类农民数量最多，约占全部农民的半数。此外有茅舍农，是农民的底层，包括圈地中失耕地的农民，一般在农业资本家和富裕自耕农的土地上当雇工和短工。这样，部分农民的受苦，不仅由于封建压迫，而且也由于资本主义的剥削，但是所有农民深受多年的封建剥削之苦，因此，所有农民都要求首先消灭封建制度和封建关系，进行根本性的土地改革。农民是资产阶级革命的生力军。

同时，城乡手工业工人也经常起义。手工工场内已出现手工业工人和资本家之间的对抗性矛盾，这在集中的手工工场内表现得更为明显。手工工场工人每日工作达 15 至 16 小时，而实际工资却由于生活用品的不断涨价而日益缩减。1617 年，伦敦爆发手工业学徒的起义。工匠和帮工也经常为增加收入和较好的生活条件而斗争。城乡手工业工人是资产阶级革命的一股重要力量。

这些群众运动还不是革命的开始，但是“下层”的骚动和不满情绪创造了必要的条件，使资产阶级能着手进行夺取政权的斗争。关于这次革命的爆发，恩格斯写道：“城市资产阶级给了它第一个推动，而乡区的中农则使它获得了胜利。……只是由于有这个中农与城市平民分子的干预，斗争才贯彻到底，而查理一世才被推上了断头台。”[①]

二　革命的开始：第一次和第二次内战

1. 苏格兰的起义　短期议会　到了 30 年代后期，形势已经发展

① 《社会主义由空想发展为科学》英文本导言，见《马克思恩格斯文选》两卷集，第二卷（人民出版社 1962 年版），第 105 页。

到这样地步：国王政权不能照旧统治下去，而广大群众也不愿照旧生活下去。1639 年的苏格兰起义对革命起了推动作用。

苏格兰是一个独立的王国。从 1603 年起，英格兰的国王也就是苏格兰的国王，但是苏格兰有它自己的议会和自己的教会，跟英格兰并不一样。苏格兰已于 16 世纪完成宗教改革，教会土地大部分转入贵族手里，小部分转入资产阶级手里，长老派（加尔文派）教会已定为国教。

1637 年，查理一世企图在苏格兰推行英国国教来代替长老派教会。苏格兰的贵族和资产阶级深恐将来会被迫交还宗教改革时代获得的土地；同时，他们和人民群众认为苏格兰和英国的宗教统一会妨碍苏格兰的政治独立。于是，苏格兰的贵族和资产阶级以保卫“合法信仰”为名，结集士兵三万多人，于 1639 年 2 月南下，越过边界，侵入英国国境。

查理一世和苏格兰人谈判，没有结果，于是决定应战。但国库空空如洗，无法招募雇佣军。为了筹集军费，查理于 1640 年 4 月召开 11 年来没有召开的议会。过去议会中反对派的著名领袖如约翰·皮姆和约翰·汉普顿都被选入这届议会。议会要求惩办宠臣，进行政治改革，特别是停止国王 11 年来滥用职权的行为，但拒绝拨付军费，拒绝对苏格兰作战。议会开了不到一个月，就被解散。因此叫做“短期议会”。短期议会的召开说明专制统治再也不能维持下去了。那年 5 月，伦敦两度出现反对专制的示威运动，参加的有工匠、学徒、海员、码头工人和贫苦手工业者。同时，乡下农民乘机而起，反对圈地、反对封建剥削。此后 11 年中，农民运动不断扩大，这是革命的坚强基础。

2. 长期议会的召开《大抗议书》 1640年8月，苏格兰军队又发动进攻，指日南下。查理一世迫不得已于同年11月召开新议会。这议会一直继续到1653年4月，因此叫做“长期议会”。长期议会的开始是英国革命的开始。

在长期议会中，中等贵族占据优势，但大多数贵族议员也代表资产阶级的利益。议员中有不少有名人物，如约翰·皮姆、约翰·汉普顿、奥利弗·克伦威尔等。皮姆是短期议会中的反对派领袖，汉普顿曾于1635年因船税案件在群众中享有盛誉。至于克伦威尔（1599—1658），他在英国革命中将起重要作用。

在长期议会召开的时候，人民群众异常激动，坚决支持议会活动。数以万计的伦敦手工业者、帮工、学徒、水手和码头工人手持刀棍，连日在议会及王宫前举行示威。在群众的支持下，议会与专制独裁进行斗争。劳德被捕；斯特拉福伯爵在20万群众面前被处死刑；皇室法院与高级委员会法院均被撤销；未经议会通过的征税令，包括船税，一律宣布为非法。议会决定：此后国王解散议会，须先经议会同意。1641年11月，议会通过《大抗议书》。这文件包括204款，列举查理一世在内的非法行为，说明长期议会一年来的改革措施，并提出进一步的改革要求，如保证工商业自由、建立大臣对议会负责制度、限制主教权力、防止天主教复辟等。《大抗议书》虽向国王陈递，实际上是向人民申诉，它是革命第一阶段中资产阶级和新贵族的政治纲领。

查理一世拒绝长期议会的改革要求。1642年1月3日，他下令检察长对议会里5个反对派首领以叛国罪起诉。次日率领卫队，亲临下议院，企图逮捕皮姆、汉普顿等5人，没有成功。他自己说：“鸟儿们已经飞走了。”这时武装的人民群众拥塞街道，查理无法再搜捕。5日后他离开伦敦，奔往北方召集兵马。议会方面由上下两院合组委员会处理国务，并建立军队。8月22日，查理在诺丁恩升起国王军旗，于是内战开始。

3. 国王的阵营与议会的阵营 第一次内战 整个英国分为两个阵营。就地区来说，英国北部、西部和西南部的经济落后地区，基本上拥护国王。北部的工业地区、中部和南部各郡，包括工商业城市和沿海著名商铺，支持议会。

地区的划分与阶级的划分是大体一致的。在国王的阵营里有：一、封建贵族和他们的附庸；二、英国国教僧侣；三、西北部被迫替国王服役的农民。国王的阵营是封建的阵营。在议会的阵营里有：一、资产阶级和新贵族；二、城市小资产阶级和平民；三、绝大多数的农民，特别是组成优良步兵干部的自耕农。议会的阵营是资产阶级、新贵族与农民的结合。

两个阵营的阶级上的差别和它们宗教上的差别是一致的。天主教徒和国教教徒，特别是国教僧侣，拥护国王。清教徒，如长老派与独立派等则拥护议会。“加尔文的教条正适合当时资产阶级中最激进部分的要求”。[1] 在反封建斗争中，它供给资产阶级以一种现代的战斗理论。

每个阵营里的人都有一个诨名。拥护国王的人，假发披肩，叫做“骑士党”，就是保王党；拥护议会的人头发剪成圆形，叫做“圆颅党”。

---

① 恩格斯：《社会主义由空想发展为科学》英文本导言，见《马克思恩格斯文选》两卷集，第二卷（人民出版社1962年版），第105页。

不论在人力、物力或财力方面，议会军远在国王军之上。但在战争的最初几年，议会军屡屡失利。1642 年 10 月，王军南下，查理进驻牛津，距伦敦仅五十英里。次年，王军计划从北部、西部、南部向伦敦挺进，议会商请苏格兰出兵相助，战局稍弛。议会和议会军中占统治地位的是长老派的领导分子，代表上层贵族和上层资产阶级的利益。他们害怕革命的进一步发展，时刻想和国王妥协，这是议会军失败的主要原因。此外，议会军各部分配合不当，训练不够，作战不力，也导致失败。

在独立派议员和群众的责难之下，议会决定整编军队。克伦威尔曾以骑兵团建立声誉，于 1644 年 7 月在马斯顿草原一役，转败为胜，有“铁军”之称。于是他于 1645 年 1 月奉令编练一支 14000 人的步兵和 7600 人的骑兵军队。

克伦威尔原是亨廷登郡的一个乡绅，学过法律，经营过土地和牧场。1628 年和 1640 年，他曾两次当选为议员，1641 年曾参加《大抗议书》的起草工作。他属于独立派，在政治上他站在资产阶级与新贵族的一边，不是民族分子。但是，他体会到要打垮封建，必须把革命群众组织到自己的军队中来。他从农民运动策源地之一的剑桥郡招募了一批信奉清教的农民与手工业者。于是皮匠、车工、锅炉工、小船工当了中级指挥官，而自耕农与手工业者是士兵的基本部分。他们是严峻而虔诚的清教徒，有热诚，有斗志，服从铁的军事纪律，出战之前做祈祷、读《圣经》，把完成政治任务当作尊奉上帝的意旨。改组后的议会军，叫做“新模范军”。

1645 年 6 月 14 日，新模范军在纳斯比战役取得决定性的胜利，国王的要塞一个一个落到议会军的手里。1646 年，内战基本结束。

查理逃往苏格兰,指望得到庇护。不久议会以偿还苏格兰军战费为名,拨付40万英镑,把查理押回英格兰囚禁。

4. 长期议会反人民的措施“棒民”运动 人民群众的支持对议会军的胜利起了主要作用,可是内战结束后,人民群众没有得到什么利益。由于这次战争,特别是由于王军的抢劫、掠夺和破坏,许多地区陷于破产,许多农民无力缴纳租税,许多手工业和小商户只能在经济萧条中过活。1645—1646年,收成不好,于是人民生活更趋恶化。长期议会置若罔闻,滥发纸币,普遍征收对盐、布料等日用必需品的间接税,以弥补国家开支。

长期议会中的多数派是长老会派,代表伦敦的大资产阶级和上层新贵族,又名“钱袋党”。他们在战争过程中,通过包税、借贷、供应军需,以及投机买卖,获取厚利。1643年起,议会没收国王、主教,以及王党分子的土地,并进行标卖,于是一大片、一大片土地落到资产阶级和新贵族的手里。

为了这些新地主的利益,长期议会于1646年2月废除以前地主对国王的封建义务,如服兵役、缴租税、纳骑士税,于是原来的封建所有制变为资本主义所有制。但是,公薄持有农对地主的封建义务没有取消,向教会缴纳的什一税也没有废除。不但如此,长期议会撤销了一切禁止圈地的法令,于是新地主(当然旧地主也是一样)有充分自由把农民从土地上赶走。

在土地政策上,英国革命和18世纪末的法国革命完全不同。法国革命完全消灭了乡村中的各种封建义务和封建领主制度,而英国革命只是片面地取消了地主对国王的封建义务。长期议会的土地政策导致巨大的资本主义土地所有制地位的加强,这对农民的命运具有深远影响。

还在内战期间,英国中部和西南部各郡爆发反圈地的斗争。1645 年,在西南各郡军事行动地区,5 万多农民和手工业者以棍棒、镰刀、锄头为武器,奋起斗争,叫做“棒民”运动。棒民自称为“自由和财产”的保护者,反对军队抢劫,忽而站在国王军一边,忽而站在议会军一边。棒民运动是反对长期议会土地政策的一种特殊的斗争形势。纳斯比战役后,遭到残酷的镇压。

5. 长老派、独立派和平等派 革命阵营里本来存在着各种阶级矛盾,战争结束后,矛盾更趋尖锐。1647—1649 年间,各种党派展开激烈斗争。当时主要党派是长老派、独立派和平等派。

长老派代表大资产阶级和上层新贵族的利益,是君主立宪政体的拥护者。它是长期议会中的多数派。1645 年,长老派教会成为国家教会。因此,长老派也控制了教会。长老派一贯主张和国王妥协,战争结束后掠取胜利果实,反对任何改革。长老派的反对者是独立派,独立派代表中等新贵族和中等资产阶级的利益。在政治和经济方面都曾提出一些较为激进的要求,如推行宗教信仰自由、建立共和政体、没收教会财产、废除大土地所有者的一切封建权利等。由于这些响亮的口号,它取得了小资产阶级、自耕农和部分城乡贫民的支持。这派是以克伦威尔为领袖,在军队中占统治地位。

但是军队内部也存在着矛盾。军队中有两个集团、两个派别进行着斗争。军官中大多数人拥护独立派,士兵中却有不少支持另一派别——平等派。平等派是一个小资产阶级民主主义的派别,反对王权、反对贵族特权,主张广泛的政治改革,即普选权、议会每年改选一次等,以达到政治平等,但反对经济上的完全平等。平等派的领袖就是1638年受查理一世政府迫害的李尔本，他是一个为自由而斗争的战士。在内战期间，曾因发表民主主张，如主张取消王位和上议院、号召农民抗缴什一税等，一再被逮捕入狱。他在狱中写了许多热情充沛的小册子，反对“新暴君”，即长老派和独立派的领袖。这些小册子在士兵中广泛流传，也受到广大人民的欢迎。

这样，不但议会和军队有矛盾，军队内部也有矛盾。但是军队中的两个派别在和长老派进行斗争的时候都是统一的。1647年，长老派控制的议会企图解散军队，结束革命，士兵坚决反对，每个团队选出代表，叫做“鼓动员”，并组成“士兵鼓动员会议”，要求发清欠饷，并反对解散，斗争情绪日益高涨。议会勾结王党和苏格兰长老派议会，企图对拒不解散的士兵进行镇压。克伦威尔迫于形势，和长老派决裂，并为防止长老派和查理继续勾结，发动政变，派兵将查理押送至军队大本营囚禁，后来又进军伦敦，驱逐议会中最反动的长老派分子，于是独立派取得了议会的领导权。

6. 独立派同平等派的斗争 军队会议 在和长老派的斗争中，军队内部发生分裂。独立派军官提出“建议大纲”，平等派士兵提出“人民公约”。1647年10月底至11月初，在伦敦近郊普特尼举行了由军官和士兵代表组成的军队会议，对两个改革方案进行剧烈争论。

争论的焦点是选举权问题。平等派提出“天赋人权”的理论，认为年满二十一岁的男子均应享有选举权，因为这是公民“生而具有的权利”。独立派坚决反对。克伦威尔的女婿爱尔顿将军说，选举权应该属于那些“掌握全部土地……或掌握全部商业和手工业”的人。独立派另一代表李启上校的论点饶有意味。他说，如果推行普选,那么没有财产的人将选举没有财产的人,而不关心保存私有财产的人比拥有财产的人多至五倍。因此,一旦没有财产的人成为议会的多数派,就能制定"在财产和地位上平等"的法律。这些都说明,独立派并不准备让人民群众分享革命胜利的果实。

平等派力图和独立派达成协议,于是做了让步,同意剥夺帮工、学徒、佣人和乞丐的选举权。作为小资产阶级的民主主义者,平等派的争取普选权的斗争是不彻底的。

军队会议还辩论王权存废和国家政权形式等问题。平等派主张消灭王权,并在普选的基础上建立一院制议会,作为国家的最高权力机关。独立派代表爱尔顿主张保留王权,但须受议会限制,因为英国人已习惯于这一制度,不易做巨大变动。双方争论,没有达成协议。11 月中旬,平等派士兵举行武装示威,但是大部分团队控制在克伦威尔手里,没有能够参加,计划起义的平等派士兵被残酷地镇压下去。11 月底,克伦威尔下令,解散军队会议,另组军官会议。不久,第二次内战爆发,军队内部的斗争没有继续发展。

7. 第二次内战 共和国的成立 王党分子利用议会阵营的内部斗争在 1647 年年底重新活跃起来。被囚的查理一世也趁着军队内讧,逃至维特岛,策划反革命活动。他暗中和苏格兰的封建集团签订密约,由苏格兰提供武装力量,帮助复位。英国的长老派采取放任姑息态度,继续坚持同查理一世进行谈判,争取妥协。王党分子在南威尔士、肯特以及北方地区乘机而起,策动暴乱。并由于部分舰队的支持,取得一连串的胜利。在此情形下,克伦威尔把军队中的独立派和平派等联合在一起;同时,为了增强力量,又和长老派和解,于是被清除的长老派议员重新进入议会,并占据优势。军队和议会宣誓:“必须追究查理·斯图亚特这个残酷成性的暴徒所欠下的全部血债,以及他使神圣的事业和不幸的英吉利民族遭受的损失。”克伦威尔统率军队,几个月内削平叛乱,捕获国王。独立派和社会下层人民联盟的恢复,对这个战争的胜利起了主要的作用。

议会中占多数的长老派,故态复萌,准备和国王谈判。平等派在军队和居民中展开鼓动,要求惩治战争祸首并清除长老派议员。1648 年 12 月初,军队进入伦敦。普莱德上校率领部队,包围议会大厦,驱走长老派议员 140 多人,这在历史上叫做“普莱德的清洗”。经过这次清洗,独立派控制了议会。在人民群众和部队士兵的压力下,议会组织最高法院,审讯国王。查理一世被控为“暴君、叛国犯、凶手和国家公敌”,于 1649 年 1 月 30 日,在成千上万的人民和士兵面前被送上断头台。

1649 年 3 月,已经清除了长老派的议会,即“残阙议会”进行立法:解散上议院,废除君主制,组织国务会议来执行行政职务,并宣布英国为共和国。在这几个月内,英国资产阶级革命达到最高阶段。共和国的建立,不但对于英国,就是对于整个欧洲都有巨大的意义。它首先宣布欧洲新社会的政治制度,即资产阶级专制制度。

三　共和政府与护国政府

1. 平等派运动　平等派的衰落　共和国成立后,政府成为资产阶级与新贵族的专政工具。它并不打算进行深刻的社会改革。它保留大土地占有制,保留地主对农民的封建剥削权利。同时,它不顾战后人民生活艰难，继续增加税赋。这些措施引起人民群众的不满。

在这种情况下，平等派开始新的反抗。1649 年 2 月至 3 月间，李尔本发表了一本小册子，叫做《英国的新锁链》。说革命没有导致“贫穷和中等人士”生活的改善，而只是“一个锁链代替了另外一个锁链”。李尔本主张废除什一税，废除对日用必需品的课税，废除一切捐税。他还说共和国的国务会议是“新暴君”的温床，并号召人民起来推翻“新暴君”，从而建立永久的民主共和国。政府逮捕李尔本和其他一些平等派领袖，议会并宣布李尔本的小册子是一本煽动叛乱的书。1649 年 4 月至 5 月间，团队中有起义运动，支持“人民公约”，并要求释放平等派领袖。独立派一面正式宣布政府为“没有国王和贵族院的共和国”，一面镇压平等派起义。那年 9 月在伦敦、牛津和西南诸郡，平等派领导手工业者、士兵和农民举行示威，发动起义，但均被扑灭。此后平等派渐趋衰落，李尔本于 1651 年被逐出国。

平等派的衰落也由于它对土地问题没有给予较大注意，因而得不到广大农民的支持。平等派的个别成员也曾谈到私有财产。早在普特尼的军队会议上，伦斯勃洛上校曾提出“为什么有些人没有财产而另外一些人有财产”的问题。约翰·柯克和华尔文等也有类似言论。但是一般来说，平等派注意政治上的平等，而很少关心人民大众在经济上的要求。李尔本一再声明，绝不破坏“私有财产的神圣性原则”。由于拒绝提出消灭贵族土地占有制的要求，平等派脱离了城乡的下层人民，削弱了自己的力量。在这些方面，平等派明显地暴露了它的小资产阶级的局限性。

2. 掘地派运动 掘地派被镇压 在平等派继续进行活动的同

时，涌现了另一民主团体，叫做“掘地派”，又叫做“真平等派”。和平等派不同，它反映城乡贫民对土地的要求。1649年年初，在塞里、肯特、诺丁恩等郡，都出现掘地者的队伍。他们占据空地，进行垦掘，以便播种。他们宣称：“为了公共福利”，只耕种公有的和国有的土地，不侵犯私有土地，并希望国家不予干涉。他们的基本思想是土地公有制的思想，但是他们天真地认为富有者的理智终将战胜贪婪，富有者终将同意把私产变为公有。这种和平改造财产关系的梦想不久即遭破灭。各地军队驱散和平垦荒者的队伍，并破坏他们的播种。到了1650年年初，掘地运动趋于瓦解。

掘地派的领袖是杰拉尔德·温斯顿里（1609—1652）。在50年代初期，温斯顿里写了好几本书，包括1652年的《自由法典概要》，阐述掘地派的思想。他指出：人民原为自由而革命，但是革命没有给人民带来任何利益。他梦想一个新的社会。在那新社会里，土地是公有的，每个家庭组织劳动，向公共仓库提供农业的或手工业的产品，然后按需分配。“共同做工，共同吃饭”—— 这是他的口号。这新社会有一个集中的管理机构，符合人民的利益，公职人员都由每年一次的普选产生。温斯顿里是一个空想社会主义者，他的新社会和托马斯·莫尔的乌托邦颇有共同之处，他的天真的幻想里也包含着预见性的憧憬。

温斯顿里正确地认识到土地私有制是社会上一切恶事和罪行的主要根源，但他看不到实现他的“自由法典”的政治力量。因此，忽而诉诸富有者的理智，忽而呼吁请共和政府给予支持。他主张的和平斗争经不起克伦威尔政府的镇压。

克伦威尔镇压平等派和掘地派，因而沉重地打击了人民中间的民主力量，这是符合资产阶级和新贵族的愿望。就在那个时候，为了新贵族和资产阶级的利益，他对爱尔兰和苏格兰发动了掠夺性的战争。

3. **征服爱尔兰　讨伐苏格兰**　爱尔兰是英国的第一个殖民地。早在 12 世纪后期，英国已对它开始侵略。经过多年的掠夺，英国殖民地控制了东北 5 个郡，组成所谓“栏栅”；其中包括首府都柏林。在所有占领地区，英国殖民地抢夺土地，剥夺农民的生活资料，同时推行国教，迫害天主教徒。爱尔兰居民绝大部分是天主教徒，这是爱尔兰不断起义的根源。

在詹姆士一世时期，成千上万的长老派教徒从苏格兰和英格兰北部移入北爱尔兰，于是厄尔斯特变为英帝国的一个组成部分。在查理一世时期，总督斯特拉福横征暴敛，推行专制统治，激起公愤，这是英国革命时期爱尔兰人起义的近因。起义于 1641 年 10 月爆发，由厄尔斯特蔓延至全岛。领导起义的天主教僧侣上层于 1643 年 9 月宣布爱尔兰脱离英国。长期议会打算征讨，后因内战爆发，没有实行。1649 年，查理一世被处死刑以后，英国王党分子勾结爱尔兰主教僧侣，利用起义，宣布拥立查理一世的儿子为国王查理二世。长期会议以镇压天主教教徒叛乱为名，决定征讨，在新模范军官兵中进行动员，并许以爱尔兰的份地。

1649 年 8 月，克伦威尔统帅军队 12000 人，在都柏林登陆。侵略军到处烧杀，在德罗伊达和威克斯福德两处实行屠城政策。爱尔兰人口在 150 万以上，1652 年战争结束时，只剩一半。许多爱尔兰居民被移至西部最贫瘠的地区，他们的土地一部分被分给新模范军的官兵，但大部分落入英国殖民者和投机商人的手里。

共和政府发动对爱尔兰作战，另有一个目的，就是把新模范军士兵（其中不少人是平等派）调离国境，使他们长期不能参加国内政治活动。在侵略过程中，军队蜕化，变成军事专政的工具。因此，这次战争成为克伦威尔排斥左派、安抚右派的一种策略。马克思说："实际上，克伦威尔时代的英吉利共和国就是由于爱尔兰而覆灭的。"①

1649 年，苏格兰的封建贵族和王党分子也宣布查理一世的儿子为国王，并准备向英国进军。1650 年，克伦威尔从爱尔兰忽然回来，讨伐苏格兰。1651 年 9 月在邓巴，次年 9 月又在乌斯特，击败苏格兰军。1652 年 2 月，"残阙议会"通过法案，没收苏格兰大贵族和王党分子的土地。1654 年，苏格兰并入英国。

4. 航海条例与对外战争　共和政府稳定后，就开始向外发展，争夺海上霸权与殖民地。当时英国的主要敌手是荷兰。1651 年，"残阙议会"通过《航海条例》。条例规定：欧洲以外国家的商品，只有用英国船只装运，才准进口；至于欧洲大陆的商品，只有用英国船只或生产商品国家的船只装运，才准进口。这是针对荷兰的，因为多少年来荷兰专做装运生意，有"海上马车夫"之称。

共和政府从成立起，大造船舰，到了 1651 年已有八十多艘，于是海军力量增强。当时海军大将罗伯特·布莱克（1599—1657）曾运用这支舰队清除英吉利海峡里的王党船只，并迫使北美洲殖民地弗吉利亚和巴巴多斯岛上的王党分子归附共和政府。有了一支装备较好的舰队，共和政府开始向外发展。1652 年 5 月，因为荷兰拒绝接受《航海条例》，英国对荷兰开战。在北海和英吉利海峡，海战

① 《马克思恩格斯书信选集》（人民出版社 1962 年版），第 246 页。

进行了几个月，互有胜负。后来，荷兰海军在北海海面受到沉重打击，自认失败。1654 年，英荷两方签订和约，英国取得海上霸权，从此以后，荷兰逐渐沦为英国的追随者。

这次战争没有假借宗教名义，是争夺海上霸权和海外市场的资产阶级战争的开始。就在这几年，英国和瑞士、丹麦、瑞典、葡萄牙等国缔结通商条约，为资产阶级的对外贸易开辟了道路。

5. 护国政府与克伦威尔的军事独裁 克伦威尔政府连年用兵，开支浩大，财政上发生困难，同时工业生产减缩，物价高涨，人民生活恶化，农民运动又走向新的高潮。资产阶级需要一个强有力的政权，以便加强对内镇压与对外争霸，于是政府走上军事独裁的道路。1653 年 4 月，克伦威尔解散残阙议会，另行召集由特别挑选的议员组成的“小议会”。但是这议会也不合政府的意愿。小议会一开会，就讨论社会经济问题，如帮助穷人、解除农民的封建义务、废除什一税等。同时，李尔本回到英国，平等派又活跃起来。另外，出现了一个新的教派，叫做“第五王国人”，到处活动，在军队和小议会里也很有影响。第五王国人想在地上建立人人平等的“基督千年王国”，在宗教的外衣下隐藏着绝望的心情。1653 年 12 月，克伦威尔解散小议会。不久，军官会议决定建立护国政府，以克伦威尔为英格兰、苏格兰和爱尔兰的护国公。

根据军官会议制定的《政府组织法》，国家最高权力由护国公、国务会议和一个一院制的议会共同行使。国务会议由护公国任命的 13 人至 21 人组成，议会由英格兰、苏格兰和爱尔兰的 400 名议员组成。议员由选举产生，但只有拥有 200 英镑动产或不动产的人才准列为选民。就是说，只有贵族和大、中资产阶级才有选举权。护国公在立法、司法和行政方面有广泛职权，同时也是军队和义勇军的总司令。克伦威尔接受政府组织法，接受护国公衔名，护国公系终身制。

1654 年 9 月，召集第一届议会。这会议不符合护国公的意愿。议会讨论自己的职权问题、义勇军的管理问题、宗教信仰和教会组织问题，并坚持对政府组织法做根本性的更动。克伦威尔解散议会。1655 年，他把全国划为十来个军区，每一个军区设一陆军少将，综管军事与民政，施行检查制度，严禁起义运动。克伦威尔的独裁就这样建立起来了。

克伦威尔是当时资产阶级杰出的领袖，是一个战略家，是一个伟大的组织者。在 1645—1649 年间，他依靠了主要由农民组成的军队，粉碎了旧的封建秩序，把社会推进一步。但在共和政府时代，特别在护国政府时代，为了保护新贵族与大资产阶级的利益，他对外进行民族压迫与殖民地掠夺，对内镇压民主运动与民主分子，从革命的旗手变成反革命的刽子手。用恩格斯的话来说："克伦威尔兼罗伯斯比尔和拿破仑于一身。"①

6. 护国政府的崩溃　克伦威尔自己曾说，作为护国公，他的任务是"医治创伤和安定生活"，但这两项任务无法实现。他在结束英荷战争以后，联合法国，对西班牙作战，目的是在夺取西班牙在美洲殖民地。1655 年攻占奴隶买卖中心的牙买加岛，1658 年攻占荷兰南部的敦克尔刻，但是军费浩大，国库支绌。每年支出较查理时代多出三倍以上，国债较查理时代增了两倍，原属王室的土地全已标

---

① 恩格斯：《英国状况 —— 18 世纪》，见《马克思恩格斯全集》第一卷（人民出版社 1956 年版），第 660 页。

卖，唯一筹款办法就是增加赋税，把沉重的负担压在人民头上。国内经济是一片萧条。英国和爱尔兰的贸易陷于停顿，东海岸的捕鱼舰队不能充分活动，甚至纺织贸易也消沉了，到处是贫困、失业和人民生活的日益恶化。

国内对军事统治，普遍感到不满。1656年，克伦威尔被迫召开第二届议会，议员经仔细挑选，更能符合他的意愿。但议会对军区制度也表示反对。1657年3月，议会通过新的政府组织法，叫做《谦卑的请愿和忠告》，建议恢复王权，并由护国公正位称王。由于军队中某些高级将领和民主官兵的坚决反对，克伦威尔没有接受王位，但是护国公从此改为世袭职，实际上是一个变相的国王。

1658年，克伦威尔病死，他的儿子查理·克伦威尔继位（1658—1659在位）。查理庸碌无能，不久被迫下台。高级将领弗利特伍德等夺取政权，形成军官统治。50年代后期，群众运动又趋高潮。“沼泽人”又在东部起义，农民的反圈地斗争又在各地开始。资产阶级和新贵族害怕革命浪潮，同时厌恶军人统治，于是和王党妥协，以恢复旧的国家机器。原驻苏格兰的蒙克将军向伦敦进军，同时私下和流亡在外的查理取得联络。1660年4月底，召开以长老派和王党分子占据多数的议会，议会决定恢复君主制和两院制。护国政府于是瓦解，查理回英国就位，称“查理二世”（1660—1685在位）。

护国政府时期，人民群众的力量被摧残了、削弱了，民主分子被迫害了，民主组织被粉碎了，因而贵族和大资产阶级得以完成斯图亚特王朝的复辟。

四　斯图亚特王朝的复兴与1688年的政变

1. 查理二世的反动统治　查理二世在回到伦敦之前，曾在荷兰布列达发表宣言。宣言中说：参加革命的人一概予以赦免；宗教信仰不予干涉；革命中土地买卖是否合法应由议会决定；军队欠饷应于补发等等。但是他即位不久，就把所说诺言丢在脑后。王党分子得到优厚待遇。同时，1649年把查理一世判处死刑的法官受到迫害，克伦威尔、爱尔顿等人的尸体被从坟墓掘出，施以绞刑，斩首示众。英国国教得到恢复。长老派显贵自以为对复辟有功，可得额外宽容，但这希望落空了。1661—1665年，王党分子占据多数的议会颁布四项法令，统称《克拉伦敦法令》[①]，把长老派和其他非国教团体一并排斥在外。法令规定：所有牧师应承认国教，即"信仰划一法"；市政公职人员应按国教仪式宣誓效忠，即"市政公职法"；拒绝宣誓的牧师不得进入城市或越过距离其原住教区5英里内的地区，学校教师按照"五英里法"处理等。

查理二世的复辟政府也推行了一些有利于资产阶级和新贵族的经济措施。例如，革命中没收的王室土地和教会土地虽应归还原主，但1645—1649年间资产阶级向王党购买的土地则不再转手，新业主被正式承认为土地所有者。又如，长期议会的片面性的土地立法得到确认，即地主不再对国王承担封建义务。此外，复辟政府还保护垄断组织、鼓励对外贸易并扩大航海条例的范围。查理二世和他的弟弟詹姆士以及一些宫廷官员也参加东印度公司和非洲公司

---

① 克拉伦敦伯爵（1609—1674），查理二世的顾问，复辟后任大法官，1667年被弹劾去职。

的贸易活动，与工商业集团共同追求暴利。在60年代到70年代，英国殖民地和欧洲大陆之间的货物来往，必须在英国转运，于是伦敦等大商埠成为殖民地商品的货栈。这些对财富集中、资本积累有积极作用。

但是复辟政府的支柱是反动的封建贵族，它和资产阶级的矛盾无法统一。查理二世，像他父亲和祖父一样，主张君主专制。他反对荷兰而和当时英国资产阶级的劲敌法王路易十四有默契，想依靠法王援助来恢复专制统治。1662年，他为了自己和宫廷贵族的利益，毫不在乎地把克伦威尔从西班牙夺取的大陆堡垒敦刻尔克卖给法国。1670年，又和路易十四签订《多维尔密约》。《密约》规定：法王与荷兰作战时，英王应出兵协助。同时，法王资助英王，恢复天主教，恢复君主专制。早于1665—1667年间，查理二世曾对荷兰作战。1672年，他根据密约，又对荷兰作战，同时，想让天主教徒享受政治权利。于是资产阶级、新贵族和斯图亚特王朝之间的矛盾日趋尖锐。

2. 辉格党和托利党《人身保护法》 1672年，查理二世颁布《信教自由宣言》，表面上准许一切教派自由活动，实际上是恢复天主教徒政治权利的一个步骤。议会坚决反对，迫使查理撤销宣言。次年又通过《宣誓法》，规定只有信奉国教的人才准担任国家官职。当时国王的弟弟詹姆士是一个天主教徒，担任海军总司令的职务，而且是王位的继承人，于是议会与国王之间冲突更加复杂而尖锐。查理二世于1679年年初解散议会。3月间，新议会集会，继续讨论王位继承问题，5月间提出《排斥法案》，要求取消詹姆士的王位继承权。

在这激烈的政治斗争中，议会里形成了两个政党——辉格党和托利党。[1] 辉格党代表金融资本家、大商人和部分土地所有者的利益，托利党代表大土地占有者和英国国教僧侣的利益。托利党拥护君主专制政体，辉格党企图加强议会权力并限制君主权力。1679年，辉格党人在议会取得优势。为了限制国王专横，议会通过《人身保护法》。根据这法案，除严重罪犯外，任何人被捕或被拘押，有权要求在24小时之内送交法院或法官审讯，以便决定是否应予释放、保释或继续拘押，听候开庭审讯。

这法案在当时情况之下，对限制国王横暴，是有积极意义的。但是资产阶级历史学家往往说这是一个民主的立法，这是不符合实际的。首先，严重罪犯是不在这法案范围之内，而“严重罪犯”一词的意义是不明确的。再者，议会可以随时使这法案停止生效。历史证明：这法案在爱尔兰停止生效的次数最多，而在近代工人运动中，这法案也常被停止生效。事实上，只有有产阶级才有享受这一法案的权利。

查理二世拒不接受《排斥法案》。议员携带武器，移往牛津开会，形势紧张，似已到了内战前夕。查理二世实行高压措施，逮捕部分辉格党人，指控为谋刺国王，处以死刑。从1681年至1685年，实行议会的专制统治。

3.1688年的政变 1685年，查理死后，由他的弟弟天主教徒詹姆士继位，称“詹姆士二世”(1685—1688在位)。詹姆士二世继位之后，就采取措施，恢复天主教徒的权利。查理二世的私生子蒙默斯公爵，受了辉格党人的唆使，在苏格兰和英国同时发动起义。他

① “辉格”(Whig)是苏格兰语，原意是“叛徒”；“托利”(Tory)是爱尔兰语，原意是“强盗”，原为当时两党间互相辱骂之词，后来变成党派的名称。

行军至堵塞特郡，自称英王，农民和矿工，手持镰刀，足驾牛车，纷纷响应，为铲除天主教暴君而斗争。但是有产阶级袖手旁观。起义失败，蒙默斯被杀，起义群众遭受残酷诛锄。西部人民憎恨詹姆士，因此对蒙默斯留下难忘的回忆。

詹姆士在蒙默斯事件之后，越来越暴政。他企图重建天主教会的统治。他不征求议会同意，建立了一支两万人的常备军，并以天主教徒为军官。他恢复1642年废止的高级委员会法院。他指派天主教徒在政府、大学、甚至国教教会工作。这些措施激怒了天主教以外的一切人，甚至倾向托利党的人也与他为敌。

为了防止人民群众的革命运动，辉格党的领袖与托利党的部分领袖联合发动政变。詹姆士的女儿玛丽是新教徒，她的丈夫荷兰的执政者奥兰治亲王威廉，也是新教徒。1688年，这些领袖欢迎威廉继承英国王位。同年11月，威廉与玛丽率领军队在英国登陆，詹姆士没有抵抗就逃往法国。1689年1月，召开特别议会。议会宣布詹姆士“自行退位出国”，王位虚悬，立威廉为国王（1689—1702在位），称威廉三世，玛丽为女王（1689—1694在位）联合统治。

由于这一政变是没有经过流血而完成的，资产阶级历史学家就把它叫做“光荣革命”。这次政变没有人民群众的积极参加，而只是有辉格党与托利党的一些领袖通过政治妥协来发动的。马克思指出：“‘光荣革命’，把奥兰吉［即奥兰治］的威廉拥上统治者的地位时，又把地主式的和资本家式的货殖家拥上统治者的地位。”[①]

4. 资产阶级君主立宪制度的建立 1689年，议会通过《权利法案》。法案规定，国王不得做下列非法事件：一、停止法律生效；二、

① 《资本论》第一卷（人民出版社1956年版），第914页。

审问罪犯时不用陪审官；三、施用酷刑；四、取消人民向国王请愿之权；五、干涉人民选举议员之权，或干涉议员在议会中自由辩论之权；六、未经议会同意，擅征赋税，或维持常备军等。

1701年，议会通过《王位继承法》。该法规定：威廉和玛丽没有后嗣，以后王位应由詹姆士二世的次女安继承。由于安也没有后嗣，以后王位应由斯图亚特王室的旁支德意志汉诺威继承。该法还规定：国王必须信奉英国国教，从而剥夺王室中天主教徒继承王位的权利。

《王室继承法》并规定：非英国人一旦继承英国王位，除经议会同意外，不得为了保卫不属于英国国王的任何领地或土地而使英国人参加防卫战争；直接从国王取得职位或从国王领取年薪的人不得担任下议院议员；国王颁布的法令须经枢密院成员（也就是大臣）签署，方能生效；非英国人不得担任重要的民政和军事职务等。

《权利法案》和《王位继承法》的全部意义在于限制国王的权利，并确立资产阶级君主立宪制度。

由于这次政变是在土地贵族和资产阶级之间妥协的条件下完成的，两个阶级的联盟成为英国寡头政治的基础。恩格斯指出：由于这一次的妥协，"政治的战利品 —— 职位、肥缺、厚俸，这些都是由土地贵族名门取得，其条件只是要充分维护金融工商业中等阶级的经济利益。这种经济利益在当时就已很强大；它们归根到底是决定国家一般政策的"。[1]

---

① 《社会主义由空想发展为科学》英文本导言，见《马克思恩格斯文选》两卷集，第二卷（人民出版社1962年版），第106页。

五　革命的后果及其历史意义

英国革命的成就和局限　英国革命在历史上是一个划时代的事件。它结束了中世纪时期，即封建时期，同时它标志着近代史的开始，即资本主义时期的开始。马克思评论英国革命和法国革命时写道："1648 年的革命和 1789 年的革命，并不是英国的革命和法国的革命；这是欧洲范围的革命。它们不是社会中某一阶级对旧政治制度的胜利；它们宣告了欧洲新社会的政治制度。"[①]

英国革命和法国革命都是资产阶级革命，但是英国革命和法国革命有所不同。英国的资产阶级没有像法国革命时资产阶级那样地和人民结为同盟，而和新贵族结成同盟。[②]这一同盟阻止了革命的深化，而把革命引向和占有土地的贵族进行妥协的道路。在法国革命时期，发生了土地财产的分割，因而大地主的地位给摧毁了。英国革命则不然，根据议会的土地立法，大地主的地产保存下来了、扩大了。在革命时期，在斯图亚特王朝复辟时期，并在以后的一个世纪内，地主圈地加速进行，于是小农阶级渐趋消失。

革命的基本推动力量是农民和城市平民群众。列宁指出："正是城市'平民'（现代无产阶级）和民主派农民的联盟，使 17 世纪的英国革命和 18 世纪的法国革命有了那样的规模和威力。"[③]但是这革命不是为了农民，也不是为了城市平民，新贵族和资产阶级掠夺

① 马克思：《资产阶级和反革命》，见《马克思恩格斯全集》第六卷（人民出版社 1961 年版），第 125 页。

② 同上书，第六卷，第 124 页。

③ 《选举运动的几个原则问题》，见《列宁全集》第十七卷（人民出版社 1959 年版），第 397 页。

了胜利的果实。资产阶级革命的结果总是以一个剥削者集团代替另一个剥削者集团去执掌政权。它是不彻底的，而英国革命和法国革命相比，显得更不彻底。

英国革命的另一个主要特征是：革命是在宗教形式之下进行的。无论资产阶级或平民群众，在提出自己的阶级要求时，总是求助于宗教，援引《圣经》，作为论据，革命斗争的热情常常具有宗教狂的形式。资产阶级历史学家把这革命叫做“清教徒革命”，力图把宗教信仰斗争背后的阶级利益斗争掩盖起来，这是完全不正确的。英国革命披着“宗教外衣”，这说明它和法国革命相比，是在较低的社会发展阶段上进行的。

尽管这样，英国革命摧毁了英国的封建秩序，为资本主义的向前发展扫清了道路。它解放了生产力，促进了新企业和科学技术的蓬勃发展，使一个以小农业和手工业生产为主的国家在 100 年后变成一个拥有大工业和大规模资本主义农业的国家，在 150 年后变成了一个典型的资本主义国家。英国革命是第一次欧洲规模的资产阶级革命，对 18 世纪末的北美独立革命和法国革命有重大影响。

六　17 世纪的文化发展

1. 资产阶级的思想体系　霍布斯和洛克　在 17 世纪英国革命的过程中，不但形成了新的经济政治制度，也形成了新的思想体系。培根的唯物主义得到进一步的发展。

培根以后第一个著名的唯物主义哲学家是托马斯·霍布斯

（1588—1679）。霍布斯论证：存在于人民以外的物体是唯一实在的东西，至于表象和概念只不过是这些物体在人们意识中的反映。马克思、恩格斯说："霍布斯把培根的唯物主义系统化了。"[①] 但是霍布斯的社会政治观点却是唯心的。在他的重要著作《利维坦》（1651）里，他说：在国家组织没有建成以前，"人对人像狼一样"。后来为了保障社会秩序，才建立了赋有强大权力的国家。他认为强有力的君主政体是理想的政体。这种学说是克伦威尔专政的思想根据。因此，霍布斯虽是一个王党分子，但在护国政府时代却受到庇护。

在认识论方面，霍布斯基本上是一个感觉论者，但他还没有把知识和思想起源于感觉世界的原则加以发展。约翰·洛克（1632—1704）继承培根和霍布斯的传统，替感觉论提供了有力的论证。在他的名著《人类理解论》（1790）里，他提出了"一切知识来自经验"的这个唯物主义命题。但是洛克的唯物主义观念是不彻底的。他把人的观念分为两类：第一性的观念与第二性的观念。他说：第一性的观念如凝固、广延、形态、动静、数目，是物体的凝固、广延等在人的头脑中的反映；至于第二性观念如颜色、滋味、声音，则是"我们内心所产生的观念"。这样，洛克对唯心主义做了很大让步。

1690 年，洛克发表了两篇关于政府的论文，为 1688 年的政变进行辩护。他反对封建时代"君权神授"的迷信观念，鼓吹资产阶级的"天赋人权"的学说。他认为人类的原始时代就存在着资产阶级社会的一切基础，那就是自由、平等和私有产业。后来为了捍卫并保证这些天赋权利，人们就依据契约，结合起来，建立政府。因此，政

① 《神圣家族》，见《马克思恩格斯全集》第二卷（人民出版社 1957 年版），第 163—164 页。

府是建筑在臣民同意的基础上的,臣民有“与生俱有的”自由和“不可剥夺的”权利,特别是私有财产的权利。因此,政府应当使臣民充分享受这些权利,否则他们有权反对政府,起来革命。

洛克的政治理论充分反映1688年的阶级妥协。它对后来的思想家如法国的孟德斯鸠、卢梭、狄德罗,以及美国的杰斐逊等,产生巨大影响。

2. 自然科学的发展 牛顿 17世纪初年,英国科学界有两大发明与发现:一是奈比尔发明了对数表,一是哈维发现了人体内的血液循环。哈维的发现(1628)为现代生理学和医学建立了基础。

在17世纪早期,一般人往往把科学研究与巫术等同起来。1619年,当牛津大学设立几何学和天文学教授职位的时候,不少“上流社会”人士相约不送子弟入学,免得沾染上歪理邪说。但是,在培根学说的指导之下,实验科学已开始进行,同时欧洲大陆的科学家如意大利的伽利略、德意志的克卜勒等,在英国发生影响。1662年,皇家学会在伦敦成立,它是科学研究、调查与通讯的中心。格林威治的天文台也建立了。皇家学会创始人之一,罗伯特·波义耳(1627—1691)提出关于压力与气体体积关系的定律,为气体静力学奠定基础。当时最大的科学家是曾任皇家学会会长的牛顿(1642—1727)。牛顿对数理科学产生了三大贡献:万有引力定律,微分学,光谱学。但是,由于世界观的局限,牛顿的科学理论充满着唯心主义的错误。例如,牛顿以为空间和时间是和物质脱离的;又如,牛顿以为天体运行的原动力是上帝,上帝推动了行星,使它们围绕着太阳而旋转,等等。

18世纪英国诗人们对牛顿的阳光分析最感兴趣。他们怀着孩子般的心情欣赏三棱镜显示的七彩虹霓。牛顿逝世时,诗人蒲伯致了悼词，悼词中有两行说："自然与自然的规律隐藏在黑夜里；上帝说，让牛顿出世，于是阳光普照大地。"

17至18世纪的科学还不能历史地对待各种自然现象，当然更不能辩证地理解自然现象。正因为如此，非生物科学有较大发展，而生物学进步很慢，社会科学也还没有建立。

3. 弥尔顿和英国革命 英国革命时期的代表作家是约翰·弥尔顿(1608—1674)。在革命快要爆发的时候，他正在法国、意大利、瑞士等地旅行。听到消息，赶回祖国，献身于反对君主政体的斗争，从事于政论文字的写作。在革命发展的过程中，弥尔顿接近了独立派，并支持他们争取共和国的斗争。1649年查理一世被处死后，国内外反动派对革命政权进行诬蔑，并散布谣言，把查理二世当作"神圣君主的偶像"。弥尔顿发表了题为《偶像破坏者》的小册子，指出：人民完全拥有废除和处死暴君的神圣权力。共和政府成立后，弥尔顿担任拉丁语秘书(弥尔顿的拉丁语在欧洲享有盛名)，主管国际性文件。当时欧洲反动作家继续为专制王朝辩护，并进行煽动。弥尔顿于1651年和1654年先后写了《为英国人民声辩》和《再为英国人民声辩》两本册子。在写作过程中，因劳累过度，双目失明，但他毫无怨意。他说："为保卫自由，为完成全欧闻名的崇高任务，我才累得失明。"

在斯图亚特王朝复辟时期，弥尔顿虽然遭到迫害，但也没有向君主政体妥协，他创作了长诗《失乐园》(1667)、《复乐园》(1671)和悲剧《力士参孙》(1671)。在《失乐园》和《力士参孙》中有反抗者的光辉形象。但是他的共和主义者思想往往和清教徒的顺从思想发生矛盾。此外，他所谓人民乃是中等阶级，即资产阶级和新贵族。他不能从独立派的政治观点更进一步，这是他的局限。

第五章

18世纪的英国 工业革命的开始

一 议会政治：政党、内阁、首相

1. **资产阶级政治机构** 1688年政变后50年中，英国渐渐形成了一整套议会政治机构。这机构有三个特点。第一个特点是：两个政党（辉格党与托利党）控制议会，轮流执政。从1688年到1761年，除很短一段时间（1710—1714）以外，都是辉格党居领导地位。大体而言，辉格党代表金融和商业资产阶级上层的利益，托利党代表资产阶级化的大地主利益。但是各种资产（土地的、金融的、商业的）是互有联系的，就是同一个家庭，甚至同一个人，往往有各种形式的资本，因此两党之间的界限是不明确的，而政党斗争常常是为了争权夺利，而不是为了什么原则。有时一个党分成几个派系，有时两个党的某些派系联合起来控制政府。执政的集团叫做“执政党”，其他派系就联合起来，组成所谓“反对党”或“在野党”。

第二特点是内阁制的形成。内阁原属枢密院，最初出现于 17 世纪后期，当时是国王的咨询机构。但在威廉三世和他的继位者女王安妮（1702—1714 在位）时代，内阁成员一般是由议会里多数党的领袖中选任。乔治一世（1714—1727 在位）沿用旧例。乔治原是德意志汉诺威选侯，关心欧洲大陆的政局，而不熟悉英国情况，又不会讲英语，因此不出席内阁会议。实际上，当时国王在内阁已经不能起决定性作用了。乔治的这一做法后来变成一个宪法先例。内阁不再是国王的咨询机构，而是议会的执行委员会，不向国王负责，而向议会负责。这就是所谓“责任内阁制”。

第三个特点是乔治一世和乔治二世（1727—1760 在位）时代产生的首相制。当时最有势力的大臣是罗伯特·渥尔波尔（1676—1745）。渥尔波尔依靠大资产阶级和大地主的支持，长期在内阁担任首要职务（1721—1742）。他是辉格党的领袖，议会多数党的领袖，同时又是内阁的领袖，对于不听指挥的内阁成员逐一排挤，组成了以他自己为核心的统治集团。在 30 年代初期，他为了保护土地主的利益，把土地税减收一半，同时开征食盐的间接税，以资弥补，引起广大人民的不满。1733 年，他又向议会提出增收烟草、酒类等间接税的法案。托利党坚决反对，人民群众拥至议会大厦，进行示威，内阁内部也发生分裂。渥尔波尔迫于形势，撤回法案，但事后他把敢持异议的内阁成员进行排挤，一日之内撤了六个显贵。这一做法又变成了一个宪法先例。从此以后，议会里多数党的领袖担任内阁首相，而首相领导的内阁成为资产阶级统治国家的政治机构。

2. 腐朽的议会政治 分赃制度 议会名为代议机构，实际上只代表一小部分人的利益。上议院是由上层贵族和主教等高级神职人员组成，主教由政府指派，而贵族是世袭的。至于下议院的议员，名为由选举产生，但大部分实际上是由各地豪绅指派。在18世纪中叶，725万人口中只有15万人有选举权，而在513个议员中几乎有一半是由“衰败选区”产生。所谓“衰败选区”是人口稀少的居民点，它的选举一般由贵族地主包办。在18世纪末年，下议院议员中有245个议员是由128个贵族指派而来的。

议会席位不但可以指派，也可以操纵和贿赂。进步作家如亨利·菲尔丁（1707—1754）、奥利弗·哥尔德斯密斯（1730?—1774）等曾有形象的描绘。哥尔德斯密斯在他的《世界公民》里谈到1761年4月间伦敦地区的竞选。场面十分热闹，像过节一样，而大吃大喝则有过之而无不及。候选人的合适与否不取决于才能的高低，而取决于款客的丰啬，取决于牛排与白兰地酒的分量。党与党争，派与派争，人们喝醉了酒，还大打出手，好像在演一出闹剧。

不但选票可以操纵和贿买，议员也可以操纵和贿买。这种坏风气早就流行，但在渥尔波尔当政时期达到顶峰。渥尔波尔是一个典型的资产者，爱财富、爱禄位、爱权威，对道德或品行表示极端鄙夷，他也毫不掩饰他的观点。他曾指着一群议员说，“所有这些人都有身价。”他精确地知道每一位议员的身价，并按他的身价，恰如其分地进行收买。他掌握一笔特种款项，可以用来收买足够数量的议员在议院里听他指挥、给他支持。在渥尔波尔当政的二十多年中，贪污腐化变成了一种制度。18世纪前半期是讽刺诗特别流行的时期，而道德败坏与贿赂公行是讽刺诗的主要题材之一。

1688年政变以后，资产阶级化的土地贵族和出身于金融家和商人的资产阶级,就运用这样的政治机构和政治手段来进行他们的寡头政治。

二　原始积累的加速:银行、国债、圈地运动

1. **英格兰银行　国债**　1688 年政变后确立的君主立宪制度以及政变后形成的议会政治体系,加速了原始积累的过程。

1694 年,一些富商借给政府 120 万英镑,年息 8 厘,政府给予他们创办银行的特权,于是英格兰银行成立。该行除经营一般金融业务外,并取得发行纸币的垄断权,渐渐成为政府财政方面的代理机构。银行的建立引起资本流通,扩大信贷业务,对工商业发展起了促进作用。银行股东发财致富,并通过银行控制政府的财政。于是渐渐产生金融家和专靠利息吃饭的阶层,就是近代的银行统治集团。

在英格兰银行建立的时候,国债制度已经形成。1693 年 1 月,威廉三世的政府根据财政大臣蒙塔古德建议,借债 100 万英镑,并规定 1700 年前年息一分,以后年息 7 厘。这种债务叫做“国债”(或称公债),这是国债制度的开始。政府为了按期支付利息,增加啤酒的消费税。国债与日俱增。1697 年国债增至 2100 万英镑,1702—1713 年间增至 5300 万英镑。从 1716 年起,政府每年须支付 300 万英镑的利息,于是不得不加重间接税,而间接税是由广大人民负担的。这办法实际上等于财富的转移 ,从人民的手里转移到资本家的手里。

国债债券持有者不仅可由债券取得利益，而且可以用债券作为担保进行企业活动，并可利用债券进行金融投机，直接从货币中取得货币。1720年的南海公司事件是一个典型例子。南海公司成立于1711年，其股本为950万英镑的国债券，每年从政府收利息6厘。公司专营西班牙所属美洲殖民地的贸易，特别是贩奴贸易。1719年，公司贷给政府50万英镑，同时发行价值50万英镑的股票。股票实售所得为五十七万二千英镑，因此一转手间公司净赚七万两千万英镑。1720年，公司与政府达成协议，承担偿付3000万英镑的国债，每年向政府收利息5厘，同时发行价值3000英镑的股票。公司大肆宣传，于是购买股票成为热潮。票额猛涨，一个月间提高9至10倍。不久人们发觉受骗，纷纷抛出股票，股票跌至票面价格以下，全国哗然，不少人由此倾家荡产。事后发现，政府显然参与投机，并曾经接受50万英镑的股票。人们说，南海公司好像一个肥皂泡，一碰就破。因此，这一丑恶的投机事件在历史上叫做“南海气泡”。

马克思说：“公债成了原始积累最强有力的杠杆之一。”[①]

2. 圈地运动 与自耕农的消灭 原始积累的另一方式是14世纪中叶开始的圈地运动。但是18世纪的圈地和以前圈地有所不同。首先，18世纪圈占的土地不仅用来作为饲养绵羊的牧场，而且也用作耕地。其次，以前圈地主要取决于个别人的暴力行为，政府虽全力干涉，还颁布许多禁止和限制圈地的法令。在18世纪，圈地者得到议会的支持，于是法令明显地成为盗窃民众土地的工具。

圈地手续一般如下。首先，圈地者（主要是大地主）召集有关教区的土地所有者，举行会议，提出圈地建议，由会议讨论表决。但表

① 马克思：《资本论》第一卷（人民出版社1956年版），第953页。

决时计算票数，不按人口，而按土地面积，因此圈地建议容易通过，遇有反抗，即用威逼或利诱方式，强制执行。会议后，圈地者向议会递交请愿书。议会原是大地主、大资产阶级的代表，对请愿书一般都予以核准，并任命 3 至 5 人为委员，前往有关教区进行具体工作，所需费用由圈地者和农民分别摊派。农民有时得到一些现款，有时得到一块新土地，作为补偿。但是，现款极其有限，而新土地须有额外资金才能开垦。此外，农民还丧失了利用公共土地作为牧场的机会，因此往往被迫卖出牲畜，结果以彻底破产而告终。

1700—1769 年间，议会共颁布 208 件圈地法令；1760—1801 年间，圈地加速，议会共颁布两千件法令，所圈公社和非公社土地达三百四十九万二千亩。在这期间，破产农民曾一再起来反抗。例如 1767 年在兰开郡、1771 年在林肯郡、1772 年在埃塞克斯郡都曾发生骚动。但都因行动分散，均被镇压。圈地运动一直继续到 19 世纪中叶才基本结束。这样，大量土地从一个阶级转移到另一个阶级。成千上万的小农被赶走了。马克思写道："大约在 1750 年，小农制消灭了。18 世纪最后 10 年间，农民共同所有权的最后痕迹也消灭了。"①

这运动的一个后果，就是资本主义农场的发展。英格兰出现了许多大型农场和牧场。于是英国从一个小土地占有制占优势的国家变成了一个集中的资本主义农业国。地主把土地租给资本主义企业家，企业家雇佣农业工人（即雇农），选择品种，改良农具，改进操作方法（轮耕、深耕、人工施肥等），于是产量提高。农场的发展是和工业城市的发展相适应的，农场可以把原料和粮食供给城市。

① 马克思：《资本论》第一卷（人民出版社 1956 年版），第 913 页。

另一个后果是劳动后备军的出现。农场还消纳不了被剥夺土地的全部农民。因此,英国出现了大量的可供工业使用的廉价劳动力。

还有一个后果,是国内市场的扩大。农民群众被剥夺了生产资料,就必须从市场上购买粮食与日用必需品。同时农场主及资本主义企业家也必须从市场购取生产资料,如农具、人工肥料,以及消费资料等。

资本主义农场的发展、劳动后备军的出现、国内市场的扩大等,这些都为18世纪60年代开始的工业革命创造了条件。

三　对外掠夺和向外扩展

1. 对爱尔兰的压榨　刑法和商法　殖民地掠夺仍是资本原始积累的一个重要来源。邻近的爱尔兰继续受到压榨。

在斯图亚特王朝复辟后,虽然爱尔兰的议会得到恢复,但是克伦威尔侵略时所没收的爱尔兰地产没有归还原主。在詹姆士二世时期,爱尔兰的天主教徒得以在市政和军队担任职务,但爱尔兰仍是英国的殖民地。威廉和玛丽即位后,爱尔兰爆发了新的起义,企图摆脱英国的政治和经济统治。詹姆士二世在法王路易十四的帮助下,秘密前往,想利用起义来恢复自己的王位。威廉以征讨天主教叛乱为名,出兵4万人,入侵爱尔兰。爱尔兰人英勇抗击,直至1691年10月才被迫投降,签订《里麦里克条约》。按照条约,爱尔兰起义者应予赦免,其原有财产应予保护;爱尔兰人信教自由,天主教徒不受歧视,等等。但是,不久英国议会撕毁条约,将全部天主教神职人员驱逐出境,对起义的天主教徒剥夺其财产,并宣布3900多人不受法律保护。威廉三世在位期间,还没收了170万英亩的爱尔兰土地,分给宠臣。此外,还有一系列的法令,进行宗教迫害。信仰天主教的爱尔兰人不准拥有一匹价值5英镑的马,不得置买地产,租地不得超过31年,不准当律师、法官或警士等,这些叫做"刑法"。在威廉三世时期以及在整个18世纪,爱尔兰是掌握在信仰新教的英国地主手里的。这些地主通常不在爱尔兰居住,每年从爱尔兰收取高额地租,拿到英国去享用或从事企业活动。

除了刑法而外,还有所谓"商法"。为了英国的利益,爱尔兰的工商业和农业的发展受到严格的限制。按照1696年和以后的法令,英国的其他殖民地不得向爱尔兰输送任何物资;同时,爱尔兰虽然向其他殖民地贩运粮食,但运粮船只只准空着回来。爱尔兰不准向英国输送英国自己生产的东西,如畜牧、玻璃、呢绒等。同时,爱尔兰货物输往英国,需缴重税,而英国货进口则一律免税。这样一来,爱尔兰没有什么海外市场了,只能向欧洲大陆输送一些粮食,或从事羊毛走私。当时最有才华的爱尔兰作家乔纳森·斯威夫特(1667—1745)曾经说过:"大自然慷慨地把许多方面的港湾赐予这个国土,但是这些港湾只能被关在地牢里的人当作优美的风景来欣赏。"

但是,英国的殖民活动早就不限于邻近的爱尔兰。在伊丽莎白时期,英国战胜了西班牙的无敌舰队,摧毁了西班牙的优势,成为一个海军强国。在17世纪,迫使荷兰接受《航海条例》。从17世纪后期起,英国的劲敌是法国。在威廉和玛丽继位以后,英国联合荷兰,与法国交战,以制止法王路易十四的野心,并建立自己的海上霸权。

2. 西班牙王位继承战争 1701年,西班牙国王查理二世去世,没有后嗣。根据遗嘱,西班牙王位应归路易十四的孙儿菲利普。路易十四把菲利普扶上西班牙王位,占领西班牙属地荷兰的边塞,并且宣称,法国在西班牙的南美洲属地将得到最惠国的待遇。英国资产阶级怕失去与荷兰及西属美洲殖民地通商的便利,同时又怕法国强大之后会影响"光荣革命"的成果。因此,同荷兰、奥地利等一起在大陆上、在海上、在殖民地对法国和西班牙作战。1713年,战争结束,订立合约。英国在欧洲获得了控制地中海的直布罗陀要塞和密诺卡岛;在美洲得到诺瓦·斯科西亚、纽芬兰,以及在哈德逊湾附近皮毛贸易区的经商权。另外,根据与西班牙订立的特别条约,英国商人有权在西属美洲垄断贩卖黑奴的贸易,并在巴拿马经商。

奴隶贸易是英国的一大财源。有两个公司,皇家非洲公司和南海公司,专做这项生意。有好几个港口,特别是利物浦,因为这个生意而兴旺起来。1771年,英国贩奴船只达190艘,所载奴隶达四万七千名,其中二万九千名是由利物浦商人经运。贩奴船只满载兰开郡的棉织品开往非洲,换取黑人,驶回利物浦;然后加运棉织品,运往美洲和西印度群岛,出售黑人,并出售黑人服装所需用的棉织品。船只返回英国时,满载烟草、蔗糖、特别是北美南部各州利用黑人廉价劳动力而生产的棉花,为兰开郡的纺织业供给原料。

3. 七年战争中对印度的掠夺 从18世纪40年代起,英国参加欧洲大陆国家争夺王位、争夺领土的战争。在1740—1748年的奥地利王位继承战争中,英国与荷兰站在奥地利一边,对普鲁士、西班牙、法国作战。在1756年至1763年的七年战争中,英国放弃了旧日同盟奥地利而和普鲁士站在一起,对奥地利、俄罗斯、法国作战。

在两次战争中，它都和法国站在敌对地位，目的在和法国争夺印度和北美洲的殖民地。

印度从16世纪初年起，由莫卧儿王朝统治，原有的各独立王国由总督或王公治理，德里的莫卧儿王庭曾盛极一时。后来王朝衰落，到了17世纪初，莫卧儿皇帝已无力统治全印度，各地王公和总督各自称霸。这时葡萄牙人和荷兰人相继侵入，英国殖民者亦接踵而至，1600年成立的东印度公司成为侵略印度的主要工具。公司从印度收购香料、棉织品、丝织品、蓝靛、黄麻等，运往欧洲市场，获取厚利；公司职员乘机掠夺，发财致富。于是英国出现了一批从印度回来的富翁，叫做“奈波勃”。[①] 其中有不少人从无名小卒一跃而成为政治舞台上的显要。渥尔波尔之后第一个有名的内阁大臣威廉·庇特（1708—1778）就是一个奈波勃的孙子。

18世纪初年，东印度公司占有印度西海岸的孟买、东海岸的马德拉斯和东北部的加尔各答。这时葡萄牙和荷兰的殖民地活动日趋衰退，英国的劲敌是法国。法国殖民者在路易十四时代也设立东印度公司，在加尔各答附近的昌德那哥儿和马德拉斯东南80英里的雇迪契里建立据点，并在印度洋占据毛里求斯岛作为海军基地。两个东印度公司利用印度封建内讧来扩大自己的殖民地，与当地王公分别结成联盟，订立条约，并各自按照欧洲方式，就地训练和组织雇佣军。两个公司进行激烈竞争。

18世纪中叶，法国殖民者企图在印度中南部和东南部建立优势，于是与英国殖民者发生冲突。1751年，英国东印度公司的青年职员罗伯特·克莱伍（1725—1774）率领一团军队占领卡尔纳迪克

① “奈波勃”（nabob）是印度语，原意为王公、总督。

的首都亚科特，并击退法国人的进攻。这时英国东印度公司在印度最富饶的孟加拉地区也不断扩张其势力，并对印度职工和手工业者进行残酷剥削。1756 年，公司在加尔各答修建堡垒。孟加拉土帮主西拉杰·道拉抗议无效，于是出兵收复加尔各答，并驱逐英国殖民者。公司乘机发动侵略战争。1757 年 1 月，克莱伍从马德拉斯统率军队进攻孟加拉，重新占领加尔各答，并于 6 月在普拉赛战役中击败西拉杰·道拉的抵抗。然后扶植一个傀儡为孟加拉土帮主，但是孟加拉的真正统治者是英国东印度公司。公司给傀儡政府付了一定数量的款项以后，就在全邦 42 县征收土地税，并把税款据为己有。

英国殖民者在占领孟加拉之后，实行最野蛮的抢劫。东印度公司的金库增加了 3700 万英镑的贵重物品，公司的高级职员捞到了 2100 万英镑的财宝，克莱伍（后任孟加拉总督）掠夺了价值 20 万英镑的黄金和宝石。

在侵占孟加拉的同时，英国殖民者也在卡尔纳迪克与法国殖民者进行争夺。1760 年，包围庞迪契里，后又迫使法军退出堡垒，并将堡垒夷为平地。

马克思写道：“七年战争使东印度公司由一个商业强权变成了一个军事的和拥有领土的强权。正是那个时候，才奠定了现时的这个东方不列颠帝国的基础。”①

4. 七年战争中对北美殖民地的掠夺 在 18 世纪中叶，英国在北美洲除大西洋沿岸的 13 个殖民地外，还有诺瓦·斯科西亚和纽芬兰岛。法国占有两块主要殖民地，一块为沿着圣罗梭士河的加拿

---

① 《东印度公司，他的历史与结果》，见《马克思恩格斯全集》，第九卷（人民出版社 1961 年版），第 168 页。

大，另一块为密西西比河口的路易斯安那。英法两国对殖民地颇多争执。首先，诺瓦·斯科西亚与加拿大之间的边界线尚未划定。其次，俄亥俄河上游和伊利湖南岸的土地应属哪一国家，尚待明确。再次，密西西比河流域的广大盆地，更让两国殖民地者所垂涎。法国授权加拿大总督杜肯在俄亥俄流域建立一连串的堡垒，企图把加拿大和路易斯安那连成一片，并阻止英国殖民势力和贸易活动向西扩张。为了达到这一目的，在阿巴拉契亚山脉的唯一过山路线的西端，建筑堡垒，叫做“杜肯堡”。英国殖民地坚决反对这一计划，于是在俄亥俄发生冲突。

1753 年，战争爆发，英法两国政府都出兵援助殖民地民兵。英国政府特别积极。当时主管英国外交和军事的是威廉·皮特。皮特认为，夺取美洲殖民地，不在美洲而在德意志。政府采用皮特的策略，尽力资助德意志，使其在欧洲大陆有力地牵制法军，以便使用大部分力量，进行殖民地战争。

战争初期，法国取得优势。1755 年 7 月，英国派布莱多克将军进攻杜肯堡，途遇伏兵，伤亡惨重。皮特煽起英国殖民者的沙文主义情绪，募集大批军队和大量款项，同时把武器、弹药、军需品供给殖民地，并派遣军事人员前往指挥作战，调动海军，实行封锁，以切断法国通往殖民地的运输线。

1758 年，英国殖民地军队攻克“大西方之锁钥”的杜肯堡。1759 年，把军队分城三路，向加拿大进军。其东路一军，配合舰队，从圣罗棱士河口上驶，进击魁北克。沃尔夫将军的军队，在一系列的战役中，蹂躏加拿大，终于于那年 9 月占领魁北克。次年 9 月，又占领蒙特利尔。这时阿巴拉契亚山脉与密西西比河之间的广大土地也落到英国殖民者的手里。

1763年,双方订立《巴黎条约》,结束了印度和美洲的战争。英国获得了许多利益:一、法国割让加拿大以及它在密西西比河以东所有的土地(新奥尔良除外);二、法国放弃西印度群岛中的四个岛和它在非洲的殖民地;三、参加这次战争的西班牙割让佛罗里达以及它在密西西比河以东的土地;四、法国同意它在印度的殖民地不再设防,并承认英国在卡尔纳迪克①和德康两地所扶植的印度王公。

这样,英国成为最强大的殖民主义国家。

四　工业革命的开始

1. 工业革命的各项前提　工业革命(或译为"产业革命")不是指资本主义的出现,因为英国的资本主义早就产生了。工业革命是指资本主义从工场手工业向机器工业的过渡。

上面已经提到工业革命的一些前提:资本的积累;资本主义农场的发展;国内外市场的扩大;劳动后备军的出现。此外,还有一个前提,即手工业制造的发展。

为了满足日益增长的需要,生产必须更好地组织起来。于是在生产过程中,分工与配合逐渐科学化了。例如:生产扣针有18道工序。如果一个工人单独工作,每天最多只能做20个。但是10个人一起做,每个人做一道或几道工序,那么一天可以做四万八千个扣针。把各种不同的操作予以合理的分工与配合,就可以增加产量。

① Carnatic是南印度中央高原Dekken的一个地区。

生产过程中的合理分工与配合,就是采用机器的必要条件。

英国的情况正是这样。在工业革命前夕,分散的和集中的手工业工场,是占统治地位的生产组织形式。在这些工场里,分工日益发达,生产过程分成许多简单工序。以毛纺织为例:第一类工人清洗皮毛,第二类工人将毛纺成毛线,第三类工人用毛线织成呢料,第四类工人把呢料染成各种颜色。这些工作,有的是在工人家里做的,有的是在作坊里做的,毛纺织业的织和染,通常是合并在一个作坊里进行。生产过程越分越细,每一工序越来越简单。因此,后来就能使用机器来完成这些工作。这样,手工业工场发展的进程就为使用机器的大工厂做好了准备。

但是必须指出:工业革命并不纯粹是技术革命,它有它的各种社会和经济的前提。英国的工业革命比别的国家早,因为它为机器的出现具备了各种最有利的条件。

2. 手工工业向机器工业过渡 当时英国最发达的工业是毛纺织业,但是机器的采用是从棉纺织业开始的。这是因为棉纺织业在英国还是一个新兴工业,受到政府和行会的限制比较少,新技术的推行比较容易,而且棉纺织品比毛纺织品低廉,需要量比较大。

棉纺织业的主要操作是纺纱和织布。棉布需要量的增长促进了织布技术的改进。1733 年,机械师约翰·凯伊发明了飞梭,把织布生产率提高将近一倍。这一发明推动了纺纱技术的改进。1765 年,织工詹姆士·哈格里夫斯发明"珍妮"纺纱机,[①]1767 年制成第一批,每架珍妮机可以完成 6 个至 8 个工人的工作。但这机器是手摇的,而且纺出来的纱细而不结实。1769 年,理发师阿克莱特窃取别人的

① 珍妮是哈格里夫斯女儿的名字,也有历史家说是他妻子的名字。

主意,安装水力纺纱机,1771 年在曼彻斯特建立英国第一个纺织厂。这水力机也有缺点:它纺的纱虽然结实,但非常粗。1783 年,青年工人克隆普顿吸取珍妮机和水力机的优点,另制一种机器,当时人们因为它“非驴非马”,把它叫做“纺驴”。纺驴能生产又细又结实的纱线,织工感到满意。纺纱过程的改善使织布工作显得落后。1785 年,卡特莱特发明自动织布机,把织布速度提高将近 40 倍,于是纺织工业大为发达。1771 年,英国只有一个纺织厂,到了 1788 年,有 140 个纺织厂,有 20000 多架珍妮机,另有 550 架纺驴,每架纺驴有 90 个纱锭。

18 世纪以前,棉布系进口货,是一种奢侈物品。18 世纪初年,议会为了保护毛纺织业,曾禁止棉布进口。可是一般人民还是喜爱棉布,而且棉布有海外市场,例如西印度群岛。棉纺织业的发展不但满足了这一需要,也刺激了棉花贸易。英国的棉花进口,在 1771—1775 年间,平均每年 500 万磅;1781—1785 年间,增至 1090 万磅。

最初的机器是木制的,后来改用铁制,这就推动了冶炼工业的发展。原先炼铁,都用木炭,砍伐了不少木材。1735 年,铁匠亚伯拉罕·达尔贝改用焦煤。但是焦煤不易燃旺,于是鼓风炉出现了。1784 年,柯尔特用矿物性燃料把生铁炼为熟铁。采矿、冶金等工业跟着前进。这样,木炭的时代迅速过渡到煤铁的时代,重工业开始发展。

最初的车床是用水力发动的,因此机器工厂必须沿着河流建筑。到了冬天,河水结冰,工厂不能开工。因此,必须制造一种万能发动机,即不受地点限制,也不受季节影响。1763 年,苏格兰格拉斯哥大学仪器制造员詹姆士·瓦特(1736—1819),开始在煤矿抽水机的基础上进行改造。1769年制成第一台蒸汽机，用来作为煤矿抽水和铁厂鼓风的工具。瓦特继续工作，不断改进，于1784年制成联动蒸汽机，开始在纱厂应用。蒸汽机成为推动纺织业和其他工业的潜在力量。

这些技术上的发明，不完全由于这个或那个发明家的聪明才智，而是由于客观上迫切地需要不断增加生产，发明家才概括了许多劳动者的集体经验，发挥自己的创造能力，制造工具，改进技术。

3. 工业无产阶级的形成 新的机器的采用产生了工业革命时期的特有机构，就是把蒸汽机作为动力的工厂。工厂一个接着一个地建立起来，在1800年左右，英国已有几百家工厂。在生产煤铁的地区，涌现了新的工业中心，如曼彻斯特、伯明翰、利物浦等。大量人口向那些地区移动，于是英国的经济地理面貌发生变化。

机器对生产发展起着巨大作用，但是资本家却用来加强对工人的剥削。资本家占有工厂和生产工具，是工业中至高无上的主人。他们雇佣工资低廉、并容易驾驭的人，特别是女工和童工。女工和童工的数量往往超过男工。例如1788年，在英国142个纺纱厂里，女工有三万一千人，童工有三万五千人，而男工仅二万六千人。资本家可以任意解雇要求增加工资的人，另雇被迫为低工资而工作的人。工人为了维持最低生活，每天必须在恶劣的劳动条件下工作14至17小时，星期日不得休息，不到40岁就已丧失劳动能力。工厂区域也就是贫民窟的所在地。工人面临着失业、饥饿、疾病、残废、死亡等威胁。

就在这时期，工业无产阶级开始形成。恩格斯指出：这个工业革命的最重要的产物是英国无产阶级。[1] 最初，他们还不知道受苦的原因。他们没有理解他们贫困的真正原因不在于机器本身，而在于资本主义的生产关系。他们反对削减工资，反对恶劣的劳动条件，于是与破产的手工业者在一起，捣毁机器，焚毁厂房。据说，第一个采取这行动的是莱斯特城一个叫做"拉德 (Lud) 的工匠"。因此，破坏机器的人叫做"拉德党人"。拉德运动是近代工人运动的最初形式。1769 年，议会为了保护资本家的利益，颁布了一套"惩治暴乱"的法令，用囚禁和死刑来威吓工人。但是拉德运动还是此起彼伏，而且规模愈来愈大，一直延续到 19 世纪初年。

除了破坏机器运动而外，采矿业和纺织业中已开始出现罢工运动，偶尔也迫使企业主做出了一些让步。到了 90 年代，开始组织职工联合会 (工联)、工人协会。这是英国工人运动的开始。

4. 工业资产阶级与激进思想　工业革命也引起资产阶级内部的分化。一直到工业革命前夕，资产阶级中占主要地位的是金融界和商业街的巨头，他们和资产阶级化的大地主结成联盟，成为辉格党人长期执政的基础。工业革命开始以后，工业资产阶级随着成长，成为一股新的政治力量。

1760 年，乔治二世的孙子乔治三世 (1760—1820) 即位。辉格党由于不得人心，也由于内部分裂，走向衰落和瓦解。乔治三世依靠托利党右翼，建立"国王之友"集团，先后任命自己的亲信布特、格伦维尔、诺斯等为首相，企图恢复君主专制制度，改变 70 年来国王统而不治的局面。"国王之友"集团运用渥尔波尔时代的贿赂制度

---

① 参阅《英国工人阶级状况》，见《马克思恩格斯全集》第二卷 (人民出版社 1957 年版)，第 296 页。

与分赃办法,取得议会支持,勉强维持了20年的统治。在这20年中,出现了一系列的政治运动,直接或间接地代表工业资产阶级的利益。

1763年,发生维尔克斯事件。那年下议院议员约翰·维尔克斯在他的小型报刊《北不列颠人》上尖锐地批评乔治和他的政府。威尔克斯被捕入狱,后又被迫流亡。这事件发展成为一个要求公民基本权利的斗争。“威尔克斯和自由!”这句话成为伦敦许多大会的标语。1768年,威尔克斯回国,伦敦的中塞克斯选区继续选他为议员,议会拒绝接纳,不久他又被捕入狱。伦敦群众在争取自由的旗帜下举行反政府的示威大会。大会参加者除工业资产阶级外,有小资产阶级和工人,遭到军队袭击,死六人,伤多人,历史上称为“圣乔治广场屠杀事件”。接着发生一连串半政治性和半经济性的罢工,并由伦敦蔓延到其他各郡,远达兰开郡和约克郡。不久,一个熟悉政治内幕的匿名作者,发表《仇纽斯通信》(1769—1771),以极其辛辣的笔调,揭露政府和议会的腐败无能。乔治三世和“国王之友”集团的统治压迫群众,不得人心,引起普遍的愤怒。

当时的普遍呼声是改革选举制度和扩大选举权。这是符合工业资产阶级利益的,因为他们还没有取得议会的席位。18世纪60至80年代是英国政府加紧压迫北美殖民地并和北美殖民地进行战争的年代(详见下章)。在这些年代,资产阶级的激进思想继续发展,激进思想的团体如权利法案协会、宪政报道协会、伦敦革命协会等,不断出现。当时占统治地位的土地贵族和金融资产阶级上层坚决反对国家制度的任何改革,但是工业革命开始以后,社会阶级结构已发生剧烈变动,这一变动决定以后的政治发展。

5. 新托利党 小皮特 1783年，由于反对北美殖民地的战争遭到彻底失败，“国王之友”内阁垮台，乔治三世恢复专制统治的迷梦也就破灭，国王又恢复到“统而不治”的地位。后继执政者是威廉·皮特的儿子小威廉·皮特（1759—1806）所领导的新托利党（又名“少壮”托利党）。在18世纪末和19世纪初，小皮特前后当了19年首相（1783—1801，1804—1806）。

新托利党和老托利党的不同之处，在于它进行了一些改造，对工业资产阶级做了若干让步，借以弥补资产阶级内部的分歧并维持土地贵族的政治地位。1784年，小皮特在对印度的管理问题上做了一些变更。英国在印度的领地一向被认为是东印度公司的财产。1753年起，东印度公司的势力不断扩大，1783年起，莫卧儿帝国被迫承认其统治者的地位。总督沃伦·黑斯廷斯横征暴敛，为所欲为，公司职员掠夺致富，臭名远扬。1784年，小皮特提出《印度法案》，由议会通过。根据法案，英国的印度领土仍由东印度公司治理，但同时另由国王任命6人组成一个管理机构，对东印度公司事务进行监督。1785年，为了争取工业资产阶级的支持，小皮特提出议会改革法案，建议扩大选民范围。又建议从36个“衰败选区”撤销72个议会席位，就州郡及人口较多城镇进行分配，但取得议会席位的州郡或城镇应对被夺议会席位的城镇按照时价给予补偿。由于大土地贵族的坚决反对，也由于工业资产阶级不同意补偿办法，议案没有通过，小皮特也没有坚持下去。

1786年，小皮特政府和法国缔结新的商约。英法两国同意各自降低关税，以利物资交流。于是法国的酒类输入英国，而英国的工业品如布匹、金属制品、瓷器、玻璃等大量涌进法国市场。这对英国的工业资产阶级是有利的。

小皮特进行的改革巩固了资产阶级和土地贵族的联盟。但是他毕竟不是一个社会的或政治的改革者。从18世纪90年代起,在法国革命和拿破仑战争时期,他成为英国反动统治的首脑。

五　英国的启蒙运动

1. 英国启蒙运动的几个特点　在许多国家的思想史上,有一个时期叫做“启蒙运动时期”。就英国来说,那是18世纪,或者说得确切一些,从1688年政变起至法国革命的前夕。恩格斯指出:“启蒙运动者的基本精神是理性主义。他们不承认各种外界权威,要求一切合乎理性,他们从理性主义的原则出发来审判传统的宗教、自然观、社会、国家制度等,并指出哪些是合理的、可以保留的;哪些是不合理的、应当抛弃的。”[①] 列宁指出:“启蒙运动是资产阶级社会的进步阶层反对封建、反对封建残余的斗争。”[②]

从启蒙运动的发生来看,英国走在许多国家的前面,而且曾给许多国家以有益的影响。但从启蒙运动的发展来看,英国又远远逊色于其他国家,例如法国和俄国。17世纪不彻底的资产阶级革命对英国的精神生活和文化发展,明显地打上了妥协性、保守型的印记。

18世纪英国哲学的主要阵地给唯心主义者占领了。贝克莱主

① 《反杜林论》(人民出版社1956年版),第13—14页。

② 《我们究竟拒绝什么遗产》,见《列宁全集》第二卷(人民出版社1959年版),第443—445页。

教（1684—1763）提出了主观唯心主义的理论，命题为：“存在是被感知”。另一唯心主义者休谟（1711—1776）又把贝克莱的学说推向不可知论。这些是当时资产阶级的反动思潮。跟这些思潮进行斗争的是各种具有唯物主义倾向的学说，其中流行比较广泛的是自然神论。自然神论者认为神是存在的，神是宇宙的创造者；但又认为神并不干预人的事情，也不干预自然界的事情；世界被创造出来以后，就按照自己的客观规律发展，不再受神的干预。自然神论者继承洛克的关于理性和经验的学说，攻击正统宗教及其不合理的教义，从而给宗教以有力的打击。自然神论者之中比较突出的是爱尔兰人托兰德（1670—1722）。他很早就说教士是最可怕的腐蚀人类灵魂的灾祸，后来又提出许多极有价值的唯物主义论点。他认为物质是唯一的实体，而运动是物质的属性，是它的本质不可缺少的特性，从而驳倒了唯心主义者的“运动是神赋予物质”的理论。

在18世纪的英国，自然神论者是被压制、被迫害的对象。他们的著作往往被淹没而不彰，只有在马克思列宁主义的哲学史里，才得到应有的地位。马克思和恩格斯指出：“自然神论——至少对唯物主义者来说——不过是摆脱宗教的一种简便易行的方法罢了。”[①]

2. 资产阶级政治经济学　亚当·斯密　在18世纪的英国，资产阶级政治经济学得到很大发展。它的奠基人是亚当·斯密（1723—1790）。亚当·斯密是苏格兰人，曾在格拉斯哥大学担任教授。1776年，他发表《国民财富的性质和原因的研究》（又译《原富》或《国富论》）。

① 《神圣家族》，见《马克思恩格斯全集》第二卷（人民出版社1957年），第165页。

亚当·斯密第一次正确地宣传：任何劳动——不管用于哪一个生产部门——都是社会财富的源泉。他认为生产商品所消耗的劳动量决定商品的价值；同时，他认为雇佣工人的工资是他的劳动产品一部分。这一部分取决于生活资料的价值，而利润和地租则是对工人劳动创造的产品的克扣。用马克思的话来说：他深入地分析了资产阶级经济联系的生理。但是他没有贯彻这一观点。他断言：劳动决定价值只适合用于小生产者的简单商品经济。在资本主义条件下，商品价值则由工资、利润、地租这三种收入构成。这一断言只是描述近代资本主义社会的表面现象，是不科学的。

商品生产即是国民的财富，那么如何提高这生产量呢？亚当·斯密提出两条意见：一是劳动分工，二是自由竞争。他的劳动分工理论是当时手工工场生产经验的总结。至于自由竞争的理论，恰好反映工业资产阶级的要求。亚当·斯密从法国带回“放任主义”，提出“自由贸易”的论点。这一论点得到工业资产阶级的欢迎，成为50年后主张撤销重商政策、扩大贸易市场者的理论根据。

3. 语言研究　字典、语法和修辞　语言科学的发展是比较迟缓的。它在18世纪，仅仅是一个开始。首先，在18世纪初年，英国还没有一部完整的大型字典，和意大利或法国比较，是大为逊色的。意大利和法国的大字典都是由学院的学士们集体编辑。因此，从17世纪后期起，英国语言界人士，包括笛福和斯威夫特，都曾提议创立学院，但始终没有实现。到了18世纪40年代后期，博学多闻的塞缪尔·约翰逊（1708—1784）独立工作，经过7年努力，终于在1755年完成两大册英语字典，建立了声誉，当时人称他为“字典约翰逊”。

约翰逊的字典有许多缺点。他的字源不很可靠，他的定义也不尽贴切，有时还夹杂着个人成见。例如在“燕麦”(oats)项下，他说：“这是一种谷物，在英国一般是用来喂马用的，而在苏格兰则是养活人民的。”这类定义曾引起辞学争论。但是约翰逊在记录文字、剖析字义、疏证用法等方面，毕竟做出了贡献，他的字典流传了将近一个世纪。

18世纪英语研究者，一般总以立法者自居。他们是启蒙时期的理想主义者。他们用理性主义观点来考察英语的语言现象，认为拼法需要固定，词汇需要醇化，语法需要制定规律。他们没有认识到语言是在变动的，是随着社会的发展而发展的。他们想凭主观意图把语言现象永远固定下来。他们面对的问题：“是什么？”和“怎么才算合适？”约翰逊在字典里贯彻了这个观点。18世纪中叶以后，英国出现了一批语法、修辞学家。他们也贯彻了同样观点，主要任务在于指出哪些表达方法是合理的、应该普遍推行的；哪些是不合理的、应该抛弃的；而对于为什么是这样而不是那样的问题，却不做充分解释。他们一般都熟悉古代语言(希腊语和拉丁语)，往往把古代语言的某些规律对照英语生搬硬套，有时竟致削足适履。这在语言学史上叫做“理性的语法修辞学”。

在18世纪后期，英国有几位精通多种语言的人，其中最有名的是威廉·琼斯。琼斯熟悉的语言有20种以上(包括汉语)，精通的有七到八种。他是梵语学者，发现了梵语和欧洲语言在语音系统上的一些对应现象。这是欧洲比较语言学的开端。

4. 现实主义文学与作家 18世纪英国文学有显著的现实主义倾向。笛福、斯威夫特和菲尔丁都是杰出的代表作家。

18世纪早期作家中最能代表资产阶级的是笛福(1660—

1731)。他是一名商人，也是一位政治活动家。他参加1685年的蒙默斯起义和1688年的政变。他主张兴办工商业、开拓殖民地、扩张对外贸易。到了晚年，他转向小说写作。在他的名著《鲁滨孙漂流记》（1719—1720）里，他宣扬个人企业、自由发展的思想。他塑造了一个新兴资产阶级的理想人物鲁滨孙。鲁滨孙是一个平凡的人，但有无限精力，能在任何情况下克服困难，创造出一个新的局面。漂流荒岛的鲁滨孙成为新兴资产阶级的一个神话人物。

18世纪前半期最杰出的作家就是上面提到过的斯威夫特。在18世纪初对法战争的年代，他勇敢地批判好战分子，反映广大人民反对侵略战争的思想。在20年代，当英国政府运用劣质货币对爱尔兰加紧压榨的时候，他写了一套匿名的《麻布商人通信》（1724），揭露英国的侵略野心；并冒着生命危险，号召爱尔兰全体人民团结一致，斗争到底。斗争的胜利给他带来了人民的爱戴。在他的名著《格列佛游记》里，他通过寓言，对当时西欧（特别是英国）社会进行全面揭露，全面讽刺。斯威夫特的正面理想是模糊的、不明确的，但是他的讽刺艺术发扬了英国民主主义的优秀传统。

18世纪中期最杰出的作家菲尔丁（1707—1754），在思想和艺术上，他是斯威夫特的继承者。他原是戏剧作家，在他的一系列讽刺剧里，揭露渥尔波尔时代腐朽透顶的贵族阶层与贪污成风的资产阶级社会，对号称民主议会的选举有穷形尽相的描绘。在40年代，菲尔丁转向小说写作。在《大伟人威尔德传》（1743）里，他具体说明了当时政治上的“大人物”与大盗、惯匪之类在本质上属于同一类型。菲尔丁的局限性是显而易见，他还不可能从阶级观点来观察事物、分析问题，而且他的思想意识还不能摆脱宗教影响。他的贡献在于能从实际生活出发，观察、体验、概括、塑造人物。他强调细节的真实性与人物的典型性，为后来的批判现实主义小说奠定了理论基础。他的杰作《汤姆·琼斯》(1749)描绘18世纪中叶英国社会的全貌。这是马克思所喜爱的书籍之一。

第六章

北美独立革命 美利坚合众国的形成

一 英属北美洲殖民地

1. 北美殖民地的建立 哥伦布等航海家的地理发现，建立了欧洲与新大陆的联系。西欧国家在原始积累的过程中逐步加强了对这片富饶土地的殖民活动，对当地居民进行残暴的掠夺。

当欧洲人开始在北美洲进行殖民活动时，这里约有一百多万印第安人。他们当时还处于原始氏族社会时代，过着半游牧式的生活，从事渔、猎、畜牧和原始农业。最初他们热情地接待远道而来的欧洲人，但是殖民者却采用醉酒、散布病菌、外交欺骗、悬赏收买脑盖，直至诛尽杀绝等各种各样手段，残忍地迫害他们，掠夺他们的财物和土地。处于氏族社会阶段的印第安人，不能团结起来，他们此起彼伏的抵抗未能阻止敌人的侵袭。残存的印第安部族，一部分被驱往居留地,一部分逃往西部,继续战斗。

北美洲最早的殖民者是西班牙人,其次是法国人、荷兰人和瑞典人,再次是英国人,但是英国人却后来居上。英国人从 1607 年开始殖民活动以后,一方面掠夺印第安人,一方面打击它欧洲的殖民劲敌。到了 1763 年,英国已夺得阿勒瓦尼山(属阿巴拉契亚山脉——俄语翻译)以东的大西洋沿岸整个狭长地带,先后在那里建立了 13 个殖民地。

最早的英属北美殖民地,弗吉尼亚(1607)和麻萨诸塞(1620),是由贸易公司取得英王的特许证后着手经营起来的。罗德岛和康涅狄格,是麻萨诸塞的部分移民,因对该地统治感到不满,另行建立的"自治殖民地",后来也都领到英王的特许证。其余 9 个殖民地——新罕布什尔郡、宾夕法尼亚、纽约、新泽西、特拉华、马里兰、北卡罗来纳、南卡罗来纳、佐治亚——都是由国王的宠臣或债主取得特许证建立的"业主殖民地"。后来英国政府为了加强对殖民地的控制,先后收回几个殖民地的特许证,把他们改为"国王直辖殖民地"。到了 1763 年,除保留原来的弗吉尼亚、麻萨诸塞两个自治殖民地和宾夕法尼亚、马里兰、特拉华三个主殖民地外,其余全部改为国王直辖殖民地。

2. 北美殖民地的奴隶制度 白奴和黑奴 英国殖民者在进入北美之后首先面临的一个问题是劳力问题。要想从殖民活动中获得利润,必须有大批劳动力来开发资源。为了解决这个问题,殖民者广泛推行奴隶制度。

最初被迫为奴的是印第安人,但是从强悍而高傲的印第安人中不可能得到大批奴隶,被俘的印第安人常常逃往他们熟悉的荒野,并得到附近部落的庇护。

18世纪以前，大部分奴隶是“白奴”或“契约奴”。他们大都是英国圈地运动中失去土地的农民和城市贫民。英国殖民者为了清除这些容易“煽起危险叛乱”的人群，便把他们招引到美洲。贸易公司利用这些人缺乏盘缠的情况，提出签订契约的办法：公司为他们出旅费，他们到殖民地后，服一定期限的奴役，通常是五年到七年不等；奴役期满后，可以领到少量生产费，在有些地方还可以得到一些土地。契约奴中一小部分是遭受宗教迫害的贫苦的清教徒，一部分是被迫流放的债务囚和犯人。在殖民地，拥有契约奴的人可以分得较多土地，契约奴也可以高价出售；因此贩运契约奴是一项非常赚钱的买卖。他们往往被成批塞进拥挤不堪的船舱，运往美洲。腐烂的食物和传染病常常在旅途中夺取他们的生命。有些人甚至把大批英国儿童拐骗到殖民地拍卖。

18世纪初，贫民的爱尔兰和瑞典人、贫困而又遭到宗教迫害的苏格兰籍爱尔兰人和莱茵河区的德国人源源不断地补充了契约奴的队伍。契约奴制度在美国一直保存到独立战争结束，个别地区一直到独立战争后50年还有契约奴。

契约奴在殖民地人口中占相当大的比重，在南方尤其如此。据估计，独立战争时，弗吉尼亚的居民几乎有四分之三是或曾经是契约奴。契约奴为殖民地的开发贡献出大量劳动，却受到种种虐待。他们未经主人许可，不得结婚。主人对他们可以任意鞭打、拍卖，也可以用微小的借口延长他们的奴役期限。为了反抗主人的压迫，契约奴常常逃往西部边区，垦牧为生，有时也举行起义。

1619年，弗吉尼亚获得第一批黑奴。黑奴劳动力强，而且是终身奴隶，因此使用黑奴比使用白奴更为有利。1660 年，英国开始突破荷兰人对黑奴贩运的垄断。1689 年，殖民地商船获得贩卖奴隶的权利。从此，非洲的黑人代替贫苦的白人，成为奴隶的主要来源。

黑奴和白奴一样，也是像牲口那样被运往北美殖民地的，其社会地位比白奴更低。在法律上，黑奴不是人，而是物，黑奴和黑奴所生的子女是奴隶主的活动财产，奴隶主对黑奴可以出借、出卖，甚至杀死，而不负任何法律责任。繁重不堪的劳役和平日拷打常常激起黑奴的反抗。他们采取各种手段进行斗争，如装病、怠工、拒绝生育、自杀、逃跑，直至暴动，有时还联合印第安人和白奴共同起义。从 1619 年开始使用黑奴到 1783 年美国正式宣布废止奴隶制为止，在 164 年中，有记载的黑人起义和密谋不下 250 次。

3. 北美殖民地的经济发展 英属北美殖民地，按其经济发展的不同情况，可以分为三种不同类型。

美国南部的弗吉尼亚、马里兰、北卡罗来纳、南卡罗来纳、佐治亚 5 个殖民地，发展了种植园经济，至于独立的小农则被排挤到山区地带。种植园主大量使用奴隶劳动，除经营自给自足的谷物和手工业生产外，还为英国和欧洲大陆市场提供生产烟草、蓝靛和稻米等商品作物。

在美国中部的宾夕法尼亚、纽约、新泽西、特拉华这 4 个殖民地，小农经济与贵族的大土地占有制和佃农剥削同时并存。中部殖民地主要经济是谷物生产和畜牧业，有面粉和皮毛出口，家庭手工业和工场手工业也有所发展。中部和南部殖民地都保存着《长子继承法》、《嗣续限定法》、固定地租等封建残余。

在美国北部的麻萨诸塞、罗德岛、新罕布什尔郡、康涅狄格新英格兰地区，小农经济占据优势。在小农经济的基础上，家庭手工业和手工工场制造业有显著发展。那里有丰富的木材，也有良好的港口，这些为制造业海上贸易和渔业的发展提供了有利的条件。18世纪初，造船业已成为新英格兰制造业的重要部分。18世纪中期，悬挂英国国旗的船只有三分之一是由新英格兰制造。此外，与造船业相联系的炼铁、制铁、帆布制造、纺织等也相应地发展起来。造船业也促进渔业和海上贸易的发展。1664年起，波士顿开始从事黑奴贩运。17世纪末，黑奴买卖已成为新英格兰最大的商业。贩卖奴隶的船只来往于新英格兰、西印度群岛和非洲三个地区，被称为“三角贸易”。

随着商业和手工场制造业的发展，出现了美国东部波士顿、纽约、费城等较大的港口城市。最大的城市费城，在独立战争前，拥有居民两万三千人。在这些城市里都已出现雇佣工人。波士顿的大商人已拥有巨额资产或相等于几十万美元的资产。

在殖民时期，农业始终占着首要地位，即使在工商业比较发达的新英格兰地区，90%的居民是农业人口。农业中已出现雇佣劳动者。一些贫苦农民，为了避免经济的压迫，常常逃往西部边区。土地投机者和种植园主，为了占有更多土地，也不断向西扩展。

4. 英国对殖民地的经济控制 殖民地的经济发展受到英国的不断加强的控制。1660年的《英国航海条例》规定，殖民地的烟草、砂糖、棉花、蓝靛等商品，只准运往英国或英国领地，从殖民地输出或输入的货物必须由英国船只装运。1663年的《航海条例》规定，由欧洲大陆各国运往北美殖民地的货物，必须由英国转口纳税。1673年英国又颁布条例，限制殖民地之间的贸易，鼓励各殖民地直接对英贸易。此外,英国又先后通过《羊毛条例》(1699)、《制帽条例》(1732)和《制铁条例》(1750),限制殖民地羊毛业、制帽业,严禁制铁业的发展。这些法令不仅排挤殖民地的贸易,打击殖民地的制造业,力图变殖民地为原料供应地和推销英国货物的市场,而且通过英国商人操纵殖民地的进口贸易,压低殖民地农产品价格,抬高英国工业品的价格,使殖民地依靠商品作物出口的种植园主和农民经常沦为英国商人的债务人。

英国还控制殖民地的货币。它不仅严禁向殖民地输出货币,而且禁止殖民地制造货币。殖民地通过对西印度群岛贸易顺差所取得的货币则由于贸易支付和偿还债务源源流入英国。货币的缺乏使殖民地内部长期进行实物交易。这种情况严重地妨碍殖民地经济的扩展和流动资金的积累。

此外,英国为了保护自己的商人与印第安人的贸易,为了便于控制殖民地的贸易和生产,力图把殖民地的疆域限制在沿海地区。18 世纪 30 年代,英国政府颁布命令,禁止殖民地居民擅自向西部边区迁移。这一措施进一步加深了向西发展的农民、种植园主和土地投机者与英国的矛盾。

针对英国的经济控制,殖民地进行反控制的斗争。在 17、18 世纪,英国忙于对荷兰、法国进行战争。殖民地商人利用这机会,大力进行"走私"活动,从而刺激了制造业和农业的发展。控制与反控制的斗争最终导致直接的武装冲突。

5. 殖民地的统治制度和政治斗争 英国为了保护自己的经济利益,在殖民地建立了一套殖民统治机构。各殖民地设有总督。总督代表宗主国的利益,其主要职务为贯彻执行英国的殖民政策。在国王直辖殖民地，总督由英王任命；在业主殖民地，总督由业主委派，经英王批准；在自治殖民地，总督由选举产生，经英王批准。总督下设咨议院和议会（或立法会议），咨议院议员一般由总督任命，议会议员由选举产生。议会可以通过法案，但总督和英国政府对殖民地的议会立法有最后否决权。1675年至1775年间，英国否决殖民地通过的法案达五百多项。殖民地的最高司法权由英王保留。

殖民地的议会选举，有高额财产资格的限制；享有选举权的是仅占人口2%到10%的大种植园主、大地主、大商人和船主。印第安人、奴隶、工人、手工业者、雇佣劳动者和贫农都没有政治权利。

殖民地人民反对英国的殖民地统治，同时殖民地中下层人民要求扩大民主，这些斗争构成了各殖民地政治生活的主要内容。这种斗争往往发展成人民起义，其中规模较大的有1676年弗吉尼亚的培根起义，1689年至1691年纽约的莱斯勒起义和1768年至1771年北卡罗来纳地区的自定约章者运动。这些斗争都是在各殖民地分别进行的。

英国政府按照它一贯的“分而治之”的政策，力图制止各殖民地实行联合。然而贸易的频繁，交通运输的改善，高等学校的设立，报刊的发行等，不断地加强各殖民地之间的联系，一个新的民族正在形成。反对英国的民族解放斗争又加速了民族国家的形成过程。

二　独立战争的酝酿时期

1. 殖民地与宗主国矛盾的尖锐化　反印花税法的斗争　18世

纪60、70年代开始的英国工业革命加强了英国资产阶级向外发展的野心。但是,七年战争中英国国债已由七千万英镑增至一亿万英镑。经济发展的迫切要求和财政上的困难,使英国政府在七年战争结束后立即着手加强对北美殖民地的控制。

1763年,英王宣布阿勒格尼山脉以西直到密西西比河的全部土地为王室所有,殖民地人民不得移居。这一规定不仅引起向西迁移的劳动人民的愤慨,也激起土地投机商和渴望占有新土地的种植园主的不满。

1763年至1765年,英国政府采取了一系列措施,强迫执行《航海条例》,严格控制殖民地的关税和贸易。除原有条例外,补充新的条例,破坏了北部殖民地与西印度群岛之间的贸易,打击了这些殖民地的黑奴买卖,并严禁硬币输入。由于这种措施,北部殖民地有不少人濒于破产,许多工人经常失业。

殖民地为了解决通货缺乏的困难,曾于1690年起,以土地为抵押先后发行了一些可作纸币流通的期票。期票发行不久,就开始贬值。英国政府为了保护英国债权人的利益,于1764年禁止发行期票。这不仅增加贫苦负债人的困难,也引起对英商负有债务的种植园主的不满。

为了保护英国的经济利益和防止殖民地人民的反抗,英国政府决定在殖民地驻扎正规军一万名,并要求殖民地负担军费的三分之一。为此,英国议会于1765年颁布《印花税法》,对每一份报刊、每一份学校毕业证书、每一份买卖单据、每一份遗嘱和任何一种法律文契,都需抽取几便士到几英镑的印花税。印花税法涉及殖民地居民的最广大阶层。于是,从各个不同角度对英国感到不满的北美殖民地居民有了一个共同的斗争目标。反对印花税法的运动迅速地蔓延至各个殖民地。

由于印花税而引起的反英斗争推动了各殖民地的联合行动。1765 年 11 月,在麻萨诸塞议会的倡导下,9 个殖民地的代表在纽约举行代表大会。大会声称:不经过殖民地代表的同意,英国政府不得征税。

人民群众采取更坚决、更有效的行动。在麻萨诸塞和纽约的主要城市,群众纷纷集会示威。他们给税吏涂上焦油,粘上羽毛,押着游街。他们还捣毁税吏的住宅,烧毁印花税票。群众中出现了各种俱乐部和社团,其中影响最大的是"自由之子社"。

自由之子社最先建于北部城市,后来各殖民地都有类似的组织。参加者主要是工人、手工业者、农民和城市小资产阶级,由资产阶级民主分子塞缪尔·阿丹姆斯(1722—1803)等领导。自由之子社在反英斗争中采取坚决态度。他们组织群众运动,迫使各地印花税吏纷纷辞职。他们还有力地推行商人订立不进口英货的公约,并严惩违约商人。这运动获得显著成就。英国商人由此遭受的损失达 400 万英镑。

人民群众的积极行动取得了胜利。1766 年,英国议会撤销《印花税法》。

2.《汤森德法》与波士顿惨案 撤销印花税法只是英国政府为了缓和殖民地人民激愤情绪的暂时让步。英国议会在撤销《印花税法》的同时,重申它对殖民地有征税之权。次年,英国财政大臣查理·汤森德为了弥补预算不足,向议会提出法案,对输入殖民地的茶叶、玻璃、纸张、颜料等征收进口税。法案由议会通过,叫做《汤森德法》。为了保证新法令的贯彻执行,议会并决定在殖民地增设税务部,加强海关管理。

新法令激起了新的反英斗争的浪潮。麻萨诸塞的议会向各殖民地发出巡回信件,号召联合行动。自由之子社发动群众,开展新的示威活动,波士顿的英国税吏受到群众袭击,纷纷逃避。同时抵制英货的运动又有力地开展起来。妇女们组织“自由之女社”与自由之子社配合行动。他们提出“宁穿土布衣,不把自由抛”的口号。抵制英货取得巨大成效。从1768年至1769年,英国输入北部殖民地的货物总额,由一百三十六万三千英镑减至五十万零四千英镑。

英国政府采取高压政策。1768年,英国勒令赞成联合行动的一些殖民地议会解散,同时又把两个团的正规军开往反英情绪最激烈的波士顿。波士顿人民准备以武力对抗武力,只是由于英国军舰大炮的掩护,英国军队才进入波士顿。工人坚决拒绝为他们修筑兵营,居民与驻军之间不断发生冲突。1770年3月5日,发生波士顿惨案,在军民冲突中英军打死工人5名,其中1名是逃跑的黑人。在愤激的群众中响起了战斗的号召:“拿起武器,公民们!拿起武器,他们在屠杀我们!”为了避免事态扩大,总督只好同意把驻军撤到港口。

3. **波士顿茶党 第一届大陆会议** 1770年,英国政府为了缓和民情,再一次做了策略性的让步:它撤销《汤森德法》,但保留征收茶税和制定新税法的权利。殖民地的一些大有产者慑于群众发动的威势,想就此罢休,但是人民群众却在继续开展斗争。

人民群众不顾英国禁止殖民地之间相互联系的命令,积极地朝着联合行动的方向发展。1772年,在塞缪尔·阿丹姆斯领导的波士顿自由之子社的倡导和推动下,组成“通讯委员会”,与其他各地建立联系，接着各地也先后建立通讯委员会。1773年的波士顿茶党事件，进一步推动了殖民地的联合斗争。

英国政府为了东印度公司资本家的利益，准许此公司向殖民地倾销积压的茶叶。茶船开抵纽约、费城、波士顿时，人民愤激，阻止卸货。波士顿人还组织了“茶党”。12月16日夜间，波士顿大批商人、手工业者、工人等扮成印第安人，拥上茶船，把价值一万五千英镑的340多箱茶叶抛到海里。

1774年，英国政府颁布四项法令。第一项封闭波士顿港；第二项改变麻萨诸塞的特许证，增加总督权力，咨议院议员改由国王指派，并规定人民集会须经总督核准；第三项规定，将严重罪犯移解诺瓦·斯科细亚或英国审理；第四项规定，派兵进驻波士顿。同年，又颁布《魁北克法令》，把阿勒格尼山脉以西的土地划归魁北克。

这些高压法令进一步激起殖民地人民的革命情绪。大批粮食和物品由殖民地运往波士顿，支援因港口封闭而陷入饥饿的工人。弗尼吉亚议会宣布波士顿港封闭的那天为哀悼、斋戒的日子，并建议召开大陆会议。建议得到各殖民地的积极拥护。1774年9月5日，在费城举行第一届大陆会议。除佐治亚由于总督阻挠未能参加外，各殖民地都派代表出席会议。

在大陆会议上，资产阶级民主派塞缪尔·阿丹姆斯和巴特利克·亨利（1736—1799）等否决了妥协派提出的在英国统治下成立大陆国会的方案。会议通过了向英王的请愿书，要求承认殖民地人民生存、自由和财产的权利，未经殖民地议会的同意不得向殖民地征税。会议支持麻萨诸塞的坚定立场，组织了抵制英货的运动，并决定由各殖民地人民选举自己的安全委员会，负责执行大会的决议。

各地的安全委员会,在各该地的通讯委员会的指导下,有效地进行工作,使英国对殖民地的贸易从1774年的250万英镑减至1775年的25万英镑。与此同时,各地群众组织民兵团,搜集弹药。在英军驻扎最多的波士顿,技工们还组织情报队,侦察英军动态,并了解亲英分子的活动情况。

三　革命的独立战争

1. 武装斗争的开始《独立宣言》 1775年4月19日,麻萨诸塞的总督派遣一支英军前往康科德,企图夺取民兵的仓库。情报队事先把英军动态通知附近农民,英军在莱克星顿、在康科德和返回波士顿的路上,受到民兵团的袭击。民兵像自天而降的神兵一样,从大树、仓房和岩石的后面射击敌人,英军伤亡约300人。

在这次胜利出击的鼓励下,其他各地人民也拿起武器,占领英军的要塞、兵工厂和仓库,革命形势已经形成。

1775年5月,13个州的代表在费城召开第二届大陆会议。在群众的激情推动下,会议对英宣战,并选出乔治·华盛顿(1732—1799)为大陆军队的统帅。当时保守派仍希望妥协,并向英王再次致送请愿书,但得到的回答是英国海军的进攻。

1776年,旅居北美的英国民主战士汤姆·潘恩(1737—1809)在他的小册子《常议》中表达了人民的革命情绪。他说:“争议的时刻已经结束,应该用武器这一最后手段来解决争议!”《常议》中明确提出了摆脱英国统治而独立的主张。这本册子受到群众的热烈欢迎，在3个月内销行了十二万份。

在人民群众的推动下，大陆会议中的革命民主派取得胜利。1776年7月4日，会议通过了由托马斯·杰斐逊（1743—1826）、约翰·阿丹姆斯、本杰明·富兰克林（1709—1790）等起草的《独立宣言》。美利坚合众国就在这一天诞生了。

《独立宣言》在历史上首次以国家宣言的形式体现了资产阶级的民主要求。宣言谴责英王对殖民地的专制统治，并提出主权在民的原则。宣言声称："人是生而平等的；造物主赋予他们不可剥夺的权利，其中包括生存、自由及追求幸福的权利。为了确保这些权利，人民建立了政府，政府的权力来自被治理者的同意。任何形式的政府一旦损害到这些权利，人民就有权变更或废除这政府而另行成立新政府。"

在杰斐逊所提出的宣言稿中，原有谴责奴隶制度的条文。南部代表维护种植园主的利益，坚决反对；北部代表为了贩奴商人的利益，也做了让步。因此，谴责奴隶制度的条文没有列入《独立宣言》。

2. 反对封建贵族的斗争　托利党与辉格党　1775年，在独立革命的抉择时刻，殖民地内部明显地形成了两个对立的阵营。一个是拥护民族独立的阵营，人们把它叫做"辉格党"；另一个是效忠英国的军营，人们把它叫做"托利党"。

在辉格党一边的是民族资产阶级、部分种植园主、农民、工人、手工业者和城市小资产阶级。农民和工人，由于他们深受英国殖民地统治者和本国大有产者的双重压迫，革命要求最迫切，态度最坚决。正是由于他们的革命积极性和首创精神，资产阶级民主派才最后克服了大陆会议上一再表现出来的妥协倾向，确定了民族解放的道路。也正是他们，构成了革命武装的主力。但是革命的领导权却掌握在资产阶级和种植园主的手里。

在托利党一边的有英国的官吏、从英王那里得到封地的贵族大地主与英国市场有联系的大商人、部分种植园主和害怕在革命中失去什一税收入的英国国教教士。在武装斗争开始以后，这些人公开投到英国的兵营，或进行秘密的破坏颠覆活动。约翰·阿丹姆斯认为三分之一以上“有地位、有势力的人”都反对革命。华盛顿认为纽约城中，“全部财产的三分之二属于托利党人”。各地民兵和安全委员会对他们进行监视和镇压，剥夺他们的选举权，没收他们的财产。战争结束时，约有 10 万左右的托利党人逃往加拿大、英属西印度群岛和英国。

1775—1783 年的战争，一方面是反对英国殖民主义的独立战争，同时也是一场内战，是一场在殖民地内部反对反动封建贵族的阶级斗争。

3. 独立战争和国际援助 在战争初年，英国不论在人力或财力，不论在陆地或海上，都占据优势，并在一系列的大战役中取得胜利。1776 年 9 月占领纽约，1777 年 9 月占领费城，费城是大陆会议的所在地。而美国向加拿大的进军却遭受失败。但是，到了 1777 年 10 月，战争进程发生转折。当时柏高英将军率领的英军从加拿大南下，企图截断华盛顿军队与新英格兰的联系，和英国舰队配合，直捣南部诸州。但是，正当英军进入纽约州的时候，新英格兰的两万民兵和正规军一起，给敌人以猛烈的打击，在萨拉托加附近迫使英军投降。

在整个战争期间,美国动员的军队约有二三十万人,但华盛顿的军队在最多的时候也不超过两万人,少的时候只有四五千人。军队供应不足,商人的投机倒把又增加了供应的困难。但是为了抗击侵略军,为了保卫家园,士兵们忍受一切艰苦。他们得到各地民兵和游击队的大力援助,成功地利用从印第安人那里学来的散兵战术,狙击敌人。军队中的黑人士兵尤以机智英勇著称。在海上,临时武装起来的私掠船,不断地突破封锁,夺取英国船上的物资。

美军在萨拉托加的胜利赢得了国际的威望。在这以前,法国政府为了报复它在七年战争中的失败,已在暗中援助殖民地。萨拉托加的胜利更加坚定了法国的态度。1778 年 2 月,大陆会议派往巴黎的代表富兰克林和法国缔结同盟和通商条约。法国对英宣战,并把自己的舰队和军队开往西印度群岛。西班牙和荷兰对英国怀恨很久,也先后参战。因此,英国在对北美殖民地作战的同时,还得分派舰队和兵力到北海、地中海、加勒比海和遥远的孟加拉湾去抵御法国、西班牙和荷兰的袭击。英国被迫在三大洲作战。

1780 年,欧洲许多国家,在普鲁士和俄国的倡导下,成立了意在反英的武装中立联盟。

美国人民的正义斗争也得到欧洲进步人士的支持。法国的拉法叶特、圣西门和波兰的民族战士卡西米尔·普拉斯基等都以个人身份到美国参加战斗。有些欧洲的志愿战士在战争中做出了杰出的贡献,有的甚至牺牲了自己的生命。

同时,英国国内的政局也不稳定。爱尔兰正在酝酿起义;英国资产阶级激进派正在鼓吹议会改革;广大人民群众对于北美的战争感到不满。1780 年,伦敦爆发了声势浩大的群众运动,要求停战媾和。

在这些有利的国际形势的推动下，美国军队胜利地完成了它最后阶段的战斗。

4. 战争的最后阶段《巴黎和约》 在萨拉托加败绩之后，英军移向波多曼克河以南，指望得到南方托利党人的支持，在那里立住脚，然后再向北推进。

1778 年年底，英军占领佐治亚的萨凡那城，1780 年 5 月英军又占领南卡罗来纳的查里斯顿。

1778—1780 年，美军的处境十分困难，法国的援兵还没到来。国内投机商人哄抬物价，囤积居奇。工人们为限制物价，提高工资，展开了激烈斗争。物价的高涨和部队生活不民主也引起士兵的不满。1780 年 8 月，英军由查里斯顿向北进军途中，大败美军于坎姆顿。

但是南卡罗来纳和北卡罗来纳的游击队奋起战斗，神奇地出击敌人，使英军闻风丧胆。铁匠出身的格林将军被任南方美军司令。他把游击队和正规军有效地配合起来，迫使英军撤出佐治亚和南卡罗来纳和北卡罗来纳。

1781 年 8 月，英国军队又从南方转移到弗尼吉亚的约克镇，想在那里建立基地。但是华盛顿的军队，在法国海陆军的配合下，于 10 月 19 日迫使英军南方司令康华里斯将军率领的 7000 人军队投降。这样，独立战争基本结束。次年 2 月，英国下议院议决媾和。

1783 年 9 月 3 日，英、美、法、西、荷在巴黎签订和约。美利坚合众国得到正式承认。美国除原有的领土外，还获得阿勒格尼山与密西西比河之间的大片土地。

5. 独立战争时期的经济政治情况 1775—1783 年，美国人民在争取民族独立的同时，在国内进行了一些民主改革。贵族封建势力受到毁灭性的打击。尚未颁赐的英王土地、尚未分配的业主领地和托利党人的地产均被没收；《长子继承法》、《嗣续限定法》、代役租等封建惯例均被废除。除囚犯契约奴外，一般的契约奴制也被废止。北部各州宣布废除奴隶制，独立战争中约有万余黑人获得自由，但在黑奴最多的南部，数十万黑人仍在奴隶制枷锁下呻吟。

这些民主改革对于资本主义的发展具有积极意义，但是劳动人民的一些迫切要求并没得到满足。大片没收的土地，通过出售，仍旧落入土地投机者和种植园主的手里。劳动人民只能用高价从土地投资者的手里，买得少量土地。

1775—1783 年，各州先后通过州宪法。各州宪法都贯彻独立宣言中的民权原则，但是选举的财产限制没有废除，虽然财产定额一般有所降低。但是，仍然只有少数有一定财产的白种成年男子才能享有选举权。

1777 年，大陆会议制定了合众国的第一部宪法，即《邦联条例》。《邦联条例》于 1781 年经各州批准。《邦联条例》保留了各州的独立自主权。各州有权确定自己的进出口税和武装力量，有权发行纸币，邦联政府无权干涉各州内政。邦联不设总统。邦联议会为一院制，各州有平等代表权。邦联在决定共同性的重大问题，如宪法、财政、宣战、媾和等时，必须取得 19 州中 9 个州的同意。邦联反映了当时经济发展的分散状况，也反映了当时小资产者和农民害怕中央集权的心情。

由于选举权的财产资格的限制，政治大权实际上掌握在各州大资产者和种植园主的手里。人民的革命运动帮助了这些人取得政权,但当人民的革命要求触及他们的利益时,他们就转过来镇压人民。这种情况在战争结束之前就已发生。

战争期间,投机商人、私掠船船主大发横财;另一方面大量纸币的发行引起通货膨胀,物价飞腾,人民生活困难。1779 年,费城的技工为要求改善生活而罢工,费城的贫民包围了由于军需供应而投机致富的商人和官吏的住宅。1780 年,康涅狄格的士兵因为长期领不到军饷而发生骚动。这些罢工和骚动都受到政府的镇压。

四　独立革命的结局

1. 战后的阶级斗争　谢斯起义　独立战争中的战斗的主力是农民、手工业者和工人。革命胜利后,资产阶级和种植园主获得了独立自主的政权,而人民得到的却是通货膨胀和物价高涨所引起的债务以及为偿还国债而落在他们身上的沉重的捐税。这种情况引起了人民的普遍不满。因此,在取得政权的统治阶级与革命要求没有得到满足的人民群众之间,又重新出现了激烈的斗争。

斗争首先在军队里展开。大陆会议曾应允在战争结束时给予士兵和烈属生活津贴,但是长期以来,许多士兵连军饷都没拿到。从 1781 年到 1783 年,军队一再发动起义。1783 年,起义者包围费城邦联议会会场,会议代表闻风躲避。华盛顿对起义官兵发给债票和土地证书,予以遣散。士兵们急于偿还债务,于是债票和土地证书落入土地投机者的手里。

1785 年,大陆会议通过法令,规定西部土地按 640 亩大块出售,每英亩最低售价两美元。这是完全符合土地投机商和种植园主的利益的，农民只能用高价从土地投机商那里得到小块小地。

农民要求的土地没有得到满足。同时，沉重的债务和赋税使许多农民和手工业者破产，或负债入狱。农民们要求用纸币还债，要求多发行纸币。有些州为了维护债主的利益，连这最低的要求也被拒绝了。有钱的债权人坚持以硬币还债，并得到政府、法庭、律师的支持。于是，被激怒的农民掀起了大规模的武装暴动。

1786 年，新罕布什尔州的农民包围了州议会。在罗得岛，起义的农民在好几个州里，曾一度夺得了政权。规模最大的一次起义发生在麻萨诸塞州西北部。领导起义的是丹尼尔·谢斯(1748—1825)。他原来是名贫苦农民，曾在革命战争中任上尉。参加起义的约有万余人，起义者占领城市，夺取军火库，烧毁法庭，消灭案卷和借据，并从监狱中释放被逮捕的人。起义者认为美国的土地是由美国人民共同努力，从英国统治者的手里争取得来的，因此，土地应该全面分配。他们要求取消债务、关闭压迫穷人的法庭，等等。

日益深化的人民革命运动，遭到新政权的残暴镇压。1787 年年初，谢斯被俘，他和其他 13 名起义首领被判死刑。后来资产阶级和植物园主害怕激起新的起义，又把死刑改为监禁。

2. 联邦宪法 1786—1787 年强大的人民起义使统治阶级感到惊慌。为了维护自己的利益，他们认为必须加强国家机器。另一方面，战后工商业的发展也迫切地需要加强中央政权，消除各州关税和货币不统一现象。同时也只有强大的中央政权，才能建立一支强大的军队，更有力地推行向西扩张的政策。

1787 年，在费城召开了主要由大资产者和奴隶主出席的制宪会议。经过4个月背着人民的秘密讨论,制定了代替邦联条例的《联邦宪法》。会议期间,代表们力求协调南北分歧,合力加强中央政权,抑制民主。南北之间达成了一系列的协议。在代表权问题上,南部和中部人口较多的州主张按人口分配代表,而北部则主张各州有同等代表。最后,调和双方意见,决定国会分设两院:参议院和众议院。参议院由各州两个代表组成,众议院按人口比例分配代表。在征税问题上,北方代表主张黑奴应作为财产征税,南方代表主张黑奴应作为分摊代表的人口。最后达成协议,黑奴人口在征税和分摊代表时都按五分之三折算。北方代表为了限制南方的代表权,主张停止输入黑奴。南方代表以退出联邦相要挟,拒绝这一建议。结果,北方同意于20年后禁止黑奴输入,同时南方也同意对输入的黑奴征收不超过10美元的进口税。北方还同意奴隶主有权追索逃亡的奴隶。

代表们在维护有产者的利益、抑制民主和加强中央政府权力上是意见一致的。宪法规定一切债务必须偿还,而且必须用硬币偿还。发行纸币,征收关税的权利都由各州转归联邦政府。

新宪法赋予总统,即联邦政府的首脑极大权力。总统不向国会负责,同时他却有权否决国会通过的决议。国会如果不同意总统的否决,可以另外讨论,但如果得不到三分之二的多数同意,总统的否决仍然有效。总统经参议院同意可以任命各部部长。总统同时是合众国海、陆、空三军的统帅。总统不是由民选的国会选举,而是由各州特别组成的总统选举团选举,每四年改选一次。

司法最高权力机构是最高法院。最高法院有权解释宪法与法律,有权宣布对诉讼的最终审判。最高法院的法官由总统经参议院同意后任命,系终身职务。

联邦政府的立法机构是国会。国会分参议院与众议院。参议院的设置不仅为了调解大州小州代表权的矛盾,同时它也是抑制民主的一个有效措施。众议院议员由选民直接选举,每两年改选一次。参议院议员由各州立法会议选举,任期六年,每两年改选三分之一。这种选举制度可以保持参议院的保守性和稳定性。参议院的权限大于众议院的权限,它对众议院起着钳制作用。

《联邦宪法》确立了国家统一的原则,这一点对于国家经济的发展有着重要意义。但是在制宪会议上反映出来的北部资产阶级和南部奴隶主之间的矛盾,虽然取得了某些妥协,并没有得到根本解决。随着资本主义工业的发展,这一矛盾日趋尖锐,终于导致1861—1865年的南北内战。

此外,《联邦宪法》还明显地表现出资产阶级和种植园主统治阶级对于民主的恐惧。宪法中对《独立宣言》所提出的主权在民的原则只字不提。而在选民资格上则保持各州宪法上规定的财产、性别、居住时间等一系列限制。结果在300万美国居民中,享有选举权的只有12万人,仅占总人口的4%。

当《联邦宪法》交给各州讨论时,人民强烈表示不满。围绕宪法的讨论形成了相互对立的两派:拥护宪法的联邦派和反对宪法的反民主精神的反联邦派。属于前一派是资产阶级和种植园园主,属于后一派的主要是农民、手工业者和工人,还有一部分害怕北部资产阶级控制政权的南部种植园园主和害怕失去在州政权下享有独立自主权的北部商人也参加到了这后一派。联邦派主要人物是亚历山大・汉弥尔顿,反联邦的主要人物有帕特里克・亨利、托马斯・杰斐逊等。经过将近一年的激烈斗争，新宪法于1788年6月由各州勉强通过。通过的原因，主要是因为有表决权的立法会议是掌握在资产阶级和奴隶主的手里。后来为了缓和群众的不满情绪，国会于1791年通过10项补充条款，这些条款确定了人身自由以及言论、出版、集会、信仰等权利。这就是所谓《人权法案》。它使宪法获得了某些民主的性质。

3. 独立革命的意义和局限性 北美独立战争是世界历史上一次大规模的殖民地反对民族压迫的革命，同时又是在殖民地内部反对封建贵族的阶级斗争。它在性质上是资产阶级革命。由于这次革命，北美殖民地摆脱了宗主国的枷锁，取得了政治上的独立自主，同时也摧毁了宗主国扶植起来的封建贵族的势力，并废除了一些封建性的制度和法令。独立战争胜利之后，出现了美洲第一个资产阶级民主共和国，也完成了美国资产阶级民族形成的过程。

列宁在1918年《给美国工人的信》里曾对北美独立革命做这样评价："现代文明的美国的历史，是由一次伟大的、真正解放的、真正革命的战争开始的……这是美国人民反对当时压迫美国、使美国处于殖民地奴隶地位的英国强盗们的战争。"列宁又指出："美国人民是有革命传统的，美国无产阶级的优秀代表继承了这种传统……。这种传统是18世纪的反英解放战争，其次就是19世纪的国内战争。"[①] 北美独立战争是一次正义的战争。它标志着美国历史发展的前进道路。

北美独立革命对国外革命运动有巨大影响。马克思指出："18

① 《列宁全集》第二十八卷（人民出版社1956年版），第43—50页。

世纪美国的独立战争，已为欧洲的中等阶级鸣起警钟。”[①] 最显著的是对法国革命的影响。当时一些法国的进步人士如拉法叶特、圣西门等直接参加北美独立战争，带回了独立革命的精神。后来法国革命的《人权宣言》就是参照美国的《独立宣言》而制定的。

但必须指出：北美独立革命是资产阶级革命，因而是有局限性的。独立战争中起决定性革命作用的是人民运动，但在战后建立的美利坚合众国是与奴隶主分享政权的资产阶级统治。1777 年，没收的王党土地并没有分给农民，而是转入承包商手中。后来，1787 年的宪法规定：西部土地只准大块收购，于是造成了土地集中，人民群众无力分享。最终，农民的土地问题没有得到解决。战争期间，杰斐逊等民主派曾一再提出废除奴隶制。战后，奴隶制不但保存下来，还在南部各州得到扩大；同时，印第安人仍被驱逐、杀戮、消灭。正如恩格斯指出的：“最先承认人权的美国宪法，同时确认了存在于美国的黑人奴隶制；阶级的特权被斥责了，而人种的特权则被神圣化了。”[②] 这样，民族压迫和种族歧视的原则固定下来了，这是北美独立革命的最大失败，这是资产阶级革命的局限性。

---

① 《资本论》第一卷（人民出版社 1956 年版），第 4 页。

② 《反杜林论》（人民出版社 1956 年版），第 108—109 页。

第七章

法国革命和拿破仑战争时期的英国

1789—1815

一　英国社会对法国革命的反应

1. 法国革命的过程及其意义　在叙述这段历史之前，简略谈一谈法国革命的过程。法国革命是从1789年7月14日巴黎群众攻陷巴士底狱开始，以1794年7月27日雅各宾派专政失败而告结束。整个革命过程可以分为三个阶段：首先，从1789年7月至1792年8月是大资产阶级和“开明”贵族当政时期。其次，从1792年8月至1793年6月是代表工商业资产阶级上层利益的吉伦特派统治时期。再次，革命逐步深入，代表资产阶级下层和工匠利益的雅各宾派取得政权，从1793年6月至1794年7月实行专政。雅各宾派专政是革命的最高潮。他们推翻君主政体，建立共和国，把路易十六和王后送上断头台，废除封建义务，镇压反革命，加强国防力量，扑灭内战，抵抗外国干涉。法国人民英勇地走上战场，挥舞着上面写有革命口号“自由、平等、博爱”的旗帜，同时高唱着雄壮响亮的《马赛曲》——“前进！祖国的孩子们！我们光荣的日子来到了。专制暴君的军队，高举着血腥的旗帜向我们进攻了。拿起武器，公民们！”

由于内部的分裂，也由于脱离了广大群众，雅各宾派专政失败了。从 1794 年 7 月底起，法国被贪婪的资产阶级（土地投机商、金融骗子、军火商人等）控制着。这就替拿破仑的军事独裁和民族压迫铺平了道路。拿破仑从 1799 年到 1814 年统治着法国。

1789—1794 年的法国革命，是 17 至 19 世纪所有资产阶级革命中一次最大的革命，资产阶级对贵族取得完全的、彻底的胜利。马克思曾把这次法国革命和 17 世纪的英国革命进行了比较：

“在 1648 年，资产阶级和新贵族结成了同盟反对君主制度，反对封建贵族和反对占统治的教会。

“在 1789 年，资产阶级和人民结成了同盟反对君主制度、贵族和占统治地位的教会。”①

2. 英国人对法国革命的态度 1788 年，英国进步人士组织伦敦革命协会，目的在纪念 1688 年的“光荣革命”，并鼓吹社会改革。1789 年法国革命的爆发给该会成员莫大的鼓舞。在巴黎市民攻克巴士底狱之后不久，伦敦革命协会的领导人理查·普莱斯发表演说，认为法国革命是法律和理智对国王和僧侣的胜利，也是人民自主原则的胜利。普莱斯并认为英国应当遵循法国的范例来完成 1688 年的革命。伦敦革命协会并向法国的制宪议会致送贺词。这些活动

① 《资产阶级和反革命》，见《马克思恩格斯全集》，第六卷（人民出版社 1961 年版），第 124 页。

刺激了右翼辉格党人埃德孟·贝克(1729—1797)。1790年,贝克发表《关于法国革命的感想》,诬蔑法国革命,把它叫做“轻率和残暴的混乱状态”。贝克捍卫世袭的君主政体,对法王及其王后表示同情,坚决反对天赋人权和人民自主的理论,并认为英国的社会秩序是世界上最好的秩序。这一作品博得瑞典王后、俄罗斯皇后、普鲁士国王,以及国内反动阵营的赞许。

贝克的《感想》在英国进步人士中引起一场广泛的辩论。以首先发现氧气闻名于世的约瑟夫·普里斯特里(1733—1804)对贝克的《感想》进行反驳。普里斯特里断言,处死查理一世的日子是英国人引以自豪的日子;同样,攻克巴士底狱的日子是自由法国人引以自豪的日子。同时,他攻击英国的议会制度,认为这议会是对自由代表机关思想的一种侮辱。1790—1792年,曾在美国独立革命中做出巨大贡献的汤姆·潘恩发表《人权论》,对贝克进行更有力的反驳。潘恩继承启蒙思想家洛克和卢梭等的天赋人权学说,加以发挥。他痛恨君主政权,认为“一切世袭的统治,在本质上就是暴政”。他反对寡头政治,认为政府应当成为全民的事业。任何政府应当保障全体人民的“生活、自由和追求幸福”,否则人民有权用革命手段把它推翻。他主张成年男子应有普选权,议会应经常召开。潘恩还提出重要的社会经济改革。土地首先应当成为“人类的公有财产”。现行的许多捐税,特别是间接税(如济贫税、房屋税、窗税等),应予降低或完全取消,另征累进所得税。他要求改变现行的社会保障制度。贫民子女应予免费入学,50岁以上的老人应由国家供养,失业者应予补助,士兵生活应予改善,等等。潘恩以无比的愤怒抨击旧制度,并以洋溢的热情拥护法国革命。他说:“政治的南风”快要来了。他的《人权论》得到广泛传诵,3 年之内销售了 20 万册。

1793 年,威廉·葛德文(1756—1820)发表《政治的正义》,把当时关于社会改革的争论提到哲学的高度。他指出:以前的历史是战争、暴政、欺诈、掠夺、不公正、不平等的罪行的记录,但这些是完全由于社会和政治制度的缺陷,只要环境改变,人类幸福就跟着来了。他是一个理性主义者,坚持在理性的基础上撤销一切人为的等级差别,并给所有人以平等的地位。他的著作里有乌托邦思想,也有无政府主义思想,但是他对现状的揭露对当时激进思想的发展有巨大影响。他把他的著作献给法国的国民公会。

这些是 80 年代后期和 90 年代初期的一些激进思想流派。激进思想的发展推动了各种进步社团,其中最有名的是伦敦通讯协会。

3. 伦敦通讯协会及其活动 1792 年 1 月,鞋匠出身的苏格兰人托马斯·哈代在伦敦发起通讯协会。当时已有不少进步社团,如伦敦革命协会、宪政报道协会、人民之友协会等,但一般都是资产阶级中上层的组织,征收较高的入会费和会费。因此,职工阶层无力参加。伦敦通讯协会则不然,它只收一先令的入会费和每周一便士的会费。哈代是一个杰出的组织工作者。通讯协会的基层组织是小组,每组 16 人至 30 人,在设菲尔德、考文特里、利兹、伯明翰、格拉斯哥、布里斯多、诺丁恩、爱丁堡等城市普遍设立,而以伦敦为中心,进行通讯联系。伦敦通讯协会的基本会员是小商品生产者、职工和工人,但也吸收其他进步人士,包括政治活动家潘恩和诗人布莱克。会员逐年增长,1792 年 9 月间为五千人,到了 1795 年增至十五万人。实际上,它是国内一切进步社团的中心组织。

伦敦通讯协会拥护法国革命。1792 年,它向法国制宪议会致送贺词，贺词中说："法国朋友们，你们已经自由了，我们还只着手准备争取不列颠的自由。……你们已经荣为争取自由的先进战士，而我们还在梦想摆在人类面前的幸福。……朋友们！为全人类而斗争吧！"伦敦通讯协会有一套正式纲领：人民普遍参加选举，议会每年改选一次，人民有言论、集会、出版、信仰的自由，人身不受侵犯，实行累进所得税以减轻间接税，等等；但其中最主要的项目是议会选举改革。通讯协会的领袖之一曾经这样说过："如果人人有选举权，而每年选举一次，那么穷人的选票和雇主的选票同样重要了，穷人不会被遗忘了。大家的事应当由大家协商，大家的命运应当由大家决定。反过来，如果只有少数人能作最后决定，那么只有少数人有自由，而其余人变成奴隶了！换言之，这少数人变成了多数人的生命和自由的占有者了。"

伦敦通讯协会是一个广泛的民主团体。虽然它没有包括工人中的基本群众，即非熟练工人，虽然它没有能够发展为全民性的政党，但它对英国民主思想的传播有深远影响。

4. 统治集团对法国革命的态度　在法国革命爆发的时候，英国统治集团中也有表示同情的人。当时英国驻法大使都塞特公爵认为这是历史上最大革命的成功。辉格党左翼分子查理·詹姆士·福克斯（1749—1806）认为巴士底狱的攻克是世界历史上最伟大、最美好的事件，当时首相小庇特也表示对法国内政不予干涉。自从1787年和法国订立新的商约以后，英国对法国贸易急速增长，英国的棉织品、五金、铁器等夺取了法国的市场，而法国革命的爆发对这两国之间的贸易并无影响。但是不久，法国革命逐步深入，同时在法国革命影响之下，英国的民主运动逐步高涨，小庇特政府就日趋反动。1791年，法国革命政府没收王党及贵族财产，这对英国贵族资产阶级是一大刺激。1792年，法国革命的影响扩大到荷兰和比利时，这对英国贵族资产阶级又是一个更大的刺激。外长格兰维尔勋爵宣称："低地国家〔指荷兰和比利时〕是英国和欧洲大陆之间的锁链，同时也是英国和奥地利、俄罗斯关系的中心环节。如果低地国家倒向法国，那么这锁链就断了。"

1791年起，庇特政府对国内民主人士进行迫害。那年7月14日，在伯明翰组织暴徒袭击科学家普利斯特里和其他激进主义者的住宅。1792年，法院对《人权论》的作者潘恩以颠覆性的诽谤罪提出公诉。潘恩闻风逃往法国，险些被捕。12月13日，法院进行缺席审判，宣布潘恩为不受法律保护的人。接着对"叛乱性"书刊的印刷者、出版者和经售者进行打击。正在这时，苏格兰的人民之友协会在爱丁堡举行代表大会。代表大会袭用当时法国议会的名称，叫做"国民公会"。会上宣读爱尔兰人联合会的贺信。政府惊慌失措，逮捕领导人托马斯·缪尔，进行审讯，他的罪状是推荐了汤姆·潘恩的著作和宣读了爱尔兰人联合会的"叛乱性函件"。后来缪尔被判14年徒刑并流放，遣往澳大利亚。

这时，庇特政府对法国革命已采取积极干涉政策，它已于1792年年底和普鲁士、奥地利组成反法同盟。1793年年初决定对法作战，于是英法两国进入交战状态。列宁说："当法国实现伟大的资产阶级革命、促使全欧洲走向新生活的时候，资本主义比法国发达得多的英国竟成了反革命同盟的首领。"[①]

---

① 《第三国际及其在历史上的地位》，见《列宁全集》第二十九卷（人民出版社1956年版），第276页。

二　1793年至1802年的对法战争

1. 镇压国内进步运动　庇特政府对法宣战后，对国内进步运动加紧镇压。1793年秋，苏格兰的人民之友协会，不顾政府对缪尔等人的迫害，向英国和爱尔兰的各民主社团建议，联合召开代表大会。那年10月底，代表大会在爱丁堡开幕。代表大会仍称“国民公会”。国民公会开了一个月，通过了“关于比下议院更平等的人民代表制以及缩短议员任期的决议”，提出了取消殖民地的奴隶制、停止干涉法国革命等要求。英国政府授权地方官吏驱散国民公会，逮捕公会领导人，其中3人被判流放徒刑14年，连同缪尔等两人一并遣送澳大利亚。

1794年，英国议会决定，人身保护法停止生效。接着逮捕伦敦通讯协会等民主社团的十来位领导人，进行非法拷问，企图以判国罪定案，终以群情愤激，被迫释放。1795年10月，伦敦通讯协会召开15万人的大会，要求国王停止对法战争，改组政府，实行普选。事后有人向国王的马车投掷石块，打碎玻璃车窗，于是政府决定实行更严峻的措施。

1795年11月，议会颁布两项法令。一项叫做“惩治判国活动法”，规定凡意图行刺、绑架或推翻国王的人，凡用口头或书面攻击国王或政府的人，一律按叛国犯论罪，甚至不经司法侦查，即可处以极刑。另一法令系由小庇特亲自提出，叫做“禁止叛逆性大会法”，法令规定凡50人以上的任何集会须经常住房主事前公告，并须经三名治安法官审核批准，否则一律禁止。法令并授权任何两名治安法官驱散依法召开的集会。同时，另有一项声明：“如果按国王的命令解散集会,任何与会者受到损失、伤害甚至死亡时,公职人员不负任何责任。”这两项法令的有效期间定为3年。但1798年期满时又予以延长,并重新停止人身保护法生效。这些高压措施促进了国内恐怖制度的建立。民主社团被宣布为非法组织,伦敦通讯协会等的活动因此渐渐消沉下去。

2. 18世纪末年的经济发展 工人阶级状况 对法战争没有阻碍英国的工业革命与工商业的发展。正相反,战时的军需供应刺激了英国的工业生产。例如棉花进口,1790年为三千一百万磅,1799年为四千三百万磅,1801年增至五千六百万磅。生铁产量,1788年为六万八千吨,1796年增至十二万五千吨。1792—1799年的税收较1785—1792年,平均每年增一百万英镑。1792—1799年的进口总值与以前七年的比较,平均每年增420多万英镑;出口总值与以前七年比较,平均每年增九百万英镑。棉织工业发展的速度,可以用棉织工业中心城市曼彻斯特人口的增加来加以说明。曼彻斯特人口,1773年为22000万,1801年增至95000万。在18世纪最后15年中,曼彻斯特建立了大约五十家拥有蒸汽机的纺纱厂。许多城市和其他工业部门,也有类似情况。这样,资产阶级的工商业阶层因为商品需要的增加,银行家和金融家因为信贷业务的扩大,都发了大财。

同时,土地占有者也没有因为战争而受到损失。英国的保护关税政策禁止国外低价粮食输入国内市场,并对粮食出口施行奖励制度。土地占有者并提高地租,从租地的农场主获得巨大款项。

但在另一方面,人民生活日益恶化。战争费用的一大部分来自不断增加的税收。据统计,1793—1801年间实行的新税共收入

2580万英镑。间接税增加最早。1765年的消费税收入为500万英镑，1792年增至1000万英镑。食盐、玻璃、砖瓦、醋、苹果酒等消费税都在不断上涨，消费税收入占国家全部收入的三分之二。工人阶级受苦最甚。熟练职工每周所得不过十先令，其中约有一半用于缴税。同时，物价增长百分之五十至百分之一百。小麦每夸特，在1790年值58先令，在1800年已涨至128先令。就是说，每磅面包约值五便士。而工人实际所得，扣除税款后，每天只有五六便士。因此，时常发生饥民暴动。有一次，国王乔治三世到议会主持开幕式，沿路民众投以石块，并高呼："要面包、要和平！""不要庇特！""打倒乔治！"

在这种情况下，工人奋起斗争。破坏机器和破坏厂房日益频繁，并开始组织工联，即职工联合会。政府严厉镇压，把每一个要求改善生活的人、每一个倡导社会改革的人当作雅各宾党人。1799年，议会通过禁止组织工会的法案；1800年又通过补充法案，严禁工人的社团活动。但是这些法令无法阻止工人阶级的成长。工联组织不断增加。1800年，仅兰开郡一地就有800个工联。

3. 海军军舰的起义与政府的镇压 英国的陆海军士兵待遇恶劣，尤以水兵为甚。从查理二世时代以来，生活费用已提高40%左右，而水兵薪饷一直没有调整。伙食和服装的供应极不正常，居住条件也不卫生，偶有越规行动就受到野蛮惩处。18世纪90年代起，个别军舰先后起义，但因彼此没有联系，均被镇压。1796年年底，水兵忍无可忍，开始酝酿较广泛、较有组织的起义。

1797年1—2月间，各军舰水兵纷纷向海军部递交请愿书，要求增加薪额、按期发饷、增加残废人员的抚恤金、改善伙食、整顿登岸假期，等等。海军部不加审核，一律认为“非法”。朴次默斯舰队奉令出海作战，但因不满政府态度，拒绝行动。四月中旬，十六艘军舰的水兵发动公开起义，成立自己的中央委员会，向海军部提出要求，如发布大赦令、提高薪额、规定登陆假期、军官对水兵实行人道待遇，等等；并在军舰升起红旗，作为起义信号。政府获悉其他舰队也开始骚动，急忙作出让步。4月27日，国王发布大赦令。政府同意撤换失职军官，并提高水兵薪饷。5月中旬，朴次默斯起义结束。

但是其他舰队正开始起义。北海舰队的水兵选举理查·派克为“红色海军总司令”，向政府提出和朴次默斯水兵相同的一些经济要求，但在激进思想运动的影响下，也提出议会改革、保障人民自由等政治性要求。政府鉴于朴次默斯起义已平息，决定采取高压措施。六月初，庇特提出惩处陆海军人员判逆的法案，经议会通过。同时，对起义水兵停发薪饷和军粮，并利用特务在起义者内部制造分裂。最终，舰队起义于6月中旬瓦解。政府背信弃义，把派克等数十人处以绞刑，又把水兵三百多人送进监狱。

这样，海军起义以失败而告终，但也不是没有结果。政府害怕再度发生骚动，不得不把水兵待遇稍稍改善。

4. 爱尔兰民族起义　英国合并爱尔兰　差不多就在舰队起义的同时，爱尔兰发生了要求民族解放的起义。领导起义的是爱尔兰人联合会。

1791年，在法国革命影响之下，沃尔夫·唐恩等组织爱尔兰人联合会，企图团结全体爱尔兰人，“争取以公民、政治和宗教自由原则为基础的完全立法改革”。联合会提出的纲领包括男子普选权、每年召开议会、实行土地改革、废除教会什一税等要求。这显然与汤姆·潘恩等人的激进思想有一定联系。工人、农民、雇农、城市中小资产阶级、知识分子,包括天主教徒和新教徒,纷纷参加,成为一股巨大的政治力量。

英国政府采取措施。一方面企图用微小让步来削弱爱尔兰的民族解放运动。1793 年颁布法令,规定凡拥有一定财产资格的天主教徒须参加议会选举,并须担任一般民政和军事职务。另一方面,则进行镇压。1794 年 5 月颁布一系列的反动法令,宣布爱尔兰人联合会为非法,并禁止一切"非法"集会,禁止输入、制造和出售武器和火药,建立反革命武装。同时,在爱尔兰人民中利用宗教和民族矛盾,制造分裂。爱尔兰人联合会的领导人认为,要推翻英国人的统治,必须争取外援,于是与法国督政府商谈,并征得同意。但是,从 1796 年起,日夜盼望的法国军舰迟迟未到。英国政府探得消息后,授权爱尔兰政府停止人身保护法生效,实行恐怖政策,进行一系列的迫害,造成"叛乱",以便镇压。爱尔兰人联合会最后决定于 1798 年 5 月 23 日举行起义,但起义的领导人已先期被捕。起义群众,虽英勇斗争,终究敌不过正规军的诛锄,约有七万人丧失了生命。

在海军起义和爱尔兰起义之后,英国议会通过一项法案,"绝对禁止英国人联合会、苏格兰人联合会、爱尔兰人联合会、不列颠人联合会……伦敦通讯协会以及任何城市、任何其他地区的其他通讯协会"。

爱尔兰议会曾于 1783 年取得独立立法权,不受英国议会的干涉。1798 年民族起义后,英国议会建议撤销爱尔兰议会。英国政府并用了一百多万英镑,贿买爱尔兰议员,诱使接受英爱合并的建议。尽管爱尔兰人民反对合并的达 70 万人,爱尔兰议会终于通过合并法案。法案于1801年起生效。爱尔兰撤销原有议会,又派100人出席英国下议院,32人出席英国上议院。

5. 组织反法联盟　争夺海上霸权　在1793—1802年,英国组织了两次反法联盟。第一次是和普鲁士、奥地利、西班牙、那不勒斯等在一起。1797年联盟瓦解后,又和奥地利、俄罗斯、西班牙、那不勒斯和土耳其等组织第二次联盟。关于英国资产阶级对法战争的缘由,恩格斯在他的《社会主义由空想发展为科学》里曾作如下论述:"法国革命给了它一个极妙的机会,使它能够借助各大陆专制君主国来破坏法国海上贸易,达到夺取法国殖民地并消灭法国在海上争霸的最后野心。这是推动英国资产者跟革命作斗争的理由之一。第二个理由就是这次革命的方法很不合它的脾胃,这不仅是因为这个革命实行'罪恶的'恐怖政策,而且甚至还因为这个革命企图使资产阶级的统治推广到极度。"①

英国在大陆上的军事行动,既不显著,也不重要。英国只是帮助法国反革命集团展开间谍活动,同时资助它的联盟国家在大陆上和法军作战。外相格兰维尔曾说:"资助外国军队比使自己的青年颗子(伙计)离开犁锄、离开织机,更为得计。"英国对联盟国家的贴款和贷款,往往不以黄金支付,而以皮鞋、军服、枪械等军需供应支付。这对国内的工业发展是一大刺激。

但在海上,英国是非常活跃的。开始英国舰队就占领了印度的法属殖民地和西印度的一些法属岛屿。1795年,英国占领荷兰所属的好望角和锡兰。1797年,英国舰队在葡萄牙南部圣芬暹海角击败法兰西、西班牙和荷兰的联合舰队。

① 《马克思恩格斯文选》,两卷集,第二卷(人民出版社1962年版),第108—109页。

1798年,法国大资产阶级控制的督政府决定打击英国的要害。拿破仑组织一支军队,叫做“英国大军”,准备征服埃及,并进而切断通往东印度资源的航路。大军攻占了亚力山大和开罗,舰队停驻亚力山大附近的亚布基尔湾。英国舰队由纳尔逊(1758—1805)统率,闻讯赶往,迫使会战,取得胜利。这在历史上叫做“尼罗河战役”。由于这次战役,英国取得了地中海的制海权。

但是,拿破仑在法国大陆上取得了优势,英国组织的反法联盟实已瓦解,英国陷于孤立,于是被迫于1802年与法国订立《亚眠和约》。

三　对拿破仑帝国的战争时期

1. 对拿破仑帝国的斗争　《亚眠和约》实际上只是暂时的休战协定。过了18个月,英国又向法国继续作战,一直到1815年。英国对拿破仑的斗争,主要是争夺工商业优势和海上霸权的斗争。

在18世纪后半叶,法国的工业有很大发展。拿破仑依靠法国的新兴资产阶级,想建立一个庞大帝国。他自1804年称帝以后,东征西讨,想把奥地利、普鲁士、俄罗斯、丹麦、西班牙、葡萄牙等国先后纳入他的系统,名为“大陆系统”。他想把英国的贸易活动赶出大陆。法国政府明白宣称:“我们的政策是把英国关在大陆外面,把它的商业搞垮。”

很自然,代表工商业利益的英国政府不能容忍这个封锁政策。在19世纪初年,英国工业正在长足前进。在1801—1803

年，蒸汽机已在棉纺织厂普遍使用，就在那三年间，棉花进口已由五千四百万磅增至六千一百万磅，到战争结束时增至一亿二千三百万磅。1806年的生铁产量已由1800年的十五万六千吨增至二十五万八千吨。因此，海外市场的扩大成为迫切的需要。从1804年到1815年，英国和大陆国家组织了四次联盟，和拿破仑帝国进行战争。

1805年间，拿破仑在布伦、加来等沿海地区集中精锐军团和运输工具，准备侵入不列颠群岛。拿破仑夸海口："只要三天大雾，我就是伦敦、巴力门〔议会〕和英格兰银行的主人。"但是，正在这时，英国的联盟国奥地利和俄罗斯发动攻势，特别是库图佐夫统率的俄军向巴伐利亚挺进，拿破仑不得不分兵东顾，放弃侵英计划。就在那年，纳尔逊统率的英国海军在西班牙的特拉发尔加海角击溃法国和西班牙的联合舰队，更使拿破仑的侵英企图成为泡影。

2. 封锁和反封锁　英美战争　特拉发尔加战役并没有摧毁拿破仑在欧洲大陆的霸权。1805年10月，法军击溃奥军，11月攻下维也纳。12月初，击溃俄奥联军，迫使奥地利议和。1806年10月，在耶拿一役击败普鲁士，占领柏林。那年11月，拿破仑颁布《柏林敕令》，封锁不列颠群岛，禁止大陆各国和英国通商，并宣布大陆各国的英国商品一律没收。英国的对策是对法国及其同盟国实行反封锁。1807年1月，英国宣布禁止中立国家与法国及其同盟国通商，违禁船只与货物一律没收。1807年，拿破仑颁布《密兰敕令》，重申封锁政策，接着英国政府重申反封锁政策。这反封锁政策虽打击了法国，但并没有替英国贸易打开出路。

拿破仑为完成大陆系统的建立并切断英国和大陆的一切联系，

决定夺取比利牛斯半岛。1807 年 11 月,出兵占领葡萄牙。1808 年 3 月,进占马德里。英国政府一向不主张在大陆亲自作战,但这时不得不采取行动。同年 7 月,派惠斯里将军(后封惠灵顿公爵)率兵一万二千人葡萄牙登陆,于是开始了 6 年的西班牙半岛的战争。拿破仑宣称:“没有一个国家能在英国影响之下立足于欧洲大陆。”但他不能理解各民族抗暴卫国的伟大力量。西班牙和葡萄牙人民,从法军入侵起,即展开有名的游击战争。惠斯里没有帮助西班牙和葡萄牙的游击队,以致旷日持久,没有起到加速摧毁拿破仑暴政的作用,而这些游击队却拖住了拿破仑帝国的腿,不但在民族解放中起了决定性作用,对全欧反对拿破仑暴政的斗争也作出了巨大贡献。

在封锁和反封锁的年代,英国和美国的关系日趋恶化。英国的反封锁妨碍了美国对欧洲的贸易。美国政府决定停止与交战国家的贸易,这对英国是很大的打击。1812 年,爆发了英美战争。英国把美国仍旧看作自己的殖民地,而美国企图乘机夺取加拿大。战争持续了两年,谁都没有达到目的。美国历史上叫做“第二次独立战争”(参阅第十章)。战争对英国是不利的,因为战后美国走上了关税自主的道路。

3. 经济情况的恶化　拉德运动　连年战争引起英国国债的增长。国债在 1793 年为二亿三千万英镑,在 1815 年则为八亿六千四百万英镑。为了弥补国库空虚,英国政府增加直接税与间接税,所有必需品都须抽税。1810—1811 年是全欧洲经济衰颓之年,英国工业停滞,工厂纷纷歇业,兼之收成不好,成千上万的失业工人进入饥饿状态。面包及其他食品,步步涨价。例如小麦,每夸特在 1785—1795 年间值 54 先令;在 1795—1805 年间值 81 先令;在

1805—1815 年间值 97 先令；在个别年份达到 120 先令。由于经济情况恶化，拉德运动又趋高涨，1811—1812 年间规模特别壮大。

这次拉德运动于 1811 年 3 月在诺丁恩开始。编织工人集体冲入厂房，要求提高工资。他们捣毁机器的铁制部分，并焚毁其木制部分，有时与工厂卫队发生武装冲突。运动蔓延到莱斯特郡和达尔比郡，一直继续到 1812 年 2 月，迫使企业主作出一些让步。

约克郡和兰开郡也发生拉德运动。约克郡的呢绒企业主使用新的机器，削减剪布工人的工资，于是剪布工人奋起斗争。他们组织队伍，定期检阅力量，甚至练习射击。兰开郡的运动主要由织布工人组成。他们深受工资削减和失业的痛苦，于是组织委员会，领导斗争。运动蔓延到曼彻斯特，在曼彻斯特的有些会议上，除经济性要求外，并提出议会改革的政治性要求。

根据企业主的要求，英国政府于 1811 年年底向发生拉德运动的地区派遣骑兵九百人、步兵一万人，进行镇压。1812 年议会通过法案，规定对破坏机器者处以死刑。著名诗人拜伦在上议院发表他第一篇演说，对资产阶级和土地贵族进行控诉，并愤怒地抨击这残酷的法案。在诺丁恩、约克、兰开等郡，也有不少人被处死刑，很多人被判处各种期限的监禁或流放。仅在约克一个城市，1813 年就有 17 名手工业者被处以绞刑，6 人终身监禁。但是拉德运动并未停止，一直延续到 1817 年。

拉德运动是未成熟的无产阶级的斗争形式。马克思写道："工人要能分别机器与机器之资本主义的使用，从而不以物质生产资料为自身，而以物质生产资料之社会的剥削形态为攻击目标，是还要有相当的时间和经验的。”[1]

4. 拿破仑帝国的崩溃　维也纳会议　1811—1812 年，英国处境最为困难。但是拿破仑的大陆系统没有能够维持下去。欧洲的民族运动已经兴起，每个国家都为民族解放而斗争。西班牙和葡萄牙，已如上述。1811 年 1 月，俄罗斯脱离大陆系统，沙皇宣布对中立国家开放商埠，并对法国商品征收关税。英国恢复对俄贸易，发展对南美洲的商务关系，并加强对殖民地的控制，度过危机。

1812 年 6 月，拿破仑出兵六十多万，号称“大军”，远征俄国。9 月 7 日，与俄军在鲍罗基诺激战，损失三万多人，未能突破俄军防线。9 月 14 日，进入莫斯科，但俄军已开始执行战略退却。拿破仑的军队沿途掠夺，到莫斯科后纵火焚烧，6 天以后，大火才熄灭。侵略军陷于饥寒困苦、后路被扰乱、而主力军处在被包围的绝境。拿破仑被迫退兵，俄罗斯人民在总司令库图佐夫领导之下，乘机反攻，给侵略军以致命打击，只有两万余人逃出俄境。

普鲁士、俄国、奥地利、瑞典和英国组成联盟，于 1813 年 7 月在莱比锡和法军会战，叫做“民族之战”，法军大败。联军进入巴黎，拿破仑退位，被囚于地中海上的厄尔巴岛。但是拿破仑野心未死，于 1815 年 2 月率领千余人回到法国，重登帝位，于是战火又起。欧洲各国立即组成联军，于 6 月 18 日在比利时的滑铁卢彻底击败拿破仑。

联盟国家的代表在维也纳举行会议，为掠夺胜利果实而斗争。法国被迫赔款，并退回至 1790 年原有疆界以内。英国得到开普（好望角）殖民地、地中海的战略据点马尔他岛、通往印度的战略据点锡

---

① 《资本论》第一卷（人民出版社 1956 年版），第 521 页。

兰岛，以及马达加斯岛旁边的毛里修斯岛、西印度的特里尼达和圣路西亚等地。英国的殖民地大大增加，于是更有条件建立一个强大的殖民帝国。

四　18世纪末至19世纪初的思想发展和文学流派

浪漫主义的兴起　在法国革命和拿破仑战争时期，在民主改革运动、民族解放运动蓬勃发展的时期，文化界产生了浪漫主义。

浪漫主义不是一个统一的运动，而包括着两个对立的集团。一个集团代表着资产阶级的落后阶层，不是向前看，而是向后看，与封建贵族接近。他们背弃了启蒙运动的理性主义的思想与现实主义的艺术方法，有的人在落后的生产关系中寻找逃避之处；有的人在幻想的中世纪神秘故事里找到象牙之塔；也有人与反动统治同流合污，成为御用作家。这些是消极的或反动的浪漫主义。与这个集团相对立的是积极的或进步的浪漫主义集团。他们代表社会的先进力量。在政治上，他们渴望实现启蒙教育的民主理想；在文学艺术上，他们接受启蒙运动系统，发展自己的美学。他们倡导热情，倡导想像，凭热情与想像来艺术地批判现实社会、刻画理想社会，这对认识现实和鼓舞斗志起了巨大作用。

英国积极浪漫主义的先驱是彭斯和布莱克。苏格兰农民诗人罗·彭斯（1759—1796）是有名的民歌作家。他抨击上流社会的宗教伪善，歌咏劳动人民的纯朴率真。在某些诗篇里，他流露安贫乐命的思想与牧歌式的感伤情调，这与他的富有战斗性的诗篇是有矛盾的。但是总的来说，彭斯的成就超过了他的缺陷。最值得注意的是他后期的创作。他是法国革命的同情者，也是国内民主改革运动的拥护者、支持者。他和苏格兰人民之友协会有联系，目击缪尔等人受到迫害，联想到苏格兰历史上争取独立的斗争，写了壮烈的战歌《苏格兰人之歌》（1793）。这首歌已被称为“苏格兰人的马赛曲”。他还写了《自由树》、《干吗要浪掷我们的青春》和《光明磊落的贫穷》等，表达爱自由、爱民主、爱真理的思想。他是苏格兰的民族诗人，但他的影响远远超过了民族的界限，他的作品是世界文学宝库中的瑰宝之一。

威廉·布莱克（1757—1827）是英国进步浪漫主义的又一先驱。他是伦敦通讯协会的会员，和汤姆·潘恩、葛德文等有联系。在法国革命爆发的时候，英国有不少知识分子表示同情，但当革命进入高潮，又纷纷后退，转向反动。布莱克则不然。他写了歌咏法国革命和北美独立革命的长诗，在1793年以后的欧洲政治反动时期，他写了《欧罗巴》，刻画当时的黑暗统治。他重视想像，重视灵感，用幻景的方式来刻画现实世界和理想世界。他是一名探索者。他差不多终身在伦敦生活，活动范围也很有限，似乎不知道在英国北部的工业区域有一个新的工人阶级正在形成，正在开始发生变革社会的作用。他们立志要建立一个地上乐园，但不知道只有这个新的工人阶级才能担当这个任务。因此，他只能在幻想中寻找出路，在憧憬中窥见乐园，虽则他所刻画的幻景也包括一些天才的臆测。他的贡献，在思想上是引导读者背弃黑暗现实，为追求美好的理想而斗争。在艺术上是突破启蒙时期现实主义的成规，运用飞腾的想像来展开宇宙性的画面，创造气势磅礴的诗篇。

第八章

1815年至1848年的英国宪章运动

一 19 世纪初社会经济的发展

1. **资本主义工业化的过程** 从 18 世纪末年起,工业生产的机械化推广很快,生产力随着提高。棉花进口,在 1771 年至 1775 年间,平均每年 500 万磅,到了 1841 年已增至五万万二千八百万磅。重工业开始迅速发展,新的熔铁炉和新的矿山不断建立。生铁产量,在 1800 年为十九万三千吨,到了 1840 年已增至一百四十万吨。交通运输工具也有很大改进。汽船于 1811 年在克莱德河下水,到了 1819 年已能横渡大西洋。蒸汽机车于 1814 年试制成功,到了 1830 年已在利物浦与曼彻斯特之间的铁路上正式使用。从 30 年代起,建筑铁路成为热潮,到了 50 年代后期,几乎所有最大的城市都已彼此联接起来了。

在资本主义工业化的过程中,手工劳动被机器排挤,手工业工人纷纷破产。1820年,手工业织布工人有24万,到了1860年已减至八千人。另一方面,1820年,使用机器的织布工人只有一万人,到了1844年已增至15万人。同时,农业的资本主义化推动了工业化的速度。在30年代后期,圈地完成,小自由农彻底消灭,英国变成资本主义的大土地所有制的国家。成千上万的农民离开自己的土地,与破产的手工业者在一起,被迫走入工厂,出卖劳动力。这样,英国社会的主要阶级不是农民和地主,而是无产阶级和资产阶级。

在资本主义工业化的过程中,英国的人口分布发生很大变动。西部和北部,在18世纪初期,还是人口稀少的地方。到了19世纪,渐渐繁荣,曼彻斯特、利兹·伯明翰和设菲尔德都成为重要的工业中心。恩格斯在1844年写道:"60至80年前,英国和其他任何国家一样,城市很小、工业少而不发达,人口稀疏而且多半是农业人口。现在它却是和其他任何国家都不一样的国家了。有居民达250万人口的首都,有许多巨大的工业城市,有供给全世界产品而且几乎一切东西都是用极复杂的机器生产的工业,有勤劳而明智的稠密的人口。这些人口有三分之二从事于工业,完全是由另外的阶级组成的,而且和过去比起来实际上完全是具有另外的习惯和另外的需要的另外一个民族。"[①]

2. 人民群众的遭遇 新谷物法 资本主义生产是盲目的无组织的,于是产生了生产过剩的危机。早在18世纪末年,英国的个别工业部门就已出现局部的生产过剩危机。到了19世纪,这危机变为

① 《英国工人阶级状况》,见《马克思恩格斯全集》第二卷(人民出版社1957年版),第295—296页。

周期性的爆发。周期性的生产过剩危机是资本主义所固有的现象。

在拿破仑战争结束的时候,许多人满怀希望,以为工商业可以繁荣起来。但是恰恰相反,经济情况急剧恶化。战争结束后,军需品要求减少,疲惫不堪的欧洲大陆无法消纳大量的英国商品;同时,第二次独立战争后的美国实行高额关税制度。这种情况造成英国的出口缩减、生产过剩。例如1816年,棉织品的出口量减百分之二十五,毛织品的出口量减百分之二十三。于是工业停滞,失业增加。这时有20万名陆海军士兵复员回国,无法就业。失业者汇成一股巨大的洪流,失业人数猛增。

1815年,议会通过的新谷物法更恶化了人民群众的生活。谷物法早就有过,其主要目的在于调整粮价,限制粮食进口。滑铁卢战役以后,波罗的海国家和美国宾夕法尼亚的小麦进入英国,因此,麦价下跌。议会为了保护地主贵族和富裕农场主的利益,另颁法令。新法令规定:国内生产的小麦每夸特(合十二点七公斤)价格低于80先令时,禁止粮食进口。于是粮价高涨。实行新谷物法对于一般人民是一个非常沉重的负担,同时也引起工业资产阶级的不满。工业资产阶级认为粮价高了,工资势必提高;工资高了,工业品价格亦必然提高;而产品价格高了,国内外贸易市场势必缩小。

19世纪最初30年,是托利党当政的时期,土地贵族控制着议会,不但人民大众在政治上无权,新兴的工业资产阶级也还没有进入议会。这样,不但人民大众和资产阶级有矛盾,资产阶级内部也存在着矛盾,新谷物法的施行使这一矛盾愈趋尖锐。于是工业资产阶级多年倡导的议会改革又被提上议事日程,广大群众对政府的不满情绪正好用来作为这运动的基础。

二 议会改革运动

1. 腐朽的议会政治 激进派的活动 在19世纪初年，英国是欧洲最腐败的寡头政治国家之一。大约70个互有联系的家族控制着整个英国政治。上议院议员四百多名，其中一大部分是世袭贵族，其余是僧侣上层、商业巨头、高级将领等。上议院主要是一个土地贵族的集团。下议院议员名为由选举产生，但选举制度极不合理。

选区分两类：一是郡，一是城镇。城镇选区比重较大。全英国40个郡，共有议员42名，而203个城镇共出议员403名。城镇选区是几百年以前规定的，1677年以后没有作过任何调整。原先南部和东南部人口较多，因此，在全国203个城镇选区中占115个席位，而康沃尔占21个席位。工业革命开始后，人口向北部迁移，于是选区和人口分布完全不相适应。例如：兰开郡的人口在1700年为十六万六千二百人，到了1801年已增至八十五万六千人，但其议员名额和康沃尔的一个二十四英里长、十二英里宽、人口只有一万四千人的选区相比，只多了一个名额。曼彻斯特、利兹、伯明翰、设菲尔德等新兴城市都没有议员名额，因为都不是法定选区。同时，自18世纪后期起，人们攻击的衰败选区依然存在。西南部有一个叫做老沙伦的地方只是一个光光的山头，东南部有一个叫做格顿的地方只是一道古老的城墙，北海边上有一个叫做邓尼季的地方差不多已给海水冲坍完了，但仍各出议员两名，由当地贵族豪绅指派。

此外，某些城镇选区是由一个贵族控制的，议员由他指派。诺福克公爵控制十一个议席；劳塞尔爵士控制九个议席，当时人称为“九尾鞭”；达林顿勋爵控制七个；另有三个贵族每人控制六个。这些议席可以公开出售。大地主、中等地主、富商巨贾和“东印富翁”，通过贿买，掌握了衰败选区就可以操纵选举，控制议会。有人做过这样的一个统计：下议院议员中有157名是由84个人提名的，另有150名是由70个贵族显要保荐的。因此，下议院议员总数658名中有307名是由154个人选出来的。

滑铁卢战役以后，议会改革的要求成为全国性的运动。有不少资产阶级和小资产阶级的激进分子争相倡导，其中最有名的是威廉·科伯特（1762—1835）。科伯特是农民出身，当过兵，三十多岁后投身新闻事业，初属托利党，后来思想转变，成为激进分子。他对贫穷的人民大众怀有同情，他说：“英国是伟大人民受苦受难的地方。”但他不明白贫穷的真正原因，认为唯一救世良药是改革下议院，推行普选，使民意得以伸张。从1802年起，他编印《每周政治纪事报》，反对世袭贵族，攻击寡头政治，鼓吹选举改革。从1816年起，《每周政治纪事报》廉价发行，成为普遍读物。当时《泰晤士报》每期只销售四千至六千份，而科伯特的小型周刊每期的最高销售量达四万份，而且往往数人合读一份，或数人围着听一人朗读。《每周政治纪事报》对议会改革运动起了促进作用。

2. 阶级斗争的尖锐化“彼得卢”事件 1816—1819年间，阶级矛盾日益尖锐。1816年，在伦敦市长亲自主持的一个大会上，人们公开地说，英国正面临着两条道路，一条是流血革命，另一条是军事独裁。那年东部各郡又爆发拉德运动、南威尔士矿工罢工。诺福克、塞福克、剑桥等郡，经常有示威性的工农群众大会，有的大会还提出这样的口号：“面包或流血。”在这些情况下，政府越来越被动。1817年2月，议会决定：人身保护法停止生效四个月，查禁“诽谤和煽惑性”作品，同时授权地方官吏禁止“叛乱性集会”。但这些高压措施并不能阻止群众运动的发展。同年3月，曼彻斯特失业工人为了向政府请愿，把随身日用物品用毯子裹起来背着，向伦敦出发，这叫做“负毯进军”。

1819年8月16日，曼彻斯特举行了一个大规模的示威运动，要求给予普选权、施行票选制、废除谷物法等。8万工人、手工业者和其他小资产阶级居民，其中包括妇女与儿童，从邻近地区前往参加。曼彻斯特当局，按照1817年的议会法令，认为这次集会是不合法的，命令骑兵队准备采取行动。大会主席亨利·亨特刚开始讲话，就被逮捕。市政当局命令骑兵冲锋，结果死了11人，伤了四百多人，其中有妇女113人。这次惨案发生在彼得广场，而骑兵对付人民同滑铁卢战场上对付敌人一样。因此，人们讥讽地称它为“彼得卢战役”。

“彼得卢战役”引起广大人民的愤慨，但是政府认为这是镇压暴乱，并迫使议会通过“六项法令”。法令授权地方治安官禁止50人以上的集会，禁止军事操练以及带有乐队和旗帜的游行，禁止藏匿武器和携带武器。法令还规定每份售价在六便士以下的报刊和小册子须纳印花税四便士，其目的在迫使《每周政治纪事报》那样的小型进步报刊停止发行。因此，人们称这“六项法令”为“禁口法令”。

不久，在格拉斯哥和附近地区爆发罢工运动，参加者约有6万人，其中有许多煤矿工人，好像是武装起义的序幕，但始终没有喊出武装起义的口号。资产阶级激进派在小资产阶级和工人群众中有巨大声誉。他们组织群众大会，示威请愿，但没有决心采取革命手段。20年代初期，由于政府的高压措施，也由于资产阶级激进派的领导软弱，英国的民主改革运动暂趋衰落。

3. **“自由托利派”的让步** 在19世纪最初二十年,英国国王仍是乔治三世,但因长期癫痫,由其长子摄政。1820年,乔治三世死了,摄政王即位,称乔治四世(1820—1830)。乔治三世和乔治四世,依靠托利党进行统治。从1812年起,利物浦勋爵的托利党内阁长期执政。这内阁有大法官艾尔顿勋爵兼上议院领袖,外交大臣卡色瑞兼下议院领袖,内政大臣席德默斯。这些都是当时反动统治者的代表人物,是大诗人拜伦和雪莱所攻击的主要对象。1822年,卡色瑞自杀,内阁改组,容纳了一些“革新分子”,包括乔治·坎宁和后来在政治舞台上享有盛名的罗伯特·庇尔(1788—1850),于是托利党内阁在施政方针上起了一些变动。

“自由托利派”并不是真正的革新者,但是他们认识到,为了巩固土地贵族和金融巨头的统治,必须对工业资本家和人民大众作出一定让步。1823年,与欧洲大陆国家协商,各自放低关税壁垒,于是对外贸易趋向活跃。1824年,撤销1799年和1800年禁止工人集会结社的法令。于是工会变成合法组织,但在次年又通过补充法令,禁止某种集会并授权地方治安惩处工人胁迫行动,其目的在于禁止罢工。1826年,对谷物法放宽尺度,规定国内粮价每夸特达六十六先令时准许粮食进口。外交政策也有一些变动。原先在卡色瑞当政时代,英国政府一贯干涉欧美民族运动,“自由托利派”摆脱欧洲反动集团神圣同盟的约束,毅然承认南美洲诸共和国(墨西哥、阿根廷、哥伦比亚、玻利维亚、智利、委内瑞拉、秘鲁、厄瓜多尔)的独立。在希腊和土耳其帝国斗争、争取独立的时候,它采取中立政策。1827年7月它又同法国和俄国达成协议,承认希腊的自治。因此,坎宁等赢得被压迫民族的“保护者”和“解放者”的美名。但是实际上,“自由托利派”只是为了资产阶级拉拢海外关系,开辟海外市场,借以缓和国内统治阶级的内部矛盾。

“自由托利派”的对内、对外政策获得英国资产阶级的支持,但是它反对当时带有根本性的议会改革。1827年,坎宁死了,内阁改组,由右翼托利党人掌握政权,国内阶级矛盾又趋尖锐。

4.1832年的议会改革 1830年,乔治四世死了,他的弟弟继位,称威廉四世(1830—1837),内阁首相是惠灵顿公爵。右翼托利党人以为借重“铁公爵”的威望可以镇压群众运动,但是从1825年波及全国经济的第一次工业危机爆发以来,连续四五年,经济萧条,群众不满情绪日益增长。资产阶级激进分子力图利用群众力量争取议会改革。1830年,银行家阿特乌德、激进分子普莱斯等在伦敦组织伯明翰政治联盟协会,其他许多城市也有类似组织,各自展开活动。参加者除工业资产阶级外,也有小资产阶级和工人。到了1830年法国七月革命时期,议会改革运动达到高潮。多年失势的辉格党抓住这机会,想把工业资产阶级拉过来,以扩大自己的基础并攫取政权,于是草拟改革法案。惠灵顿被迫下台,辉格党人格雷勋爵(1764—1845)出任首相,罗素勋爵向下议院提出改革法案。这时工业城市举行盛大的群众大会,工人阶级特别激动。在布里斯多城,因有反对改革的议员前往阻挠,发生暴动,城市被焚毁了一大部分,英国似乎已到了革命前夕。1831年9月,下议院通过改革法案,上议院坚决反对,后来,由于群众的巨大压力,于1832年6月被迫同意。

改革法案,对议会选举制度作了几项改变:一、撤销五十六个“衰败选区”,减少三十个“衰败选区”的议席,总共空出一百四十三个议席；二、把空出的议席另行分配，二十二个大城市各得二席，二十个中等城市各得一席，各郡以及苏格兰和爱尔兰的议席均有所增加；三、扩大选民范围，在城市每年收入达十英镑的房主和每年付房租达十英镑的房客，在各郡每年收入达十英镑的土地持有者和每年收入达五十英镑的租地经营者，都有选举权。这样，选民数字从四十三万五千人增至六十七万多人，可是这一数字也只占全国成年男子总人数的九分之一。由于财产资格的限制，无产阶级和小资产阶级都没有选举权。马克思论述这法案时写道："恐怕从来还没有一个这样强大的、看来似乎成功的人民运动得到这样微不足道的表面的结果。"①

这一法案的历史意义在于统治英国的贵族、资产阶级同盟的成员扩大了，除了土地贵族和金融巨头之外，工业资产阶级也参加了这个同盟。马克思指出："在1688年的'光荣'革命以后最先参加妥协的只有一个资产阶级派别 —— 金融贵族。1831年的改革法案使另一派，即英国人称为'millocracy'的工业资产阶级巨头也参加了妥协。"②

三　宪章运动

1. 30至40年代与工人阶级　欧文主义　19世纪30年代和40

① 《约翰·罗素勋爵》，见《马克思恩格斯全集》第十一卷（人民出版社1962年版），第437页。

② 《不列颠宪法》，见《马克思恩格斯全集》第十一卷（人民出版社1962年版），第108页。

年代是英国资本主义工业化的完成时期，同时也是殖民政策的积极推行时期。议会改革后，英国政府不断向外扩张。例如1839年占据亚丁湾，1842年夺取印度的旁遮普，1839—1842年发动“鸦片战争”，迫使清政府开放中国市场，同时霸占香港并在长江流域获得许多特权。[①] 此外，1841年兼并新西兰，1842年占领西非洲的纳塔尔。仅在1838年至1849年的十年间，英国侵占了拥有850万人口以上的殖民地领土。英国的工商业步步走向繁荣。

但是，对于劳动人民来说，这二十年是“残暴的30年代”和“饥饿的40年代”。30年代初年，工资水平、工作时间和劳动条件不但没有改善，反而每况愈下，童工仍过着非人的生活。这种情况促使工人阶级组织起来，为改善自己的生活而斗争，于是工联运动再度活跃起来。

1829年，兰开郡纺织工人组织“联合王国全国大同盟”。1830年，另有“全国劳工保护协会”，其成员除纺织工人外，也包括机械、翻砂、陶器等工人。此外，还有建筑工人的“全业工联”和“陶器工人工联”。1831年，工人、手工业者和小资产阶级成立“工人阶级和其他劳动者的全国联盟”。这样，工联从一个行业的地方性组织逐渐向各种行业的全国性组织发展。

在30年代初期，工人阶级对罗伯特·欧文的空想社会主义产生兴趣。欧文（1771—1858）出生于威尔士的一个穷苦家庭，当过商店学徒和纱厂职员，后来在新兰纳克（格拉斯哥附近）的一家大纱厂当股东兼经理。他改革工厂管理制度，举办工人福利事业。他把工人的工作日减到十小时半；改善环境卫生与劳动条件；举办工人

① 关于英国的殖民地扩张，另于下一章合并叙述。

消费合作社和公共食堂；废止使用十岁以下的童工；为成年工人设立夜校；为工人子弟设立学校和幼儿园，等等。因此种种，他在全欧享有盛誉。但他并不感到满足。他看出资本主义的残酷剥削，梦想建立一种比较公正的社会制度。他认为新社会的基础应该是一个个小小的拥有生产资料的生产单位，叫做“合作新村”。于是离开工厂，宣传他的社会主义。1824年，他到美国进行合作新村的实验，倾家荡产，没有成功。1829年，他回到英国，在工人中继续宣传他的学说。

1834年，在欧文的影响之下，成立了“全国大统一工会联合会”，欧文被提为主席。人们以为把各行各业工人组织起来，开办生产合作社，就可以控制经济机构，从而控制国家的政治机构。在1833—1834年间，全国大统一工会联合会拥有会员50万人。但是，欧文虽反对资本主义，他又反对阶级斗争，反对使用暴力，天真地把新社会的实现寄托于有产阶级的“觉悟”。在1833—1834年间，到处发生罢工，遭到压制，全国大统一工会联合会无力应付，渐渐瓦解。

2. **改革后的议会 新济贫法** 由于工人阶级对雇主使用童工不断抗议，改革后的新议会稍作让步。1833年通过工厂法，禁止使用九岁以下的童工，并规定九岁至十三岁童工的工作时间每周四十八小时，十三岁至十八岁青工的工作时间每周六十九小时。但1834年，又通过新的济贫法，引起工人阶级的强烈抗议。

济贫法早就有过。从伊丽莎白时代起，各地教区照例向有产阶级征收小费，名为“济贫税”，帮助无以为生的穷人。这帮助是微乎其微的，但它使破产的手工业者和家庭手工业者能够勉强维持生活。1834年的新法令撤销多年来的教区赈济和地方补贴制度，普遍设立“劳动院”，属贫民收容所，搜罗穷人，强迫劳动。穷人如果不愿挨饿，那么只得接受低工资进入工厂，否则会被送往劳动院，担负更繁重的工作。劳动院的生活条件极其低劣，而且按照规定，父母子女不得住在一起。人们憎恨劳动院，把它叫做“穷人的巴士底狱”。

新济贫法首先在南部和东部营业地区施行，引起局部骚动。后来推行到北部，兴建劳动院，引起更大骚动。广大群众奋起斗争，拆毁劳动院。政府无计可施，改建监狱，以资镇慑。

在这些情况之下，工人们开始了解到他们不能期望有产阶级控制的政府为他们的利益采取任何措施，只有当他们得到选举权，把自己的代表选进下议院的时候，才能迫使政府考虑他们的利益。在30年代后半期，政治斗争逐渐成为无产阶级运动发展的基本方向。

3. 宪章派运动的开始“人民宪章” 1836年，在伦敦一个木器店主人威廉·罗维特（1800—1877）等的倡导下，成立了“伦敦工人协会”，它的目的是：“把城乡工人阶级中有知识、有影响的部分团结在一起，并运用各种合法手段使每一个阶级在政治和社会方面得到同等权利。”

1837年，那年威廉四世去世，他的侄女即位，称维多利亚女王（1837—1901）。于是，伦敦工人协会按照议会提案方式，草拟了一份请愿书，要求议会通过下列六项：

（1）成年男子（二十一岁六个月）均有选举权；

（2）议会每年改选一次；

（3）废除口头表决制，实行无记名票选制；

（4）撤销对议员候选人的财产资格限制；

（5）议员应有薪给，使没有财产的人也能参加下议院工作；

(6) 撤销旧选区,重新划分大小相等的选区。

这份草案于 1838 年 5 月正式公布,叫做“人民宪章”。此后为实现宪章内容而进行的斗争就叫做“宪章运动”,运动的参加者就叫做“宪章派”或“宪章主义者”。

人民宪章中最基本的一条是普选权。初看起来,好像平淡无奇,从 18 世纪后期起,资产阶级激进派一再提议。但是这一条,如果贯彻到底,英国政治将起根本性的变化。而且这运动是向前发展的,它在发展过程中逐渐超出原定的范围。恩格斯在 1844 年写道:“宪章主义本质上是一种社会性的现象。最多只能促使宪法做某些修改的‘六条’,在激进资产者看来已经是万事俱备,但它对无产者来说不过是一种手段而已。‘政治权力是我们的手段,社会幸福是我们的目的’这就是宪章主义者现在明确地喊出的口号。”[①]

人民宪章一经发表,在工人群众中立即得到广泛响应。1863 年年底,英国爆发周期性的经济危机,导致劳动群众的失业与贫困,于是人们积极行动起来。伦敦工人协会代表在前往许多地区之前,就已建立了上百个组织,并开展了活动。1838 年,格拉斯哥、曼彻斯特、伯明翰、利兹、纽卡斯尔等工业城市,举行成千上万人的集会。格拉斯哥的大会达 20 万人,曼彻斯特的大会达 30 万人。在曼彻斯特的大会上,人们在旗帜上画着“彼得卢”惨案,写着“屠杀案子必须法办”等标语,夜间还有火炬游行。西北部的工业城市是宪章运动的堡垒。宪章派在利兹成立“北方大同盟”,并出版宪章派的主要机关报《北极星》。

---

① 《英国工人阶级状况》,见《马克思恩格斯全集》第二卷(人民出版社 1957 年版),第 523—524 页。

4. 宪章运动中的派别 宪章派不是一个统一的团体，它内部存在着严重分歧。它的核心是北部工业无产阶级，但成员中也包括伦敦及其他城市的手工业工人、独立的手工业者以及来自资产阶级左翼的同路人，如阿特乌特等的伯明翰政治协会和科伯顿等的反谷物法协会（1839 年起改称反谷物法同盟）。这些集团只是想利用宪章运动的力量，迫使政府进一步扩大选举权和废除谷物法。从 1839 年起，反谷物法同盟在全国范围内展开宣传，使人们相信取消谷物法和实施自由贸易政策是当前增加财富和消除贫困的迫切措施。

除了这些同路人的集团以外，宪章派大致可以分为左右两翼。右翼又名“道德力量派”或“道德派”，以罗维特为领袖。在资产阶级激进思想和欧文主义的影响之下，这一派主张和平的、合法的鼓动，拒绝使用暴力。对这派人来说，人民宪章不过是有教育意义的宣传文件而已。罗维特宣扬欧文的观点，想建立独立的手工业者的社会。因此，号召工人兴办合作社。这一派的主要成员是小店主和手工业工人，因此有“小老板”之称。

左翼又名“暴力派”，以北部工业无产阶级为基础。这一派主张在万不得已的时候，即在一切手段都不能促使议会接受人民宪章的时候，采用革命暴力。领导人中最有声势的是爱尔兰破落地主奥康诺（1764—1855）。他是《北极星》的最初编辑人。《北极星》在 1838 年平均销售一万多份，在 1839 年增至四万八千份，在北部工人中有巨大影响。但是奥康诺不是无产阶级的革命家，而是一个小资产阶级的民主主义者。他憎恨资本主义大工业和大城市，但并不号召工人通过斗争走向社会主义，他的理想是古老的宗法社会。他也谈使用暴力，但在关键性场合，往往发生动摇，因而破坏了运动。

左翼领导人之一是奥布莱恩（1805—1764），有宪章派理论家之称。他吸收了法国革命的思想，写了《罗伯斯庇尔的一生》。他认识到资产阶级和无产阶级的利益毫无共同之处。他说："下议院、内阁和女王是中产阶级的工具，工人们的真正斗争对象是中产阶级。"他曾主张把土地和矿山收归国有，废除使用童工，施行八小时工作制等，但对宪章运动还不能提出明确纲领，在实际斗争中也不能一贯地坚持原则。

左翼领导人中最先进的是青年新闻记者哈尼（1817—1897）。他曾参加罗维特的伦敦工人协会，后来因为不满协会和同路人的做法，另组"伦敦民主协会"。他认为工人应当、而且只能依靠自己。伦敦工人协会的会员总共不到 400 人，而伦敦民主协会的会员则达 3000 人，包括织工和低薪工人，在 1838—1839 年间这是宪章运动中最激进的一派。1839 年 4 月至 6 月，哈尼编印《伦敦民主报》，阐述他的主张。他自称为英国的马拉（法国雅各宾党人），相信雅各宾专政的原则。他不但主张政治平等，也主张经济平等，并且认为，必须使用暴力才能达到目的。他说："只有一个方法能达到目的，就是起义。"哈尼在 1843 年认识当时在英国积极支持宪章运动的恩格斯，后来又认识马克思，在 1847 年加入共产主义者同盟。但是，哈尼也还不是彻底的社会主义者，在 50 年代革命低潮中放弃革命活动。

5. 宪章运动的第一次高潮 宪章运动有三次高潮，第一次高潮在 1839 年，第二次高潮在 1842 年，最后一次高潮在 1848 年。

1838 年年初起，宪章派展开人民宪章的签名运动，同时选出代表，组织全国宪章派公会。1839 年 2 月 4 日，全国宪章派公会在伦敦召开，代表共 53 人，左派占少数。会上展开争论：如果议会不通过人民宪章，那么应当采取什么措施？罗维等主张进行宣传教育，争取舆论支持，阿特乌德等也主张采用和平合法手段，适当进行骚动。左派提议，准备武装起义。奥康诺和绝大多数领导人不同意，但提不出明确办法。到了5月，通过一个折衷的决议，略谓根据宪法，人民有武装自卫之权，但同时一再强调在时机未成熟前不宜使用武力。这时人民宪章的签名人数已达125万，即于5月7日送往议会。同时公会决定休会，定于7月初移往伯明翰复会，以便与运动的核心取得紧密联系。

在这期间，全国各地举行示威大会，支持人民宪章，伯明翰等处发生军警冲突。政府调遣军队，准备镇压。7月初，宪章派公会在伯明翰复会。阿特伍德在议会提出人民宪章，议会没有进行很多讨论，于7月12日予以否决。7月15日，由于警察挑衅，伯明翰发生群众暴动，后被镇压。宪章派公会讨论对策。阿特乌德和一些宪章派右翼，慑于形势严重，纷纷离会。公会决定于8月12日举行总罢工一个月称“神圣月”，但无具体布置，后来公会领导于8月6日宣布取消原定会议，奥康诺也在其内。政府利用这混乱状态，大肆逮捕。宪章派公会于9月12日宣布解散。11月3日晚，南威尔士新港矿工起义，遭到镇压，死十四人，伤五十多人。被捕一百二十多人，包括起义领袖佛洛斯特。从7月到次年春季约有五百人被捕入狱，奥康诺、奥布莱恩、罗维特等领导人被判处徒刑。佛洛斯特和其他两人被处以死刑，后因群情愤激，改为长期流放。于是宪章运动转入低潮。

6. 宪章运动的第二次高潮 宪章派第一次斗争失败了，但运动并未停止。正相反，因为同路人和道德派纷纷退出，宪章派开始具有比较明确的工人阶级性质。1840年7月，在曼彻斯特举行代表会议，决定成立“全国宪章派协会”，建立中央领导机构，每年改选一次，会员持有会员证，按季缴纳会费三便士。1841年年底，全国宪章协会已有地方组织二百八十多个，会员一万三千人，到了1842年夏，会员总数增至五万人。这是英国第一个工人阶级政党。

1841年冬，英国又爆发严重的经济危机，生产缩减，失业增加。光在利兹一处，失业工人及其家属超过一万六千人。《北极星》上说：“城市是一幅穷困、贫乏和绝望的图画，成百上千的工人在街上流浪，找不到东西吃，也不知到哪里可以找到吃的东西。”这时宪章派领袖纷纷出狱，展开宣传工作，进行人民宪章的第二次签名运动，准备再向议会请愿。这次请愿书较第一次请愿书更为激进。请愿书表达了工人心中的悲愤，如劳动时间太长、劳动条件太差、工资太低等；并指出国家花了大宗款项供养王室，而千百万工人每天劳动所得不过二三便士。请愿书谴责政府压制人民运动，并支持爱尔兰人民要求脱离英国、争取独立的斗争。除坚持人民宪章的六条而外，请愿书还要求撤销新的济贫法，改善工人待遇，即“刀叉问题”，消灭资产阶级对机器、土地、新闻出版、交通工具的垄断。这次在请愿书上签名的有三百三十多万人，超过英国成年男子的半数以上。1842年4月，在伦敦召开第二届全国宪章派公会，把请愿书送交议会，议会于5月以287票对49票予以否决，引起广大群众的愤怒。

1842年夏季起，斯塔福德郡的矿工和铁工、兰开郡的棉织工人、约克郡的陶器工人，先后开始罢工。不久，罢工运动席卷全部北方工业地区，并蔓延到苏格兰和威尔士。各地工会表示：“在人民宪章未成为宪法之前，决不上工。”8月中旬，全国宪章派协会在曼彻斯特召开会议，对工会决议表示热烈欢迎，但在此紧要关头，以奥康诺为首的宪章派领导没有作出明确决定来组织和领导群众斗争。政府乘机镇压,逮捕“骚动者”一千五百多人,奥康诺等两度入狱。全国宪章派协会会员减至三四千人。

1843—1846 年间,英国工业复苏,促使部分劳动者脱离积极的政治斗争。同时,资产阶级政府也作了一些让步来分化工人并瓦解工人运动。1842 年,就在宪章运动第二次高潮期间,议会通过法案,禁止妇女和十岁以下孩童进入矿井工作。1846 年,议会决定废止《谷物法》;1847 年,又通过法案,对纺织女工和童工施行十小时工作制。在这期间,奥康诺提出完全错误的土地计划,取得全国宪章派协会的同意。1845 年,开办“宪章派土地合作社”,后来改名“国民土地公司”。征募资金,购买土地,把土地分成小块,用抽签办法租给宪章派协会成员进行耕种。然后以土地为抵押,筹集款项,连同租金所得,另购新地出租。这是一个企图在工业时代恢复小农经济的计划,不到三年完全破产。这计划使很多工人误入歧途。

在这期间,只有哈尼和青年作家欧内斯特·琼斯(1819—1869)领导的少数宪章派成员坚持革命斗争。他们先后认识恩格斯和马克思,在思想上受到巨大影响。1845 年,哈尼等和寄居伦敦的各国革命者一起建立了一个国际性的“民主派兄弟协会”,并宣布必须在全国范围内用一切力量来争取实现人民宪章的原则。他们关怀 1847—1848 年间的欧洲的革命运动,曾一再强调必须团结一切力量与世界反动势力作斗争。

7. 宪章运动的第三次高潮　宪章运动的历史意义　1847 年,爆发了第一次世界性的经济危机,失业人数迅速增加。于是宪章派又趋活跃。1848 年 2 月,法国革命爆发。席卷了整个欧洲的革命浪潮推动了宪章运动。3月间在格拉斯哥和爱丁堡，失业工人与军警发生流血冲突，工人提出“革命与面包”、“共和国万岁”等口号。4月3日，第三届宪章派公会在伦敦召开，会上对斗争策略问题展开热烈争辩。哈尼和琼斯主张武装起义，曾于1847年在诺丁恩当选为下议院议员的奥康诺不作明确表示，最后主张只有在合法手段均已用尽时才能使用暴力。公会决定于4月10日在伦敦召开群众大会，向议会请愿。这时政府有意把宪章运动与国外革命混为一谈，散布谣言，说有政变阴谋，在中上层社会制造紧张气氛，同时把军队调进伦敦，以惠灵顿为总司令，并在贵族和资产阶级队伍中组织志愿警官15万名，准备镇压。

4月10日，成千上万的工人在伦敦近郊肯宁顿公地举行示威大会。宪警宣布，不准游行队伍前往议会大厦，形势紧张。大会领导人奥康诺惊慌失措，放弃原定计划，劝告工人群众自动解散，哈尼和琼斯也表示同意，于是示威行动半途而废。请愿书重达584磅，据奥康诺宣称签名者达550万人，但是未经整理就提交下议院。下议院组织委员会审查，据称签名者只有一百七十九万多人，并有冒名顶替现象，于是以此为借口，把请愿书否决。同时政府加强镇压，把琼斯等多人逮捕入狱。1848年以后，宪章运动渐趋衰落，然而全国宪章派协会却一直存在到1858年。

这样，从30年代中期到40年代末年掀起三次高潮的宪章运动以失败而告终。领导不一致，组织不严密，思想不统一，这些是导致失败的主要原因。工人阶级还没有成熟，还没有组织成具有社会主义纲领的政党。乌托邦思想和小资产阶级的意识，在无产阶级中还很流行。一部分宪章派人相信和平改革，甚至与资产阶级妥协。在强大的资产阶级影响下,内部发生分歧,削弱了运动的力量。但是,列宁指出,宪章运动是“世界上第一次广泛的、真正群众性的、政治性的无产阶级革命运动”。[①] 无产阶级不再是资产阶级的后备军了,从宪章运动起,它开始进行独立的政治斗争。

而且宪章运动也不是无声无息地消灭了的。在运动中和在运动后,统治阶级曾被迫作了若干让步,特别是 1842 年的矿井法案和 1847 年对纺织工业女工和童工的十小时工作制法案,这些法案后来也在其他工业部门推行,这些法案获得通过和宪章运动有密不可分的关系。在以后三十年中,宪章派所主张的扩大选民范围、实行无记名票选制等,也先后实现。斯大林指出:“宪章派和他们所组织的罢工运动曾经起了巨大作用,曾经迫使统治阶级在选举制度方面,在消灭所谓‘腐朽地方’(即衰败选区)和实行‘宪章’的某些条款方面作了许多让步。宪章运动曾经起了它的不小的历史作用,并且激起了一部分统治阶级为避免更大的震撼而作了一些让步,实行了一些改良。”[②]

四　19 世纪前半期的文化发展

1. 经济理论和社会思想　这一时期杰出的经济学作家是大卫·李嘉图(1772—1823)。李嘉图首创劳动创造价值的理论。在

① 《第三国际及其在历史上的地位》,见《列宁全集》第二十九卷(人民出版社 1956 年版),第 276 页。

② 《与英国作家威尔斯的谈话》,见(人民出版社 1952 年版),21—22 页。

他的重要著作《政治经济学和赋税原理》(1817)里,他指出:工人劳动所创造的价值是工资的来源,也是利润和赋税的来源。在这一基础上,李嘉图正确地阐明了工人与资本家利益的对立,工人的工资愈高,资本家的利润就愈低;反之,工人的工资愈低,资本家的利润就愈高。但是,他是资本主义制度的辩护人,没有从他证明了的理论中得出应有的结论。他和亚当·斯密一样,错误地认为阶级利益对立的资本主义制度是自然的和永恒的制度。

尽管亚当·斯密和李嘉图的学说带有资产阶级的局限性,它也包括不少合理部分,对政治经济学的发展起了积极作用。英国的资产阶级古典政治经济学是马克思主义的三大来源之一。

随着资本主义社会矛盾的发展,出现了反科学的以马尔萨斯为首的庸俗政治经济学家。马尔萨斯(1766—1834)力图抹杀资本主义社会的矛盾。他说:生产是按照数学级数增加的,而人口是按照几何级数增加的。换言之,生活资料的增长愈来愈赶不上人口的增长。马尔萨斯由此得出了这样违背人类社会发展自然规律的结论:人民群众的贫困是自然法则,而并不是由于资本家的剥削。他认为,人与人之间的生存竞争是必然的,而战争和瘟疫是消除弱者的最好手段。这是一种仇视人类的观点,马克思和恩格斯曾予以透彻的批驳。①

这一时期也是空想社会主义流行的年代,上面提到的欧文是一个杰出的代表。欧文和法国的空想社会主义者圣西门和傅立叶一样,还不了解实现社会主义的正确道路,也不了解无产阶级的历史作用,天真地认为资本主义社会可以和平地改造成为社会主义社

① 参阅《马克思恩格斯论马尔萨斯》(三联书店 1957 年版)。

会。但是这些空想社会主义者毫不留情地批判了资本主义社会。同时,在他们对未来社会的幻想里包含着“天才思想和天才主张的萌芽”。[①] 马克思和恩格斯曾予以批判的继承,并和他们自己的革命创造巧妙地结合起来,建立了科学社会主义。

2. 科学技术的发展 这一时期,交通运输工具有很大改进,苏格兰人麦克亚当倡议用碎石筑路,改变了当时泥泞不堪的公路。乔治·斯蒂芬孙创造了蒸汽机车,于是开始了铁路运输。斯蒂芬孙当过牧童、挖煤工人,递升为煤矿技术员。1814 年,他制造第一台机车,每小时只走三英里。1825 年,英国铺设第一条铁路,从斯笃克台尔到达灵顿。之后修建了从利物浦到曼彻斯特的铁路,这是世界上第一条重要的铁路,1830 年开始通车,机车每小时已能走到三十五英里,这条铁路的通车标志着交通运输新时代的开始。

这一时期完成了圈地运动。从 1760 年至 1820 年在乔治三世统治时期,总共圈了五六百万英亩,其中半数是在 19 世纪最初二十年内大批进行的。大农场的数量增加了,耕植方法也不断改进。亚瑟·杨 (1740—1820) 在农作方法上作了很多贡献。提倡垦荒,进行耕作试验和畜牧试验,主张运用机械来进行耕耘和收获,并及时交流和推广经验。他的四十七卷的《农业纪事》具有史料价值。

自然科学方面的发明创造,主要属于欧洲大陆的科学家,但英国也有贡献。1830 年,地质学家莱伊尔在他的《地质学原理》里,证明现在的地质构造是多年来逐渐改变的结果,而这种改变仍然是在进行着的。他驳斥了当时流行的“激变”学说,而为后来达尔文的进

① 恩格斯:《社会主义由空想发展为科学》,见《马克思恩格斯文选》两卷集,第二卷(人民出版社 1962 年版),第 122 页。

化论开辟了先路。1843 年,物理学家詹姆士·朱尔(1819—1889)公布了他在能量不灭方面的主要发现,就是热力学的第一定律。能量不灭定律是 19 世纪的伟大发现之一。

在物理学方面,邰维和法拉第也享有盛名。邰维发明了矿工用的安全灯,减少了工场事故。迈格尔·法拉第(1791—1867)在电磁学方面提出了"法拉第定律",为发电机的制造建立了理论基础。1825 年,他发现苯,对苯胺染料配制有巨大作用。法拉第不论在理论科学或应用科学,贡献较多,对英国科学研究的开展起了积极作用。

3. 积极浪漫主义文学 拜伦和雪莱 滑铁卢战役前后十来年是英国浪漫主义文学的繁荣时期,拜伦和雪莱是这一时期的代表作家。乔治·戈登·拜伦(1788—1824),在拿破仑战争的年代,开始创作。1809—1811 年间,他漫游葡萄牙、西班牙、地中海、希腊、阿尔巴尼亚等地,写了《哈罗德游记》第一、第二两篇,揭露英国对民族独立运动的干涉,并歌颂西班牙的游击队员、阿尔巴尼亚的战士和希腊与意大利的爱国者。拜伦是上议院议员,1812 年,当议会讨论惩治拉德党人的时候,他在上议院发表演说,鲜明地描绘工人们的痛苦并愤激地揭露政府的残暴,为工人阶级说话。在滑铁卢战役以后,拜伦反对反动政局及其反动思想,同时拥护蓬勃发展的民主改革运动和民族独立运动。他满腔热情地歌咏进步运动,同时辛辣地讽刺现实社会。《堂琼》(或译"唐璜")是他创作的顶峰。1824 年,他为了希腊人民的自由而捐献自己的生命,引起全欧洲多年的怀念。

珀西·比希·雪莱(1792—1822)从开始创作起,就攻击人类的压迫者,如国王、教士、政客等,并热情地向往人与人之间的健康关系。和拜伦一样，雪莱是西班牙、意大利、希腊各国民族解放、民族独立运动的拥护者、支持者。在“彼得卢”以后，他写了一系列的政治抒情诗，真诚地站在人民的一边，号召人民坚持斗争。但他和拜伦有所不同。拜伦因为看不到出路，往往流露悲观绝望心情，这对当时的社会和后代，都曾产生消极作用。雪莱不是这样。雪莱对人类前途有美好的幻想，而且愈接触政治现实，愈相信这幻想对社会变革具有莫大的启发作用。他凭着主观想像，“凝视朦胧的未来”，刻画一个理想社会、一个乌托邦。他的代表作《解放了的普罗米修斯》，运用象征性的语言，酣畅地歌咏社会变革以及变革后的社会，一个“伟大而快乐的、美丽而自由”的崭新世界。他的思想和当时的空想社会主义有共同之处，因而他也具有空想社会主义者的局限。除了有力地揭露现实而外，在于能对革命具有信心，并鼓舞人们为美好的未来而斗争。恩格斯说：雪莱是“天才的预言家”。[①]

4. 宪章派文学 无产阶级文学的先驱 在宪章运动的年代，产生了大量文学作品，反对使用童工、反对失业、反对饥饿生活、反对残暴的剥削阶级，号召人民起来斗争。宪章派作家继承18世纪末和19世纪初进步浪漫主义的优秀传统，配合当时的政治斗争而加以发扬。宪章派文学的形式是多样的，但诗歌创作占主要地位，在著名作家中有欧内斯特·琼斯（1819—1869）、基洛德·马西（1828—1907）、威廉·詹姆士·林顿（1812—1897）等人。其中琼斯的诗歌曾在革命工人中广泛流传。

宪章派诗歌的绝大部分是紧密地为当时的政治斗争服务的，简

---

① 《英国工人阶级状况》，见《马克思恩格斯全集》，第二卷（人民出版社1957年版），第528页。

练爽朗，近于人民口头创作。其中有不少篇章显然受了拜伦和雪莱的政治抒情诗的影响，但比拜伦和雪莱更能表达工人群众的战斗精神。琼斯的《下层阶级之歌》和《自由的进军》、林顿的《各民族的挽歌》和《人民的集会》、马西的《红色共和党人之歌》和《四八年的人们》等，都有高度的思想内容和完美的艺术形式，可以和拜伦和雪莱的最成功的政治抒情诗等量齐观。宪章派作家们正确地认为：文学不能脱离政治，文学必须为政治服务。并有力地驳斥了当时"绅士批评家们"所谓诗歌和政治不宜结合的谬论。

宪章派文学另一个特色，就是篇章中贯穿着国际主义的精神。宪章派作家对国外民族独立斗争和民主革命运动，表示同情与支持。例如，琼斯的《自由的进军》(1848)，描写当时欧洲各国风起云涌的革命运动，从意大利到瑞士，奥地利到普鲁士、匈牙利、捷克斯洛伐克、俄罗斯、波兰、法国、爱尔兰，直到英国的宪章运动。诗人以兴奋的心情和酣畅的笔调，指出革命斗争不限于一国，而是个巨大的国际浪潮。林顿的《各民族的挽歌》，也把欧洲各国的革命当作整体，并把欧洲各国的革命战士看作同志。这在19世纪40年代可以说是得了风气之先。

宪章派文学在思想和艺术上还存在着局限。例如，某些作家对于和平改造具有幻想，另一些作家流露着不分敌我的人道主义，某些作品在艺术表现上还显得单调和粗糙。但总起来说，宪章派文学是世界文学的一份宝贵遗产，它是全世界范围内无产阶级文学先驱。

狄更斯、萨克雷等批判现实主义作家，从30年代起已开始创作，我们将在下一章合并介绍。

第九章

工业垄断地位形成时期的英国

19 世纪 50 至 60 年代

一　资本主义经济的高涨

1. 英国成为“世界的工厂”　在 19 世纪中叶，英国在世界工业国家中占据首位。以棉纺织业为例：从 1850 年至 1870 年，棉纺织品输出总值从二千八百万英镑增至七千一百四十万英镑，棉花输入从二千一百五十万英镑增至五千三百五十五万英镑。冶金工业的发展导致煤铁生产的不断增长。从 1855 年至 1864 年，煤的年产量从六千一百五十万吨增至九千二百万吨，铁的年产量从三百万吨增至四百七十万吨。铁路线，从 1854 年至 1864 年，增加四千英里，共达一万二千多英里。

如果说，工业革命开始的标志是手工工场向机器过渡，工业革命完成的标志则是机器制造机器。从 1850 年至 1870 年，英国的机器输出占垄断地位，其总值从一百万英镑增至530万英镑。50年代，俄国和印度是英国钢铁和机器的大主顾。美国在内战以后也向英国大量订货。商品出口量的增长刺激了航运。50年代初，英国商船占世界商船总吨位的半数。那时商船大部分还是帆船，汽船还只有十六万八千吨，但是到1870年已增至一百十余万吨。

在50至60年代，英国及其殖民地的贸易总值占世界贸易总值的三分之一。英国从别的国家输入原料和粮食，而输出自己的工业产品。世界资本主义市场已经建立起来，在这市场上英国占有垄断地位。它的商品销运到世界上最遥远的国家、最偏辟的角落。英国被称为“世界的工厂”。

这一时期的经济高涨有种种原因。首先，工业革命的完成使英国能进行大规模的生产。其次，殖民地的不断扩大以及对殖民地的不断掠夺为英国的工业发展提供了资本、原料和市场。再次，1848年在北美加利福尼亚和1851年在澳大利亚发现和开采金矿，增加了世界市场上的周转资金，对英国工业有一定刺激作用。此外，工业繁荣使英国有条件推行自由贸易政策，而这一政策的推行又反过来促进英国的经济高涨。

2. “自由贸易”的经济政策 几百年来，为了保护自己的工商业，英国采取重商主义政策。谷物法是一个例了，航海条例是另一个例子，此外还有许多措施，控制贸易多卖少买，多收入少支出，保证对外贸易的顺差。工业革命开始以后，工业资产阶级购买原料（例如棉花），不以英国范围为限，因此认为航海条例和保护关税等措施阻碍着企业的发展。亚当·斯密提出的自由贸易理论正表达了当时企业家的要求。政府考虑他们的利益，做了一些变通办法。1786

年的英法商约和19世纪20年代“自由托利派”政府的财政措施，降低关税，活跃对外贸易，是走向自由贸易的步骤，但是工业资产阶级并不感到满足。到19世纪中叶，英国生产膨胀，在国际市场上可以有恃无恐，工业资产阶级迫切要求改变保护贸易的措施，以便在国际市场上进行自由竞争。1845年，爱尔兰发生马铃薯灾荒，国内粮食无法调剂，于是庇尔政府于1846年撤销《谷物法》，以便运粮入境，渡过难关。接着逐渐废除重商主义政策的措施。1849年，撤销航海条例；1853年，放低关税壁垒；到1860年，英国已走上自由贸易的道路。

所谓“自由贸易”，本质上是一种经济侵略政策。英国把自己的港口变成自由港，同时要求别的国家采取同样做法。它用外交的、经济的压力和直接的军事威胁，迫使别的国家对它的商品降低关税。它的国外市场因而扩大，对它的商品的需要也随着增加。英国资产阶级力图用这样的方法来创造一个世界，在这个世界里英国是大工业的中心，而所有其他国家成为它廉价原料的产地和它商品销售的市场。

19世纪中叶，英国殖民地面积已达一千一百万平方公里，人口数量达一亿五千万。英国已是一个最强大的殖民帝国，它不但在世界市场上进行工商业垄断，同时也从印度、加拿大、纽芬兰、澳大利亚、新西兰、开普、锡兰及其他许多海外领地掠夺大量财富。它的资本主义已具有帝国主义的某些特征。列宁在谈到19世纪50至60年代的英国时说：“从19世纪中叶起，英国至少就具备了帝国主义的两大特征：(1)拥有极广大的殖民地；(2)拥有垄断利润，因为它在世界上占垄断地位。”[1]

二 工人阶级和工人运动

1.**“维多利亚时代的繁荣”与工人阶级** 19世纪50至60年代，在资产阶级历史上称为“维多利亚时代的繁荣”。从1846年至1872年，英国的对外贸易增长四倍，平均每年增长百分之十五点五。从1835年至1841年，国民收入每年为五亿一千五百万英镑，1851年增至六亿四千六百万英镑，1867年增至九亿六百多万英镑。所得税收入在1845年为四十亿英镑，或每人平均一百四十三英镑，在1885年为一百亿英镑，或每人平均二百七十英镑。

但是发财致富的是大工业家、大地主、商人集团等，而不是广大的工人阶级。前者占全国人口不到百分之二而拥有国民收入的百分之三十六点五，后者占全国人口百分之八十而只有国民收入的百分之四十。1863年，财政大臣格拉斯顿在下议院根据40年代至60年代税收的增长来说明国家的财富。他不得不承认这些财富与劳动人民无涉。“财富和实力这样令人陶醉的增长，—— 格拉斯顿补充说，—— 完全局限于有产阶级。”[2] 广大劳动人民仍被无情地剥削着。劳动条件没有改善，严重工伤事故不断发生。特别是在经济危机期间，工资削减，失业增加，工人陷入饥饿状态。

---

① 《帝国主义和社会主义运动中的分裂》，见《列宁全集》第二十三卷（人民出版社1958年版），第110页。

② 《马克思恩格斯文选》两卷集，第一卷（莫斯科1954年中文版），第356页。

由于资产阶级思想的影响，工人阶级发生分化。高级技术人员和熟练工人待遇较好，形成工人贵族，并与资产阶级妥协。至于广大的劳动群众，虽在许多工业部门时常酝酿罢工，为改善劳动条件、提高工资和解决失业问题而斗争，但在1848年宪章运动失败以后，工人阶级缺乏坚强的战斗性的组织领导。1850年，左翼宪章派领袖琼斯出狱，企图恢复宪章运动。1852年，创办《人民报》。次年，按照马克思的劝告，在工人中展开活动，争取宪章派的统一和进行召开宪章派代表大会的宣传。1854年，在曼彻斯特召开"工人议会"，琼斯当选为主席。工人议会通过支持罢工运动、反对削减工资、筹集全国性的工人基金等重要决议，但是宪章运动依然没有能够恢复。1858年，宪章派停止活动，琼斯自己开始与资产阶级激进派妥协。这时工人运动走入改良主义、机会主义的歧途。

2. 工联、合作社"经济主义"思想 在1848年宪章运动失败前，工联已在发展。工联按行业分类组织，例如翻砂、石工、木工等各有工联，就是在同一条铁路上也有司炉、保养、机器工人等不同的工联，行会习气很重。这样的组织，在50年代有一千六百个之多。1851年，成立全国性的混合机器工人协会，后来木工、翻砂工人、砖瓦工人等也有类似组织。工联目的是在资本主义制度下争取经济改善，而不是向资本主义制度进行斗争。它们的业务包括组织互助，如医药补助、丧葬补助、举办学校、调解劳资纠纷等，而以联谊互助为主。有些工联还扩大资金储备，把部分款项投入资本主义企业，有些工联领导人还反对罢工，否定斗争的必要性，硬说工人和资本家是"利益一致"的。

工联组织限制很严，只有学习满师的正式技工才能参加，参加者须纳较高的入会费和会费，因此，粗工和低薪工人无法参加。工联领导干部多年不变，不论在生活方式、兴趣或观点上，与工人群众日益脱节。工联领导人和高薪工人，因为能从资本家那里分享一些垄断利润，就满足于自己的地位与待遇，错误地认为不消灭资本主义也能改善工人阶级状况。于是工联成为资产阶级思想在工人运动中的传播者，工人贵族成为资产阶级的代理人。恩格斯在1858年10月7日致马克思的信上写道："英国无产阶级实际上日益资产阶级化了，因而这一所有民族中最资产阶级化的民族除了资产阶级，似乎最后还要有资产阶级化的贵族和资产阶级化的无产阶级。自然，对一个剥削全世界的民族来说，这在某种程度上是合理的。"①

在工联兴盛时期，合作社也很发达。这合作运动与20年代和30年代欧文的合作新村有所不同。它没有什么乌托邦幻想，而只是追求一些实利。1843年，兰开郡罗契德尔的职工开办一所小型合作商店，按社员购买量分付红利，称为"罗契德尔先锋"。到1852年，全国合作社已有二百五十多个，1863年增至四百五十多个。这是工人运动中改良主义倾向的表现。在资本主义条件下，合作社运动不可能解放工人阶级，而只是引诱工人脱离阶级斗争。

3. 马克思、恩格斯和英国工人运动 伟大的无产阶级革命导师和领袖卡尔·马克思（1818—1883）和弗里德里希·恩格斯（1820—1895）于19世纪40年代开始革命工作。1842年，他们两人在巴黎会面，从此以后，成为终身为无产阶级事业共同奋斗的亲密战友。

1842年，恩格斯到曼彻斯特，根据实际观察和亲身体验写了有名的《英国工人阶级状况》（1845）。这部书是对资本主义与资本家

① 《马克思恩格斯书信选集》（人民出版社1962年版），第108—109页。

的严厉控诉。1847 年,马克思和恩格斯在伦敦参加共产主义者同盟大会,共同草拟科学共产主义的第一个纲领性文件《共产党宣言》(1848),发出伟大的国际主义的号召:全世界无产者联合起来。

1848—1849 年,他们参加德国的革命运动,后来又都流亡到英国,马克思在伦敦,恩格斯在曼彻斯特,指导欧洲工人运动。1864 年,他们在伦敦建立"国际工人协会",即第一国际。

马克思和恩格斯曾给宪章派的革命左翼分子以巨大支持。1842—1844 年间,恩格斯协助《北极星》,在《英国工人阶级状况》一书里,又以洋溢的热情评论宪章运动。马克思和恩格斯还经常参加以哈尼等为首的民主派兄弟协会,支持他们为争取实现宪章的斗争计划。1854 年,哈尼、琼斯等在曼彻斯特召开工人议会,马克思被邀为名誉代表。马克思因有事未能参加,但致函祝贺,并指出英国无产阶级应在全国范围内组成统一力量。

1857 年,世界性的资本主义经济危机开始侵袭英国,工资削减,失业增加。许多冶金工人和煤矿工人的工资降低百分之十五至百分之二十。次年,设菲尔德有一半工人完全失业或部分失业,曼彻斯特工人有百分之二十二完全失业,百分之四十部分失业。这时欧洲民主运动又恢复活跃,推动了英国工人运动,罢工不断发生。1859 年,伦敦建筑工人进行争取九小时工作日的斗争。1860 年,成立一个非正式的各种工联的中央领导机构,有转向政治斗争的趋势。

60 年代,在马克思、恩格斯的指导和国际工人运动的推动下,英国工人运动在一些重要问题上采取正确路线。1861 年,美国内战开始。马克思和恩格斯就指出:奴隶主发动叛乱,也就是号召资产阶级加紧对工人的进攻。当时英国上层社会同情美国奴隶主,英国政府和奴隶主勾搭,准备进行武装干涉。美国内战开始后,英国棉花供应缺乏,工厂停工,工人失业。但是英国工人阶级响应马克思等的号召,始终站在反对奴隶主的一边,发动群众,对政府进行严重抗议。抗议浪潮席卷全国,终于迫使政府放弃冒险政策。1863 年,发生波兰人民反对沙皇俄国的起义,英国工人阶级站在波兰人民方面,积极支持他们的正义斗争。这些事件说明英国工人斗争具有国际性质。1864 年第一国际成立后,英国工人参加的人数达九万五千多人。

但是英国工联的许多领导人只是消极地参加第一国际,而不是积极地工作,在重大问题上 (参见本章第七节),往往和马克思主义有严重分歧。马克思和恩格斯对当时英国工人运动中的机会主义、妥协主义不断地进行斗争,他们为英国工人阶级的政治教育事业贡献了巨大力量。

三　政治制度和议会改革

1. 政党政治及其社会基础　英国的政体仍是君主立宪制度,国王 (或女王) 仍是“统而不治”。维多利亚女王从 1854 年起很少出席议会,而在她统治的最后 15 年中 (1885—1901),根本没有到过议会。她放弃军权、赦免权、封侯拜爵权,出国时也不任命摄政王,政权仍由议会多数派组成的内阁操纵。

托利党和辉格党仍轮流执政。30 年代起,托利党改称“保守党”,60 年代起,辉格党改称“自由党”,它们的社会基础也有所改变。50

至60年代，保守党代表大地主，特别是大农场主，同时和殖民事业有关的大船主、大商人发生联系。自由党不仅代表金融家和部分大地主，也反映相当一部分工商业资本家的利益。自由党内有一个工业资产阶级派，称“自由贸易派”，代表曼彻斯特部分纺织工厂主的利益。这派又称“庇尔派”，原属保守党，是于40年代中期分过来的。保守党和自由党之间，原则上没有多少区别。

保守党的领导人物，在30至40年代是庇尔，从50年代起是迪斯累利（1804—1881），后封贝肯斯菲尔德勋爵。自由党的领导人中有格雷勋爵（1764—1845）、约翰·罗素勋爵（1792—1878）、格拉斯顿（1809—1898），以及当时赫赫有名的巴麦斯顿（旧译“巴麦尊”）勋爵（1784—1865）。在19世纪前半叶，保守党占优势；在50至60年代，主要是自由党执政；从60年代后期起，内阁又转归保守党领导。马克思指出：“寡头政体不是靠把政权经常保存在同样一些人手中而使自己永存下去的，而是采用这样的办法：它轮流地使政权从一只手中放下，又立刻被另一只手抓住。”[①]

2. 1867年的议会改革 60年代起，议会改革又成为国内政治生活的主要问题。议会选举制度仍然是不民主的。首先，“衰败选区”没有完全废除，因此，许多议席仍由土地贵族操纵。据统计，50年代下议院议员中有一百名议员系由贵族们指派。其次，1832年后，选区名额没有作过调整，与人口分布情况不相适应。一个叫做托特尼斯的选区，居民只有四千人，但它和居民达四十四万三千人的利物浦同样具有两个相同的议席。最不合理的是，由于高额财产资格的限制，劳动人民无法获得选举权。1865年间，英格兰和威尔士的成

---

① 《议会新闻》，见《马克思恩格斯全集》第十一卷（人民出版社1962年版），第399页。

年男子已达五百三十万人，而选民只有九十万人。

60年代初，议会改革运动广泛展开。这运动有两股并行的潮流：一股由资产阶级激进派领导，主张稍稍扩大选民范围；另一股由第一国际和马克思领导，主张实现宪章派争取普选权的原则。1865年5月，成立了"全国改革同盟"。这是工人阶级和资产阶级激进派暂时的联盟，委员会中资产阶级与工人各占一半。全国各地随即建立改革同盟分部，群众热烈欢迎。1866年，发生经济危机，群众斗争性加强。那年三月，自由党内阁迫于形势，由格拉斯顿向下议院提出扩大选民范围的法案，由于保守党与右翼自由党的反对，未获通过。这一法案提出后，改革同盟内部分裂。资产阶级激进派对这法案表示满意，工联领导人背叛工人阶级而与资产阶级激进派合流。

在第一国际和马克思领导下，英国工人阶级先进分子揭露格拉斯顿法案的不彻底性，同时领导群众，争取普选权。各地群众奋起斗争，伯明翰有万人大会。7月23日，伦敦数万群众准备在海德公园举行示威。内务大臣下令封闭园门。工联领导人深恐引起冲突，临时宣布大会改在特拉发尔加广场举行，于是部分群众随同前往，但大部分留在海德公园附近。特拉发尔加广场上七万人参加的大会通过要求普选权的决议。留在海德公园附近的群众，不顾警察阻挠，拆毁半英里长的铁栅栏，冲进公园开会。次日和第三日，又有数万人在海德公园自动集会。当时马克思写信给恩格斯说："伦敦工人的游行示威，和我们1849年以来在英国看到的比起来，规模是非常巨大的，这完全是由'国际'一手组织的。"又说："在这里，政府差一点引起了一场暴动。"①

① 《马克思恩格斯书信选集》(人民出版社1962年版)，第190—194页。

在工人群众的强大压力之下，自由党和保守党知道议会改革势在必行。保守党迪斯累利提出改革法案，8月间由议会通过。法案规定：一、取消四十六个“衰败选区”，所遗议席分配给大城市；曼彻斯特、伯明翰、利物浦和利兹各增一名，伦敦增四名。二、在城镇，凡缴纳济贫税的房主和每年支付租金达十英镑而居住达一年的房客均有选举权。三、在各郡，每年收入达五英镑（以前为十英镑）的土地主和每年纳租金达十二英镑（以前为五十英镑）的佃户均有选举权。“衰败选区”的废除，满足了工业资产阶级的要求。财产资格也放低了一些。选民从一百三十五万人增至二百二十五万人，但也只占当时成年男子的半数。熟练工人、城市的小资产阶级和乡村的富裕农民都有得到选举权，但是改革运动中起最大作用的一般工人和农民仍没有得到选举权。

资产阶级的让步，以及工联领导人的机会主义和妥协主义破坏了60年代工人阶级和其他广大劳动人民的民主改革运动。

四　侵略政策和侵略战争

1. 巴麦斯顿的外交政策　克里米亚战争　19世纪中叶的英国外交政策，带有明显的侵略性质。外交界代表人物是巴麦斯顿勋爵。巴麦斯顿在爱尔兰拥有大片土地，他原属托利党，从1807年起一直在内阁任职，在第一次议会改革前夕转入辉格党，30至40年代迭任外交大臣，50至60年代两次任首相（1855—1858、1859—1865），有的历史家把这十来年称为“巴麦斯顿时代”。巴麦斯顿是当时资产者的典型,顾盼自如,不择手段。他会搬用宪政主义、民族主义等名词,并装出自由主义者的姿态,混淆视听,但其根本目的在于掠夺更多的殖民地。

当时意大利、匈牙利、波兰等国展开民族解放、民族独立运动,英国政府口头表示支持,而实际毫无帮助。当波兰人民反对沙皇俄国的斗争遭到失败时,巴麦斯顿只叹了一口长气说:"可怜的波兰人就这样完了,我真心感到难过。"英国对欧洲大陆各国的政策,是制造分裂,然后出面仲裁,坐收渔翁之利。它力图回避同任何国家结成长期联盟。英国外交界把这种损人利己的政策叫做"美好的孤立"。

50 年代,沙皇俄国和土耳其发生争执。沙皇尼可拉一世积极对外扩张,想夺取黑海海峡。1853 年,俄土之间爆发战争。英国为了扩张它在东方的势力,支持衰弱的土耳其,同法国组织结成反俄联盟,在克里米亚半岛进行侵略活动。英法联军在塞瓦斯托波尔城下遭到俄罗斯人民英勇的抵抗。战争延续了两年,结果帝俄失败。巴麦斯顿曾有分割俄国土地的打算,没有达到目的,但英国在近东的地位由此增强,它的舰队可以在黑海自由出入,愈来愈使土耳其陷于依附者的地位。

2. 对中国的侵略 第一次、第二次鸦片战争 英国的侵略活动早已伸展到远东国家,中国是它进攻的主要对象。从 18 世纪早年起,英国东印度公司独占了对中国的贸易,并在印度大量制造鸦片,向广州等处偷运,换取白银。运烟数量与年俱增,1838 年间达两万箱以上。中国爱国人民看到烟毒泛滥,白银外流,一致要求禁烟。1838 年,清政府派湖广总督林则徐为钦差大臣前往广州查办。林则徐到任后，下令禁烟，晓谕外商呈缴烟土，并将所缴烟土二百数十万斤在虎门海滩当众销毁。

为了迫使中国开放门户和保护可耻的贩毒贸易，英国政府于1840年6月发动战争，这在历史上称为第一次鸦片战争。英军登陆，到处抢劫，遭到中国人民顽强的抵抗。1841年5月，广州群众数万人奋勇而起，在三元里和侵略军展开爱国斗争，迫使英军撤出虎门，这是中国人民对资本主义国家侵略者自发地进行武装反抗的开始。但是清政府软弱无能，举棋不定。英军乘机扩大侵略，于1842年8月溯长江而上，进迫南京。清政府被迫赔款两千一百万银元，割让香港，并开放广州、福州、厦门、宁波和上海为通商口岸，此为《南京条约》。这次战争是资本主义国家奴役中国的开始。独立的封建的中国开始转变为半殖民地半封建的中国。

到了50年代，中国发生世界上规模最大的农民革命运动，太平天国运动。1853年，太平天国定都南京。英国和法国、美国一样，表示“中立”，伺机进行掠夺。英国抢先捏造亚罗号船上英国国旗被污辱事件，对中国发动军事进攻，这在历史上称为第二次鸦片战争。亚罗号本是中国商船。它为了走私方便，曾购得香港英商的通行证，但期限已满，船上英国国旗早已摘下。该船窝藏海盗，在海面行劫，广东水师逮捕该船船员，归案讯办。这是中国内政问题，但是英国殖民者硬说英国国旗曾被污辱，要求中国道歉。广州兵勇团练激于义愤，烧毁十三洋行，并捣毁英美法商馆。1857年12月，英国殖民者勾结法国，并取得美国和俄国的支持，占领广州，大肆烧杀。次年，英法联军攻陷天津，清政府被迫赔款白银四百万两，另辟牛庄、登州、台湾的台南、淡水、潮州等十个通商口岸，被迫承认鸦片为合法贸易，并承认英国有领事裁判权、在长江流域有自由贸易权等，这就是《天津条约》。1860 年，更大举进犯北京城郊，沿途烧杀劫掠，焚毁圆明园。清政府又被迫将赔款银增为八百万两，割让九龙，增辟天津为通商口岸，再一次签署了《北京条约》。

英法美殖民者探悉太平天国革命政权，不可能承认清政府和外国签订的不平等条约，也不可能容许外国人贩运鸦片，于是，早在这次战争开始以前已与清政府勾结，帮助镇压太平天国革命运动，战争结束后更积极"助剿"。英国军官戈登指挥的"常胜军"，同法国雇用的"常捷军"一样，在绞杀太平天国运动中起了罪大恶极的作用。

3. 对印度及其邻近各国的侵略 印度人民大起义 在 19 世纪中叶，英国殖民者以印度为基地，对邻近诸国加强侵略活动。1839—1842 年，对阿富汗进行战争。由于阿富汉人民的坚强抵抗，侵略军没有得逞，但战后迫使喀布尔王多斯特·穆罕默德作出诺言："愿作最敬爱的东印度公司的好友和敌人之敌。"1852 年，对缅甸进行战争。英国殖民者早于 1824 年占领缅甸的西部沿海区（阿腊干）和东南部沿海区（愿拿沙帘）。1852 年，又以"保护"英侨为名，从印度调兵六千人在仰光附近登陆，占领庇固，兼并盛产大米的伊洛瓦底江三角洲，即下缅甸。1856—1857 年，英国殖民者迫使伊朗政府作出诺言：如伊朗与阿富汗发生争执，应接受英国仲裁。阿富汗和伊朗的诺言巩固了英国在中东的地位，缅甸沿海地区的侵占使英国殖民者成为从加尔各答到新加坡整个印度洋海岸的主人。

在同一时期，英国殖民者在印度肆意掠夺。40 至 60 年代，爱伦勃洛和戴贺胥先后担任印度总督，以凶恶残暴著称。1843 年，占领信德。1849 年，占领印度最大的小麦产地旁遮普。1853 年，夺取重要棉花地贝拉尔。1856年，占据乌德。占据乌德后，戴贺胥说：“我们女王陛下比昨天增加了500万的臣民和一百三十万英镑的收入。”60年代，英国从印度取得的税款达六千五百万英镑。因此，印度被认为“英国王冠上的一颗珍珠”。

除向印度人民征收苛捐杂税而外，英国殖民者还在印度推销廉价商品，破坏它的农村经济和城市手工业经济。以棉纺织业为例，印度原是一个产棉的国家，它的棉织品曾行销各地，17、18世纪欧洲盛行白洋布是印度产品，受人珍视。后来，英国从印度榨取棉花，用机器织造，把大量成品向印度倾销。1860年，英国向印度运销的棉织品占它棉织品总产量的百分之四十五。这样，印度自己的纺织手工业被摧毁了。千千万万的农民和手工业者遭受破产、饥饿和死亡。印度的人民群众对殖民者的仇恨与日俱增。

英国东印度公司有一支二十八万人的军队，其中二十三万多人称为“士兵”，大都是印度的破产农民和手工业者。士兵在加入军队以前已饱尝艰苦，在军队里又受到歧视和恶劣待遇。1857年5月，印度旧都德里附近六万士兵发动武装起义，立即得到农民和城市贫民的响应。不少僧侣，因为受到英国基督教教士的排挤，加入起义。部分地主和土邦王公，因为领地和特权不断受到削减，支持起义。于是起义成为争取独立的全民运动。起义者占领德里，并从德里向东扩展，直指加尔各答，向南扩展，蔓延到海德拉巴。英国殖民者利用起义队伍中的阶级矛盾，执行分化和瓦解政策，允诺给受过欺凌的封建主和僧侣以各种让步，同时调集大军，实行残酷镇压。在德里、勒克瑙等处，起义者和侵略军展开血战，起义一直延续至1859年才被“平息”。英国镇压极其残酷，屠杀了成千上万的士兵，其中有许多人被绑在炮口,炸成碎片。这次大起义虽然失败,但仍具有伟大的历史意义。它沉重地打击了英国的殖民统治,表现了印度人民英勇不屈的反英斗争意志,因而有力地推动了印度民族独立运动的发展。

1858年8月,英国议会通过法案,改变印度事务的管理制度,撤销东印度公司。英属印度领地由女王直接统治,设总督一人代表女王。英国内阁增设印度事务部,由大臣一人执掌。印度除英属领地外,另有六百多个土邦,仍被保留,但每一土邦设有英国代办,掌握实际政权。1858年11月,维多利亚女王下诏,宣称以后不准强占封建主和王公的领地,又称任何人的宗教信仰不受干涉。英国政府力图与印度封建贵族上层结成联盟,以加强对人民的统治,并力图利用宗教信仰的分歧来推行"分而治之"的政策。

4. 爱尔兰的民族独立运动 芬尼党 在英国地主贵族统治之下,爱尔兰人民一直在沉重的地租和捐税下呻吟着。他们种小麦来完租纳税,种马铃薯来养活自己。1845—1846年,马铃薯歉收,饿死一百五十万人,这在历史上称为"马铃薯灾荒"。其实,爱尔兰在1845年仍有谷物出口,其数量足供爱尔兰全体人民半年之用,可见那年灾荒主要是由于地主贵族搜刮,而不是由于马铃薯的病害。

1846年英国废除谷物法后,爱尔兰的粮食失去了英国的专利市场,粮价下跌。地主贵族强迫农民退租,把土地变为牧场。大批农民无以为生,或死于饥饿,或迁往北美。爱尔兰人口在1841年为八百十余万,过了二十多年减至五百五十万人,到了1891年只剩四百七十万人。

爱尔兰人民不断地为争取民族独立而斗争。因为土地问题是他们的生死存亡问题,民族运动总是与土地问题交织在一起。40 年代佃农和贫农组织恐怖主义团体,有“攀岩队”、“白脚团”等,深夜袭击贵族地主的庄园,毁坏他们的财产。另有“佃农权利联盟”,反对地主圈地,反对提高租金。1858 年,流亡美国的爱尔兰爱国者约翰·奥马恩尼等在纽约组织“芬尼党”,密谋组织革命队伍,建立独立的爱尔兰共和国。[1] 不久,芬尼运动传入爱尔兰,展开活动。在 1863 年出版的《爱尔兰人民》机关报中提出,地主无权占有土地、土地应归公有的纲领。1865 年,芬尼党人准备起义,但是消息泄露。英国政府宣布人身保护法停止生效,在爱尔兰大肆搜捕,没收武器,封闭《爱尔兰人民》报馆。芬尼党人采用密谋方式进行活动,因此,广大群众没有发动武装斗争。1866—1867 年间,在爱尔兰、加拿大和英国的彻斯特、曼彻斯特和伦敦等处分别起义,从各个方面打击英国的统治,但都被残酷地镇压。

马克思和恩格斯对争取独立的爱尔兰人民怀有深厚同情。马克思曾为第一国际委员会草拟一个神秘通告,深刻地阐述爱尔兰的民族斗争和工人阶级解放的关系,并断言:“伦敦中央委员会的特殊任务就是唤醒英国工人阶级,使他们意识到:爱尔兰的民族解放对他们来说并不是一个抽象的正义或博爱的问题,而是他们自己的社会解放的首要条件”。[2] 后来列宁指出:马克思和恩格斯在爱尔兰问题上的政策,提供了各种被压迫民族的无产阶级应当怎样对待民族运动的伟大范例。”[3]

---

① “芬尼”源出古爱尔兰语,是古时保卫爱尔兰的武装部队的名称。
② 《马克思恩格斯书信选集》(人民出版社 1962 年版),第 256 页。
③ 《论民族自决权》,见《列宁全集》第二十卷(人民出版社 1959 年版),第 443 页。

5. 其他殖民地和殖民地掠夺　从19世纪20年代起,英国也在其他殖民地加强掠夺。以澳大利亚和新西兰为例。澳大利亚和新西兰早于17世纪由荷兰东印度公司发现。1769年,英国海军舰长库克前往作实地调查,认为地广人稀,有利可图。不久,英国开始移民。英国政府把流放罪犯不断遣送,于是澳大利亚成为英国的露天狱场。拿破仑战争结束后,英国企业家纷纷前往,开辟牧场,大量生产羊毛,为兰开郡的纺织厂供给原料。1851年,澳大利亚发现金矿,于是移民队伍形成一股巨大的洪流。1861年间,澳大利亚约有白种人一百万,比19世纪初年增加五倍。这一移民过程也就是殖民地土著被驱逐、被消灭的过程。澳大利亚的土著被排挤到气候干燥的中部地区,逐渐消灭。澳大利亚附近的塔斯马亚岛上有不少土著,到了1850年,只剩两百人,后来全部消灭。

新西兰的征服过程也大体相似。1839年起,英国开始在新西兰建立居留地,英格兰和苏格兰的教会也参与其事。新西兰土著为毛利族,英勇善战,1860—1867年间,不断起义,和侵略者展开血战,均被诛除,从1840年至1867年,由于战争和饥饿,毛利族由八万人减至三万人。

这样,英国的殖民地不断扩大。1870年,英国殖民地已达二千多万平方公里,人口已达二亿六千多万。英国资产阶级就在这肆无忌惮的殖民地扩张和惨无人道的殖民地掠夺的基础上建立了"维多利亚时代的繁荣"。

五　19世纪中叶的文化发展

1. 自然科学的发展 达尔文的进化论　在这一时期，英国出了不少有名的科学家，如医学方面的约瑟夫·列斯特，数学和物理学方面的威廉·汤姆生等。但是最有名的是生物学家、进化论者查理·达尔文(1809—1882)。1859年，达尔文发表他的名著《物种起源》。在达尔文以前，有人也曾提出关于动植物界的进化观点，达尔文的贡献在于根据大量事实，第一次科学地、全面地论证有机体类型的发展理论，他证明地球上的生物都是由简单的有机体发展变化而来的，而人类的祖先是类人猿。列宁写道："达尔文推翻了那种把动植物种看做彼此毫无联系的、偶然的、'神造的'、不变的东西的观点，第一次把生物学放在完全科学的基础上，确定了物种的变异性和承续性。"①

但是达尔文的学说也有它的缺点。达尔文过分强调生存竞争在有机体发展中的作用，同时，他只承认有机体的逐步发展，而忽视发展中的飞跃。

达尔文的进化论和基督教关于人类起源的教条是对立的，因此，在当时知识界曾引起激烈争辩。科学家赫胥黎(1825—1895)是达尔文学说的宣传者和辩护者，因此被称为"达尔文的凶狗"。1860年，赫胥黎到牛津大学出席不列颠协会的一个盛大集会，参加者有教士、大学教师，也有青年大学生。会上有主教对进化论无理丑诋，并含讥带讽地诘问赫胥黎："猿猴是你老祖父的祖宗，还是你

① 《什么是"人民之友"以及他们如何攻击社会民主主义者》，见《列宁全集》第一卷(人民出版社1955年版)，第122页。

老祖母的祖宗？”教士鼓掌称善，而青年大学生则报以嘘声。赫胥黎起立答辩，最后他说，他并不以猿猴祖宗为可耻，但碰到了一个运用大智慧来掩盖大真理的人，实在羞与为伍。会上掌声雷动，主教黯然无语。

赫胥黎在科学普及和科学教育工作上有卓越贡献，同时也是一个有名的散文作家。他的《天演论》曾于1896年由严复译成汉语，对当时中国思想界曾起一定启蒙作用。

2. **哲学、社会学、历史学** 这时期资产阶级的胜利在哲学和社会科学中有充分反映，特别是功利主义和实证主义。功利主义的创始者是耶莉米·边沁（1748—1832）。边沁提出：一切应为“最大多数人的最大幸福”而服务。这“最大多数”是指资产阶级，“最大幸福”是指资产阶级的幸福。他主张个人主义，主张自由放任，从而获得快乐。约翰·斯图亚特·穆勒（1806—1873）继承并发展边沁和马尔隆斯的观点，为资产阶级辩护。40年代至60年代，他提倡“公民自由”和“个人权利”，反映“自由”资产阶级的思想。

实证主义创始于法国哲学家奥古斯特·孔德（1798—1857）。英国实证派的首领是赫伯特·斯宾塞（1820—1902）。实证主义者只局限于描述表面现象，而放弃对事物本质的认识。他们企图论证资本主义制度是自然的、不可动摇的。斯宾塞还谬误地把生物界“生存竞争”和“自然选择”的规律作为人类社会的基本规律。这是庸俗进化论的观点，是不科学的、反动的。他又提出“均衡论”，就是阶级利益协调论，否定革命的观点。斯宾塞的《社会通诠》曾由严复译成汉语。严复在介绍达尔文的进化论的同时，把斯宾塞的庸俗进化论（或称“社会达尔文主义”）也搬到中国。

在19世纪中叶的英国，出版了不少历史著作。汤马斯·巴宾顿·马考莱（1800—1859）是当时著名的历史家之一。他的主要著作是《英国史》。马考莱是辉洛党（即自由党）人，是“自由资产阶级”的代言人。他不信任帝王，也不信任人民群众，反对宪章运动，反对任何革命运动，但对1866年的“光荣革命”和1832年的议会改革则赞不绝口。他善于颠倒史实，因为他文笔流畅，富于渲染能力，使人信以为真。他的《英国史》可以说是“辉格派的神话”。他是殖民主义的拥护者，对掠夺印度的罪魁克莱武和哈斯丁斯曾著专文辩护。

散文家、历史家托马斯·卡莱尔（1795—1885）具有一套复杂的、矛盾的思想。他对当时资本主义社会是不满意的，对劳动人民是有同情的，在《宪章运动》和《过去和现代》等作品里尖锐地批判资本主义，特别是资产阶级功利主义。但是他不认识历史发展的客观规律，看不见人民群众在历史上的决定性作用，硬说世界历史就是伟大人物的传记。他倡导“英雄崇拜”，认为“群氓”的任务就是俯首听命于出类拔萃的人物。他的历史唯心主义渗进了他的《法国革命史》等一系列作品，因而破坏了这些作品的历史价值。

3. **批判现实主义小说与小说家** 19世纪30至60年代英国文学的主要成就，除宪章派文学外，在资产阶级批判现实主义小说中，狄更斯和萨克莱是这一流派的杰出作家。批判现实主义作家继承并发扬启蒙时期现实主义的传统，刻画当时社会面貌，并提出批评。查理·狄更斯（1812—1870）是一个多产作家。在一系列的小说中，他对劳动院、负债人拘留所、工厂制度、司法制度等丑恶现实逐一揭露。1854年发表的《艰难时世》对资本主义社会进行全面攻击，引起资产阶级批评家多年的责难。威廉·麦克皮斯·萨克雷（1811—1863）曾与狄更斯齐名，但取材有所不同。狄更斯触及社会的各个方面，特别是中下阶层，萨克雷则集中刻画社会中、上阶层对上献媚和对下欺压的丑态。1848 年发表的《名利场》已成为讽刺贵族资产阶级社会的经典作品。

批判现实主义作家中还有夏洛特·白朗蒂（1816—1855）、盖凯尔夫人（1810—1865）等。夏洛特·白朗蒂的《简爱》揭露慈善学校戕贼孩子的教育，同时反映当时“穷苦、无依无靠、没有特权”者的苦况。盖斯凯尔夫人的《玛丽·巴顿》刻画宪章运动时期被压迫、被剥削者的生活图画。

资产阶级批判现实主义作家都不是革命者，他们不了解只有通过革命才能变革社会。他们一般是资产阶级激进主义者和人道主义者，对社会认识有一定局限。他们往往是从同情被压迫者的观点来考察社会问题，而不是从被压迫者自己的观点来解决社会问题，有时对贵族和资产阶级还存有幻想。他们的重要性在敢于暴露，敢于批判。在这一方面，马克思曾给以高度评价。他说：“他们在自己的、卓越的、描写生动的书籍中向世界揭示的政治和社会真理，比一切职业政客、政论家和道德家加在一起所揭示的还要多。”①

① 马克思：《英国资产阶级》，见《马克思恩格斯全集》第十卷（人民出版社 1962 年版），第 686 页。

第十章

独立革命后的美国和美国内战

一　独立后的政治斗争和19世纪前半期的经济发展

1. 独立后的政治斗争　联邦党和共和党　1789年,根据新宪法,成立联邦政府,华盛顿当选为第一任总统(1789—1797)。政府大权系由联邦派(后称联邦党)操纵。联邦党主要代表东北部大商人和大地主的利益,它的领袖是财政部长汉米尔顿。

联邦党对内执政有利于大商人、大资产者的政策。汉米尔顿通过建立国家银行和偿付贬值公债券,使这些人大发横财,对于农民则课以重税。90年代,在宾夕法尼亚、弗吉尼亚和北卡罗来纳西部山区,发生了一系列的农民起义,其中规模最大的是1794年宾夕法尼亚西部农民反对征收威士忌酒税的起义。

联邦党所代表的商业资产阶级在经济上仰仗于对英贸易,因而该党对外执行亲英政策，对法国革命则采取敌视态度。但是人民群众却热情地欢呼法国推翻波旁王朝的胜利，他们对政府的外交政策感到不满。1791—1793 年，在与联邦党对内对外政策的斗争中，形成了以杰斐逊为首的反对派——共和党。共和党是奴隶主、边疆居民和小农的联盟。由于反对联邦党，它得到广大人民的支持。

联邦党人总统约翰·阿丹姆斯（1797—1801）力图压制人民的不满，进一步走向反动。他一方面对法国进行不宣而战的海上战争，另一方面借口战争，压制民主，颁布了好几项反动法令，例如延长外来移民取得国籍的居住年限（“归化法”）；授权总统驱逐危及“美国和平与安全”的外国侨民（“客籍法”）；对发表言论反对政府的人以叛乱论罪（“叛乱法”），等等。由于这些法令，联邦党更加不得人心。1800 年大选中，共和党人杰斐逊胜利当选。

杰斐逊在任期间（1801—1809），废除了阿丹姆斯的联邦立法，实行精兵简政节约开支，减轻赋税，将西部土地出售的单位面积缩减成一百六十英亩，并放宽付款期限。这些改革对发扬资产阶级民主，促进资本主义经济发展起了一定的积极作用。1808 年，根据 1787 年的宪法，宣布停止输入黑奴。

2. 领土扩张和对外侵略 从杰斐逊时期起，美国开始进行大规模的领土扩张。美国通过收购、掠夺等各种方式把疆土从密西西比河一直扩张延伸到太平洋沿岸。

1803 年，美国以一千五百万美元的代价向拿破仑“购取”密西西比河以西、洛矶山脉以东、面积达二百六十万平方公里的路易西安那，将自己的版图扩充了一倍以上。①

① 这里“路易西安那”与现在的“路易斯安那州”不同，不能混为一谈。

美国的扩张政策与英国发生尖锐的矛盾。英国不仅拒绝承认美国对路易西安那的所有权，而且长期以来不甘心美国的独立，对美国一直采取敌视政策。美国独立后，英国继续驻军于美国西北部要塞。共和党执政后，英国暗中支持联邦党人策划分裂联邦的阴谋，并在美国与印第安人之间进行挑拨。英国船只横暴地阻挠美国对欧洲大陆的贸易，掠夺美国商船，并以美国船员补充自己的海军。另一方面，美国的扩张主义者也想向北发展，夺取英属加拿大。由于这种种矛盾，爆发了1812—1814年的英美战争。战争中美国一再失利，对加拿大的进攻也遭到失败。1814年8月，首府华盛顿沦陷，总统府被毁。[①]1815年1月，美国杰克逊大败英军于新奥尔良。但这时英美已签订根特和约（1814）。和约进一步确认1783年凡尔赛条约中规定的美国独立。这次战争在美国历史上称为“第二次独立战争”。

美国在向北扩张的企图遭到挫败之后，集中力量向西、向南发展。1819年，美国以先出兵后出钱的方式从西班牙取得佛罗里达半岛。1845年，并吞原属墨西哥的特克萨斯。1846—1848年，又发动侵略战争，夺取墨西哥领土的一半，包括现在加利福尼亚、内华达、犹他、亚利桑那、新墨西哥等州全部和柯罗拉多、怀俄明两州部分地区在内的大片土地。

1846年，美国迫使英国放弃对奥勒冈的权利，于是，这片原由英美合管的土地完全由美国占有。1867年，又以低价向俄国购得阿拉斯加。这样，到19世纪中叶，美国的领土已从大西洋沿岸伸展到太平洋沿岸，较原来的十三州扩大了八倍。

---

① 总统府后来重建，刷成白色，因此称“白宫”。

美国的扩张活动并不限于北美洲，它对拉丁美洲早已心怀叵测，怀有侵略野心。早在1823年，门罗总统（1817—1825）在致国会的咨文中提出：如果那个欧洲列强试图把它的政治制度推广到西半球的任何地区，美国将认为这是危及美国的和平和安全的行为。这就是“门罗主义”的主要内容。门罗主义是针对神圣同盟国家企图阻挠拉丁美洲民族解放运动的阴谋而提出的，但它的主要目的是把拉丁美洲划为美国的势力范围。50年代初，美国扩张主义者曾两次试图侵占古巴，未能得逞。

美国的侵略也不只限于美洲。从19世纪中叶起，美国已向太平洋东岸扩张并展示其侵略势力。1844年7月3日（清道光二十四年），美国强迫中国清政府在澳门的望夏村签署《中美望厦条约》，这是清政府与美国签订的第一个不平等条约。此条约共34款项，附有《海关税则》。主要内容为美国在中国通商、外交等方面，享有与英国同等的权利。除获得五口通商的权利外，还获得领事裁判权和片面最惠国待遇的特权。50年代、60年代，美国帮助清廷镇压太平天国起义。

3. **向西移民　西北部小农经济的发展**　随着西部领土的扩充，向西移民不断加强。向西移民的过程是不断屠杀和掠夺印第安人的过程。首先遭难的是阿勒亘尼山与密西西比河之间的印第安人。1810年，印第安人为了夺回被侵占的土地，在著名首领台堪姆塞（意为流星）的领导下，发动规模巨大的起义。台堪姆塞想在加拿大与佛罗里达之间建立印第安人的反美大联盟。这次发动虽在个别地区赢得胜利，但终于遭到残酷的镇压。1830年起，美国政府颁布法令，强令密西西比河以东的印第安人迁往大河以西。有一个残存的印第安部族，在饥寒交迫中，通过冰天雪地的荒野被押西迁，其中约有四分之一的人倒毙在那条被称为“眼泪的道路”的押解途中。到1842年，大河以东，除少数零星小块的居留地外，已见不到印第安人。

1848年加利福利亚发现金矿以后，成群结队的淘金者涌向那里，形成“黄金狂热”。黄金狂热促进了太平洋沿岸地区的开发，与此同时，密西西比河以西的印第安人又一次遭到驱逐和屠杀。

向西移民也是美国劳动人民不断为获得土地而进行斗争的过程。经过人民的不断斗争，美国政府于1820年把每块出售土地的单位面积减为八十英亩，售价降为每英亩一点二五美元。1830年，又颁布垦地权条例，规定垦植者可以占有一百六十英亩土地，经过几年垦植，得按最低售价优先购买。这样，一部分农民获得了购买土地的便利，但是仍有许多劳动者无力购地，他们仍为无偿获得土地而继续斗争。

美国的西部土地不仅吸引着美国的东部的居民，也吸引着拿破仑战争中陷入破产的欧洲居民。从1790年到内战时期，流入美国的欧洲人约有500万，他们是向西移民的主力军。到19世纪中叶，美国西部广大地区除印第安人居留地和难以通行的山区以外，都有了移民。

西北部的经济是个体农民的小农经济。这地区没有封建剥削，因此，生产迅速发展，在谷类和肉类的生产上很快超过东北部。随着商品经济的发展和人口的增长，出现了阶级分化和雇佣劳动。在内战前夕，西北部的雇工已达80万人。

4. 东北部的工业发展　工业革命　19世纪中叶，美国的经济存在着明显的地区差异。在西北部，千百万移民从事小农经济；在西南部，继续推行奴隶制；与此同时，大西洋沿岸的北部和中部各州正经历着工业革命的过程。

美国工业革命大约开始于19世纪20到40年代。在这以前，美国通过掠夺印第安人、贩运奴隶、对外贸易和土地投机已进行了长期的原始积累。英国移民中的技工带来了英国机器制造的技术。广阔富饶的土地和大量的欧洲移民，为工业革命提供丰富的资源和巨大的劳动后备军。西部土地的开拓为工业的发展提供了不断扩大的国内市场。

在美国，机器的使用也是从纺织业开始的。在18世纪80年代，开始使用“珍妮”纺纱机。1792年，英国移民萨缪尔·斯勒特装置阿克莱特的水力织布机，建立工厂。1814年，麻萨诸塞州建立第一个机器纺织厂，把纺纱和织布两道工序合在一处进行。30年代，美国在纱锭数量上仅次于英国；40年代，美国的纺织品已开始在中国和拉丁美洲与英货竞争。

工业的发展需要一个统一的国内市场，因此，交通事业也发达起来。1807年，罗勃特·富尔顿把锅炉、蒸汽机和旋轮装上内河木船，从纽约出发，逆流上驶，在32小时内走了二百多公里。这就是汽船，当时人称为“富尔顿的玩具”。不久，汽船就在内河航行。1819年，初次横渡大西洋，完成了从美国至彼得堡的航行。

19世纪初，开凿运河，把密西西里比河和圣罗棱斯河连接起来，又把北美的几个大湖泊和大西洋连接起来，30年代以前已建立起运河网。1828年起，铺设铁路。铁路建筑进展很快。1850年，美国铁路线长达九千多英里，为世界之冠。

铁路建筑推动了冶炼工业的发展。30 年代,冶炼工业中开始以矿物性原料代替植物燃料,大大地促进了生铁的生产。铁的年产量,1830 年为十八万吨,1850 年增至九十八万八千吨。冶炼业的发展推动了煤的开采。煤的年产量,1820 年为五万吨,1860 年增至一千四百万吨。

农业、纺织业、交通运输业以及其他工业的发展对机器制造业提出了迫切的要求。在长时期内,美国还敌不过英国廉价机器的竞争。40 年代末,机器制造业开始迅速发展。50 年代,美国的农业机器——备有风车的打谷机引起欧洲的重视,但其他机器仍靠进口。

1860 年,美国的工业生产已跃居世界第四位。内战开始时美国工业和城市生产的总产值已超过农业的总产值。

随着工业革命和向西发展,美国人口急剧增长。1820—1860 年间,美国人口由不满一千万增至三千一百万。最大城市纽约拥有一百十七余万人。

但是,美国各地区工业发展的水平很不一致。19 世纪前半期,美国工业革命主要在东北部进行,然后转向西部,到 80 年代才伸展到南方。内战爆发之前,东北农业人口与工业人口的比例是七比一,西北部是四十八比一,而西南部则是八十二比一。

5. 南部的奴隶制 《密苏里协议》 英国工业革命后,棉花需要日益增加。1793 年,美国小学教师伊利·惠特尼发明了轧棉花机,将相关流程的生产效率提高了约 50 倍,大大地加快了籽棉分离操作的过程,从而降低了棉花生产的成本。因此种种,建立于奴隶劳动基础上的棉花种植园就在南方广泛发展,奴隶制度日益推广。尽管杰斐逊政府曾于 1808 年宣布停止输入黑奴,黑奴人数仍然急剧增长。黑奴人数，1790 年为六十七万七千人，1860 年增至三百九十多万人，约占南部白人的半数。少数大奴隶主操纵地方政权，小农经济受到排挤，贫苦白人生活困难，外来移民很少前往，因此人口增加较北部缓慢。1790 年，南部和北部人口大致相等，到 1860 年，北部人口增至一千九百多万，而南部人口包括不断输入的黑人在内只有一千二百多万。

奴隶制度影响了南部的工业发展。由于大部分资金都用于购买土地和奴隶，工业投资只占很小比例。1850 年，全美国铁路线已达九千多英里，而蓄奴州只有二千英里。1859 年，南部生产总值只占全国总产值的四分之一。

奴隶制度不仅影响南部工业的发展，也阻碍北部资本主义的发展。资本主义发展要求统一的国内市场，而南部经济仍保持着殖民地的特点。南方生产的棉花百分之八十运往英国，并从那里获得廉价的工业品。由于这种情况，南部极力反对北部民族工业赖以生存的保护关税。1832 年，南卡罗来纳为了反对高额关税，竟以退出联邦相要挟。

种植园主的利润一方面来自压榨奴隶的劳动，一方面来自未开垦地的肥沃的土质。因此，奴隶主不断要求获得新的土地。他们热衷于领土扩张，积极参与夺取佛罗里达和墨西哥的土地。

奴隶主积极夺取新的土地不仅为了经济利益，也出于政治上的考虑。根据 1787 年法令，新发展地区在人口达到一定数量时，即可以州的资格加入联邦，与原来的十三州享有平等权利。由于北部人口增长快，北部在参议院的席位日益超过南方，因此奴隶主竭力推广奴隶制，力争有更多蓄奴州加入联邦，以便增强他们在参议院的力量。在新州何属的问题上，把新州确定在自由州还是蓄奴州，南北之间存在的尖锐矛盾发展到了不可调和的斗争。1820年，代表自由州和蓄奴州的南北双方达成《密苏里协议》，协议规定此后以北纬三十六度三十分作为区分路易西安那地区南北发展的界限。又规定：凡有一个自由州加入联邦，同时必须有一个蓄奴州加入。但是密苏里协议仅仅限制奴隶制发展的范围，未能解决南北之间的根本矛盾。

二　19世纪20至40年代的政治情况

1.20至40年代的资产阶级政党　1814年，联邦党与当时对美作战的英国勾结，阴谋使新英格兰州脱离联邦，这一可耻的叛变行径使联邦党陷于政治破产，1816年后完全瓦解。共和党成为当时唯一政党。杰斐逊后，由麦迪逊、门罗相继执政，一直到1825年。

随着工业资产阶级的兴起，共和党分裂为两派：国家共和党和民主共和党。前者代表工业资产阶级的利益，在1824年大选中获胜，由约翰·昆西·阿丹姆斯任总统。国家共和党执行高额关税政策，并以国家收入资助私人企业修筑道路和运河，引起南部各州的激烈反对。这时西部农民与东北资产阶级之间也存在着矛盾。资本家怕失去廉价劳动力，力图限制向西发展，而土地投机商和进行重利盘剥的金融家增加了农民获得土地的困难。南部与西部，为了共同反对北部的资本家，暂时结成联盟，形成了民主共和党（后称“民主党”）。1828年大选中，民主党候选人杰克逊当选为总统。

杰克逊执政时期（1829—1837 在位），正值美国民主运动高涨。西北各州从州宪法中撤销了选举权的财产限制。在西北各州的影响下，其他各州人民奋起斗争，亦获得同样权利。由于民主力量的推动，杰斐逊政府废除了负债监狱制度，并扩大了初级教育的范围。

杰克逊积极支持南部种植园主向西发展，残酷地把印第安人驱逐到大河以西。在南北的关税斗争中，杰克逊坚决制止南卡罗来纳脱离联邦的阴谋，同时对奴隶主作了让步，采取逐步降低关税的政策。在另一方面，杰克逊对北部金融资本家展开了激烈斗争，制止了他们对国家经济的垄断。在杰克逊和他的继任者范布伦（1837—1841 在位）当政期间，曾两次通过垦植者优先获得土地垦植权的条例。

东北部资产阶级金融寡头对杰克逊的政策感到不满，于 1834 年组成辉格党。辉格党继承联邦党的路线，于 1841 年、1849 年两度执政。50 年代，由于对废奴问题意见分歧，该党趋于瓦解。民主党在南北战争爆发之前，一直掌握政权。在杰克逊、范布伦下台以后，民主党日益成为奴隶主手中的政治工具。

2. 早期的工人运动和马克思主义的开始传播 在美国资本主义发展的过程中，工人遭到残酷的剥削。在 18 世纪 80 年代，工人群众就已开始组织工会，为改善生活条件而斗争。19 世纪 20 年代以前，手工业工人是工人运动的主要力量，20 年代以后，产业工人给工人运动增加了新的力量。

早期工人运动的目的，主要是争取缩短工时，增加工资，废除奴隶制，废除选举权的财产限制，取消负责监狱，实行义务教育，土地无偿分给劳动人民,等等。1828—1834年先后在费城、纽约以及其他城市成立劳工党。劳工党是地方性的组织,没有发展为全国性的政党,它的政治要求一般还没有超出资产阶级民主改革的范围。

除了进行罢工斗争外,美国工人反抗资本家的主要方式是逃往西部空旷地区,垦植务农。这种情况使农业社会主义思想在工人中广泛流行。农业社会主义者错误地认为把土地无偿地分给劳动人民,就可以消灭贫困。

在科学的社会主义传入美国以前,空想社会主义者曾试图在美国以和平的方式建立社会主义经济。1824年,欧文来到美国,在印第安那州购买三万英亩的土地,建立合作社性质的"新和谐"村。40年代,傅立叶的信徒们在美国建立40个劳资合股经营的"法兰克斯"。这些尝试经不起资本主义的冲击,都以破产而告终。

1848年,欧洲的革命运动失败后,参加革命的一些优秀领袖纷纷逃往美国。其中对美国工人运动贡献最大的是德籍工运领袖、马克思的战友约瑟夫·魏德迈耶。魏德迈耶系于1851年来到美国,此后十五年中,他领导美国的马克思主义者的宣传工作和建党活动。1852年,魏德迈耶与左尔格在纽约创立了由17人组成的无产者同盟。这是美国第一个马克思主义团体。同年,魏德迈耶出版德文刊物《革命》,并在第一期上发表马克思的《拿破仑第三政变记》。1853年,在早期马克思主义者的推动下,成立了主要由德籍工人组成的美国劳工会和团结美国工人的全国工人协会。1858年10月,在纽约成立了共产主义俱乐部,它在引导工人参加废奴运动上起着积极作用。这个组织后来加入第一国际。

魏德迈耶和左尔格在马克思和恩格斯的关怀和指导下,进行了许多宣传和组织工作。但是他们的影响主要限于德籍工人。

3. 黑人起义和废奴运动 自由土壤党 在20至50年代,美国政治和经济上的突出问题是黑奴问题。剥削黑奴是南部种植园经济的基础。黑奴每天工作达十七八个小时,其平均寿命只有7年。奴隶主实行恐怖政策,以维持其剥削制度。整个南方好像一座集中营,武装人员昼夜巡逻,进行监视。奴隶主私设法庭,对奴隶施行残暴刑罚,如拷打、剁耳、断肢、打烙铁火印,直至屠杀。自由黑人,地位略好,但也没有选举权,并同样遭受种族歧视的痛苦。

但是奴隶主的恐怖统治无法阻止黑人的反抗。黑人逃跑和密谋事件不断发生。1821—1831年间,黑奴起义急剧增加,其中规模较大的是1822年丹马・韦塞的起义和1831年的纳特・泰勒的起义。韦塞的起义发生在南卡罗来纳,准备参加行动约有一万黑人,他们和海地的黑人建立联系,并准备矛头、刺刀、短剑等武器,打算夺取查尔斯顿。由于预谋不密,起义之前行动遭到破坏,起义人员被杀害。泰勒的起义发生在弗吉尼亚。发动起义是在南安普顿郡,然后向南推动。泰勒带领六个黑人,首先用阔斧和镰刀杀死他主人全家,接着其他黑奴赶来参加,大约杀死了60个奴隶主。惊慌万状的统治者调集骑兵和炮兵,镇压起义。

奴隶的悲惨遭遇早就引起美国正直人士的同情。20到30年代,美国黑人的起义以及墨西哥和拉丁美洲部分地区的奴隶解放推动了美国废奴运动的发展。1831年,印刷工人出身,后来成为出版商的威廉・劳合・葛利逊在波士顿出版废奴周刊《解放者》(1831—1865)。1832年,在费城成立美国废奴社。到1840年,废奴社已发展到两千个地方组织,拥有25万会员。参加废奴运动的成员,除黑人外，有农民、工人、部分资产阶级，以及进步知识分子。没有政治权利的广大妇女和遭到歧视的教友派，积极支持这运动。著名诗人朗费罗、罗威尔、惠蒂尔、惠特曼等，也都支持这运动。在另一方面，反对这运动的，除奴隶主外，还有与南部棉花生产有直接联系的北部船主、商人、银行家和纺织厂主。废奴社在南部只能进行地下活动。就是在北部，废奴运动者也往往遭到凶恶、监禁和私刑。

废奴运动者除进行宣传教育外，还组织有名的"地下铁路"，协助黑人通过一系列的地下车站，支持废奴运动者的家属逃往北部城市或加拿大。1830—1860 年间，通过地下铁路获得自由的黑人约有 6 万。在地下铁路的斗争中产生了杰出的女英雄哈利特·塔布曼。她是一名自由黑人，为了拯救自己的同胞，曾十九次潜往南部，亲自救出 300 名奴隶，并鼓励几千名奴隶走向自由。奴隶主悬赏 400 万美元通缉她，黑人们称她为他们的"摩西"。

废奴运动者对斗争任务和斗争方式有分歧意见。运动中的左翼主张通过政治行动，为立即无偿地解放奴隶而斗争；右翼则幻想用宣传教育方式劝导奴隶主解放奴隶或限制奴隶制的推广。左翼的代表是奴隶出身、后来赎得自由的黑人活动家弗莱德瑞克·陶格拉斯，右翼的主要代表是葛利逊。

1840 年，废奴运动由于内部意见分歧发生分裂。主张采取政治行动的一派脱离葛利逊的影响，组织政党——自由党。这是第一个主张废除奴隶的全国性政党。

40 年代末，美国从墨西哥夺取了大片土地，新土地上是否容许奴隶制的问题，引起尖锐的斗争。斗争中产生了新政党——自由土壤党。自由土壤党要求在新取得的土地上禁止推行奴隶制；要求言论、劳动的自由和无偿地分给土地。自由党的大部分成员，辉格党和民主党的部分成员都加入自由土壤党。该党得到工人群众性组织“全国改革协会”和西北部农民的热烈支持。自由土壤党的成立意味着随着自由劳动者和奴隶主争夺土地斗争的激烈化，西部和南部的联盟已经破裂。反对奴隶制度的各种社会力量开始形成新的政治联盟。

三　美国内战

1. 50到60年代南北矛盾的尖锐化　50年代，由于资本主义发展，北部日益显示其经济上的优越地位，同时，奴隶制度则由于印度棉花的竞争和奴隶的大批逃亡，而发生危机。但是奴隶主在政治上仍然处于优势，他们操纵民主党，长期把持国家政权，并力图利用其政治地位，强行推广奴隶制，阻止北部的发展。这就不可避免地引起南北矛盾的尖锐化。

矛盾的尖锐化最初是由奴隶主与自由劳动者争夺西部土地引起的。1848年，美国从墨西哥获得大片土地以后，北部不断增长，坚决反对在新的土地上推行奴隶制度的劳动人民，而南部奴隶主却以脱离联邦相要挟，坚持向新的土地上推广奴隶制。由于北部大商人和银行家的妥协让步，于1850年通过了一系列的妥协法案：规定加利福尼亚作为自由州加入联邦；但新墨西哥和犹他两州是否禁止蓄奴则由两州自行决定；同时，通过法案，规定奴隶主可以在任何州追捕逃亡奴隶，当地居民必须协助，如有庇护或协助逃亡之事则处以巨额罚金和监禁。法案通过后，奴隶主的反动气焰大为嚣张。北部许多黑人遭到痛打或枪杀，甚至自由黑人也被拘捕，送往南方。这种情况引起人民对奴隶主的强烈不满。

人民对奴隶主的不满在 1852 年斯陀夫人的著名小说《黑奴吁天录》中得到鲜明的反映。尽管作者在解放黑奴问题上接近于废奴运动右翼的观点，但是书中揭露了奴隶主的残酷和黑奴被虐待的骇人听闻的悲惨遭遇，因此，对奴隶制度是一个非常有力的抨击。这本书受到广大读者的热烈欢迎，一年之内发行销售 30 万册，这对废奴运动起到了广泛的思想动员作用。

2. 堪萨斯的武装冲突　约翰·布朗起义　1854 年，国会违反 1820 年的密苏里协议，通过堪萨斯——内布拉斯加法案，把原应禁止蓄奴的堪萨斯和内布拉斯加两地区在成立新州时，是否蓄奴的问题交由当地居民决定。接着奴隶主纷纷拥入堪萨斯，并组织武装匪徒控制地方选举，企图建立奴隶制。奴隶主的横蛮行为引起北部各州人民的愤恨，他们组织大量移民，赶往堪萨斯。1855 年 10 月，反对奴隶制的居民召开州的立宪会议，通过了禁止奴隶制的州宪法，并组织州政府，提出加入联邦的申请。但是由民主党控制的联邦政府拒绝这一申请，并支持在武装匪徒控制下成立的奴隶主政权。1856 年 5 月，奴隶主的军队将废奴派政权所在地劳伦斯洗劫一空，堪萨斯陷入内战状态。北部的农民和工人队伍，随带武装，进入堪萨斯，击败并驱逐匪徒，召开制宪会议，再一次通过废除奴隶制并立法。但是，由于奴隶主的阻挠，这个州一直到 1861 年才作为自由州加入联邦。1854—1856 年堪萨斯州的武装冲突实际上是美国内战的序幕。

堪萨斯的武装冲突还没有结束，奴隶主又发动新的挑衅。1857年，在奴隶主操纵下，最高法院对曾在自由州居住多年的德莱德·司各特要求按照密苏里协议取得自由人身份的案件作了横蛮无理的判决：过去的奴隶，不论移居何处，仍然是他主人的财产。这一判决无异把奴隶制推广到一切非蓄奴州，激起了北部人民的强烈抗议。

堪萨斯的武装冲突使一部分激进的废奴运动者认识到：必然采取暴力手段才能摧毁奴隶制度。约翰·布朗（1800—1859）很快地把这个认识实践于行动。他出身于农民家庭，很早就致力于废奴活动，曾积极参加地下铁路的斗争和堪萨斯的内战。1857年起，他开始酝酿推翻南部统治政权的武装暴动计划。1859年10月16日，经过周密准备，布朗率领一支其中包括5名黑人的22人小队，进攻弗吉尼亚州的哈普斯渡口，夺取军火库。但是由于没有进行事前联系，其他黑人没有立即响应，敌人很快包围了军火库。起义者进行了顽强的抵抗，布朗的两个儿子和其他七人阵亡，布朗自己受伤被俘，后于12月2日被处绞刑。布朗在就义前写道："我，约翰·布朗，现在完全相信：只有鲜血才能洗清这个罪恶深重的国家的滔天罪行。我现在认为：拿不流血就可以达到这一点的想法来聊以自慰是徒劳无益的。"布朗的死激起了人民群众广泛的抗议，北部各州在布朗就义的那天举行公开哀悼仪式。此后一年中，南部各州不断发生黑奴的密谋和起义。

3. 林肯当选总统　内战爆发　奴隶制度妨碍资本主义工业的发展，引起工业资产阶级的不满；奴隶主的领土扩张与自由劳动者对西部土地的要求形成了尖锐的矛盾。同时，奴隶主的寡头统治与南部贫苦白人之间也存在着斗争；奴隶主对奴隶日益残酷的剥削和不断高涨的废奴运动加深了奴隶制内在的危机,奴隶的逃亡、起义和纵火不断地动摇着奴隶制度的基础。奴隶问题上的尖锐斗争引起旧政党的分裂。反对奴隶制的各种社会力量如:农民、工人和北部工业资产阶级实行联合,于 1854 年成立共和党。自由党和自由土壤党并入共和党。辉格党完全瓦解。

民主党成为奴隶主和与他们的利益有密切联系的北部银行家、商人和船主的联盟。共和党支持农民和工人无偿取得西部土地的要求。在奴隶制问题上,共和党的左翼主张彻底废除奴隶制;右翼则主张维护密苏里协议,禁止把奴隶制推广到新的地区。由于广大工人和农民的积极支持,共和党的组织和影响迅速扩大。1860 年大选,共和党候选人阿伯拉罕 · 林肯 (1809—1865) 胜利当选。

林肯总统(1861—1865 在位)的当选对奴隶主是个沉重的打击,他们决定发动叛乱。1860 年底,南卡罗来纳州宣布脱离联邦。一个月之内,佛罗里达、乔治亚、阿拉巴马、密西西比、路易西安那各州也相继宣布脱离。1861 年 2 月,六州的奴隶主在蒙哥马利城召开代表大会,成立"南部同盟"另建政府,并选举杰斐逊·达维斯上校为总统。

南部各州的叛乱行动激起人民的愤怒。各地纷纷举行群众会议,要求恢复联邦统一。但是顽固的奴隶寡头们决心用武力推翻联邦政府。他们早在林肯前任布堪南 (1857—1861 在位) 的暗中支持下,把大批联邦军队和武器调到南方,夺取了南部的一些军事要塞。1861 年 3 月林肯就职后,曾试图与南部各州谋求和解。但是,奴隶主军队于 4 月 12 日炮击并占领南卡罗来纳州联邦军守卫的塞姆特要塞,15 日林肯宣布南部各州叛乱,并号召人民为恢复联邦统一而战。

南部同盟与联邦政府之间的战争,实质上是腐朽的奴隶制度与发展中的资本主义制度之间的斗争。斗争的优势显然是在反奴隶主的一边。对于领导这一次反奴隶主斗争的北部工业资产阶级来说,他们有广大工人、农民和黑人群众的支持。内战开始后,站在南部同盟一边的只有11个州,人口九百万,其中四百万是黑人。站在联邦政府这方面的共有23个州,占全国领土的四分之三,拥有二千二百万人口。北部各州在工业、交通运输和粮食供应上都远远胜过南部同盟。尽管战争开始时南方拥有装备良好的军队和富有作战经验的将领,但政治和经济上的优势则属于联邦政府。

4. 战争的第一阶段 在战争的第一阶段(1861—1862),林肯总统并不理解战争的革命意义,他认为战争的目的只是单纯地恢复国家的统一。联邦政府一方面在前方与叛乱的奴隶主作战;另一方面却惟恐触犯奴隶主的利益,惟恐激怒马里兰、德拉维尔、肯塔基、密苏里等边界州的奴隶主,惟恐他们转向同盟方面。1861年8月,在密苏里州作战的西线统帅佛里蒙将军宣布没收当地奴隶主的财产,并解放黑奴。林肯总统却撤销了这一命令,并解除佛里蒙将军西线指挥官的职务。道格拉斯等左翼废奴运动者曾有吸收黑人入伍的建议,林肯政府害怕得罪奴隶主,不敢采用。同时,支持奴隶主的民主党人仍在政府和军队中占据重要职位。反革命商人在北军后方组织怠工和破坏活动,他们以粮食和武器供给南方,而对联邦军队的供应却进行投机倒把,偷工减料。在首都华盛顿,奴隶主继续追捕逃亡奴隶;在北部各州,奴隶主的同谋者公开侮辱废奴运动者,并捣毁他们的报馆。对于这些反革命的破坏活动,林肯政府没有采取任何有效措施。

由于以上原因，在战争的第一阶段，北方主力军一再挫败。1861年7月，在华盛顿附近的马纳萨斯大战中，北军遭到惨重损失，只是由于南方顾虑后方奴隶起义，不敢紧追，才得免于全军覆没。1862年初，格兰特将军率领工人和农民的队伍在西线发动攻势，于7月取得对密西西比河的控制，截断同盟西部与东部的联系；但是同时，东部主力军却以绝对优势的兵力大败于敌人。从4月起，北军三次进攻同盟首府里治蒙，三次都遭惨败，最后一直溃退到华盛顿。

军事上一再败北引起人民群众的不满。在纽约和其他城市，发生激昂慷慨的示威游行，要求政府立即解放黑奴，将土地无偿地分给农民，并对反革命分子严予制裁。前方局势的危急和后方群众的压力迫使林肯政府采取革命措施。

5. 内战的第二阶段 人民群众在战争中的作用 1862年5月20日，林肯颁布宅地法，规定自1863年1月1日起，凡没有参加或支助叛乱活动的、年满二十一岁的美国公民或外来移民，交付十美元的证件制费用，即可领取160英亩土地，在所得土地上耕种五年后，即可成为土地的主人。宅地法的颁布是转向革命措施的第一步。它给予自由劳动者取得西部土地的便利，对于奴隶主的土地扩张是一个沉重的打击。

1862年7月和9月，国会连续通过法令，对叛变联邦政府的反革命分子、怠工者和破坏者予以严厉制裁。军队中清除反革命分子，撤换作战不力的将领，工人、农民和知识分子广泛地被提升为军队的指挥员。来自欧洲的革命侨民，如马克思和恩格斯的战友魏德迈耶、威利赫、西格尔、雅科比等，都成了北军的将校官。他们所组织和领导的工人志愿队在战斗中，表现了高度的组织性和顽强的战斗力。1862年格兰特将军的西线胜利,在很大程度上取决于工人志愿队的战斗精神。工人、农民对战争也作出重大贡献,联邦军每1000名士兵中有423人是工人,487人是农民。宅地法和严厉制裁反革命的法令,大大地鼓舞了工农群众的战斗积极性。

1862年9月22日,林肯颁布著名的解放宣言,规定自1863年1月1日起,凡参加叛乱各州、各地区的黑奴全部获得自由,并参加联邦军队。解放宣言没有提到废除奴隶制,也没有给予黑人土地和选举权。虽然如此,它对奴隶主又是一个沉重的打击,对于黑人是莫大的鼓舞。许多黑人在同盟的后方发动起义,组织大批逃跑,迫使南方军队不得不以10万大军对付黑人。内战期间逃到北方的黑人约有50万人。参加联邦军队的黑人约20万人,占总人数的百分之十三;在海军中服役的约3万人,占整个海军的百分之二十五。此外,还有25万黑人参加挖战壕和修堡垒的工作。黑人在战争中作出重大牺牲,平均每3名黑人士兵中就有一人为解放事业献出生命。黑人的忘我的斗争是取得战争胜利的一个重要因素。1864年,林肯总统说:“如果把现在为我们服役的13到15万黑人士兵、水手和劳工拿去交给敌人,那么我们就不可能继续进行这场斗争。”

内战期间,黑人在同盟后方为联邦军队担任间谍工作,成为北军敌后的耳目。“地下铁路”的女英雄塔布曼深入南军后方,为北军统帅搜集了许多有价值的情报。有一次,她还带领一支队伍,突入敌境,毁掉敌人的军火库和棉花储存,纵火烧掉奴隶主的庄园,带走八百名奴隶。另一勇士黑奴罗伯特·史摩尔斯,乘舰长和白人船员不在,带领船上黑人把南军战舰“种植园主”驶入北军舰队。

6. 内战的国际方面　在战争的最初阶段,联邦政府在国际上的处境是困难的。英国政府和法国政府为了排除海上劲敌，都积极支持叛乱者，并对北方施加压力，企图迫使联邦政府同意南方的分裂。1861 年 11 月，南方派出两个特使去欧洲争取英法的武装干涉，北军舰队拦截并扣留他们所乘的英国特伦号邮船。英国政府以此为借口，在国内掀起反对美国联邦政府的叫嚣，并从加拿大调兵，准备进行武装干涉。当时，由于北军舰队封锁南方港口，棉花出口缩减，英国纺织工厂因原料供应不足，陷于停顿，工人大批失业。虽然如此，英国工人坚决支持联邦政府反对奴隶主的斗争。他们在全国掀起了群众性的反干涉运动，迫使英国政府放弃可耻的干涉阴谋。解放宣言颁布后，英国工人对美国联邦政府的支持更为热烈。内战期间，英国工人表现的国际主义精神对 1864 年第一国际的成立起了一定的促进作用。

英国工人阶级对联邦政府的积极支持是和马克思、恩格斯的领导分不开的。马克思和恩格斯一直密切注视美国内战的发展。他们发表了许多文章，强烈指责英国政府的干涉阴谋，明确指出这次战争是“奴隶制度与自由劳动制度之间的斗争”，[①] 热情赞扬英国工人阶级对联邦政府的支持。马克思在纽约《每日论坛报》和其他报刊上发表的许多文章中，一再敦促北方用革命方式进行战争，只有这样，才能取得胜利。他和恩格斯还提出军事战略上的具体建议。

7. 北方的胜利　内战的结局　林肯政府采取的革命措施大大鼓舞了人民的战斗情绪。1863 年 7 月，联邦军在东线取得盖底斯堡的胜利，在西线取得维克斯堡的胜利。1864 年春，联邦军发动新的攻势。西线由谢尔曼将军率领，从密西西比河穿过乔治亚州，直捣大

① 马克思、恩格斯：《论美国内战》（人民出版社 1955 年版），第 79 页。

西洋沿岸的萨凡拉，把河东的南方同盟截为两半。东线在格兰特将军的率领下于1865年攻下南方同盟的首府里治蒙。六天以后，南军统帅李将军投降。经过四年的艰苦战斗，北军终于赢得最后胜利。

当前线紧张地进行战斗时，奴隶主的北方代理人竭力掀起厌战情绪，并企图在1864年的大选中击败林肯。选举结果，林肯再度当选。奴隶主及其帮凶不甘心于自己的失败，在南方投降后五天，借演员约翰·布斯之手在剧院里暗杀了林肯。

战争结束后，面临着重建南方的任务。继林肯之后担任总统的安特罗·约翰逊（1865—1869在位），代表共和党右翼，决定与奴隶主携手。1865年，约翰逊赦免了一部分叛乱分子，并宣布：叛乱的种植园主，只要举行忠诚宣誓并同意承担战争债务，即可组织州政府，并以平等资格加入联邦。约翰逊的纵容政策使种植园主又获得对南方的控制。1866年，南方通过了旨在保持黑人的奴役地位的“黑人法典”，并成立了迫害黑人的恐怖组织三K党。种植园主重新选派代表为国会议员，并要求让他们进入国会。以前的奴隶主大有卷土重来之势。这时，以塞杜斯·斯蒂芬斯为首的共和党左翼在人民群众和国会的支持下，对约翰逊的反动政策进行坚决反击。

1866年，国会通过黑人公民权利法案，给予黑人选举权。次年，又通过“重建南方”法案，对南部各州实行军事管制，废除地方宪法，另行召集没有叛乱分子参加的会议，由白人和黑人共同选出制宪会议，制订新的宪法。在“重建”的年代里，黑人积极地参加了争取政治权利的斗争。不少黑人当选为副州长、州立法会议或国会议员。但是黑人的民主权利缺乏稳固的经济基础，虽然他们一再争取获得土地，但是资产阶级在利用黑人的选票击败他们的政敌种植园主以后，就不再关心黑人这一切身问题。黑人虽然解除了奴隶枷锁，却又受到新的变相的封建剥削。他们被迫按“分成制”向过去的奴隶主租赁土地和生产工具。

内战中期和战后资本主义的迅速发展加深了工农和资本家之间的矛盾。60年代末到70年代，北部的农民和工人为了反对资本家剥削，展开激烈斗争。面对着日益增长的新的阶级矛盾，资本家决定与已被打败的政敌妥协。1877年，联邦军队退出南方各州，结束了“重建”工作。于是反动势力又重新控制南方，黑人的公民权利被剥夺，三K党的恐怖活动和种族歧视使他们继续遭到迫害和凌辱。

8. 美国内战的历史意义 美国内战是美国历史上第二次资产阶级革命。革命的胜利是和黑人、农民和工人的联合斗争分不开的。而且，正是这一联合斗争决定了内战的革命路线，决定了战争的最后胜利。欧洲的工人阶级在这次斗争中显示了高度的国际主义精神。列宁在1918年《给美国工人的信》上指出“美国1863—1865年的内战具有极伟大的、世界历史性的、进步的和革命的意义”。[①]

内战的结果使资产阶级取得国家的统治地位。种植园的奴隶制度不再存在，新的宅地法加速了西部的开拓，在“重建”的年代里北部资本家的经济势力深入南部，这一切都为美国资本主义空前迅速的发展创造了有利条件。但是资产阶级在内战结束以后，认为革命目的已经达到，对真正解放黑人，心怀恐惧。在剥削黑人上，北方资产阶级与南方大地主有着共同利益。面对着资本主义内部矛盾日益尖锐的情况，北部资产阶级决定与以前的政敌妥协，共同加强对

① 列宁：《列宁全集》第二十八卷（人民出版社1956年版），第50页。

黑人的压迫。黑人在经济上遭到最残酷的剥削；在政治上被剥夺了一切权利；在社会上遭到排斥、歧视、迫害和屠杀。列宁提出："美国资产阶级在'解放了'黑人之后，就竭力在'自由的'民主共和的资本主义基础上恢复一切可能恢复的东西，做一切可能做到和不可能做到的事情，来达到它最可耻最卑鄙地压迫黑人的目的。"[①]

内战加速了美国工业革命的进程，无产阶级的队伍迅速扩大，于是以美国工人阶级为领导的广大人民与资本家之间的矛盾提升到首要地位。正如有马克思签名的第一国际致林肯再度当选美国总统的贺信中所指出的："正如美国独立战争为中产阶级开创了一个上升的新时代，美国反对奴隶制度的战争也将为工人阶级开创一个上升的新时代。"[②] 解放黑奴扩大了美国工人阶级的队伍，为黑人和白人工人争取权利的联合斗争创造了有利条件。但是美国资本家竭力以种族歧视、种族隔离来分裂工人阶级的团结。消除种族歧视、种族隔离，争取黑人与白人平等权利的斗争，直到20世纪80年代，仍然是黑人进一步获得解放和工人阶级加强战斗力量的重要的任务。

四　独立革命至内战结束时期的文化发展

1. 美国的启蒙运动和启蒙运动者　英国洛克的唯物主义与法

① 列宁：《关于农业中资本主义发展规律的新材料》，见《列宁全集》第二十二卷（人民出版社1958年版），第11页。

② 马克思、恩格斯：《论美国内战》（人民出版社1955年版），第256—257页。

国百科全书派的民主革命思想，推动了美国的启蒙运动。在独立革命前后，这一资产阶级思想体系在某种程度上反映了美国劳动人民的进步的、民主的要求。

出身于波士顿商人家庭而自学成才的本杰明·富兰克林（1706—1790）是政治家，又是哲学家，同时也是自然科学家和技术学家。他从启蒙教育活动（组织学习团体、创办报刊、传播科学知识、设立图书馆等）走向政治斗争，成为反对英国殖民统治的战士。

在认识论方面，富兰克林是感觉论者，认为感觉是客观现实的反映。在哲学上，他带有自然神论的观点，反对宗教迷信，而又不否定神的存在。在自然科学方面，他善于把理论研究同技术结合起来。他发明避雷针、电轮等，曾被称为电学的"建筑师"。在经济学方面，他认识到人类的劳动就是价值的尺度，但是由于资产阶级小市民观点的局限，他常把劳动看作任何"活动"，包括资本家的活动，因而不能认识劳动的真正本质。在社会问题方面，他正确地断言，人是制造工具的动物，但是他从唯心主义观点观察社会，因而不能作出深刻的概括性的结论。①

富兰克林也是位有名的作家。他的《自传》，流传很广。这部《自传》，包含着不少有用的经验，但同时为了反对封建社会的等级特权，宣扬了极端的个人主义观点，因而助长了美国资产阶级对利己主义的崇拜。

《美国独立宣言》的主要起草人托马斯·杰斐逊（1743—1826），在哲学和社会政治观点上，突出地反映了美国资产阶级中民

---

① 马克思：《政治经济学批判》，见《马克思恩格斯全集》（人民出版社 1962 年版），第 45—47 页。

主阶层和保守阶层之间的矛盾。杰斐逊出身于弗吉尼亚州的一个封建贵族家庭，但是他继承了17、18世纪英法的先进哲学思想，如感觉论、自然神论，以及天赋人权、社会契约等学说。他反对英国的殖民统治，反对美国的奴隶制度，主张在法律面前人人平等，坚决反对等级限制。杰斐逊一生中最有意义的时期是美国独立革命、1785—1789年任驻法大使和1790—1793年任国务卿的三个时期。在独立革命中，他明确提出比较激进的资产阶级民权的思想，在当时起了进步作用。在驻法大使任职期内，他和法国民主革命人士有直接来往，接触到卡巴尼斯、拉美特利、爱尔维修等的唯物主义思想。1787年，在法国发表他的杰作《弗吉尼亚随笔》，明确反对美国奴隶制度。据说，1789年他曾以观察员的身份亲自参加巴黎市民对巴士底狱的攻陷。在国务卿任期内，他公开声明赞成法国资产阶级革命，对年轻的法兰西共和国不仅给予道义上和外交上的支持，还主张在政治上甚至在经济上直接予以援助。由于美国统治阶级的反对，他被迫辞职。

在总统任职期间，杰斐逊废除前任总统的反动立法。但是他最终走上了同大资产阶级和奴隶主妥协的道路，没有能够实施他多年主张的启蒙纲领。在奴隶制问题上，他仅仅限于宣布停止输入奴隶。这明显地表现了他的阶级局限。

美国启蒙运动的另一代表人物是汤姆·潘恩。潘恩生于英国，由于富兰克林的推荐，于1774年来到美国。他在美国独立革命中发表的《常识》(1776)和《危机》(1776—1783)，表达了殖民地人民的呼声，这在上面已有介绍。美国独立革命结束后，他回到英国，发表《人权论》(1791—1792)，参加民主改革运动。由于英国政府的迫害,他逃往法国,参加法国革命,出版了反对教会的《理性时代》。但是,他反对雅各宾党人的活动,反对法国革命的深入,因此曾被追缉。1802 年他再次回到美国,觉得美国变了样子,他的激进思想已不再受欢迎了,于是就在穷困潦倒之中结束他的余年。

2. 美国民族意识与美国英语 斯大林指出:“民族是人们在历史上形成的一个有共同语言、共同地域、共同经济生活以及表现于共同文化上的共同心理素质的稳定的共同体。”① 独立革命以前,美国资产阶级民族已逐渐形成,独立革命加速和完善了这一过程。

北美人民的主要语言是英语。大陆会议的讨论与文件,以及 1776 年的独立宣言,都用英语写成。英语是通用语言,也是日益占优势的语言。由于自然的和社会的不同条件,美国英语和英国通用语言有一定差异,美国英语一般被认为英语的一种方言或俚语。但是,独立革命以后,民族意识加强,人们在文化上也要求独立自主。他们认为美国英语不是英语的方言或俚语,而是美国人的语言,应予以足够的重视。约翰 · 亚丹姆斯和杰斐逊等,都是这样主张的。当时语言学界中积极推崇这一主张的是诺亚 · 韦白斯脱。

韦白斯脱自耶鲁大学毕业后,从事语文教学。在 18 世纪 80 年代编了一套中小学适用的拼法、语法、阅读课本,这是美国人自编英语课本的开始。他的拼法课本,在一百年中销行了八千万册,每册版税不到一分,而韦白斯脱一生的生活费用大部分来自这项版税。1828 年,他发表《美国英语字典》,强调美国拼法、美国语音、美国习用语、美国用字法,并从美国的作家作品中摘录例句,作为引证。这

---

① 斯大林:《马克思主义和民族问题》,见《斯大林全集》第二卷(人民出版社 1953 年版),第 294 页。

对美国英语的发展有很大影响。首先是拼法。当时有许多美国人主张简化拼法，富兰克林是其中之一。韦白斯脱把一些没有音值的字尾拼法酌量简化，例如 honour 拼作 honor。现代美国英语有许多简化拼法是韦白斯脱以后才通行的，但是大部分的简化拼法都是韦白斯脱字典上的拼法。其次是语音方面的影响。英国人读音往往对没有重音的音节轻轻掠过。韦白斯脱不以为然，他要求每个字的每个音节都读得清楚。这种原则通过他的中小学课本，在美国人的发音上发生一定作用。此外，韦白斯脱一生的努力引起了语言学界的兴趣。美国英语不再是英国的方言或俚语，而是美国人民的通用语言。因此，也是语言学者研究的对象。

韦白斯脱于逝世前把他的字典版权转让给一家字典出版社。一百多年来，这个出版社编印了一套各种类型的字典，沿用韦白斯脱的一些成规，但不是韦白斯脱原书的补编，其中篇幅最大的是《韦白斯脱国际英语字典》。名为字典，实系词典性质，不像英国字典那样仅以字的演变与用法为限。这是美国的英语字典的特色。

3. **废奴运动中的进步作家**　在美国内战前后社会矛盾尖锐化的情况下，涌现出一批进步作家，为民主、自由、正义而斗争，其中最著名的是斯陀夫人和惠特曼。

《黑奴吁天录》的作者斯陀夫人是一个牧师的女儿和一个神学教授的妻子。她不是一个废奴主义者，她企图按基督教的教义调和奴隶与奴隶主之间的无可调和的矛盾。但是《黑奴吁天录》所揭露的奴隶主的兽行和黑奴的非人生活，1852 年一经发表，立即引起巨大关注，把废奴运动推向高潮。小说发表后，奴隶主纷纷提出抗议，说什么她的描绘是夸大的、不真实的。为了驳斥谬论，她把她多年在南方种植园搜集的具体材料整理发表，叫做《黑奴吁天录索引》。这一著作，直到现在，仍有极大的文献价值。

废奴运动者约翰·布朗被处死后，民间流行着许多怀念的歌曲，其中最有名的叫做《约翰·布朗的遗体》。这首歌里有这样两句："约翰·布朗的遗体躺在坟墓里腐烂，但是他的灵魂仍在向前冲击！"

在参加废奴运动的作家中，有梭洛、朗费罗、惠蒂尔、惠特曼等人。梭洛（1827—1862）曾写《麻萨诸塞州的奴隶制度》和《为约翰·布朗申冤》。布朗被绞死后，梭洛写道："我每一转身就碰到他；他比过去任何时候更有生命。"朗费罗（1807—1882）很少参加政治斗争，但也激于义愤，拥护废奴活动，于1842年发表《奴役篇》诗组。惠蒂尔（1807—1892）是新闻记者、诗人和政治活动家。在30年代，他以全部精力投入废奴运动。他是一个小资产阶级民主主义者，同时还不能摆脱教友派的宗教偏见。但是，他的诗文和演说对废奴运动的发展起了一定作用。他是提倡废奴运动《民族时代》杂志的编辑者，斯陀夫人的《黑奴吁天录》首先是在这本杂志上分期发表的。

19世纪中叶美国最伟大的作家是《草叶集》的作者华尔特·惠特曼（1819—1892）。惠特曼对黑人表示爱与同情，并投入废奴斗争；写了许多诗、许多政论，抨击奴隶主及其辩护者，如：议员、总统、法官等。他追求的虽然还是资产阶级的民主、自由、平等，但是他创造出一种惠特曼式的人物——"一种新型的人，身体健康、心胸开朗、有崇高的理想、劳动创造的手，并且永远乐观。"①

惠特曼也是"自由体诗"的创始者之一。他抛弃传统诗律，独创一格，为诗的艺术开辟了新的道路。

---

① 周扬：《纪念"草叶集"和"堂·吉诃德"》，见1955年11月27日《人民日报》。

第十一章
19世纪末至20世纪初的英国

一　英国的经济发展：走向帝国主义

1. **工业垄断地位的丧失**　1870年左右，英国的工业还保持着优势。当时煤的产量比美国或德国大三至四倍，铁的产量比美国大四倍，比德国大五倍。普法战争（1870—1871）期间，英国工业资本家乘机扩展厂房，大量增产，供应双方交战国家。1869—1872年间，英国出口总值从一亿九千万英镑跃至二亿五千六百万英镑。但是战争结束后，情况变了。1873年，发生世界经济危机，以后几年中，英国工商业萧条下来，结束了“维多利亚繁荣时代”。

从19世纪后半期起，德国和美国大办工业，渐渐赶上英国。到1900年，美国煤和铁的产量已超过英国，德国铁的产量已接近英国。就钢的产量来说，1871年，英国为30万吨，德国为25万吨，美国只有 7 万吨；1900 年，英国为 490 万吨，德国为 660 万吨，美国为 1020 万吨，德美两国已超过英国；1913 年，英国为 770 万吨，德国为 1830 万吨，美国为 3130 万吨，英国产量还不到德国的一半，不到美国的四分之一。英国在纺织、造船等一些较老的工业部门还保持一定优势，但在机器制造、机床制造、汽车制造、电力工业、化学工业、人造丝生产等新兴部门，越来越被美德两国抛在后面。1909 年，英国在工业产量方面已退居世界第三位，它不再是“世界的工厂”。列宁说："经济政治发展的不平衡是资本主义的绝对规律。"[①] 这一规律在这里得到具体表现。

在工业生产停滞不进的同时，英国的农业亦显得衰落。耕地面积日益缩小，农产量日益下降。1874 年起，英国从殖民地和其他国家补充进来的食品占它食品总额的百分之八十以上。美国、加拿大、阿根廷等地的廉价粮食，像潮水一般地涌进英国，于是英国自产的粮食跌价一半，农业发生严重危机。

2. "世界的银行" 殖民帝国主义 19 世纪后期，英国的各种企业公司，联合组成垄断机构，如托拉斯、康采恩、辛迪加等，在冶炼工业、航运业和造船业中特别发达。阿姆斯特朗·惠特沃斯公司和维克斯公司垄断了武器和军舰的制造。此外，有集中许多大型化学工厂的帝国化学企业公司、垄断造船用铁的辛迪加、垄断制线的托拉斯等。1902 年年底，英国有 57 家像托拉斯和其他各种形式的垄断组织。生产与资本的高度集中，造成垄断组织在经济生活中起决定性作用，这就是帝国主义的主要特征之一。

同时，帝国主义的另外一些特征，如金融寡头的形成与商品

① 《论欧洲联邦口号》，见《列宁全集》第二十一卷（人民出版社 1959 年版），第 321 页。

输出的不断增长，也在英国出现。在20世纪初叶，伦敦“五大银行”——巴克莱、威士敏斯特、劳合、密德兰和国民地方银行，掌握了全国的大部分财政资本。这些资本，主要不是用来添置工业设备，而是向国外投资。英国的工业设备已经陈旧了、落后了，需要补充和革新，但是资本家宁愿向国外投资，追求更高利润。特别是在殖民地和半殖民地，开设工矿企业，建筑铁路，因为地价不高，工资低廉，原料便宜，利润总是很大。根据不完全的统计，19世纪末英国在国外投资的总收入达900万英镑，而对外贸易的利润则不到1800万英镑。德美两国也在大量输出资本，但是英国在这方面占世界首位。从19世纪末年起，英国以惊人的速度输出资本。1900年，对外投资总额达20亿英镑，每年由此得来的收入达1亿英镑。到1914年，资本和收入又各增加了将近一倍。这样，英国已从“世界的工厂”转变为“世界的银行”。英国的典型资本家不是货物的生产者，而是大量投资、从中取利的人，是寄生在社会上的高利贷者。英国被金融寡头统治着，它日益成为寄生性的高利贷者的国家。

英国资本输出的飞速增长与它的殖民地扩张有密切联系，而且互为因果。19世纪中期，英国已是最庞大的殖民国家。19世纪后期，它积极参加分割世界领土的斗争，在资本主义国家中它得到最大份。1860年，它的殖民地面积为六百四十七万多平方公里，人口一亿四千五百万；1880年，殖民地面积增至一千九百九十四万多平方公里，人口二亿六千八百万；1899年，殖民地面积又增至二千四百万平方公里，人口三亿零九百万，而英国本土居民和它殖民地的白种人只有六千万左右。英国具有资本输出的最有利条件，也获得最巨大的利润。而且它的投资不限于自己的殖民地，地球上几乎没有一块土地不在它资本的魔掌之中。20世纪初，仅从印度一地，每年榨取一亿五千万英镑。英国是个殖民帝国主义国家。

二　政党政治　爱尔兰问题

1. 自由党和保守党　第三次议会改革　英国政府仍由自由党和保守党控制。1866年至1895年，两党轮流组阁，但是保守党的作用日益加强。1895年起，十年中主要由保守党执政；1905年起，十年中主要由自由党执政。两党都为大资本家谋利益，在对内对外政策问题上，策略时有不同，但并没有重大的原则性的差别。两党各有几个代表性的人物。自由党的格拉斯顿和保守党的狄斯雷利，上面已有介绍。自由党人约瑟夫·张伯伦（1836—1914）是伯明翰的大工业家，在19世纪末年最为活跃，和侵略南非洲有直接关系。自由党另有劳合·乔治（1863—1945），是一个能说善辩的资产阶级市侩，在第一次世界大战期间最为活跃。

列宁说："资产阶级有两种保护自己利益和捍卫自己统治的斗争方法。第一种方法就是暴力的方法，拒绝对工人运动作任何让步的方法，维护一切陈旧腐败制度的方法，根本反对改良的方法。……第二种方法就是'自由主义'的方法，就是趋向于扩大政治权利，实行改良、让步等的方法。"列宁说："英国在19世纪60年代和70年代是采用资产阶级'自由主义'政策的典型国家。"[①]1867年的第二

① 《欧洲工人运动中的分歧》，见《列宁全集》第十六卷（人民出版社1959年版）第349—350页。

次议会改革是这种方法的表现,70年代的一系列改革措施亦复如此。

格拉斯顿的第一次内阁(1868—1874)在教育、工会活动、内政和军政等方面进行改革。1870年颁布国民教育法令,举办非教会的初等学校,以扫除文盲。1871年颁布新的工会法,承认工会的合法地位,但规定工人在罢工期间不准设置纠察队。为了加强官僚机构,1871年实行文官考试制度,次年增设内政部,以监督地方自治机关的活动。为了加强军事组织,1871年撤销捐官办法,推行短期兵役制度。狄斯雷利的内阁(1874—1880)致力于对外侵略。① 但为了缓和国内阶级矛盾,也作了一些改革措施。1875年修改1871年的工会法,撤销关于禁止纠察队的条文。同时,修改《主人和仆人法》,于是工人和雇主在形式上处于平等的地位。

第三次议会改革也是一种"自由主义"的措施。1880年,格拉斯顿再度组阁。为了争取农村选票,并缓和农村人民要求政治权利的斗争,格拉斯顿于1884年向下议院提出改革法案,获得通过。法案规定:各郡房主以及年纳房租达十英镑并居住达一年的房客均有选举权。这样,乡村小业主和农业工人上层就可以加入选民的队伍。选区的议员名额也作了调整。居民不到五万的城镇各出议员一人,居民不到一万六千的城镇取消议员名额,所遗议席就各郡另行分配。按照这项法案,选民增加了二百万人,但是流动的季节性工人和工人下层都没有选举权。在当时英格兰和威尔士三千六百万人中,只有四百五十万人有选举权,就是说,仍有八分之七的人没有选举权。

---

① 参见本章第五、六节。

2. 爱尔兰的民族解放运动 自由党的分裂 爱尔兰的民族运动是当时英国政治生活中的一个严重问题。自由党和保守党用大力镇压和稍稍让步的方法进行处理。

爱尔兰民族解放运动的中心问题仍是土地问题。1879 年间，不到 300 个英国地主霸占 600 万英亩的土地，而 500 万爱尔兰人却没有一亩土地。爱尔兰农民，一般是短期佃户，土薄粗重，无力完租时，随时可被撵走。80 年代初，爱尔兰农民向英国地主缴纳租金 1500 万至 1600 万英镑，约占他们收获总值的百分之四十五。1879—1880 年，爱尔兰又发生灾荒，收获总值比上年减少 1000 万英镑。农民无力缴租，于是一大批、一大批地被地主撵走。贫农出身的迈克尔·达维特组织"土地同盟"，盟员约有 25 万人，和撵走农民的地主展开斗争。当时有一个英国地主的经纪人，名鲍伊柯特，赶走全体佃户，激起公愤。佃农联合起来，同他断绝一切关系。鲍伊柯特无法生活下去，只好悄然离去。各地农民也采用这种斗争方法，称为鲍伊柯特(Boycott)。

与此同时，在英国议会里，爱尔兰议员进行爱尔兰自治的运动。1873 年，组织"爱尔兰自治协会"，后改名"爱尔兰自治同盟"。1877 年，资产阶级民族主义者查理·斯图亚特·巴纳尔当选为自治同盟的主席，企图通过议会斗争来恢复爱尔兰的议会。他领导议会里的爱尔兰议员用各种方法阻挠议事，如：拖长会议时间，发表长达四小时的演说，或在讨论议程中间提请休会或点名等，迫使议会讨论爱尔兰自治问题，但没有达到预期的效果。于是，巴纳尔与达维特取得联系，被推为土地同盟的主席。土地同盟与自治同盟，纲领不同。土地同盟的斗争目标在于彻底废除英国在爱尔兰的土地占有权，而自治同盟只是要求在英帝国的范围内获得地方自治。但是巴纳尔知道,只有利用群众力量才能迫使英国政府作出让步。于是号召土地同盟盟员广泛地展开斗争,爱尔兰的农民运动进入高潮。

格拉斯顿的自由党内阁企图用大力镇压与稍稍让步相结合的方法,以平息爱尔兰的革命运动。1881 年,颁布土地法,授权土地法庭规定地租标准,15 年不变;在这期间,除欠租等特殊原因外,地主不得撵走佃农,等等;同时,宣布人身保护法停止生效,并逮捕达维特、巴纳尔等数百人。土地同盟号召佃农停止缴租。格拉斯顿看到镇压无效,即与巴纳尔进行谈判,达成协议。根据协议,格拉斯顿同意释放被捕人员,巴纳尔答应制止土地同盟的斗争并和自由党合作。

1882 年 5 月,巴纳尔等出狱。但是不久英国新任爱尔兰事务大臣卡文迪希在都柏林被刺身亡。格拉斯顿政府借口进行新的镇压,颁布《防止罪行法》,组织特种刑庭,对土地同盟盟员大肆搜捕,紧急治罪。《防止罪行法》是 19 世纪英国最凶残的高压措施之一。土地同盟遭到破坏。

1885 年 12 月,英国大选,自由党得 335 席,保守党得 249 席,爱尔兰自治派得 86 席。格拉斯顿第三次组阁。为了取得爱尔兰议员的支持,格拉斯顿和巴纳尔达成协议,约定爱尔兰议员和自由党合作,而自由党向议会提出爱尔兰自治法案。但是,自由党内部发生分裂。以约瑟夫·张伯伦为首的自由党人坚持帝国的统一,他们脱离自由党,另组“统一自由党”(或释“自由联合派”),和保守党一起否决这项法案。由于英国“自由主义”的衰落和反动势力的加强,爱尔兰自治问题久悬不决,直至 1910 年才旧事重提,直至第一次世界大战结束后才得到初步解决。

三　向外扩张和殖民地掠夺

1. 狄斯雷利政府和俄土战争　在19世纪最后几十年中，帝国主义列强为分割世界以及为争夺殖民地和势力范围而进行斗争。英国为了弥补它在世界市场上日趋衰落的地位，积极地参加这次斗争。保守党领袖狄斯雷利是帝国主义政策的鼓动者。他厌恶民主政治，认为不论国家或世界都应当由帝王、土地贵族等强有力者来统治。他鼓吹，英国人应该“恢复一个古老民族的高上本能”，不断地向外发展。他代表金融家、企业家、军火商人和造船业者的利益，竭力宣扬：扩大殖民地是英国统治阶级的天职。

70年代，巴尔干半岛的斯拉夫民族纷纷起义，力图摆脱土耳其帝国对它们的束缚。俄罗斯帝国以援助斯拉夫民族为名，想在巴尔干扩张其势力。1877年4月，对土耳其宣战。1878年1月，进逼君士坦丁堡，迫使土耳其缔结圣斯蒂芬诺和约，承认保加利亚、蒙特内格罗、塞尔维亚和罗马尼亚为独立自主的国家。身为首相的狄斯雷利深恐俄罗斯在中东势力的增张会妨碍英国通往印度的航路，于是派遣舰队开往达达尼尔海峡，对沙皇亚历山大二世进行战争威胁。同时在国内进行沙文主义的鼓动。当时英国流行一支歌，开头两行说：我们不想打仗；但是，一旦真的要打，那我们有的是船，有的是人，而且，有的是钱。

狄斯雷利煽动德国和奥匈帝国，迫使俄国同意召开国际会议，重审俄土和约。事前他和土耳其统治者达成秘密协定，表示英国愿意出力保护，但以割让塞浦路斯岛为条件。1878 年 6 月，召开柏林会议，成立“最后议定书”，剥夺俄国的胜利果实。于是英国取得地中海东部苏伊士运河入口处的重要战略据点——塞浦路斯岛。狄斯雷利回到伦敦，大肆吹嘘，他说他替英国带回了“和平和荣誉”。

2. 征服埃及　侵略苏丹　狄斯雷利对埃及也存觊觎之心，但是征服埃及是由格拉斯顿的自由党内阁完成的。在 70 年代末，格拉斯顿曾发表言论，批评保守党的对外政策，仿佛颇不赞成狄斯雷利的外交冒险。他伪善地对保守党的“不明智政策”提出抗议，对这条侵略政策所引起的英国财政负担表示忧虑。1880 年，格拉斯顿的自由党内阁执政，基本上保持了狄斯雷利的帝国主义政策。可见自由党和保守党在对外掠夺上是完全一致的。

1856 年，法国企业家取得埃及统治者赛义德的同意，组织公司，于 1859 年着手开凿苏伊士运河。在 60、70 年代，埃及政府向英法借款，在苏伊士和亚力山大等处兴建铁路、桥梁、电线、水闸等。这些借款，利息重、回扣大，银行家获利当无算。1869 年苏伊士运河开放以后，埃及成为欧亚交通的要道，但埃及政府负债累累，近于破产。1875 年，埃及统治者伊斯迈尔被迫出售苏伊士运河股票十七万六千六百多股，狄斯雷利没有征求议会同意，全部收购，从而取得了苏伊士运河的管理权。狄斯雷利志得意满地说：“通往印度的大道现在安全了。”1877 年，维多利亚女王加冕为印度女皇。

苏伊士运河是埃及劳动人民流血流汗换来的。在开凿过程中，埃及牺牲了 12 万人的生命，担负了 1600 万英镑的费用，欧洲国家前后只花了 400 万英镑，但是帝国主义者却利用运河作为侵略的工具。

1876年,伊斯迈尔宣告破产。以英法为首的债权国成立债务金库,管理埃及财政。1879年,英法合力迫使伊斯迈尔退位,另立其幼子杜非克为傀儡。这时,在青年军官阿拉比领导下,埃及人民发动民族解放运动,提出"埃及是埃及人的"口号。1882年,英国在保护投资的借口下,不顾一切,派遣军队,单独行动,扑灭埃及民族运动,并占领开罗。英国首相格拉斯顿佯称,埃及英军只是暂时驻扎,不久即将撤退,但这驻扎拖延了74年。第二次世界大战后,在反殖民主义的强大压力下才告结束。

位于尼罗河上游的东苏丹是埃及的附属国,并和土耳其有宗主关系。苏丹在战略上是一个重要地区。谁占领了苏丹,谁就可以控制埃及。英国殖民者早在征服埃及之前,就在东苏丹推行殖民政策。从1873年起,曾在中国参加扑灭太平天国的戈登先后任赤道省省长和苏丹总督等职,伙同土耳其和埃及官吏对苏丹人民横加压迫。1881年,苏丹爆发民族解放运动,和一切殖民者展开斗争。起义者的领袖自称马迪,意即伊斯兰教的救世主。马迪号召人民推翻埃及的统治、撤销土耳其的宗主权,并建立伊斯兰教的世界,苏丹人民热烈响应。1885年,围攻喀土穆,歼灭英国驻军,并击毙戈登。这对英国殖民主义是一个沉重的打击。英国统治阶级即利用戈登之死,鼓动人心,仿佛戈登是一个殉道圣徒。格拉斯顿政府采取"粉碎马迪"政策,派遣大军,前往"讨伐",对起义者大肆屠杀。

1895—1896年间,法国企图夺取苏丹,英国急起直追,英人克砌纳统率一支强大的英埃混合军队,进攻苏丹,沿途肆意杀戮,破坏和平城市。1898年,占领喀土穆。次年成立协定,苏丹由英埃共同管理,实际上已沦为英国的殖民地。

埃及和苏丹以盛产优质棉花著称。因此,它们不仅成为英国商品的可靠市场,也替英国纺织业供应大量原料。在埃及,棉花成为单一作物,以致粮食不能自给;在苏丹,棉田占耕地三分之一,由英国殖民者和棉花种植场主联合组成的辛迪加(法语, Syndicat 意为垄断组织)直接控制。

3. 英帝国在南非的扩张 布尔战争 占领苏丹以后,英国政府马上发动对布尔人的战争,以扩大它的南非殖民地。这场战争于1899年开始,到1901年才结束,是世界史上最早的帝国主义战争之一。

南非洲的开普原是荷兰人的殖民地。拿破仑战争时期,英国把它夺了过去。殖民地的荷兰移民叫做“布尔”,意为农民。19世纪30年代后期,布尔人因为受不了英国殖民当局的压迫,向北迁移,在1852—1854年间建立两个共和国:奥兰治和德兰斯瓦尔。70至80年代,英国的开普殖民地当局夺取南非大片土地,同时一再企图吞并两个布尔共和国,没有成功。1885年,在德兰斯瓦尔共和国里发现藏金量很大的金矿,更使殖民者垂涎,特别引起英国南非殖民者罗兹集团的兴趣。

色塞尔·罗兹(1853—1902),从1871年起经营奥兰治河畔金伯利的金刚石矿公司,发了大财,后来又组织南非金矿公司,垄断德兰斯瓦尔的金矿区。他对殖民地扩展有特大野心,曾说过几句露骨的话:“我常常说,帝国是肚子问题。假使不想要有内战,那么你们就应当是个帝国主义者。”他想从南非建筑一条铁路,直达埃及首都,叫做“开普——开罗铁路”,把南北非洲的英国殖民地连成一片。

1895 年,罗兹在伦敦金融界和殖民大臣张伯伦等积极支持之下,对两个布尔共和国进行军事挑衅,遭到可耻的失败,但侵略野心并未打消。

1899 年 11 月,英国政府以德兰斯瓦尔共和国国内的外侨选举权问题未获妥善解决为借口,发动战争。布尔人顽强抵抗,英军着着失利。英国抽调远征军 25 万人,大举进犯,于 1900 年占领两个布尔共和国的首都。但是布尔人展开游击战,在道路崎岖的草原上,精悍的骑士和优良的射击手到处活跃,给予占领军以沉重打击,赢得国际进步舆论的支持。苏丹的英军统帅克彻纳,为了彻底消灭布尔游击队,指挥部队进行扫荡,烧毁每一个村庄,驱散所有的牲畜,打烂所有的农具。同时把布尔居民,包括老弱妇孺,关入八十多个集中营,营内环境恶劣,死亡过半。当时自由党人坎勃尔·班奈曼(1905—1908 年曾任首相)也不得不承认:"除矿业城市外,两个布尔共和国的所有地区都已成为阴森森的废墟。"1902 年,布尔人被迫签订和约,两个布尔共和国并入不列颠帝国。

在战争中,布尔人死伤三万左右,英国也死伤两万多人。英国军费达二亿五千万英镑,影响国内人民的生活水平,而军火商人、银行家和南非金矿主取得胜利的果实,他们资本活动的范围又扩大了不少。

为了加强统治并缓和殖民地的民族运动,英国政府从 19 世纪中叶起,给一部分殖民地以自治之权。这些殖民地名为"自治领"。加拿大于 1867 年首先取得自治领的地位。随后澳大利亚于 1901 年建立自治领,新西兰于 1907 年建立自治领。在南非,于布尔战争之后,英国殖民者勾结布尔人的上层分子,于 1910 年成立南非联邦。

该联邦包括开普殖民地、纳塔尔和原来的两个布尔共和国，由原来的布尔将军巴大为首任总理。这样，白种人联合起来，对有色人种加强压迫和剥削。南非联邦内四分之三的居民是黑人彭都族，没有任何权利；来自东方国家的侨民，包括印度人和五万多中国劳动人民，同样也没有任何权利。南非联邦成为一个典型的种族歧视的国家。

4. 对中国的侵略　英帝国的其他殖民活动　19世纪70年代后，帝国主义国家对中国加紧侵略，英国是其中主要角色。它对华侵略，是多方面的。主要方面之一是投资贷款，进行经济侵略。60年代，它先后设立香港和上海汇丰银行，作为对华经济侵略的大本营。1902年对华投资达二亿六千多万英镑，占当时帝国主义国家对华投资的首位。同时，并在中国境内开设工厂，就地取材，剥削廉价劳动力。另一主要方面是强迫租借沿海地区，争夺势力范围。1898年，强租威海卫和九龙半岛。1900年，英帝国与法德俄美日意匈七国联合出兵，扼杀义和团反帝爱国运动，勒索赔款。

此外，英帝国还从印度向西藏和新疆扩张侵略势力，企图打开中国的后门，以便同它侵略中国沿海和中国心脏地区的活动遥相呼应。1904年，强迫清政府承认它在西藏的特权。在中国辛亥革命时期，英帝国企图把西藏从中国分割出去，用承认中国对西藏的所谓宗主权的办法，来否定中国对西藏的主权。1913年10月，策划中英藏会议。会议在印度北部西姆拉召开，即所为“西姆拉会议”。在会议上，英国还不敢公开提出分割中国大片领土的要求。1914年3月，英国代表、印度殖民政府的外务大臣麦克马洪在会议的外边，背着中国中央政府的代表，同西藏地方的代表用秘密换文的方式，在中印边界东段，画出那条臭名昭彰的所谓麦克马洪线，企图把9万平方公里的中国领土划归英属印度。但是，当时的中国政府和以后的历届中国政府都没有承认这条非法的边界线。

以上叙述的只是这一时期内几项突出事件，而不是英帝国殖民主义的全部活动。在非洲，70至90年代，英帝国还把东非的乌干达和肯尼亚、西非的尼日利亚和加纳（“黄金海岸”），先后划入它的势力范围。在亚洲，70年代，它征服马来半岛，并把俾路支和阿富汗先后沦为保护国；80年代，它完成对缅甸的征服，把它变成英属印度的一个省；19世纪末年，又把阿拉伯半岛东北沿波斯湾盛产石油的科威特沦为保护国。1876年，英帝国殖民地人口已达二亿五千万，到了1914年，殖民地人口增至四亿。不列颠殖民帝国是在许多国家、许多民族的苦难上建立的。

英国占有最重要航线上的战略据点。18世纪初叶，它攫取了地中海西端出口的直布罗陀海峡。19世纪初年，它占领了地中海最狭处的马耳他岛，1839年又占领了控制红海到印度洋的出口亚丁湾。19世纪70至80年代，它取得了对苏伊士运河和埃及的控制权。它拥有强大的海军和商船队。从大西洋、地中海通过苏伊士运河、红海、印度洋，一直到新加坡和中国香港，它掌握了制海权。

20世纪初，英帝国已经丧失了工业上的垄断地位，但还保持着殖民地和财政上的垄断地位。

四　英国工人运动和社会主义运动

1. 70至80年代工人阶级状况　新工联的产生　70至80年代，正当殖民主义者加紧对外掠夺的时候，国内工人阶级的生活状况日益恶化。生产过剩的周期性危机，以前是10年左右爆发一次，到70年代末和80年代初，六七年就爆发一次。1873—1874年，1878—1879年，1886—1887年，经济危机一个跟着一个，失业工人日益增加，人民生活日益贫困。资产阶级社会学家查理·布斯（1840—1916）等在伦敦和约克等大城市作了广泛调查，报道劳动人民的贫困状况。在资本家、银行家积累大量财富的同时，大约百分之九十的财富的实际创造者只能按周租赁住房，一到周末，居住就成问题；约有一百万人经常依靠救济过活，另有一百多万人经常在饥饿线上挣扎，一遇经济危机，就无以为生；至于农业工人，也是入不敷出，只能以劳动院为最后归宿之所；成千上万的家庭，无力食用奶品，孩子们因营养不良，没有得到正常发育。恩格斯于1885年谈到伦敦贫民窟时写道："伦敦的东区是个日益扩大的泥坑，那里人们在失业时期陷于饥寒交迫和绝望的境地，而在有工作时则处于体力和精力衰颓的状态。"[1]

在这种情况之下，工人群众不得不为要求改善生活待遇而进行斗争。1886年2月，伦敦失业工人在特拉发尔格广场举行大会，继以示威游行。那年秋季有同样运动，因军警干涉，发生冲突，死了好几个人。1887年11月13日，伦敦失业工人准备在特拉发尔格广

---

① 《英国工人阶级状况一书序言》，见《马克思恩格斯文选》两卷集，第二卷（莫斯科1955年中文版），第415页。

场举行示威，约有 8 万至 10 万人带着乐队和旗帜分头向广场前进。参加者也包括先进知识分子，如诗人威廉·莫里斯（1834—1896）和戏剧家萧伯纳（1856—1950）。政府戒备森严，在广场和周围地区布置四千名警察岗哨，阻拦并驱散游行队伍，另有荷枪实弹的步兵、骑兵到场镇压。群众高呼“我们要求言论自由”、“英国人不该受无用的刺刀统治”等口号。斗争一直进行到深夜，死了 3 人，伤了许多人。其中一人被警察打死之后，政府当局还秘而不宣。群众为他举行了一场规模巨大的殡仪，莫里斯写了一首富有战斗性的《丧歌》。11 月 13 日是星期日，在英国工人运动史上称为“血腥的星期日”。

在这些阶级斗争尖锐化的年代，产生了“新工联”。

2. 新工联与工人运动的高涨　新工联和旧工联是有区别的。旧工联是以技术熟练的工人为成员，由工人贵族领导着，企图用和平调解来解决劳资之间的矛盾。旧工联的领导层已变成工会官僚。他们从工会基金中领取的薪金比产业工人的工资高一至二倍，比农业工人的工资往往高至五倍。因此，不论在经济上、生活上或思想上，都和广大工人群众有很大距离。新工联不是这样。新工联的成员是技术不很熟练和未受技术训练的工人。也就是一向无法参加旧工联的工人，它以广泛采用罢工为斗争手段。它的产生说明工人阶级已开始觉醒。在它的组织领导方面，汤姆·曼（1856—1941）和爱莲诺·马克思（1855—1898）起了很大作用，恩格斯也曾多方给予指导。

罢工运动从 1886 年开始，在 1889—1890 年间达到高潮。1889 年夏，伦敦煤气工人通过罢工迫使煤气工厂的工作日从十二至十八小时减为八小时。同年 8 月间，伦敦码头工人 3 万和其他工人 3 万，在汤姆·曼和爱莲诺·马克思等的领导下，开始罢工，坚持了四个星期，其中十来天，伦敦港口的货运全部陷于瘫痪。资方被迫让步，同意每日雇用时间不得少于四小时，每小时工资由四五便士增至六便士，超时工资每小时八便士。就在这时候，煤气工人、码头工人等纷纷成立工联，非熟练工人踊跃参加。铁路运输工人的组织一向比较薄弱，这时也成立了工联。1889 年，成立了大不列颠矿工联合会，把原有地方性的组织联合起来。新工联的产生加强了工人运动的战斗性。1890 年 5 月 4 日，举行了第一个“五一国际劳动节”示威游行，光在伦敦一处就有 25 万至 30 万人参加，其中示威工人占四分之三以上，海德公园人山人海，为争取八小时工作制而斗争。旧工联的首领企图破坏，但是没有达到目的。恩格斯曾为工人阶级的觉醒而感到兴奋。①

但是新工联的大多数领导人还缺乏彻底的革命世界观。由于旧工联和工人贵族的影响，新工联在 90 年代就已逐渐丧失了它原有的战斗性。

3. “社会主义”的组织和机会主义　80 至 90 年代，由于工人运动的高涨，也由于社会主义思想已开始在工人阶级中传播，产生了各种“社会主义”的组织。其中最早的是民主同盟，于 1881 年建立，后于 1884 年改称社会民主同盟，由亨利·海德曼（1842—1921）领导。海德曼自命为马克思主义的宣传者，但他宣传的不是革命的马克思主义。他借口不满工联活动，因而拒绝支持工联争取八小时工作制的斗争。他认为争取议会席位是工人运动的主要目的，在

---

① 参阅恩格斯 1890 年 5 月 4 日致倍倍尔的信，见《世界近代史文献》，卷二，第一分册（人民教育出版社 1960 年版），第 140—142 页。

1885 年大选中，竟无原则地接受保守党的津贴。威廉·莫里斯和爱莲诺·马克思等曾一度参加同盟，后因反对海德曼的机会主义，于 1885 年纷纷退出，另组社会主义同盟。社会主义同盟的成员积极参加新工联的罢工斗争。当英帝国对苏丹进行侵略时，社会主义同盟发表宣言，反对这“残酷和非正义的战争”。可是它的成员有限，没有发展成为广大的无产阶级政党。

1884 年 1 月，韦伯夫妇等组织费边社。[①] 这是一个资产阶级知识分子的组织。费边分子宣称：通过市政机关可以逐步建立集体所有制的基本设施。例如，澡堂、洗衣铺、面包作坊、城市运输机构等。然后在这基础上，用“合法的、和平的”手段，把整个资本主义社会改变为社会主义社会。这就是所谓“地方公有社会主义”。列宁说：“费边社之所以倡导这种主张，正是因为它幻想社会和平，幻想阶级调和，企图使社会忽视全部经济制度和整个国家结构的根本问题，而去注意地方自治的细小问题。”[②] 作家萧伯纳是费边社的成员。萧伯纳后来认为革命行动是必要的，这和费边社的思想有原则性的分歧。但是萧伯纳等并不能改变费边社的性质。费边社否认阶级斗争，主张和资产阶级合作，这对英国工人群众中革命社会主义意识的形成起了阻碍作用。

19 世纪 90 年代初，罢工浪潮席卷英国北部和苏格兰，有各种地方性的组织。1893 年，这些组织在北部工业区布来德福举行代表大会，会上矿工出身的凯尔·哈第宣布独立工党的成立。独立工党纲

① 费边是一位古罗马将军的名字。费边将军素以缓进待机，回避决战著称。

② 《社会民主党在俄国第一次革命中的土地纲领》，见《列宁全集》第十三卷（人民出版社 1959 年版），第 335 页。

领第一条是争取八小时工作制，其次是各种经济和社会改革，最后是“分配、交换和生产手段的集体所有制”。可是独立工党存在着严重缺点，使它不能成为英国工人的社会主义政党。首先，它并没有把所有的“社会主义”团体团结起来。其次，它的群众基础限于部分地区，主要是约克郡的纺织区。再次，它的组织比较松懈，各地支部各自为政。但是，最大缺点是它一开始就反对马克思主义，拒绝阶级斗争的原则。它不打算发动一个革命的社会改革，而只是梦想通过宣传工作来促进一种“在我们的环境里自然而然地滋生出来的”社会组织。费边主义者掌握了领导权。机会主义者兰姆赛·麦克唐纳（1866—1937）等人从自由党转来独立工党，也参加领导工作。因此，独立工党并不代表工人阶级的真正利益。而变为自由党的尾巴。后来列宁写道：“这个党只对社会主义‘独立’，对自由主义则非常依赖。”①

这样，一直到19世纪末，英国无产阶级还没有自己的革命的政党。列宁写道：“必须指出：在英国，帝国主义分裂工人，加强工人中间的机会主义，使工人运动暂时趋向腐朽，这种趋向在很久以前，在19世纪末和20世纪初就已经表现出来了。”②

4. 工党的成立及其性质 19世纪末，资本家对工人阶级加强进攻，政府按照资本家的意旨办事，派遣军警镇压罢工运动，同时使用工贼，制造“黑名单”，对先进工人进行迫害。反动派并要求废止1871—1876年有关工联的法令。1900年南威尔士塔甫河流域铁路

① 《英国关于自由派工人政策的争论》，见《列宁全集》第十八卷（人民出版社1959年版），第354页。

② 《帝国主义是资本主义的最高阶段》，见《列宁全集》第二十二卷（人民出版社1958年版），第276页。

工人进行罢工，坚持了几个月。事后铁路公司提出控诉，要求铁路工联赔偿损失。1901 年，上议院竟判令铁路工联赔偿二万三千英镑。这一判决等于剥夺工人的罢工权利。此种情况下，大部分工人组织体会到必须团结一致，在议会中和在全国范围内捍卫自己的利益。1900 年，成立工人代表委员会，包括工联、合作社、以及上面提到的各种“社会主义”组织的代表。会上决定在议会选举时提出自己的候选人。当时社会民主同盟代表哈利·奎尔契提议，应当明确宣布代表委员会的社会主义任务，未获通过；因此，代表委员会就没有任何纲领。1906 年，工人代表委员会改称“工党”。

工党像它的前身工人代表委员会一样，是各种工联组织和各种“社会主义”团体的联合。它只有集体的党员，没有个人的党员。从 1918 年起，才开始吸收各选区以个人名义参加的成员，包括教师、律师、医生、新闻记者等自由职业者。工党从它开始起就不是无产阶级的独立的政党。费边社的改良主义和独立工党等的机会主义，在工党领导的思想上占据重要地位。但是就当时来说，工党的成立总还是英国工人阶级的一件大事。列宁认为这“是英国真正的无产阶级组织走向自觉的阶级政策和社会主义工人政党的第一步”。[1]

工人代表委员会成立时，机会主义者、独立工党领导人之一——兰姆赛·麦克唐纳担任书记。工党成立后，麦克唐纳又窃取领导权。工人代表委员会和后来的工党，都参加竞选，从 1900 年起在下议院有自己的议员，但这些议员和工党领袖一样，在一切重要问题上都随着自由党而转移。在第一次世界大战前夕，工党议员 40

① 《国际社会党执行局会议》，见《列宁全集》第十五卷（人民出版社 1959 年版），第 208 页。

名中只有少数是真正的社会主义者。列宁谈到当时工党时断言，它“是机会主义最严重的、完全执行自由主义工人政策的工人组织”。[①]

五　第一次世界大战前夕的英国

1. 自由党重掌政权　劳合·乔治的改革措施　1900—1903年，爆发经济危机，资产阶级面临新的困难。帝国主义国家之间的经济竞争日趋激烈，英国由于生产停滞在国际市场上渐渐失势。以约瑟夫·张伯伦为首的部分保守党人，代表重工业巨头的利益，主张放弃半个世纪以来的自由贸易政策，对进口粮食、肉类等征收关税。大部分工商业资产阶级深恐保护关税将引起进口粮食和工业原料的涨价以及工业品成本的增加，表示反对。至于广大人民群众，则把自由贸易和廉价粮食、廉价辅食品联系在一起。因而也反对保护关税政策。十年在野的自由党利用人民群众对保守党的不满，提出一些社会改革计划，并答应重新审议塔甫案件，以缓和国内阶级矛盾。1906年年初，举行大选，自由党得胜，重掌政权。

自由党政府由坎勃尔–班奈曼(Sir Henry Campbell-Bannerman)担任首相，1908年起由赫伯特·爱斯葵斯继任。在对外政策方面，自由党政府继续进行殖民地扩张和镇压殖民地民族运动，和保守党政府无甚差别。但因英德矛盾不断加深，实行军备竞赛(参见下一章)。在对内政策方面，运用格拉斯顿时代的“自由主义”方法。主持内政的是大卫·劳合·乔治，初任贸易大臣，后任财政大臣。劳

① 《在英国》，见《列宁全集》第十九卷(人民出版社1959年版)，第35页。

合·乔治体验到，只有实行细微末节的社会改革，才能保持工人阶级队伍的分裂并阻止无产阶级意识的增长。1906年，撤销工联在罢工期间对资本家应负赔偿责任的法案。1908年，矿工的工作日由8.5小时减为8小时。同时设立委员会研究失业问题。同年，颁布养老金法案，凡年龄达70的老工人可领取每周5先令的养老金。1911年，颁布失业保险法，代替1834年的新济贫法。失业保险法规定：由工人、企业主和政府三方面建立保险基金，凡年满18岁而已在某一工业部门工作了5年的工人，一旦失业，每周可领取补助金7先令，但以15个星期为限。这些措施，名目繁多，但实际上对工人阶级的生活帮助不大。

自由党政府还善于引用政党之间的争论来转移人民的视线。1909年，由于庞大的军事拨款，劳合·乔治向议会提出增加预算的法案，其中主要项目为海军军费，但也包括为数不大的失业、疾病和残废人士保险金。预算的大部分收入来自间接税，由广大人民负担，但也包括一些所得税和土地附加税，因而引起土地所有者的反对，上议院并予以否决。于是自由党与保守党之间展开激烈争论。1911年，下议院通过"议会法"，规定上议院不得否决下议院通过的财政法案，对一般法案也只能否决两次，如下议院连续三次通过，即告成立。这种种给人的印象，好像自由党是维护民主权利和关心人民福利的。

2. **工人运动的高涨　政治危机**　尽管自由党政府运用各种手腕，欺骗群众，却不能长期阻挠工人运动的发展。1906年起，罢工运动日益高涨。1905—1906年前，罢工所损失的工作日每年平均为200万至300万日，1910年增至1200万日，而1912年则达4000

万日。

在1911—1914年间,罢工运动达到高潮。三次大罢工几乎使英国大部分工业停顿下来。第一次是1911年的铁路工人大罢工,参加的达20万人。在英格兰和苏格兰,好多天不通火车。当时内务大臣丘吉尔(1874—1965)派军警镇压,伤害了好几百人,但没有镇压下去。后来企业主作了一些让步,罢工才告结束。第二次是1911—1912年的煤矿工人大罢工,参加的达一百万人,坚持了一个多月,要求确立最低工资标准。英国的全部工业活动陷于停顿,当时工人歌曲中有这样一句:"全部轮子不转了,如果你想要……"政府慌了,出面调解。议会通过确立最低工资的原则,指令每一矿区设立委员会,包括矿主、工人和政府代表,拟订该区"合法的"最低工资标准。工党领导人伙同政府促使工人同意,但所谓最低工资的范围没有得到明确规定。第三次罢工,主要在伦敦,是1912年的运输工人罢工,参加的达八万人。政府不得不设立委员会,出面调处。1914年,矿工工会、铁路工会和运输工会组成"三角同盟",商定于一方罢工时,其他两方以同盟罢工方式相互支援。

这时"社会主义"各党派发生分化。1911年,独立工党的部分左翼因不满该党领导对自由党的依附,转入社会民主同盟;同年,社会民主同盟改组为不列颠社会党,明确承认阶级斗争和工人阶级夺取政权的必要性。但不列颠社会党,由于宗派主义,没有发展成为一个群众性的政党。

就在这工人运动高涨时期,爱尔兰自治问题又被提上议事日程。1910年大选后,自由党在议会里的力量和保守党不相上下。为了争取爱尔兰资产阶级民族主义议员的支持,在1912年向下议院提出爱尔兰自治法案。议案由下议院两次通过，但于 1913 年被上议院两次否决。这时爱尔兰工人运动和民族运动蓬勃发展。1913 年秋，在爱尔兰社会党（1898 年成立）领导下，都柏林三万电车工人和其他工人发动大罢工，坚持了 5 个月。英国警察向工人开枪，伤亡数百人，引起公愤。英国各地工人纷纷集会，提出抗议。同时，爱尔兰小资产阶级的新芬党也在积极活动，为争取建立爱尔兰独立共和国而斗争。[1] 为了避免更大骚动，下议院于 1914 年第三次通过爱尔兰自治法案，依法即可生效。法案允许爱尔兰有限的自治：爱尔兰得重组议会，但重要问题如外交政策、陆海军、货币、对外贸易、社会立法等，仍由英国政府和议会管理。

英国贵族地主一向反对爱尔兰的自治。保守党人眼看无法推翻这项法案，决定煽起爱尔兰的内战。早在 1913 年，爱尔兰北部厄尔斯特的英国地主纠集了十万人的武装力量。自由党政府想用军队前往镇压，但反动军官拒不服从。自由党与保守党展开激烈斗争，引起英国的宪政危机。1914 年，爱尔兰人组织义勇军，在 6 月间和英国军队发生冲突，内战有扩大趋势。但是，这时世界大战爆发了，爱尔兰的革命没有发展下去。至于自治法案虽已成为正式法令，但政府借口因有对外战争，决定延期实施。

这样，在世界大战前夕，英国正处在阶级斗争急剧尖锐化、爱尔兰内战一触即发、宪政基础已开始动摇的情况之中。

---

① 新芬党于 1905 年成立。“新芬”系爱尔兰语，意为“我们自己”。

六　19世纪末至20世纪初的文化发展

1. 自然科学和社会科学　这一时期,在某些新兴工业,英国与法国或美国相比,显得落后。例如汽车,在1895年才开始生产,在第一次世界大战前夕才大量生产。飞机制造也同样落后。但是无线电技术,由于旅英的意大利人麦可尼的试验成功,却走在前面。1899年,英国发出的信号能在法国收到,到1901年则能传到纽芬兰。物理科学,自德国科学家乐琴于1895年发现X光线后,进展很快。英国科学家汤姆逊确定了电子量的大体轮廓。威尔逊发现了电子的流动轨道。辐射性问题,从法国科学家居里夫人于1900年发现镭以后,得到深入研究。拉塞福德进行辐射性方面的实验,并建立原子核理论。近代物理学的三大发展——辐射性、量子论和流体力学——都不是从英国开始,但英国科学家都有显著贡献。罗素和怀德海于1910年发表的《数学原理》,当时被认为是部巨著。

这一时期出现了大量的历史书籍。剑桥大学出版的几套大型集体著作:剑桥古代史、剑桥中世纪史、剑桥近代史、剑桥英国文学史,都是在这一时期计划并开始编印。有些历史著作,如约翰·西莱的《英国的向外扩张》(1883),很明显地反映了帝国主义的侵略政策。西莱明确宣称英国具有侵占殖民地的"权利"和盎格鲁·撒克逊种族的优越性,还说什么"世界的未来属于英国和美国"。其他历史著作,虽看其有反动倾向,但并没有那样露骨且一般都是唯心主义的产物,都不是物质资料生产的历史、劳动群众的历史、人民的历史。约翰·理查·格林(1837—1883)的《英国人民简史》(1874),对人民生活较多注意,在当时是一部别开生面之作。

2. **文学流派及其代表作家** 社会矛盾的增长和阶级斗争的尖锐,在文学领域里有充分反映。这一时期出现了各种流派:有歌颂殖民主义、沙文主义、军国主义的作家,以吉卜林为代表;有制造空幻的美妙世界来逃避现实的唯美主义作家,以王尔德为代表;也有专门描绘资本主义现实的阴暗面而拒绝同邪恶作斗争的自然主义作家,以吉辛为代表。这些是一个方面。另一方面,这一时期也出现不少进步作家,继承进步现实主义或积极浪漫主义的传统并对现实社会进行了无情揭露或展开斗争。

威廉·莫理斯的诗与散文反映80年代社会主义思想的发展和工人运动的高涨。他的《社会主义歌唱》和《乌有乡消息》对今日读者仍有鼓舞作用。萨缪尔·勃特尔继承斯威夫特的传统,对维多利亚时代的家庭和社会进行无情的揭露。汤姆斯·哈代在他的代表作《苔丝》中刻画资本主义侵袭农村后发生的惨无人道的悲剧。高尔斯·华绥的《有产者》暴露了私有财产的原则是资产阶级社会和文化的罪恶基础。这些作家,都免不了带有资产阶级的局限,但都继承并发扬了批判现实主义的优良传统。

在戏剧方面,萧伯纳的揭露力量特别巨大,虽则他始终不能摆脱费边社的思想影响。他的《华伦夫人之职业》曾在我国舞台一再上演。这部戏勇敢地揭露资本主义社会的腐朽,对我们有很大的认识作用。萧伯纳在政治上反对帝国主义,在艺术上反对颓废主义。在以后的日子里,萧伯纳继续用他幽默与讽刺的批判现实主义戏剧作品在为资产阶级改良作出他的贡献。

第十二章

19世纪末至20世纪初的美国

一　资本的垄断和政治的腐朽

1. **生产的迅速发展**　在内战后的半个世纪中，生产迅速发展，美国很快由一个半农业半工业国变成一个工农业十分发达的资本主义强国。

1860 年，美国的工业总产值占世界第四位，到 1894 年，已跃居首位。这时美国在煤、铁、钢和铜的产量上都超过其他国家，棉织业的发展已赶上英国。美国的铁路建筑也发展得很快。到 1900 年，美国铁路线已达十九万英里以上，超过欧洲铁路的总长度，几乎等于全世界铁路网的半数。

由于耕地面积的扩大，农业机械的广泛使用和资本主义农业经营方法的推广，美国的农业也迅速发展。从 1860 年至 1900 年，美国的农场数目增加两倍,耕地面积也增加两倍。从 1880 年到 1906 年,粮食生产几乎增加三倍。在 19 世纪 70 年代,美国已经成为欧洲的粮仓。

由于欧洲移民继续涌入,美国人口有很大增长。1860 年,美国人口总数还不到 3200 万,到 1900 年已增至 7600 万。同时,大城市也随着工业的发展而成长起来。1900 年,芝加哥人口已由 1850 年的 3 万增至 170 万,纽约人口则由 1850 年的 70 万增至 350 万。

美国生产的迅速发展是由以下各种原因促成的:首先,比起欧亚各国来,美国较少受到封建残余的影响。这里既没有王室和大贵族,也没有拥有大片土地的教会僧侣。内战结束后,奴隶制度废除了。大部分土地都落到农业资本家、银行家和自由农民的手里。由于没有封建地租的负担,农业的收入可以直接用于资本主义的投资。其次,通过对墨西哥的战争,特别是对印第安各部族的不断掠夺,美国占有大片肥沃的土地和丰富的自然资源,如木材、煤、铁、石油和其他矿产。再次,美国从国外吸收充足的劳动力和资金。内战以后,每年约有 30 万到 40 万人移往美国,其中绝大多数走入资本主义雇佣劳动者的行列。从 1871 年到 1907 年,欧亚各国移往美国的侨民约有 1800 万人。其中有许多是熟练工人。同时,英、法、德等国家的资本大量输入。在 19 世纪末,欧洲各国在美国投资达 70 亿美元。大量的移民和大量的资本,使美国的西部土地被迅速开拓,而西部土地的开拓又使美国国内市场迅速扩大,给生产发展以有力的推动。此外,作为一个年轻的资本主义国家,美国把当时英法等国最先进的科学技术成就用于生产。因此,它具有迎头赶上其他资本主义国家的良好条件。

2. 生产和资本的集中　托拉斯　19世纪70到90年代是美国资本主义由自由竞争转向资本垄断和帝国主义的阶段。生产和资本的集中，早在内战时期就已经开始，1873年经济危机以后发展加速。在80到90年代，大的企业公司和托拉斯组织已经发展到美国经济的各个主要部门。

以石油为例：在19世纪60年代，美国发生“石油狂”，开采石油的公司约有1000家；在70年代，许多石油企业纷纷破产；到19世纪末，由于排挤和吞并，只剩二三家，其中洛克菲勒于1870年组织的美孚石油公司在1879年生产的石油占全国石油产量的百分之九十以上。洛克菲勒石油公司曾采用敲诈、收买、窃取竞争者的技术资料并破坏其生产等卑鄙手段，以发展其垄断组织。

再以铁路为例：在60年代，联邦政府为了鼓励修建横贯大陆的铁路，给予铁路公司以每里一万六千至四万八千美元的补助金，以及铁路线两旁各十英里的土地。这种土地共达一亿五千八百多万英亩，超过德法两国面积的总和。各州、市政府也给予土地、信贷、现款和免税等优待。各州、市拨给土地共达五千五百万英亩。铁路公司取得土地后，进行土地投机，其收益往往超过全部筑路费用。此外，铁路公司还伙同国会议员和政府官员，以虚报谎报建筑费用的办法，对国库和人民进行无情的掠夺。据估计，五条横贯大陆铁路的建筑，应用二亿八千六百万美元，但实际用了六亿三千四百万美元。

铁路建成后，铁路巨头对货运订立差别运费率。一方面，不顾农民抗议，对农产品征收高额运费；另一方面，对那些跟他们有联系的公司和托拉斯，征收低额运费，帮助他们打败弱小的竞争者。美孚等托拉斯之所以获得巨大利润，大半是与铁路公司勾结的结果；同时，铁路运输迅速集中。大铁路通过收买、租用、排挤及其他欺诈方法，把小铁路逐渐吞并。到19世纪末，6个大的铁路公司掌握了全国铁路的半数。

在80年代，曾广泛地开展反垄断的运动，反对托拉斯。国会迫于形势，于1890年通过取缔托拉斯法案，但其目的是在稍稍平息民愤，而不是禁止和惩治托拉斯。因此，没有制止托拉斯的发展。在90年代，除石油和铁路外，烟业、糖业、采煤、钢铁、煤气等企业都有托拉斯组织。由于生产和资本的集中，集中在1%人口手中的财富已超过99%人口的财富。20世纪初，托拉斯更加集中，规模更大。1899—1902年间，形成了82个大托拉斯，其资本共计四十三亿一千八百万美元。1901年形成的摩根钢铁公司，拥有资本十三亿八千九百万美元，号称"十亿托拉斯"。与大托拉斯发展的同时，中小企业纷纷倒闭。20世纪初，每年平均约有一万三千多家中小企业宣布破产。

在生产和资本的集中过程中，金融资本与工业资本相结合，产生了金融寡头。这一现象在19世纪末已经出现，在20世纪初发展更为普遍。金融界最有势力的是洛克菲勒与摩根两大集团。洛克菲勒控制下的花旗银行，在1889—1899年间，银行资本由1800万美元增至一亿二千八百万美元。20世纪初，洛克菲勒财阀集团的资本不仅控制着石油生产，也控制着煤气、电气、铜、铅、锌、煤、铁路等工业。摩根财阀集团控制着钢铁、电气、铁路、造船等工业和保险公司。金融寡头控制了国家经济命脉之后，又进而控制国家的政权机构。纽约的华尔街，美国的银行大街，实际上主宰着美国的对内对外政策。

20世纪初，美国的资本输出也不断增加。1900年，美国的国外投资为5亿美元，到1914年，增至26亿美元。随着资本输出，美国积极地向外扩张，夺取国际资本市场。但是，由于国内的广大市场吸收了大量资金，美国的资本输出仍落后于老的资本主义国家。在第一次世界大战前夕，美国一方面向外输出资本，一方面仍继续吸收外国资本。这时的欧洲，主要是英国在美国的投资达50亿美元。

3. 国家机关的贪污腐化 在19世纪后半叶的美国，经济上的特点是垄断组织的投机倒把，政治上的特点是国家机关的贪污腐化。

继约翰逊之后，于1868年当选为总统的是曾在内战中担任北军总司令的共和党人格兰特将军。在格兰特任期内（1869—1877），贪污受贿和盗窃公款等丑事层出不穷。一些大的贪赃枉法事件还牵涉到总统的亲信。例如，副总统柯尔法克斯和亨利·威尔逊都接受了一个铁路公司的大贪污集团的股票贿赂；总统的密友白布柯克参加了威士忌酒集团，在几年之内，勾结酿酒商和收税员偷漏了达数百万美元的国产酒税。民主党人乘机攻击共和党人，其实也是一丘之貉。纽约市民主党首领屠威德及其党羽连年垄断全市公用事业，终于造成不下一亿美元的盗用公款案件。屠威德于1872年被捕入狱。

垄断资本家和金融寡头，为了使有利于他们的法案能在国会顺利通过，进行了广泛的收买活动。他们雇佣名为“议会幕后人”的专员，从事行贿收买。他们是公司和国会议员或州议员之间的联系人，经常在国会、州议会的走廊和邻近旅馆里活动。任何官吏，从州议员直到总统都可用金钱收买。

美国的选举也完全掌握在大亨们的手里。19 世纪末，随着垄断资本的发展和工人运动的增长，共和党和民主党之间的差别逐渐消失，两党都是大资本家压迫人民的工具。选举时到底是民主党上台，还是共和党上台，这问题并不取决于选民的票数，而取决于大资本家的私下勾结。1876 年的大选就是一个明显的例子。

1876 年的大选中，共和党候选人海斯，按其所得票数是不能当选的。但是，当时统治集团还不愿意让民主党出来领导联邦政府。于是，北方的资产阶级与南方原来的种植园主实行勾结。民主党同意由海斯担任总统，但条件是联邦政府结束对南方的军事管制。最后成立了一个 15 人的特别委员会，以检查各州参与选举总统的人是否合法为名，暗中给海斯拉票，经过好多周折，才为海斯谋得一票的多数，使他当选。海斯总统（1877—1881）就任后，忠诚地执行主子的意志。1877 年，海斯撤销了南方最后三州——路易斯安那、佛罗里达、南卡罗来纳——的军事管制，撤退了驻扎在南方的一切军队和行政人员。改造南方的各种方案，就搁了下来。

从这时起，两党制只不过是资产阶级骗人的把戏，一党执政，另一党即扮演“反对党”的角色。列宁指出：“在黑人解放以后，两个政党之间的区别愈来愈小。这两个政党的斗争主要是在关税率高低的问题上。这种斗争对人民群众没有多大意义。两个资产阶级政党利用它们之间的虚张声势的毫无内容的决斗来欺骗人民，转移人民对切身利益的注意。”[1]

---

① 《美国总统选举的结果和意义》，见《列宁全集》第十八卷（人民出版社 1959 年版），第 397 页。

美国政治生活中盛行的“分赃”制度，有时竟至酿成命案。1880年当选为总统的共和党人加斐尔德，在就职后四个月被人暗杀，凶手是一个长期寻求官职而没有成功的人。这起案件引起人们对分赃制度的愤恨。副总统阿瑟继任总统（1881—1885在位）后，国会通过潘德尔顿文官服务法案（1883）。法案授权总统建立文官服务委员会，禁止按党派关系任免职务，并规定文官须经甄别考试合格方能录用，等等。但该法案只适用于联邦政府中12%的职位。

1884年大选时，民主党和共和党都表示拥护潘德尔顿文官服务法案。民主党人克利夫兰当选。克利夫兰就职后，撤换大批共和党官员，另行任命民主党人。这样，分赃制度积重难返，成为美国政治生活的丑恶传统。

4. 对黑人的歧视和迫害 美国内战后政治生活中最突出的事件是黑人被迫过着艰苦的、屈辱的生活。内战后，黑人没有得到土地，绝大部分还没有农具和劳动牲畜，只在地主的土地上劳动，至多领取收成的四分之一至五分之一作为报酬。这就是所谓的“分成制”。不从事农业劳动的黑人则充当家庭仆役，只有一小部分转为技术工人。

南方的工农业资本家为了使黑人永远处于屈辱的地位，颁布了许多歧视和压迫黑人的法律。1881年，田纳西州在臭名昭彰的基姆·克绕的建议下，颁布一项法律，规定黑人乘车不得与白人同一车厢，南方其他各州也有类似法律。在旅馆、戏院等公共场所，黑人只能得到最坏的位置，或者根本不准进入。

南方各州还盛行虐待黑人的流浪取缔法。警察可以拘捕任何失业的、或由一地迁移至另一地的黑人，把他们交给种植园主、矿场主，或铁路公司的工头，着令从事劳动。警察还可拘捕负债或被处罚款的黑人，勒令签订契约，转为奴仆，并以劳役来抵偿债务或罚款。

在哈理逊总统任内（1889—1893）和克利夫兰第二次出任总统期间（1893—1897），南方为了剥夺黑人的选举权，制订了一些奇特的条款，如密西西比州规定：只有在选举前两年就完纳全部税款的人才有投票资格；有些条款还提出居住年月、文化程度等限制。路易斯安那州于1898年制订所谓"祖父条款"，规定只有本人或其祖先在1867年1月以前享有选举权的黑人才准投票。

最骇人听闻的是"私刑审判"。1780年间，弗吉尼亚州的威廉·林契上校不按法庭程序，任意处死黑人，后来该办法广泛推行，名为"林契法（lynch）"。从1866年到1879年，美国南部四州这样被杀死的黑人达三千多名。在独立战争结束后，这种野蛮行为不但没有取缔，而且其使用范围更加广泛，曾和种族歧视相结合，一度成为对黑人迫害的手段。"私刑审判"者和三K党分子，都不受美国刑法制裁。不少思想进步的白人也受到这惨无人道的迫害，白人被害人数达1294人。直到1962年终止。

1905年，著名黑人杜布依斯组织发起尼亚加拉运动，为反对种族歧视的暴行、为争取黑人的完全平等权利而斗争。尼亚加拉运动是"现代黑人解放运动的起点"。[①]

---

① 威廉·福斯特：《美国共产党史》（世界知识出版社1957年版），第119页。

二　美国联邦政府的向外扩展

1. **对西班牙的帝国主义战争**　随着垄断资本的增长，美国对外侵略的倾向日益加强。19 世纪末，金融寡头一方面宣扬"盎格鲁·撒克逊民族优越论"，为向外扩张和夺取殖民地制造理论根据；另一方面积极扩建海军，进行武装掠夺。1886 年到 1893 年，美国军舰由 3 艘增至 12 艘，美国由世界海军国的第十二位跃居第五位。

19 世纪后期，美国继续向太平洋地区、东南亚和拉丁美洲扩张其侵略势力。1892 年，胁迫朝鲜接受不平等条约，开辟三个商港，并取得领事裁判权。1889 年，与英、德订立协议，共同"保护"萨摩亚群岛。1893 年通过颠覆活动，建立"临时政府"，取得了对夏威夷的控制。

美国作为一个后起的殖民主义者，在其向外侵略的过程中，处处与捷足先登的老殖民主义国家狭路相逢。在这些老殖民主义者之中，西班牙的力量比较薄弱。90 年代，西属殖民地古巴和菲律宾都掀起激烈的反殖民统治的斗争。美国狡黠地利用这一形势，发动 1898 年的美西战争，夺取西班牙的殖民地。这次战争是为重新瓜分殖民地而引起的第一次帝国主义战争。

早在南北战争前，美国扩张主义者就想占领古巴。南北战争后，美国不断向古巴扩张其经济势力。美西战争爆发前，美国在古巴的投资达 5000 多万美元，对古巴的贸易额每年约一亿美元。1895 年，古巴人民掀起规模巨大的反殖民统治的斗争。西班牙政府派遣 20 万大军前往镇压，对起义者予以无情迫害。美国人民激于义愤，要求承认古巴革命政府，并积极援助古巴人民的斗争。美国金融寡头却借口援助古巴人民，制造战争歇斯底里，积极准备以武力取代西班牙对古巴的统治。

1898年，美国政府一面指示它的亚洲舰队封锁马尼拉，一面把缅因号战舰驶往哈瓦那。不久，缅因号内部突然爆炸，墨金莱总统（1897—1901）于4月25日正式宣战。战争同时在古巴和菲律宾展开。英国依仗海军优势，更主要的是依仗殖民地人民反西班牙统治的武装斗争，取得了战争的胜利。根据12月签订的《巴黎和约》，美国以两千万美元的代价取得了西属菲律宾、波多黎各和关岛。古巴名义上被承认为独立国，实际上受美国监管。美西战争后，美国摘下了援助独立的假面具，残酷地镇压古巴和菲律宾的人民起义。古巴和菲律宾从此成为美国向拉丁美洲和东南亚进行侵略的桥头堡。

美西战争期间，美国合并夏威夷，不久又占领太平洋中的威克岛、约翰斯顿岛和萨摩亚群岛的图图伊拉岛。美国的侵略势力从此伸入太平洋。

2. 对中国的侵略　门户开放政策　19世纪中叶起，美国的侵略势力不断向中国扩张。除了强迫中国清政府接受不平等条约、帮助镇压人民革命运动之外，它还把大批中国劳工招引到美国修建铁路。美国资本家对华工进行最残酷的剥削。70年代，由于美国经济危机带来的经济萧条，同时由于中央太平洋铁路已建筑完毕，大批工人失业。资本家为了转移工人的注意力，唆使美国本土工人反对华工，不断掀起排华运动，袭击并杀害华侨。80到90年代，美国政府一再通过法令，禁止华人入境，而美国商人和传教士却纷纷来到中国。19世纪末，美国对中国的贸易额在对华贸易的资本主义各个国家之间占第二位，仅次于英国，美国在华投资约为二千四百七十万美元。

19世纪末年，各帝国主义者为了争夺殖民地，在中国领土上展开猛烈竞争，把中国划分为各国势力范围。当时美国正从事美西战争，无法参与。美西战争结束后，各国势力范围已划分殆尽。美国为突破各国势力范围，为自己创造扩张机会，乃与英国达成协议，于1899年由国务卿约翰·海照会英、德、俄、日、法、意等国，提出“门户开放，机会均等”政策，获得多数国家的同意。门户开放政策的主要内容包括：一、各国对按照条约开放的通商口岸以及对“势力范围”或租借地内的既得利益，彼此不得干涉；二、在一切“势力范围”内口岸，“自由口岸”除外，装卸的一切货物，不论属于何国，均通用中国现行关税率，并由中国政府抽税；三、在“势力范围”内的任何口岸，对他国船舶，不得课以比本国船舶高的码头税；并在“势力范围”内所敷设、管理或经营铁路、运输他国商民的货物时，所收的运费，在同等里程内，不得比本国商民的同类货物高。美帝国主义者企图把自己打扮成中国的朋友，硬说门户开放政策使中国免于瓜分豆剖。实际上，约翰·海的照会不但根本不反对各国对中国的瓜分，而且明确地承认“势力范围”是由于瓜分所造成的。门户开放政策的实质是，要求各国把它们的势力范围向美国开放，让美国共同参与对中国的掠夺。

各帝国主义者对中国的掠夺激起了人民的愤怒，1899年爆发义和团起义。美帝国主义者又一次扮演了镇压中国人民起义的角色，参加1900年的“八国联军”，对中国人民大肆屠杀，并胁迫清政府给予巨额赔款和驻军北京、天津保护使馆的权利。美国政府后来决定把这笔赔款,即称为“庚子赔款”,作为培养中国留美学生的经费,借以宣传对中国的“友好”,实际上是用中国人民的钱推行文化侵略并培植亲美势力。

20 世纪初,美国力图攫取中国东北地区的资源和修筑中国铁路的权利,并图谋通过附有苛刻条件的贷款加强对中国人民的掠夺。帝国主义者对中国日甚一日的巧取豪夺激起了一系列反帝爱国斗争,同时也加深了中国的内部矛盾,1911 年爆发了辛亥革命。美国在中国的扩张也引起美日之间的利害冲突。

3. 对拉丁美洲的侵略 美国对中国标榜“门户开放”,对拉丁美洲则推行独霸一方的“门罗主义”。1823 年美国宣布“门罗主义”后,因忙于内部发展,在很长一段时期内并未真正按照“门罗主义”的原则,阻止欧洲列强对拉丁美洲的扩张。80 年代后,随着垄断资本的发展,美国开始大力推行“门罗主义”,利用“门罗主义”排挤欧洲势力,干涉拉丁美洲国家的内政,镇压拉丁美洲的人民运动,建立美国的霸权。

19 世纪后期,美国在拉丁美洲的劲敌是英国。为了排斥英国的势力,美国竭力宣扬“泛美主义”,散布“美洲利益一致”的谎言。1889 年,美国召开第一次泛美会议,企图通过一些有利于美国经济扩张的协议,由于英国的阻挠和与会者对美国存有戒心,未能如愿。会上成立了“美洲共和国国际事务局”并在华盛顿设立常设机构“商务局”,后称“泛美联盟”。

19 世纪后期,美国经常借口“门罗主义”,以美洲主人自居,干涉拉丁美洲各国的内部事务。1895 年,美国为了维护国外投资的利益,要求对委内瑞拉与英属圭亚那的边境纠纷进行调解。美国国务卿奥尔尼在致英国的照会中，对门罗主义作了最露骨的解释："现在美国事实上已成为这个大陆的主人，它在它所参与的事件上所作的号召就是法律。"英国终于被迫接受有利于美国的调解。

西奥杜·罗斯福总统（1901—1909 在位）又把"门罗主义"发展为"大棒政策"，并宣称美国可借口美洲任一个国家内部的混乱和统治者的无能而"行使国际宪兵的权利"。从此，对拉丁美洲进行武装干涉成为美国的对外政策。但是，美国的武力还不足以对所有的殖民地进行军事占领，因此，武装干涉常常辅以"金圆外交"，即经济奴役的方针。美国通过大棒与美元结合的方针把拉丁美洲许多国家置于自己的附属之下。

1902 年，英德向委内瑞拉追索债款，罗斯福借口"门罗主义"，要求进行仲裁，并通过仲裁向委内瑞拉扩张其经济势力。1904 年，美国以武力要挟还债，强力夺取了对圣多明各关税和经济的控制。

在夺取巴拿马的行动上，美国表现得最为无耻。1902 年，美国从法国手里买得修建巴拿马运河的权益。为了修建运河，美国政府先向哥伦比亚政府要求租借巴拿马运河地区 99 年，遭到拒绝。罗斯福乃决定挥舞大棒，煽动持有运河股票的巴拿马资产阶级发动政变。1903 年 11 月 2 日，巴拿马脱离哥伦比亚。美国立刻宣布承认巴拿马共和国，并派遣舰队，予以"保护"。接着又通过不平等条约，攫取了永久占领、使用和控制运河地区的权利。1914 年 8 月，运河修建完工，从此由纽约到旧金山的航程缩短了一半以上，美国的舰队可以迅速地往来于大西洋与太平洋。

继罗斯福之后，塔夫特（1909—1913 在位）和威尔逊（1913—

1921在位)，继续推行扩张政策。1911年，美国利用贷款索取抵押，控制了洪都拉斯的关税和经济。1912—1914年，威尔逊出兵干涉尼加拉瓜、墨西哥和海地的革命运动，并乘机取得对这些国家的控制。

在第一次世界大战爆发之前，美国不断加强对拉丁美洲的侵略，取得了对加勒比海沿岸国家的控制，但就整个拉丁美洲地区而言，英国的投资仍然略多于美国；同时，在大战前的15到20年间，德国在这一地区的投资和贸易有了相当大的增长。因此，除了英国以外，美国又多了个新的竞争者。

三　农民运动、工人运动与社会主义运动

1. 农民运动：农民协进会、绿背纸币运动、平民党　内战结束后，按宅地法获得土地的大多数农民很快地陷于破产，他们的土地落入银行家和铁路公司的手里。农民被迫进行斗争。在60年代，许多地方出现了“农民协进会”，反对垄断组织，反对铁路公司任意抬高农产品的运费。在70年代，农民协进会已拥有150万会员，它的分会遍布于32个州。农民协进会组织合作社，并使有利于农民的法案在个别地方州议会上通过。但是由于缺乏明确的纲领和坚强的领导，以及缺乏与当时工人运动的联系，农民协进会在1876年后渐趋消沉。

在70年代，由于反对政府的币制改革，掀起了第二次农民运动——绿背纸币运动。

内战中期政府发行了四亿五千万美元的绿背纸币。内战后，这

些纸币贬值5%。银行家和工业家要求禁止纸币流通,建立稳定的金本位制,以保障他们在国际市场上投资。1875年,政府规定以金币收兑纸币,将流通的纸币缩减为三亿美元,然后逐步取消纸币。该政策引起农民的强烈不满,他们希望维持被贬值的纸币,以便偿还债务。1875—1876年农民们组成绿背纸币党。1878年,许多工人组织和职工会也参加进来,于是这个党就改称为"绿背劳工党"。政纲中除了绿背纸币党人的一般要求外,也列入工人的要求,如缩短工作时间、成立全国及各州的劳动及劳工统计局、禁止把奴隶劳工输入美国等。

在1878年的国会议员选举中,绿背劳工党获得一百多万张选票,在会中获得15个席位。但此后该党即转入低潮。

在1892年的选举中,出现了第三党——"平民党"。这是工人运动和农民运动的产物。参加这个党的有农民联盟(继农民协会之后在农民中盛行的组织)、劳动骑士团的成员和绿背党人等。平民党提出了符合人民利益的要求:禁止垄断组织、监督铁路、禁止童工、保护女工、实行八小时工作制、耕者有其田等。在1892年的选举中,平民党获得一百万张选票,在参议院和众议院分别得到3个和10个席位。1896的大选中,平民党与民主党合作,从此平民党开始衰落。

2. 内战后到20世纪初的工人运动 1873年开始的经济危机,以及延续至1878年的经济萧条,使工人阶级的处境迅速恶化。1878年,美国失业工人达300万左右,工人的工资降低40%到50%。大规模的罢工遍及全国各地。规模最大的是1877年铁路工人反对降低工资的罢工。这次罢工蔓延到17个州,全国各铁路中心的工人都参加了，这是美国历史上第一次全国性的罢工。政府出动军警，进行镇压。有一个时期，在个别地区，如匹兹堡和圣路易斯，工人曾占上风，控制城市达一周之久。

80 年代美国工人运动的著名事件是为争取 8 小时工作制而进行的斗争。1886 年 5 月 1 日，芝加哥、底特律、圣路易斯、纽约等大城市的工人为要求 8 小时工作日举行三十五万人的示威游行和 20 万人的总罢工。5 月 3 日，罢工群众在芝加哥草市广场集会时，警察开枪射击，死了 6 个工人，伤了许多人。5 月 4 日，召开反对警察暴行的群众抗议大会，滋事分子挤进人群，投掷炸弹。政府乘机破坏罢工，逮捕工人运动领袖 8 人。这八人与投掷炸弹无关，而且其中 7 人都不在场，但是法院把他们一律判处死刑。全国各地乃至欧洲的工人纷纷提出抗议，政府最后决定减刑，但这时其中 4 人已被处决。

美国工人阶级的斗争得到国际工人运动的赞扬。1889 年，第二国际的巴黎会议确定 5 月 1 日为国际劳动节。

1893 年，美国遭受空前严重的经济危机。银行破产，工厂倒闭，失业工人达三百万以上。1894 年，许多地方都出现失业工人自发组织的“饥饿进军”。前绿背党人、破产的企业主柯克西率领一群失业者从俄亥俄州出发，到华盛顿请愿，其他城市的失业者也赶往参加，他们要求政府举办筑路工程，救济失业者。5 月 1 日，饥饿进军者到达华盛顿，受到一万五千到两万名的劳动人民游行队伍的欢迎。但警察不准失业者前往国会大厦。柯克西和他的 2 个助手以“无业游民”罪被捕并被监禁 20 天，失业者的队伍则被驱散。

就在那年发生了伊利诺州普尔门公司铁路工人大罢工。公司经理普尔门想借口经济危机降低工资，引起罢工。罢工很快地扩展到

24 条铁路线，参加的有六万多人。这次罢工由优秀的社会主义者尤金·德布斯领导。他于 1893 年组织美国铁路工人联合会，团结了十五万工人。1894 年，铁路罢工，许多地区的铁路交通陷入瘫痪。克利夫兰总统出动联邦军队，进行镇压，并把德布斯及其他领导人逮捕入狱。这次罢工虽遭受破坏，但它使工人们认识到政府完全是垄断资本家手中的工具。

20 世纪初，国内矛盾日益尖锐，工人罢工不断增长。1900—1904 年，每年罢工人数超过五十万人，1904 年达七十八万七千八百人，1910 年达八十二万四千人，1913 年达九十九万七千人。

美国政府除利用警察、军队、法庭镇压工人罢工外，还利用所谓"和平调解"收买工会上层分子，利用密探、工贼破坏罢工。1900—1902 年，宾夕法尼亚州无烟煤矿工人两次罢工。1900 年的罢工是由于资方收买矿工工会主席约翰·密契尔，没有满足工人要求。1902 年，矿工再次提出提高工资 20%、将工时由每日 10 小时减为 8 小时、合理计算产煤量等要求。罢工得到西弗吉尼亚、阿拉巴马、密西根等州矿工们的响应，工人们要求举行全国矿工总罢工。密契尔受到资方收买，操纵工会官僚们的表决机器，否决总罢工的要求。罢工坚持了 5 个多月，威胁到居民的燃料供应。在这紧要关头，罗斯福总统出面进行所谓"公平调解"，通过密契尔等工会上层投降分子，迫使工人在满足提高工资 10%、缩短工时一小时等部分要求的情况下复工。不久，资本家又利用种种方式，破坏工会组织。

1913—1914 年，柯罗拉多州的矿工进行罢工。在洛克菲勒的柯罗拉多煤铁公司中，矿工好像是在中世纪式的残暴统治中过活。土地、教堂、学校、商店、医生等，全系矿主所有，矿主还豢养宪兵、密探和奸细，监视工人行动。1913年9月23日，矿工一万九千人为提高工资和改善工作条件，举行罢工。公司宪警进行武装镇压，工人坚持罢工。公司雇用匪徒和警察纵火烧毁罢工工人居住的帐篷，以致许多妇女和小孩也葬身火海。斗争坚持了一年半，威尔逊总统又出面作了有利于矿主的调解。复工以后，公司逮捕罢工领袖和几个工人，送交法院，判处无期徒刑。

3. 工会组织：劳动骑士团、劳联和世界产业工人联盟 在19世纪70至80年代，争取8小时工作日的斗争形成了3个工人中心：劳动骑士团、美国劳工联合会和世界产业工人联盟。

劳动骑士团创立于1869年，最初是一个秘密团体，在工人中影响不大。1878年组织公开，号召团结一切工人，共同进行斗争。它的地方团体积极组织工人的罢工斗争，于是组织成员有了很大的增长。1879年成员只有两万人左右，到1886年，发展到七十多万人。其中六万人是黑人，将近十分之一为女工，主要成员为非熟练工人。这样，劳动骑士团成为美国第一个全国性工会。

但是，由于受到从德国传入的拉萨尔思想的影响，劳动骑士团的领导不能为工人运动指出正确方向。他们的纲领是主张集中力量组织合作社，幻想以经济合作取代资本主义，并通过政治斗争以立法手段实现铁路、电报、银行的国有化。罢工斗争被认为毫无意义，劳资纠纷应以和平仲裁的方式来解决。此外，他们还主张男女同工同酬，禁止使用14岁以下的童工，主张把土地分给真正的垦植者等。1886年，劳动骑士团的领导公开制止自己的会员参加规模巨大的争取8小时工作日的运动，使这个组织在工人中威信大减。90年代以后，它逐渐瓦解。

美国劳工联合会，简称“劳联”，建立于1881年。这是一个根据行会特征组织起来的熟练工人的组织，最初几年发展很慢，1886年，因为领导了争取8小时工作日的群众运动，开始有显著发展。但是不久这一个由工人阶级上层分子组织的工会完全变成资本家御用的工具。机会主义者垄柏斯长期占据劳联的领导，他主张与企业家合作，而反对组织无产阶级的政党。在竞选时，他提出这样的政治口号：“酬报你的朋友，惩罚你的敌人！”也就是说，支持那些答应采取有利于劳联措施的资产阶级政党。劳联拒绝接受非熟练工人、半熟练工人和黑人入会，它完全被工人贵族所把持。劳联的领导经常采用劳联行业组织的特点，阻挠工人联合罢工斗争，或者出面制止，出卖工人的罢工斗争。1900年和1902年两次出卖无烟煤矿工人罢工的密契尔，就是劳联的领导人之一。

劳联内部也有一些人支持罢工运动，并企图按产业的原则改组行业工会。但是他们成员复杂，缺乏鲜明的革命纲领，而且在劳联内不占领导地位。

1905年，成立了世界产业工人联盟。它的组织者是德布斯、海伍德和德·里昂。德布斯后来脱离了该组织。海伍德和德·里昂由于意见不同而发生分裂。德·里昂及其拥护者在底特律另外组织工人国际联盟，它在职工运动中没有起什么作用。海伍德所领导的世界产业工人联盟坚持阶级斗争的原则，积极参加领导工人的罢工。但是由于无政府工团主义的思想，尽管它注意团结非熟练的低薪工人，最终未能成为一个群众性的组织。世界产业工人联盟的无政府工团主义的错误表现在于它否认社会主义革命中无产阶级专政的必要性，它放弃一切政治活动和国会活动，以为怠工、罢工、总罢工等“直接行动”是推翻资本主义的唯一方法，并认为工会可以过渡为社会主义的领导机构。

4．“社会主义”运动及其组织 在工农运动兴起的同时，社会主义运动也在美国开展起来。但是由于各种非无产阶级思想的影响，这一运动的开展是曲折而缓慢的。

早在1857年马克思的战友魏德迈耶、左尔格、梅耶尔等在纽约组织了共产主义者俱乐部。1868—1869年，共产主义者俱乐部与德籍工人总工会合并，组成第一国际美国支部。1872年，第一国际美国支部发展到30个分部，拥有会员五千人。它们领导失业工人并组织工人进行运动等活动。

第一国际解散后，1876—1877年，在第一国际美国支部的基础上形成了社会劳工党。由于拉萨尔派在党内占据统治地位，社会劳工党的主要任务局限于参加竞选。这个党没有能建立起广泛的群众联系，在它成立后的许多年中，它的活动主要局限于德国移民。1890年起，社会劳工党由德·里昂领导，德·里昂与劳联的机会主义和行会习气进行坚决斗争。他教导工人：无产阶级利益与资产阶级利益无法调和，无产阶级必须有自己独立的政纲。但是由于无政府工团主义思想的影响，德·里昂对无产阶级革命，以及革命中工人阶级政党的作用持有错误观点。他把社会劳工党的任务归结为仅仅是争取选票，获致议会多数，迫使资产阶级投降。另一方面他却过高地估计工会的作用，认为不需建立无产阶级专政，仅仅通过工会组织经济生活，即可实现社会主义。他主张把社会劳工党和一切工会工作都集中到他的这一最终目标上来，拒绝参加工人争取日常经济利益的斗争；拒绝到劳动骑士团、劳联等工会组织中进行工作，而另行组织工会；拒绝参加农民运动，漠视黑人当前的迫切要求，从而形成了严重脱离群众的宗派主义。由于这些错误思想的影响，社会劳工党没能成为一个群众性的政党。1900 年社会劳工党发生分裂，到第一次世界大战前夕，党员人数约三千人。

1897 年，尤金·德布斯组织社会民主党。1900 年，社会民主党与一部分脱离社会劳工党的党员组成美国社会党，总部设在圣路易斯。社会党的成员很复杂，有工人、农民、城市小资产阶级以及来自俄国、波兰、匈牙利等国的移民。党内存在着左翼与右翼的斗争。右翼幻想以和平方式达到社会主义，把党的活动基本上归结为参加竞选。左翼党人如威廉·海伍德、威廉·福斯特和查理·卢登堡等却与机会主义的领导进行斗争，争取把党变成一个真正战斗的组织。由于左翼党人的努力，社会党人在矿工工会、油漆工人工会、机械工会等组织中取得领导地位。1912 年是社会党最兴盛的时期，这时党员有十万余人。在这一年的总统选举中，德布斯作为总统候选人获得将近一百万张选票。但是，就在这一年的该党代表大会上，左翼分子被排挤出党，于是右翼机会主义分子在党内取得优势。

美国社会党的经历曲折、复杂，它在发展过程中党内不断发生分裂，在 1972 年社会党重新更名为“美国社会民主党”。

四　19 世纪末至 20 世纪初的文化发展

1. 实用主义——帝国主义的哲学　在资本主义转为帝国主义之后，思想领域里出现了各种现代哲学流派，实用主义是其中之一。

实用主义的代表人是威廉·詹姆士(1842—1910)和约翰·杜威(1859—1952)。实用主义在美国特别流行,美国资产阶级哲学家们称它为美国生活方式的官方哲学。

实用主义是主观唯心主义的一个变种。詹姆士宣称:宇宙中最基本的东西是“纯粹经验”,在“纯粹经验”以外并无任何实在的东西。他认为:人类为了“实际目的”,从“纯粹经验”中创造出自己的认识和自己的世界。他承认贝克莱“存在即是被感知”这个违背客观规律的主观唯心主义公式,并且还说贝克莱是一个实用主义者。

杜威反对唯物主义哲学,否认客观实在、因果性和规律性,倡导所谓工具主义哲学。他说:“事物与其说是被认识的对象,倒不如说是被我们对待、利用、使用的对象……任何东西首先是为我们所有,然后才被我们所认识。”这一谬论和唯物主义的反映论是相对立的。杜威也常谈“实践”,可是这和唯物主义的社会实践毫无共同之处。他所谓“实践”的思想体系,就是人对现实的认知解释,其价值在于是否能利用,纯粹是取决于谋求个人利益活动的结果,因而和垄断资本家在企业中追求利润的活动是一致的,他把哲学从一种人生观的思想体系解释为生产实践中的生意经并上升到哲学的原则,把经验主义思想方法和人类所具有的宗教性需要适当地糅合在一起,成为一种新的哲学理念。

实用主义是美国垄断资本家的思想武器。它与马克思列宁主义哲学相违背。杜威反对阶级斗争,宣扬阶级合作,说阶级合作是人类的天性和需要,而阶级斗争则是违反人类的天性和需要的。因此,他认为资本家应当“同情”工人阶级,而工人阶级则必须对资本家“信任”、“忠诚”,并与资本家的宗旨一致,以避免纷扰和维持社会的"安宁"。他所谓社会的"安宁"是指垄断资本主义的社会"安宁"。这些主张充分显露了帝国主义哲学的本质。

杜威的门徒胡适,从五四运动时期起,曾在中国宣扬自由主义,提倡怀疑主义,他推崇的思想完全是杜威实用主义哲学的思想。

2. 科学技术方面的进展 美国的工业革命给科学技术的进展以有力的刺激。同前一时期一样,美国的贡献主要在实用方面。美国政府利用颁发专利证来鼓励人们的发明创造。在1840—1850年,它颁发的专利证为六千四百八十件,到1890—1900年,已增至22万以上。在内战结束后的40年内,美国出现了一系列的新器物,如自动捆缚的刈禾机、横越大西洋的海底电缆、打字机、新的排字机和印刷机、铁路上的空气制动机、冷藏车、电气铁路、二重电报法、电影、电灯、汽车等。创造发明家如电话方面的苏格兰人贝尔、摄影方面的伊斯特曼、电学方面的爱迪生、飞机方面的兰格莱和莱特兄弟等,都享有盛名。可是创造发明的成果往往被垄断资本家所掠夺,成为他们发财致富的基础。亨利·福特垄断汽车制造,积累惊人财富,是个典型例子。

在科学技术的各种项目之中,最有意义的是在电学方面。早在19世纪30年代已出现了电报,60年代中期已铺设了横越大西洋的海底电缆,但是电气的广泛使用则开始于70年代,那时已解决了电力的发动和传送问题。在交通运输方面,1876年贝尔创设电话,1901年麦可尼发明无线电报,1920年后无线电又有新的发展。电学方面的成就推动了汽车和飞机的制造,也解决了照明问题。水力发电和电力的远距离传送,为电力的运用开拓了广阔道路。在这一时期,美国也出现了不少理论科学家,如热力学方面的吉伯斯、天文学方面的纽康姆等，都曾作出贡献，但在美国都没有享有实用器物制造者那样大的声誉。

科学技术方面的发明创造为改善生活提供了有利条件，但在美国垄断资本主义制度之下，一般人的生活并没有得到相应的改善。因此人们常常提出这样的问题："机器时代到底给人类带来了幸福，还是带来了祸害？"

3. 这一时期的进步作家和进步作品 在这一时期，美国的批判现实主义文学得到巨大发展，它的主要作家是排印工人和内河引水员出身的马克·吐温（1835—1910）。马克·吐温于60年代后期开始写作，以幽默、讽刺、抒情和对社会批评吸引读者，他的早期作品对"美国民主"存在幻想，到了70年代，批判性逐渐加强。1873年，他发表《镀金时代》，淋漓尽致地揭露政府机关的贪污腐化和企业界的投机倒把，曾引起资产阶级评论界的不满。1884年，他发表的杰作《哈克贝利·费恩历险记》，通过一个无家可归的流浪儿和一个逃亡的黑人，揭开美国种族歧视和社会不平等画面。作者说：只有漂浮在密西西比河上的木筏才是光明的角落。到了20世纪初年，马克·吐温勇敢地攻击帝国主义，特别是美利坚帝国主义。他写了许多大胆的反帝国主义的讽刺作品，如《跟着赤道走》、《给坐在黑暗中的人》等。他是严厉地批判帝国主义制度的作家之一。

和马克·吐温同时的作家有诺里斯和杰克·伦敦。弗兰克·诺里斯于1901年发表长篇小说《鱼》，反映内战以后，铁路大王们如何侵占农民的土地，以及农民们的反抗如何遭到残酷的镇压。杰克·伦敦（1876—1916）很早和美国工人运动有密切联系，并参加社会主义党。他的思想里存在着庸俗进化论的因素，但是他的代表作品，如《底层的人民》(1903)、《阶级战争》(1905)、《铁蹄》(1907)和《马丁·伊登》(1909),反映资本主义社会的矛盾,刻画穷苦人民的苦难,描述工人阶级的革命斗争,并预示资本主义不可避免的灭亡和社会主义的最后胜利,对我们仍有很大的认识和启发作用。

正当垄断资本家的御用作家颂扬企业大王、宣传殖民者“使命”的时候,马克·吐温等作家揭开美国社会的虚假面具,为美国的进步文学指出了道路。

第十三章

英国、美国和第一次世界大战

一　世界大战的原因和性质

1. **帝国主义国家分割世界的斗争**　从 19 世纪 70 年代末年起，当英国殖民主义者张牙舞爪到处横行的时候，其他帝国主义国家如俄国、法国、德国、意大利、美国等也在加强活动，攘夺工业原料的垄断来源，扩大工业产品的销售市场，并替资本输出创造有利条件。到 19 世纪末，世界的土地已经瓜分完毕，世界上已经没有无主的自由的土地，帝国主义国家的殖民活动势必导致世界的重新分割。列宁指出："世界分割完毕是这个时期的特点。所谓完毕，并不是说不可能重新分割了。恰巧相反，重新分割是可能的、不可避免的；而是说在资本主义各国的殖民政策之下，我们在这个行星上无主的土地都被占完了。世界是第一次被分完了，所以将来只有重新分割，也就是从一个‘主人’转归另一个‘主人’,而不是从无主的变为有主的”。[1]

在这个时期,帝国主义各国列强经济力量的对比发生急剧变化。1860年间,英国占世界工业生产的首位,法国仅次于英国,那时德国和美国还刚刚走上世界舞台。过了10年,年轻的资本主义国家美国,迅速发展,追过法国,同它调换了位置。又过了10年,美国追过英国,占据世界工业生产的首位,德国则追过法国,居于美国和英国之后,占了第三位。到20世纪初,德国追过英国,居于美国之后,占了第二位。在工业产品的数量上,美国第一,德国第二,英国第三,法国最后。但在殖民地面积上,英国第一,法国第二,美国第三,德国最后。这样,帝国主义各国间殖民地和势力范围的分配,同它们生产力的新的对比,极不相称,只有重新分割已被分割的世界,才能解决这个矛盾。

在这个时期,由于资本主义国家力量对比的变化,资本主义世界分裂成为两个敌对的帝国主义集团,彼此攘夺,各争雄长,终于导致世界大战。帝国主义制度是现代战争的根源。

2. 军国主义的两大集团:同盟国和协约国　从19世纪70年代末年起,欧洲的帝国主义国家渐渐结成两个敌对的军事侵略集团:一个是德国、奥匈帝国和意大利于1882年建立的同盟关系,称为“三国同盟”;另一个是法国和俄国于1892年建立的同盟关系,称为“法俄同盟”。至于英国,它攘夺殖民地,一向独来独往,对这两大集团都不肯参加,想利用它们彼此间的矛盾谋取自己的利益。但是到20

---

① 列宁:《帝国主义是资本主义的最高阶段》,见《列宁全集》第二十二卷(人民出版社1958年版),第247页。

世纪初，特别在布尔战争之后，它觉得为了巩固帝国，为了参加重新分割世界的斗争，它需要盟友，于是放弃了多年来引以自豪的“美好孤立”。1902 年，英国为了削弱帝俄势力在远东的扩张，它和日本结成同盟。同时，它和法国谈判，调整过去的争论，于 1904 年建立协约关系。英国承认法国在摩洛哥的特权，法国承认它在埃及的特权，同时也调整两国在其他殖民地的矛盾，这是英法“真诚谅解”的开始。稍后，英国又和俄国谈判，调整两国在争夺殖民地问题上的矛盾，1907 年建立协约关系。按照协约，伊朗分为三个部分：北部属俄国势力范围；东南部属英国势力范围；中部为“缓冲区”；俄国承认阿富汗属英国势力范围。协约也涉及中国领土西藏；英俄两国都承认西藏是中国领土的一部分，与西藏进行交涉必须通过中国政府。

这样，英国、俄国和法国成为“三国协约”。

不论“三国同盟”或“三国协约”，内部都存在着矛盾，但是更突出的是两个集团之间的矛盾。首先是法德之间的矛盾。德国于 1871 年普法战争后，强占了法国的阿尔萨斯和洛林，法国念念不忘，不但想收复失地，还想进占德国的鲁尔煤矿区域。同时，两国都想占领北洋的摩洛哥。第二是俄德之间的矛盾。俄国企业控制从黑海到地中海的海峡，认为巴尔干和土耳其是它的势力范围，而德国锐意东进，企图在巴尔干和土耳其建立自己的统治。第三是英德之间的矛盾。英国企图把德国的势力从殖民地和半殖民地内排挤出去，而德国想强占英国的殖民地，并击溃它的海上霸权。它们争夺的对象是整个世界。

在这些矛盾中，英国和德国的矛盾最为尖锐。德帝国主义兴起较晚，没有夺得较好的殖民地，数量也少得多。早在 1898 年 5 月，德国驻英大使曾向英国外相说过这样露骨的话："谁都知道，英国应有尽有，而我们呢，正相反，所有的很少。"因此，德国迫切要求重新分割世界殖民地，首先是夺取英帝国主义的殖民地。

3. 世界大战前的国际危机　大战的序幕　同盟国和协约国好像是势均力敌，但是要保持均势是不可能的。早在英俄建立协约关系之前，法德之间已发生一次摩洛哥危机。1908 年，国际危机和局部战争不断发生，其中有波斯尼亚危机（1908—1909）、第二次摩洛哥危机（1911）、意土战争（1911—1912）和两次巴尔干战争（1912—1913）。

按照马德里条约（1880），一切外国在摩洛哥享有平等的贸易权。法国还曾向德国保证维持摩洛哥的门户开放。1905 年 2 月，法国向摩洛哥苏丹提出"改革"方案，实际是要加以"保护"。德国闻讯反对，德皇威廉二世并发表挑衅演说。这就是所谓第一次摩洛哥危机。1906 年 1 月，马德里条约各签字国在直布罗陀海峡北岸阿尔吉西阿斯召开国际会议。会上英、俄、美、西、意诸国都支持法国，德国陷于孤立。4 月 7 日签订条约，规定摩洛哥的警察组织由法籍和西班牙籍长官分别管理，维持"治安"。这一条款等于承认法国对摩洛哥的控制。条约还规定，摩洛哥的财政由国际监督，实际上系由法国和西班牙管理。德国遭到失败，但并未放弃对摩洛哥的野心。

1908 年，发生波斯尼亚危机。那年，土耳其发生革命，奥匈帝国乘机宣布兼并波斯尼亚——黑塞哥维那，激起塞尔维亚及其他南斯拉夫人民的反奥斗争。俄国准备帮助塞尔维亚，但德国出面支持奥匈，并迫使俄国立即承认奥匈对波、黑两地的兼并。俄国在日俄战争中元气尚未恢复，又没有得到英法的支持，不得不暂时让步，塞尔维亚被迫实行“睦邻”。

1911年,发生第二次摩洛哥危机。那年4月,摩洛哥首都菲斯爆发反帝人民起义。法国以恢复秩序和保护法侨为借口,于5月间占领菲斯。德国以保护德侨为名,于7月初派炮舰驶进摩洛哥的阿格的尔港,战争有一触即发之势。这时英国支持法国,而德国尚无充分作战准备。11月间,法德两国签订协定,德国承认摩洛哥由法国保护,同时法国以法属刚果的一部分让给德国作为“补偿”。德国的军国主义集团埋怨政府无能,并提出重分世界的根本问题。因此,德法之间的矛盾不是缓和而是日益增长。

就在那年,意大利和土耳其之间发生战争。意大利早就蓄意侵占土耳其的北非属地底里波里和昔兰尼加。意大利于第二次摩洛哥危机中趁火打劫,于1911年9月向土耳其发出无理的最后通牒,说什么由于企业活动受到抵制,“意大利政府被迫考虑保护自己的声望及利益,决定军事占领底里波里和昔兰尼加”。战争随即开始。意大利虽然很快占领了底里波里沿岸和爱琴海中若干岛屿,但遭到北非阿拉伯人民的顽强抵抗。战争一直拖延下去,直到1912年巴尔干战争开始时,土耳其才被迫割让底里波里和昔兰尼加,后来合称利比亚。

这几年中,最严重的国际危机是两次巴尔干战争。20世纪初,巴尔干国家的大片领土仍在土耳其帝国的控制之中。1912年,4个巴尔干国家塞尔维亚、保加利亚、希腊和蒙特内格罗,为了民族解放,结成反土同盟。这时欧洲列强各怀侵略野心,都想插手其间。俄国为了扩大自己在巴尔干地区的势力,支持巴尔干国家的反土斗争。德奥两国为了维护自己在土耳其的利益,支持土耳其,力图阻挠民族解放运动。1912 年 10 月，塞尔维亚等四国先后向土耳其宣战，不久击败土军。土耳其几乎失去它在欧洲的全部领土，只剩下君士坦丁堡 (即伊斯坦布尔) 及其附近地区。这是第一次巴尔干战争。就巴尔干同盟各国来说，这是民族解放战争，是一次正义的战争。不久，同盟各国在分配胜利果实问题上发生分歧，奥匈帝国又插手进来，进行挑拨，力图破坏他们的同盟。1913 年 6 月，塞尔维亚、希腊和罗马尼亚结成同盟，反对保加利亚。保加利亚先发制人，进攻塞尔维亚和希腊，于是开始了第二次巴尔干战争。蒙特内格罗和土耳其也加入反保斗争。没过几天，保加利亚被击败。这是掠夺战果、扩大殖民地的战争，是一次非正义的战争。战争以后，塞尔维亚增强了，土耳其削弱了，德奥集团深感不满，亟须改变这个局面。于是牵动了两个帝国主义的集团。1914—1918 年，两次巴尔干战争是世界大战的序幕。

4. 世界大战的爆发 英国外交的两面手法 1914 年 6 月 28 日，奥国皇储、极端军国主义者弗朗茨·斐迪南在波斯尼亚首府萨拉热窝阅兵，遇刺身死，刺客是塞尔维亚的一个爱国主义者。奥匈早就主张吞并塞尔维亚，于是以此为借口，挑起战争。德国坚决支持奥匈，俄国坚决支持塞尔维亚，法国坚决支持俄国。奥匈一动手，有关方面也都动起来了。7 月 28 日，奥匈对塞尔维亚宣战。8 月 1 日，德国对俄国宣战，8 月 3 日又对法国宣战。8 月 4 日，英国以德国破坏比利时的中立为名，对德国宣战，于是整个不列颠帝国，首先是它的自治领地如：南非联邦、加拿大、澳大利亚、新西兰等都加入战争。8 月 5 日，蒙特内格罗参战。8 月 6 日，奥匈向俄国宣战。日本帝国主义为了乘机夺取德国占领的中国胶州湾以及德国在东亚的殖民地，于 8 月 23 日向德国宣战。土耳其最初虽表示中立，但于 10 月底也向协约国作战。

这样，从战争爆发起，三个月内，奥匈帝国和塞尔维亚的冲突迅速发展。战争范围不断扩大。战争不限于同盟国和协约国，其他许多国家也卷入漩涡。到 1918 年，参战的达 30 个国家。作战地区不限于欧洲，欧洲国家的殖民地以及其他亚洲、非洲、拉丁美洲国家，甚至中立国，也深受战争的影响。这次战争是世界大战，因为全世界的国家都直接或间接参加了战争。除在塞尔维亚方面具有正义的、民族解放的性质而外，这次战争是帝国主义战争，是帝国主义国家重新分割世界和重新划分势力范围的战争，是一次非正义的战争。

对于这次战争的爆发，英美外交方面的两面手法起了促进作用。1914 年 7 月 9 日，英国外交大臣爱德华·格雷曾向德国大使保证"尽一切可能来防止大国间的战争"，还说什么：英国对俄法两国没有任何同盟义务的关系。7 月 26 日，英王对德皇之弟亨利保证：自己和英国政府会尽一切可能使萨拉热窝事件就地解决，并说："我们尽一切努力，不使自己牵入战争而保持中立。"同日下午，格雷还提议在伦敦召开英、法、德、意四国会议，共同保持"和平"的方法。英国早已准备战争，而表面上好像置身事外，它的一系列的外交活动等于怂恿德国放手发动战争。在它看来，等到各国对德国群起而攻之的时候，它对付德国可以不费什么气力了。至于美国，它也采取两面挑拨的手法。1914 年春，威尔逊总统派遣特使霍斯上校到欧洲活动。霍斯到了柏林，对德皇威廉二世表达美国的友好，后来在巴黎和伦敦也同样表达美国的友好。美国的目的是企图使一切帝国主义国家，不论同盟国或协约国，通过战争，相互削弱，然后坐收渔翁之利。

德国政府指望英美两国能保持中立，于是更觉得有充分力量进行军事冒险。

5. 第二国际的破产　列宁的社会主义革命纲领　对于这次大战的发动，第二国际的机会主义分子也起了不小的促进作用。[①]第二国际的几次代表大会，曾对国际冲突问题作出正确的决议。1907年8月，第二国际在德国斯图加特召开第七次代表大会，列宁亲自出席。当时国际关系已趋紧张。以列宁为首的布尔什维克代表团和其他国家的左派社会民主党人紧密合作，同机会主义者展开尖锐斗争。结果大会通过决议：各国的社会民主党人应做一切努力，防止战争爆发；一旦战争爆发，各国社会民主党人须尽全力利用战争所引起的经济危机和政治危机，唤醒工人阶级和广大人民群众，以革命方式推翻资产阶级的统治。

1912年11月，第二国际在瑞士巴塞尔召开非常代表大会。当时世界大战已有一触即发之势。大会专门讨论反对帝国主义战争的问题，并通过反战宣言，对俄、德、英、法、意等帝国主义的扩军备战严予谴责。宣言号召各国人民采用一切手段来反对帝国主义战争；一旦战争爆发，就利用它来加速社会革命。宣言写道："让我们以无产阶级各族人民友好团结的世界来同剥削与屠杀人民的资本主义世界相抗衡！"宣言反映了各国工人的战斗情绪，显示了无产

① 第二国际系于1889年成立。恩格斯曾和第二国际的右倾机会主义进行不倦斗争。19世纪90年代和20世纪初出现伯恩施坦等的修正主义。列宁继承马克思、恩格斯的革命事业，并在同机会主义、修正主义的斗争中发展马克思、恩格斯的革命学说。

阶级反对帝国主义战争的坚强意志。在宣言号召之下，俄国、德国、法国各地加强反战运动，卢森堡、李卜克内西、梅林、季米特洛夫等坚决捍卫无产阶级的利益，积极投入这场运动。

但是，第二国际的机会主义领导背弃斯图加特的决议和巴塞尔的宣言，号召工人“保卫祖国”。叛徒考茨基还出面辩护，他说：“大家都有权利和义务保卫自己的祖国……”这就等于拒绝反对帝国主义战争，以号召保卫自己的祖国为名，使各国工人相互屠杀，各为其国的资产阶级服务。

在第一次世界大战前夕，第二国际是一支强大的有组织的力量。它包括22个国家的27个社会民主党和工党。拥有一千二百万选民，同时它对七百四十多万工会会员和九百多万消费合作社社员有领导关系。但是，第二国际机会主义的领导不愿发动这支强大而有力量的组织来对帝国主义进行革命斗争。1914年，帝国主义大战爆发时，第二国际的各国领导人纷纷变节，甘心充当帝国主义政府的工具。就英国而言，工党和职工大会无条件地拥护本国政府，不列颠社会党成为沙文主义集团，汉德曼早已变为英国海军的崇拜者。这样，第二国际已不再是国际无产阶级革命的组织，蜕变为一个社会沙文主义集团。第二国际从此彻底破产。

只有以列宁为首的布尔什维克党高举马克思主义的革命旗帜，坚持国际主义的原则，按照斯图加特的决议和巴塞尔的宣言，团结第二国际的左派，为无产阶级革命事业进行坚忍不拔的斗争。在斯图加特大会后，列宁发表《马克思主义和修正主义》(1908)、《欧洲工人运动的分歧》(1910)等大量论著，彻底批判右倾机会主义、修正主义，并继续发展马克思主义的革命学说。1914年10月，列宁在布尔什维克党中央宣言《战争和社会民主党》里，提出“敌人在国内”，“使本国政府在帝国主义战争中失败”以及“变帝国主义战争为国内战争”等口号。列宁始终坚持把反对战争、争取和平和反对帝国主义、争取社会主义革命胜利的斗争结合起来。俄国的布尔什维克党按照列宁指示的原则，在战争期间不断地进行斗争，终于1917年取得社会主义革命的胜利。

二　英国、美国与世界大战的进程

1. 英国与1914年大战进程　战争开始时，德国自以为有很大把握。德国估计：第一，英国不会立即参战；第二，俄国运输不便，陆军动员不会很快，于是参照10年前参谋总长施里芬订的作战计划，通过防御薄弱的法比边界，向西方进攻，预计在4至6周内击溃法国，然后回师东进，和奥匈合力在3至4个月内击败俄国，结束战争。但是，这个如意算盘没有打准。

1914年8月4日，德国五个军团一百六十万人侵入比利时，遭到比利时人民的抵抗。20日占领布鲁塞尔，然后分兵五路，指向巴黎。这时，英国远征军六万人已开抵法比边界，于是在蒙斯发生激战。德国击溃英法军队，长驱直入，巴黎危急。但是俄军动员迅速，出于德国意料之外，并在东线发动攻势，于8月20日进入东普鲁士，德国被迫于23日抽调两个精锐军团前往抵御，西线进程因而放慢。法军抽调主力，增强西线，保卫巴黎。德国从此被迫在两条战线上作战，施里芬计划因而破产。

9月5—10日，德法两军150万人进行玛恩河大战。德军战败，退据艾恩河。接着英法联军与德军加速西进，争夺多维尔海峡的运输路线，联军捷足先登，英法两国之间的交通得以安全无阻。到12月，整个西线由运动战转入阵地战。全线从北海边一直到瑞士边境长达九百多公里。一边是德军，一边是英法比军队，隔着一条"无人地带"，掘壕对峙。此后四年，双方都曾发动攻势，企图摧毁对方防线，但变化不大。

俄军在东线系分两路同时进攻。除西北路进攻东普鲁士外，西南路进攻东加里西亚，于9月底到达喀尔巴阡山麓。西北路后被德军击溃，11月退守尼门河。西南路屡遭德奥军反攻，但仍能抵御。整个东线北起波罗的海，南至罗马尼亚，长达一千多公里，到12月中旬也进入胶着状态。

除西线和东线外，还有巴尔干战线。在这条战线上，奥军和塞尔维亚军进行拉锯战。奥军曾一再侵入贝尔格莱德，但都被击退。

英国在欧洲的作战活动，主要是在西线，但是它的活动并不限于欧洲。土耳其参战后，它就乘机宣布埃及为它的保护国，接着又攻入美索不达米亚、巴格达、巴勒斯坦、叙利亚和阿拉伯。它掠夺殖民地，正如它在法国革命和拿破仑战争时期的做法一样。在非洲，它占领德属殖民地。在远东，它和日本夺取德国原在太平洋上占有的马绍尔、马里亚纳、加洛林群岛。在它的协助下，日本帝国主义强占我国胶州湾，顶替了德帝国主义在山东的地位。

2. 英国与1915年大战进程 1915年，增辟了另一条战线，即意奥战线。战争开始时，意大利表示中立，但同时和交战双方讨价还价，最后因协约国方面同意它战后领土要求，并签订密约，于是于

5月参战，意大利对协约国提供了地中海的海军基地，保障了法国南疆的安全，但是它的领土野心引起了奥匈境内南斯拉夫人的不安。意大利军备不足，虽对奥军一再进攻，没有效果。意大利的参战对整个战局作用不大。

这一年，西线无甚变动。英国乘机扩充军队，加强军事装备。西线战役互有胜负。英法军初次使用新发明的坦克，德军不顾一切，使用毒瓦斯，英法军遭受重大损失。

为了切断德奥和土耳其的联系，英军企图打通达达尼尔海峡。2月至3月间，协同法国以海军进攻，没有达到目的。英国就澳大利亚与新西兰部队组成远征军，于4月间在加里玻利半岛南端登陆，8月间又在苏夫拉湾登陆，都遭到德土军的坚强抵抗。英国前后出兵达到20万，死亡枕藉，大败而退。

1915年的战争重心移至东线。1月至3月，俄军西北路继续遭到失败，退出德境，但西南路击败奥军，占领喀尔巴阡山隘口。德国集中兵力，从东线反攻，企图迫使俄国单独投降，从而建立自柏林至波斯湾的通道。5月起，德奥军集中力量，以维斯拉河上游与喀尔巴阡山之间的地带为重点，进行全面反攻，俄军节节后退，8月初，放弃华沙，到9月中旬才挡住德军攻势。俄军士兵作战英勇，但是军需供应严重不足，缺乏大炮，缺乏炮弹，甚至缺乏步枪，赤手空拳挡不住德军冰雹式的轰击。沙皇制度的腐败无能是导致失败的重要原因。东线从德涅斯特河一直延伸到里加湾，几乎形成一条直线。但是德奥军还没有足够力量彻底击败俄军，也没有能够迫使俄国单独媾和。

在这种情况下，保加利亚倒向同盟国，于7月初加入战争。10月初，德奥大军和保加利亚军进攻塞尔维亚，侵略军达六十五万，而塞尔维亚军只有二十五万。塞军溃败其中只有一小部分负伤忍饥，通过阿尔巴尼亚的山道，退至希腊的科孚岛，塞尔维亚政府也迁往那里。英法曾表示援助塞尔维亚，也曾出兵萨罗尼加，但是队伍不大，而且来得迟了，不能发生作用。到11月底，协约国在巴尔干半岛除萨罗尼加外没有一个立足点。

3. 英国与1916年的大战进程 1915年年底，同盟军占有显著优势。他们虽在西线无甚进展，但在东线已获得重大胜利。他们已迫使俄军退出波兰与加里西亚，并占有一长条的俄国土地。塞尔维亚已无法作战，保加利亚已加入同盟，希腊政府暗中支持同盟国；同时，英国在加里波里惨败之后喘息未定。德国以为东方已成定局，于是转向西线，集中兵力、火力和毒瓦斯，猛攻法国的凡尔登要塞。战役从2月20日一直延续到7月。勃兰本、凡尔登和奥尔纳之间的三角地带夷为废墟。法国作家巴比塞在《战火》里说，整片树林削得像割去谷穗的田地，所有道路像翻耕过似的，到处是弹痕累累；到处是残骸、碎尸；到处是击破的战车和击毁的大炮。但是凡尔登并没有被攻克。

为了减轻德军对凡尔登的压力，英法军于7月1日在索姆河边发动攻势，双方投入兵力达300万，伤亡达一百多万。英法军有优势兵力，并配有坦克，但到11月战役结束时，在不到20公里的战线上只前进了11公里。英军伤亡达42万。

在意奥战线上，5月15日，奥军从阿尔卑斯山脉东部进攻意大利，在依崇佐河击败意军。为了援助盟军，俄国在西南战线发动攻势。战线从平斯克沼泽地至罗马尼亚边境，长达400公里。俄军使用密集炮火，突破奥军战线，进入加里西亚和布科维纳，并抵达喀尔巴阡山口。后因缺乏弹药，停止进攻，因而没有能够消灭奥匈军。

罗马尼亚看到俄国在东线反攻的胜利，于8月27日向同盟国宣战。不久，德军和保加利亚军攻入罗马尼亚，占领布加勒斯特。罗马尼亚军伤亡惨重，其中只有一小部分逃入俄境。罗马尼亚的丰富的谷物和石油供应落入同盟国手里，这是协约国的重大损失。

1916年5月31日至6月1日，英德两国的舰队在日德兰海上进行会战。海军是英国的主要力量，比德国海军约大两倍。1914年大战开始时，英国海军和协约国海军合力对德国进行封锁，德国海军躲入基尔运河和附近海港，不经常活动。1914—1916年间，英德间只发生几次海战。1914年11月1日，在智利海面发生遭遇战，德舰胜；同年12月7日，在南大西洋福克兰群岛海面进行追击战，英舰胜。1916年的日德兰会战，规模较大。激战中德舰沉没11艘，英舰沉没14艘，英舰数量较多，德舰见寡不敌众，施放烟幕，逃入基地。当时英国海军将领宣称，如果德国老鼠钻出洞穴，英国一定予以消灭。但是会战仍以不分胜负而结束。

1916年年底，德国感到原料和粮食等物资已趋枯竭而群众性的反战运动日益成长，于是代表同盟国向协约国建议开始和平谈判，指望在对方承认它既得领土的条件下结束战争。同时它与奥匈在协约国之间进行挑拨离间，企图以此分化并削弱对方。在另一方面，英法也暗中同奥匈进行单独媾和的谈判。各方讨价还价，没有达成协议，最后协约国拒绝了同盟国的和谈建议。

4. 英国殖民地的民族运动：爱尔兰、印度　大战期间，不列颠帝国和其他帝国主义国家一样，加强了对殖民地的压迫和掠夺，与殖民地人民渴望自由的愿望恰恰相反，因此发生冲突。爱尔兰和印度的民族运动是两个明显的例子。

大战前夕，英国议会原已通过爱尔兰自治法案，后来借口对外战争，延期实施，这是违反爱尔兰人民的意愿的。新芬党秘密组织早就准备起义。1915 年，英国爱斯葵斯内阁改组，新任内阁成员贝尔福和卡尔逊一向仇视爱尔兰，为爱尔兰人所痛恨。驻扎爱尔兰的英国军警干涉爱尔兰的工人活动，企图禁止《工人共和国》报刊，并封闭工人总部自由会堂，工人日夜守护，准备斗争。同时，英国军警逮捕新芬党领袖，到 4 月初捕获 500 多人，并准备继续搜捕，递解出境。英军首领并扬言：他们在新芬党人和德国人之间，宁愿杀死新芬党人。4 月 24 日晚，在詹姆士·康诺里·德·凡里厄拉和青年诗人庇尔斯等领导下，爱尔兰义勇军和民兵 3000 多人占据都伯林，接着宣布爱尔兰共和国为“独立自主的国家”，并组织临时政府，以庇尔斯为总统。起义者只有步枪和少量机关枪，并且人数有限，没有发动全部劳动人民。一周后，英国派正规军 60000 人镇压，逮捕 3000 人，其中康诺里和庇尔斯等 16 人被处死刑。于是这“绿色的宝岛”变为一个恐怖的场所。但是，新芬党的活动不是从此消沉，而是在全爱尔兰境内更广泛地开展。

帝国主义世界大战也给印度人民带来灾难。大战期间，英帝国在印度抽调一百四十多万人，一部分遣往美索不达米亚等地作战；一部分遣往欧洲战场，做搬运工作。印度也是英国军需供应的重要基地。英国除向印度征收捐税外，还索取“赠礼”一亿英镑。印度的地主资产阶级乘机向英国统治者要求一些经济和政治权利，以此来支持英国的战争政策。但是，劳动人民日益贫困。工人的工时增加，而工资下降。农民的产品削价，而赋税加重。受伤士兵回国后，人民不满情绪普遍滋长。1915年,英国殖民者为了限制人民活动,颁布“印度治安法”。但是,1915—1916年间,农工群众的革命运动不断发生。1916年2月15日,新加坡的印度部队举行武装起义。为了缓和国内矛盾、稳定后方,英帝国主义者收买印度上层分子,诡言一等战争结束,议会将制订印度自治方案,并逐步予以实施。

5. **俄国二月革命及其影响 美国参战** 大战旷日持久,交战中的各国人民遭受巨大灾难。到1916年年底,阵亡士兵将近600万人,受伤士兵已达1000万人。大战初期的沙文主义已趋消失。反战运动日益展开。特别在俄国,在布尔什维克党的教育和领导下,工人、士兵和农民的反战活动不断高涨。沙皇尼古拉二世本想和德国单独媾和,以便腾出手来镇压革命运动,但是协约国反对媾和,国内资产阶级也反对。俄国资产阶级阴谋宫廷政变,改立沙皇,以防止革命的发生。但是,俄国革命形势已经形成。1817年2月26日(公历3月11日),在布尔什维克党号召之下,工人和士兵推翻沙皇政府,建立以工兵为代表的苏维埃政权。不久,孟什尔维克和社会革命党人在苏维埃中窃取领导权,与国家杜马[①]中的资产阶级代表达成协议,成立资产阶级临时政府,于是苏维埃政权与资产阶级临时政府同时并存。临时政府宣布继续战争,布尔什维克党领导的苏维埃政权则为停止战争、为实现社会主义革命而斗争。

俄国二月革命有巨大国际意义。这次革命是欧洲各国劳动群众和士兵展开反对帝国主义战争的斗争信号。不论在同盟国或协约国,反战运动日趋高涨,工人罢工和士兵暴动不断发生。英国垄断资本家的代言人劳合·乔治曾说:“彼得格勒发出的冲击力传到了

① 俄语:议会。

一切工厂和矿山，首次引起了不安，使征兵工作和前线供应工作发生了困难。”正在这时，美利坚合众国向德国宣战。

在大战初期，美国保持中立，并利用中立地位与交战国家进行军火和战略物资的买卖。1917年，美国军火出口总值已从1913年的500万美元增至8亿美元以上。其他物资的出口也急剧增长。大战前，美国是一个债务国：它欠欧洲各国的债务靠近60亿美元；大战中期，它不但偿还清全部债务，而且还借给交战国约100亿美元，其中借给英国和加拿大的约50亿，借给法国的为27亿多，借给意大利的为10多亿，并把世界大部分的黄金储备集中在自己手里。对于现代垄断资本主义的头子们，战争是获致最高利润的最好买卖。

美利坚合众国久有统治世界的野心。老罗斯福曾对此直言不讳。威尔逊总统虽以“和事佬”自居，实质上与老罗斯福一脉相承。1916年7月他在底特律城工商业企业家大会上发表演说道：“我们应当在世界担当重大任务……我们要对全世界提供相当大的款项，而对世界提供款项的人，应当认识和了解这个世界，并且要会凭自己的知识和智慧管理这个世界。”美国想统治世界的野心已显而易见，目的极其明确。

美国垄断资本家很希望削弱协约国，但因债务关系，不能坐视协约国战败或破产。1916年年底，特别在俄国二月革命后，美国担心俄国会退出战争，从而导致协约国的失败。1916年年底，美国政府已决定参战。俄国二月革命后，加紧准备对德宣战。

美国参战的借口是德国的潜艇战破坏了美国的航运。早在1915年，德国使用潜水艇和鱼雷袭击协约国的商船。那年5月7日，击沉英国商船卢西塔尼亚号，死的旅客有1200人，其中一百多人系美国籍。威尔逊政府提出抗议。德国恐怕美国放弃中立,倒向协约国一边,稍稍限制潜艇活动。但是德国认为潜艇战可以致英国于死命,于 1917 年 1 月底宣布开始无限制的潜艇活动,协约国和中立国商船的沉没数量,急速增加,其中也包括一些美国商船。美国即以德国潜艇击沉美国公民和破坏美国贸易为借口,于 4 月 6 日对德宣战。

美国的人力与资源,在当时协约国中最为丰富,它的参战对协约国有很大帮助。但是,1917 年春夏,它的士兵才刚入伍,需要训练,军火还很缺乏,因此,它的参战对欧洲战局并未引起突然变化。

6. 英国与 1917 年大战进程 德军寄希望于潜艇战,于是,在西线退守所谓“兴登堡防线”,北起奥斯坦德,中经依普尔、理姆斯、南锡等地,一直到瑞士边境。4 月中,法军在理姆斯和索亚松之间发动进攻,延续到 5 月 5 日。法军大败,伤亡十万人。法军士兵中弥漫着反战情绪,随时可以爆发“兵变”。于是英军不得不担负主要战斗任务,自春至冬,连续激战。德军只略略后退,而英军伤亡一百三十多万人。劳合·乔治也说,这场战斗很不合算。

东线由于俄国发生革命,形势起了变化。俄国代表资产阶级利益的临时政府,秉承英法帝国主义的意旨,于 7 月 1 日向里伏夫奥军进攻,前进数十公里,获得数万俘虏与大量战利品。但不久德军反攻、突破俄国阵地,进占加里西亚与布柯维纳。9 月初,俄国临时政府故意疏忽里加的防务,把它让给德国,从而敞开了通往彼得格勒之路,企图借外国军队打击国内革命力量。

德军在意奥战线上发动攻势。10 月下旬,意军在依崇佐河上游附近的卡波莱多大败,被俘 20 万人,损失大炮 3000 尊,机关枪 3000 多挺,迫击炮 1700 多门。后来英法军来援助,意军才得免于全部毁灭。

这一年，协约国有几处小小胜利。一是3月中旬，英军攻下巴洛达，占领美索不达米亚全部。二是6月底，希腊参战，使协约国能从希腊进攻保加利亚。三是12月英军占领耶路撒冷，协约国从而得到这富裕地区的经济援助。在这三处，英军都曾吃过败仗，这次小胜使英国能重建威望。

这一年8月14日，中国被迫对德奥宣战。中国参战后并无军事行动，但大批劳动人民被运至法国、美索不达米亚等处，充当“苦力”。美国政府与日本政府各自在中国掠夺，彼此之间已有尖锐矛盾。美国在参战之后，一边忙于欧洲事务，一边和日本政府勾结，背着中国政府，于11月2日签订“蓝辛——石井协定”。按照协定，美国承认日本在中国有“特殊利益”，日本同意遵守美国的“门户开放”政策。这协定损害中国利益，引起中国人民的极大愤慨，中国人民爱国运动不断高涨，当时中国军阀政府也不得不发表声明，不受协定拘束。

7. 伟大十月社会主义革命的胜利　第一次世界大战的结束

世界大战推动了各国的革命运动，特别是俄国的革命运动。布尔什维克党在二月革命胜利后，就为实现社会主义革命而斗争。1917年4月3日（公历4月16日），列宁从瑞士回到彼得格勒。在列宁和布尔什维克党的领导下，人民展开广泛的革命运动。当临时政府宣布继续战争时，他们一再举行声势浩大的抗议示威，高呼“打倒战争”、“全部政权归苏维埃”等口号。布尔什维克党在工人、士兵和农民中的威信迅速增长，布尔什维克在更多的苏维埃中占据优势。以列宁为首的布尔什维克党于1917年10月25日（公历11月7日），领导了彼得格勒的武装起义，推翻了代表资产阶级利益的临时政府，建立了世界上第一个社会主义国家。苏维埃政权一经成立，立即提出和平建议。协约国拒绝了这个建议，于是苏维埃共和国就单独同德国进行和平谈判。1917 年 12 月 21 日，立托夫斯克同德奥同盟国在布列斯特签订停战协定，随后缔结《布列斯特—立托夫斯克和约》，退出战争。

伟大十月社会主义革命对全世界人民发生巨大影响，反战运动日益高涨。但是，各帝国主义国家仍未放弃侵略野心与战争政策，德帝国主义想作最后挣扎。德军粗暴地破坏布列斯特和约，向苏维埃进攻，占领芬兰、波罗的海沿岸、乌克兰、顿河流域等地，受到当地人民的坚决抵抗，俄国人民在布尔什维克党的领导下，英勇地保卫自己的祖国和苏维埃政权。

德军在西线，从 1918 年 3 月下旬至 5 月下旬，发动 3 次攻势，战火猛烈，但没有达到歼灭英法军的目的。7 月中旬，德军发动最后一次攻势。这时美军一百多万人已加入战斗，英法军也得到补充，德军溃败。此后英法军转入主动。8 月 8 日，协约国军队在玛恩河和亚眠一带，又大败德军，德国主力已趋瓦解。

协约国军队于 9 月全线进攻，德军节节后退。在巴尔干战线上，同盟国军队也无法支持。9 月底，保加利亚投降。10 月 12 日，土耳其投降。11 月 3 日，奥匈帝国投降。在同盟国军土崩瓦解的情况下，德帝国主义陷入绝境。同时，国内革命浪潮汹涌澎湃。以李卜克内西和卢森堡为首的德国社会民主党左派，早于 1916 年建立斯巴达克同盟，积极进行反战宣传，并推动革命活动。11 月 4 日，基尔的海军士兵与工人一同起义，并组织苏维埃。11 月 9 日，柏林工人和士兵在李卜克内西和卢森堡等左派领导下举行总罢工和武装起义,革命形势已经成熟。德皇威廉二世被迫退位,逃往荷兰。11 月 11 日,德军正式投降,同协约国签订停战协定。

第一次世界大战就这样结束。这次战争给各国人民带来空前灾难,战争中死亡的达一千万人,受伤的达二千万人。英国前后出兵八百六十五万人,死亡的达八十七万五千人,负伤的在二百万人以上。美国到 1918 年年底出兵约二百万人,死亡的五万余人,负伤的二十万五千余人。此外,由于饥饿、疾病以及战争暴行而丧失生命的劳动人民,难以计数。

这次战争并没有解决各个国家之间不可克服的矛盾。正相反,旧的矛盾依然存在。而新的矛盾如战胜国与战败国之间的矛盾,以及战胜国之间的矛盾,又从而产生。

这次战争最重要的政治成果是无产阶级社会主义革命在俄国的胜利。战争的结果证明马克思列宁主义关于战争、和平和革命问题的理论的正确性。伟大十月社会主义革命,破坏了世界资本主义体系,同时粉碎了第二国际内部机会主义、修正主义、社会沙文主义的谬论。十月社会主义革命的胜利标志着世界近代史即资本主义时期的终结,同时标志着世界现代史即无产阶级社会主义革命时期的开端。

三　世界大战期间英美工人运动

1. 英国国内生活和工人运动　大战期间,英国政府的开支增加了好多倍。据统计,英国在战争中 10 天的费用等于克里米亚战争的全部费用。为了筹集军费,政府大量向美国借贷,大量发行公债,并不断增加税收。税收从两亿英镑递增至八亿英镑,其中间接税占很大比重。工厂主和银行家,供应军需,获致厚利。据估计其战时利润超过四十亿英镑,而劳动人民的生活则日益恶化。由于通货膨胀,1914 年 7 月至 1920 年,生活费用提高 220%,而工资一般还停滞在战前水平,即使表面上有所增加,也万万赶不上物价的上涨。政府还利用战时局势剥夺人民的民主权利。对德宣战后不久,人身保护法无限期地停止生效。此外,议会还通过"王国保护法案",内政大臣有任意搜捕和流放等全权,因此,进步组织与进步报刊受到迫害。英国逐渐变为一个军事警察国家。

在奥匈同塞尔维亚宣战后,由开尔·哈地和亚瑟·汉德森代表的第二国际英国支部一度曾有反战宣传活动。但在英国对德宣战后,各"社会主义"组织纷纷变节,工联组织和议会的工党集团宣布"停止罢工斗争",汉德森还当了议会征兵委员会的主席。汉德森并于 1915 年起参加自由党领导的联合内阁,和战争贩子一起议事。1915 年夏,议会通过"军火供应法案",严禁企业罢工和同盟歇业。这是企图进一步捆缚工人阶级的法案,因此,被称为"奴隶法案"。

工人阶级是无法捆缚的。从 1915 年起,难于忍受的劳动和生活条件导致罢工运动的增强。尽管有严刑峻法,1915 年的罢工达七百多起,其中最有名的是 2 月间克莱德地区的罢工。15 个不同的机器制造业车间的代表建立了克莱德工人委员会,领导斗争。斗争结果,每小时增工资 1 便士,计件工资增 10%。克莱德被称为"红色的克莱德",成为车间代表运动的发源地。委员会的领导者约翰·马克森于 1916 年因反对征募新兵,被捕入狱。他是后来英国共产党的组织人之一。

俄国革命对英国工人运动有很大影响。1917—1918年，罢工运动此起彼伏，而且超越了狭隘的经济性要求。1917年6月，在利兹举行了有工人代表参加的一千余人大会，通过决议，号召在全国城市和农村立即建立工兵代表苏维埃。号称“张伯伦第二”的首相劳合·乔治，临机应变，一面镇压工人运动，一面对工人阶级实行暂时让步政策，允诺再度进行议会选举改革，并在军事工业中增加工资等。尽管如样，工人运动没有减弱，罢工运动没有停止，在德奥投降时正向新的高潮发展。

2. 美国国内生活和工人运动 大战期间，美国垄断资本家积累了惊人巨富。通过军火和战略物资的买卖以及向交战国家的资本输出，美国纯利达一百零九亿美元，但工人群众的状况未得到改善。1913年至1917年工资虽增加33%，可是远远赶不上生活必需品的涨价。几年间，面包上涨75%，马铃薯上涨88%，面粉上涨127%，衣服上涨106%。黑人工人的状况尤为悲惨。大战开始后，制造厂、兵工厂、矿山、船坞等大量招收黑人工人。黑人工作繁重，工资菲薄，还常常遭受三K党和其他黑帮组织的迫害。

第二国际领袖们的叛变，对美国工人运动产生恶劣影响。美国劳工联合会的领袖龚伯斯奉行政府的政策，号召职工“把自己的力量贡献给国家”。美国社会党的领导希尔奎特等，虽曾做过反战宣传，但同时又企图使群众相信美国政府。只有社会党的左派如卢登堡和德布斯等，真正表现无产阶级国际主义的精神，坚定地反对帝国主义战争。[①] 德布斯还不敢和希尔奎特等公开决裂。美国共产党

① 《给美国工人的信》，见《列宁全集》第二十八卷（人民出版社1956年版），第51页。

的创立者卢登堡主张建立新的国际和美国的新政党。可卢登堡还不是一个成熟的、革命的马克思主义者,没有采取“变帝国主义战争为国内战争”的口号。社会党左派领袖们未能正确地估计美国当时阶级力量的对比,未能争取广大的同盟军,因而没有取得预期的效果。此外,以福斯特为首的国际工会教育同盟,虽一再谴责战争并反对美国参战,但忽视了对群众的宣传动员,因而未能发展成为全国性的有力组织。福斯特于1916—1917年间在铁路工人、肉食制品工人以及黑人工人中开展工会活动,以为随着工会的扩大,工人就会自发地走向革命。福斯特后来批判自己在大战期间的无政府工团主义的思想,他走向马克思主义革命的道路,成为美国共产党的领导骨干。

美国参战以后,对进步运动进行残酷的迫害。威尔逊政府于1917年颁布惩治间谍法,严惩反对征兵或反对战争的美国公民。又于1918年颁布镇压叛乱法,惩治范围更为广泛,社会党左派卢登堡和德布斯等都曾被捕,其中有不少人还被递解出境。但是政府的高压措施无法抑制无产阶级的斗志。1916年,全美罢工三千七百八十六次,参加者达一百五十九万九千六百多人;1917年,全美罢工四千三百五十九次,参加者达一百二十一万三千多人;1918年,由于惩治间谍法的施行,罢工略为减少,但仍达三千二百八十五次,参加者达一百二十三万五千多人。美国群众不顾政府的反动措施,为改善生活而参加风起云涌的运动说明:大战结束后,美国无产阶级的战斗性日益增长。

第十四章

两次世界大战之间的英国和美国

1918—1939

一　十月社会主义革命——世界现代史的开端

1. 十月革命的国际意义　1927年，当全世界举行十月革命十周年纪念的时候，斯大林写道："十月革命不能认为只是'一国范围内的'革命。它首先是国际性的、世界性的革命，因为它是全世界人类历史中从资本主义旧世界向社会主义新世界的根本转变。"[①]

从前所有的革命，如1642年的英国革命、1776年的美国独立革命和1789年的法国革命，虽都具有进步意义，但总是以一种奴役形式代替另一种奴役形式而结束的。按照斯大林的说法，"剥削者更换了，剥削仍然存在"。唯一的例外是巴黎公社。"因为巴黎公社是

① 《十月革命的国际性质》，见《斯大林全集》第十卷（人民出版社1954年版），第203页。

无产阶级为反对资本主义而扭转历史的第一次光荣的英勇的然而没有成功的尝试。”[①] 十月革命推翻了俄国资产阶级和地主的统治，在全地球六分之一的土地上建立了无产阶级专政的社会主义社会。它是人类历史上最伟大、最深刻、影响最深远的一次革命。

十月革命向全世界无产阶级表明了：不用暴力摧毁资产阶级的反革命国家机器，并代之以无产阶级专政，无产阶级革命的胜利是不可能的。这就彻底粉碎了第二国际的修正主义谬论，有力地推动了世界无产阶级革命运动。十月革命是马克思列宁主义对第二国际机会主义的胜利。十月革命结束了第二国际机会主义在国际主义运动中的统治地位。

斯大林在他的论文里还指出十月革命对全世界革命运动的重大意义：一、“十月革命开辟了一个新时代，即各帝国主义国家中无产阶级革命的时代。”二、“十月革命不仅在帝国主义统治的中心、在宗主国内动摇了帝国主义，而且还打击了帝国主义的后方，打击了帝国主义的外围，震撼了帝国主义在殖民地和附属国的统治。……这就是说，十月革命开辟了一个新时代，即在世界各被压迫国家中、在和无产阶级结成联盟并在无产阶级领导下进行的殖民地革命的时代”。三、“十月革命为世界革命运动建立了一个强大的公开的中心，世界革命从来不曾有过这样的中心。现在它能团结在这个中心的周围，组织世界各国无产者和被压迫民族反对帝国主义的革命统一战线了”。四、“十月革命不能认为只是经济关系和社会政治关系方面的革命。十月革命同时是意识上的革命，是工人阶级思想上的

① 《十月革命的国际性质》，见《斯大林全集》第十卷（人民出版社 1954 年版），第 203 页。

革命。”[1]

十月革命开辟了无产阶级革命和被压迫民族的新时代，开辟了人类走向社会主义和共产主义的光明大道。十月革命的道路，就其基本点来说，反映了无产阶级社会主义革命和社会主义建设的普遍规律。毛泽东指出：“苏联的道路，十月革命的道路，从根本上说，是全人类发展的共同的光明大道。”[2] 十月革命的胜利结束了资本主义的世界体系。十月革命以后，世界分裂为两个根本互相敌对的体系——资本主义体系和社会主义体系。资本主义体系中存在着日益尖锐的矛盾：战胜国与战败国之间的矛盾；宗主国与殖民地之间的矛盾；资本主义国家内统治阶级与劳动群众之间的矛盾。在另一方面，苏联在无产阶级专政之下，稳固地发展，很快地在繁荣、富强、幸福的道路上迈进。

2. 第三国际——共产国际——的建立 帝国主义世界大战促使资本主义内部一切矛盾急剧地尖锐化了。国际无产阶级起来推翻资产阶级统治，实现无产阶级专政，以摆脱帝国主义战争，被提到刻不容缓的地位，但当时的第二国际的各国社会民主党的领袖已不能领导无产阶级完成这个历史任务。他们在第一次世界大战爆发时，就已背叛了工人阶级，公开站在本国资产阶级政府方面，拥护帝国主义战争，为资产阶级效劳。第二国际已经变为一群互相厮杀的社会沙文主义的政党而崩溃了。因此，就必须帮助各国无产阶级革命者与机会主义、修正主义的第二国际彻底决裂，建立新的、真正革

① 《十月革命的国际性质》，见《斯大林全集》第十卷（人民出版社 1954 年版），第 204、206、208、210 页。

② 毛泽东：《在苏联最高苏维埃庆祝十月革命四十周年会议上讲话》，见 1957 年 11 月 7 日《人民日报》。

命的共产国际，来指导世界无产阶级的革命斗争。

列宁领导的布尔什维克党是唯一彻底革命的政党。它高举马克思主义革命旗帜，发动了变帝国主义战争为国内革命战争的英勇斗争，同时继续加强了战前就已开始的反对第二国际机会主义、修正主义的斗争，从思想上、组织上帮助了各国社会民主党从内部分离出来的革命左派，并为之建立新的、无产阶级国际组织进行巨大的活动。

在战争期间，即 1915 年 9 月和 1916 年 4 月，各国社会主义者先后在瑞士齐美瓦德和昆塔尔召开了两次代表会议。在齐美瓦德会议上，由于列宁领导下的各国左派人士形成的“齐美瓦德左派”的坚持斗争，通过的宣言中也表现了左派的某些观点，如：指出战争的帝国主义性质，谴责第二国际没有执行反对帝国主义战争的决议等。列宁非常重视这次会议，认为这次会议的一个最大成就，是革命马克思主义者的团结，并且是走向与社会沙文主义者决裂的第一步。由于帝国主义战争所造成的灾难，群众革命情绪迅速增长，各国社会民主党内的国际主义者和社会沙文主义者的分裂日益加剧。1916 年 4 月，社会主义者又在昆塔尔举行了第二次代表会议。这次会议的决议虽然没有采纳布尔什维克的关于“变帝国主义战争为国内战争”、“使本国帝国主义政府在战争中失败”、成立新的共产国际等提议，而只是一般地宣告：只有争取社会主义的实现，才能获得持久和平。但是，这次会议加强了各国革命左派的联系，进一步巩固了国际主义者的团结。

1917 年 10 月社会主义革命的胜利，不但在世界无产阶级面前揭露了右派和中派分子的叛徒面貌，同时也极大地提高了左派人士的觉悟，他们都迫切地要求按照布尔什维克的样式建立新型的革命政党，以推动无产阶级革命运动的发展。1918 年间，在许多国家内部都先后成立了共产党或共产主义小组。这样，建立新的共产国际的时机已臻成熟。1919 年 3 月，在以列宁为首的布尔什维克党的倡议之下三十个国家的共产党和共产主义团体的代表，在莫斯科举行会议。出席会议的不仅有西方各国无产阶级的代表，而且还有殖民地东方的无产者的代表。这是一次真正的国际性会议。大会通过了成立共产国际的决议，听取了列宁的《关于资产阶级民主和无产阶级专政的提纲和报告》，通过了告世界无产阶级的宣言，规定共产国际的任务是总结工人革命斗争经验，清除机会主义和社会沙文主义影响，团结世界无产阶级革命力量，促进世界革命的胜利。宣言号召：全世界无产阶级在夺取政权和实现无产阶级专政的革命旗帜下团结起来。

3. 英国、美国与巴黎和会　就在这难忘的 1919 年，第一次世界大战的胜利者在巴黎召开和会。到巴黎的各国代表共有一千多人，但能出席和会的只有 32 个国家的代表，其中尤以“三巨头”最为活跃：法国的克里孟梭、英国的劳合·乔治、美国的威尔逊。法、英、美国都想按照自己的意志来瓜分世界。威尔逊认为美国称霸世界的时机已经到来。于是大唱高调，提出“十四条”，来掩饰他的意图。劳合·乔治想确保从德国和土耳其手中夺来的殖民地，把英国的殖民势力在近东、中东、非洲和拉丁美洲进一步伸展。克里孟梭想取得莱茵河以西的全部德国领土，并想摧毁德国的经济，以便称霸欧洲大陆。三巨头操纵的巴黎和会是帝国主义者逐鹿的场所。

美国妄想称霸世界的野心没有实现。威尔逊一度曾想占有伊斯坦布尔及通往黑海的海峡，还曾想对整个土耳其建立统治，但是遭到英法两国的反对，只能作罢。法国想称霸欧洲的野心，也未能如愿以偿。英国、美国有一条共同原则，就是不让任何其他一个强国发展成为它们的危险的竞争者。三巨头在争吵中草拟和约，然后把条件向战败国宣读，迫令签字。那年6月订立对德和约。接着于1919—1920年间和德国的各同盟国如：奥地利、匈牙利、保加利亚、土耳其等国，订立和约。这就是所谓凡尔赛和约体系。

凡尔赛体系将矛头指向苏俄。苏俄没有被邀请参加和会。根据凡尔赛和约，德国被解除武装，被夺去所有殖民地，被迫用现金和实物偿付巨额赔款，但和约中并没有一项能使德国真正消灭的条约。正相反，西方帝国主义国家想培植德国，使它成为一支反对苏俄的力量。

凡尔赛体系粗暴地破坏了民族自决的原则。它把日本强占中国的一部分领土山东省予以法律上的承认。和会根据威尔逊的倡议，建立国际联盟，并建立一种特殊的殖民制度，称为“委任统治制度”。原属德国的殖民地，由国际联盟分别委托战胜国“开明地”统治。这样处理的土地总计面积达一百二十五万平方公里，人口达一千九百万。美国原想在国际联盟中起领导作用，后来因为没有达到目的，于是不但不在凡尔赛和约上签字，也拒绝参加国际联盟。国际联盟由英法两国操纵了。毛泽东曾在1926年指出：“现在世界上的局面，是革命和反革命两大势力作最后斗争的局面。这两大势力竖起了两面大旗：一面是红色的革命大旗，第三国际高举着，号召全世界一切被压迫阶级集合于其旗帜之下；一面是白色的反革命的大旗，国际联盟高举着，号召全世界一切反革命分子集合于其旗帜之下。”[①] 根据凡尔赛和约，英国从土耳其取得巴勒斯坦和美索不达米亚，并取得德国原在非洲及太平洋地区的大部分殖民地。英国和法国并取得国际联盟的领导权。列宁指出：英国得到的东西仅次于美国和日本。[②] 但是，英国较之战前，大大地削弱了。战争中英国官兵伤亡惨重，前已述及，商船沉没达百分之七十以上，还欠了美国五十五亿美元。美国在战争中损失最少而获利最多。美国代替了英国以前的地位，成为世界的债权国。

二　两次世界大战之间的英国

1. **劳合·乔治的“改革措施”** 伟大十月社会主义革命在英国发生巨大影响，工人运动中的革命潮流日益增长。1918 年 10 月间，列宁写道：“……在欧洲……甚至在英国，都使人感到日益增长的无产阶级革命的气息。”[③] 当时英国联合内阁的首脑、自由党人劳合·乔治不得不采取措施，应付危机。

1918 年，议会通过第四次改革法案。根据该法案，凡在同一地区居住六个月以上、年满二十一岁的男子和年满三十岁的女子都有选举权，十八岁以上的士兵也有选举权。政府把选举权给予政治上比较保守的妇女，目的是让一般选民的票数超过从战场上回来并带

① 《中国社会各阶级的分析》，见《毛泽东选集》第一卷（人民出版社 1952 年第 2 版），第 4 页。

② 《共产国际第二次代表大会》，见《列宁全集》第三十一卷（人民出版社 1958 年版），第 190 页。

③ 《无产阶级革命和叛徒考茨基》，见《列宁全集》第二十八卷（人民出版社 1956 年版），第 88 页。

有革命情绪士兵的票数。

英国的资产阶级政党发生了一些变化。1918年夏，工党通过新的党纲和党章。新的党纲中提出了通过国有化实现社会主义的改良主义纲领。新党章中除保留以前的团体党员外，还吸收个人党员。由于工人阶级的压力，工党退出联合内阁，而以独立政党的资格参加竞选。自由党内发生分裂，但除爱士葵斯领导的一部分自由党人而外，其余自由党人由劳合·乔治领导，仍和保守党保持联盟。一百多年来操纵英国的自由党已丧失其以往的影响。

1918年12月，在战争刚结束的情况下，许多选民仍穿着卡叽军服举行大选。因此，这次大选名为卡叽选举。劳合·乔治甜言蜜语，到处许空头愿，对复员士兵说什么“英雄们”回来都有饭吃，都有房住。他谈到复员士兵的生活经费时，便信口开河，提出“一切由德国丘八”偿付的响亮口号，即由德国赔款偿付。结果是部分自由党和保守党取得全面胜利，劳合·乔治仍任首相，一直到1922年。

四百万战斗人员和二百万勤务人员的退伍是当前一大问题。当时，军队处于一种动荡不定的状态之中，兵营中发生武装叛乱，军舰上有革命骚动，同时英国工人中间最流行的口号是煤矿、铁路和其他生产资料的国有化。劳合·乔治的政府面临危机，不得不提出一笔很大的款项作为复员人员的补助金。于是，复员者在就业以前，得到等于工人平均工资的津贴。但是工人们要求的生产资料国有化问题，政府一拖再拖，最后还是不了了之。

2. 干涉苏俄与工人运动的高涨 1918—1920年，有十四个国家围攻苏维埃俄国，想打垮年轻的社会主义共和国，而英国是对苏俄干涉的组织者。

早在1917年12月,英国和法国签订了有关武装干涉苏维埃俄国并把它划分为势力范围的协定。1918年3月,在世界大战还未结束的时候,英国军队就已在苏俄领土牟尔曼斯克登陆,8月间又强占阿尔亨格尔斯克以及外高加索和中亚细亚的某些地区。1919年,在巴黎和会上,英国与美国和法国进行勾结,提出了推翻苏维埃政权和肢解俄国的计划。劳合·乔治政府中一些有势力的人物如巴尔福、寇松和丘吉尔,就是反苏行动的策划者。

1920年夏,英国政府鼓励毕尔苏斯基的波兰地主进犯苏俄。劳合·乔治政府准备一亿英镑经费协助白党分子邓尼金·弗兰格尔·尤登尼奇,企图恢复沙皇政权。但是英国工人阶级奋起反抗。5月10日,即毕尔苏斯基攻下基辅的那一天,伦敦港口的码头工人主动拒绝装运供给波兰的军火,不久码头工会又禁止装载运往波兰的货物。后来,当红军逼近华沙,即当苏波战争的紧要关头,劳合·乔治政府出面庇护波兰。8月3日,外交大臣寇松向苏维埃政府提出最后通牒,要求红军停止前进。就在这时,英国工人阶级在全国范围内组织"不许干涉苏俄"运动,并成立行动委员会来领导这个运动。全英国工人代表会议向劳合·乔治政府提出最后通牒,声明:如果政府不放弃它的意图,即代表会议不保障现存制度的完整存在。数天以后,代表会议又要求政府和苏俄缔结友好和约和商约。在工人准备总罢工的压力下,劳合·乔治政府改变了它的策略,撤回了它向苏俄提出的最后通牒,随后又和苏俄缔结商约,企图通过经济、政治途径绞杀苏俄,颠覆苏维埃政权。

1920年8月间的这一运动,是英国无产阶级历史上光辉的一页。

列宁认为英国无产阶级运动进入了一个崭新的革命阶段。[1] 就在这些情况下,英国共产党宣告成立。

3. 英国共产党 列宁与英国共产党人 在十月革命的影响下,英国于1918—1919年间出现了一些共产主义者的组织,在英国社会主义者之间,已有不少人接受无产阶级革命、无产阶级专政的思想和苏维埃制度。他们原则上已经接受共产国际的纲领,但是还没有组织起来、统一起来。1920年7月底到8月初,在不列颠社会党和苏格兰社会主义工党左翼的基础上,建立了英国共产党。到1921年1月,早在战前建立并在战时发展起来的工厂车间代表会议,加入共产党,不久独立工党的左翼也参加进来,于是联合的共产党宣告成立,通过决议,参加共产国际。

列宁密切关注英国工人运动和英国共产党的活动。当时英国共产党内部有人不愿意从事议会活动,误认为凡从事议会活动的人必然会陷入机会主义的泥坑;他们也不愿加入工党,而当时的工党拥有广大的工人群众。列宁指出:他们的主要缺点是在于脱离群众,在于宗派主义的倾向。列宁在共产党国际第二次大会开幕前写了《共产主义运动中的"左派"幼稚病》,对英国的工人运动问题给以珍贵的指导。在开会期间,列宁还和出席共产国际的工厂代表委员会的代表们进行谈话,并说服他们纠正工团主义和宗派主义的错误倾向。

英国共产党的建立是英国工人阶级从宪章运动以来所采取的最重要的一个步骤。它摈斥了工党的阶级合作和改良主义的思想,

① 《在俄共(布)第九次全国代表会议上的演说》,见《列宁全集》第三十一卷(人民出版社1958年版),第243—244页。

并宣称要为消灭资本主义、夺取政权和建立社会主义而战斗。

4. 对工人阶级的进攻　英国殖民地民族解放运动的高潮　1920年,英国的商品输出额有所提高,人们以为“兴旺”来到了,但是半年之后爆发了经济危机。劳合·乔治政府对工人阶级发动进攻。1921年3月间,政府把它在大战开始时予以监督的煤矿发还原主,煤矿主决定削减矿工的工资。矿工与铁路工人和运输工人结成三角联盟,决定实行罢工。但是该计划被铁路职工会领袖托马斯和运输职工会领袖威廉斯破坏了。事情是发生在1921年4月15日(星期五),因此,工人们把这事件称为“黑色星期五”。1921年年底,被降低工资的工人达六百万人之多。

在对国内工人阶级实行压制的同时,劳合·乔治政府对殖民地及附属国的民族解放运动进行残酷镇压。有时镇压无效,不得不作一些小的让步。第一次世界大战后,民族解放运动风生云起,印度人民要求自治权,埃及和爱尔兰人民都要求民族独立,在英国占领的土耳其也爆发了资产阶级民族革命。1918年,英国政府在印度人民广泛的民族解放运动的压力下,实施了一些宪法上的改革;允许在经济利益上与英国有着密切联系的少数特权阶层参加政府工作,并通过他们继续加强对印度的奴役。1922年,英国政府承认埃及“独立”,但仍控制苏丹,并借口保护苏伊士运河,继续驻兵埃及。爱尔兰问题特别严重。在1920—1921年间,爱尔兰人民在芬党人的领导下,展开了反对英国统治的游击战。1921年,英国政府被迫给予爱尔兰二十六个郡以自治领的地位。后来,这一部分爱尔兰于1937年宣布为独立国,于1949年脱离英国,而其中工业比较发达的东北六个郡,即厄尔斯特,却从中分了出来,称“北爱尔兰”,并入联合王国。1922 年,劳合·乔治调了十万希腊军队镇压土耳其的民族解放运动,遭到可耻的失败。

5. 政局的动荡　1926 年大罢工　1922—1924 年间,政府每年改组一次,呈现动荡状态。1922 年年底大选后,由保守党鲍纳·劳和斯坦利·鲍尔温执政。1923 年年底大选后,由工党兰姆赛·麦克唐纳执政。十个月以后,工党政府垮台,又由保守党鲍尔温执政,鲍尔温做了四年半首相。英国政治舞台上的"秋千把戏"由保守党和工党轮流扮演,工党已经取得了以前自由党的地位。

工党之所以取得政权是因为:一方面,面临着国内外困境的英国统治阶级需要利用工党来缓和两党制的危机;另一方面,工党在竞选时做了一些蛊惑性的诺言,如:改善工人生活、消灭失业现象、改善英苏关系,等等。但是,麦克唐纳上台后,并不履行诺言,只是由于工人阶级的重大压力,于 1924 年被迫承认苏联。至于改善工人生活问题,工党政府只颁布了一项修建工人住宅法案,没有作出任何具体措施。列宁指出:"麦克唐纳仍旧是十足的资产阶级和平主义者和妥协主义者,是幻想着超级政府的小资产者。"[1] 在对殖民地的态度上,工党政府和保守党并没有什么差别,它对伊拉克、印度和埃及的人民起义,采取残酷的镇压手段。斯大林指出:麦克唐纳的工党政府乃是"帝国主义的政府,因为是以保存英国的帝国主义政权为基础的,例如在印度和埃及的政权。"[2] 工党的对内对外政策,在人民群众中引起强烈不满。麦克唐纳为了避免在工人中完全丧

---

① 《共产国际第二次代表大会》,见《列宁全集》第三十一卷(人民出版社 1958 年版),第 199 页。

② 《论中国革命的前途》,见《斯大林全集》第八卷(人民出版社 1954 年版),第 327 页。

失威信，于 1924 年辞职。在大选前夕，保守党竭力掀起反共气氛，获得大选胜利。

1924 年起，资本主义世界的经济危机开始缓和，进入了资本主义局部和暂时的稳定时期，但是这并不意味着阶级斗争的缓和。1925 年，矿业资本家企图削减工资，矿工联合运输工人、铁路工人和机械工人结成四角同盟，进行坚强抵抗，政府被迫发出一笔补助金，使矿工工资在以后的九个月中能够维持原有水平。这是 1925 年 7 月 31 日（星期五）发生的事，因此，这事件被称为"红色的星期五"，这是工人阶级的一次重大胜利。但是，这是暂时的协议，九个月后爆发了大规模的同盟罢工。

1926 年 4 月，煤矿工业发生危机。煤矿矿主为了补偿由于国外竞争所造成的损失，为了继续加强对工人的剥削，坚持实行八小时工作日制以代替七小时工作日制，并减低百分之十三点三降到最低工资。英国共产党号召工人总罢工，提出"工资一文不减，工作时间一秒不增"的口号。到 5 月 1 日，矿主宣布停业，工人则宣布罢工。5 月 4 日，矿工、铁路工人、运输工人、机械工人、机器制造工人、司炉工人、冶金工人、电业工人、印刷工人以及其他工业部门的工人开始罢工，约有二百五十万人，几天后增至五百万人。大部分火车、电车、公共汽车停止运行，报纸停版，商业停顿，所有大工业区陷入瘫痪状态。这次罢工并不单纯是经济性的，也是政治性的。这是全国工人阶级反对资产阶级、反对资产阶级国家机关的斗争。

但是工党机会主义者如麦克唐纳、托马斯、汉德森等竭力阻止罢工的发展，并且在罢工斗争最紧要的关头，背着工人与政府谈判，接受了毫无保证的虚假诺言。5 月 12 日，工联总会宣布复工，说什么复工之后，矿工准会得到政府的让步。于是同盟罢工终止。政府看到罢工已趋瓦解，就公开否认对工联总会作过的任何诺言。矿工站在英国工人阶级的最前列，他们继续罢工，一直到 1926 年年底由于饥寒所迫才放弃罢工。

在这次罢工被破坏之后，鲍尔温政府比以前更加反动。它采取了许多镇压工人运动的措施，其中最重要的是关于工业争议和工联的法案。法案禁止同盟罢工与联合罢工，鼓励工人向所属工联要求赔偿由于罢工而受到的损失。法案也禁止政府机关和社团机关的职员加入任何工联组织。这是分化工人阶级、瓦解工人运动的措施。工人们把它叫做“工贼法案”。

6. 鲍尔温政府的反动外交政策 鲍尔温政府的反动性，在外交方面也有充分表现。当时掌握外交事务的是奥斯丁·张伯伦，是英国侵略势力的主要代言人。1925 年，张伯伦与德法两国代表订立《罗迦诺条约》，保证法国边境不受德国侵犯，而对德国的东部边界不提任何保障。很明显，罗迦诺条约是英德法集团一个反苏联盟。此外，英国垄断资本家和美国垄断资本家互相勾结，对德国重工业，特别是军事工业，提供财政援助，使它能够迅速恢复，作为反对苏联的力量。1927 年，英国警察局对苏联驻英国伦敦的的商务组织“苏英贸易协会”实行挑衅性的袭击，指望找到苏联政府资助英国共产党的证据，最终，枉费心机的企图落空了。1927 年，英国政府竟宣布和苏联政府断绝外交关系。

英国政府一贯反对中国人民的革命运动。在 1925—1927 年的中国大革命中，它和美国政府一起，支持中国的反革命力量，力图阻挠革命的发展。

由于它的反动政策和各种反动措施，鲍尔温的保守党政府大失人心。1928年，保守党因大选在即，为了保持政权，采取措施，其中主要项目为选举法改革。按照新选举法，凡年满二十一岁的妇女均享有与男子同样的选举权。选民增加八百万人。有选举权的妇女共一千五百二十七万八千人，超过男子选民的数字。但在1929年5月的大选中，保守党仍然遭到选举失败。

7. 第二次工党政府"国民政府" 在1929年的大选中，麦克唐纳提出了一系列的煽惑性口号，如缩短工作日、消灭失业现象、撤销"可耻和可鄙的"工业争议和工联法案、恢复英苏邦交，等等。竞选得到胜利，麦克唐纳组织工党内阁，号称"第二次真正的工人政府"。可是工党上台后，并不履行自己的诺言，只是由于工人阶级的巨大压力，恢复了对苏联的外交关系。

当时最迫切的问题是失业问题。英国面临世界经济危机，对外贸易缩减一半以上，失业情况日益严重。在工业资产阶级的压力之下，麦克唐纳政府于1930年减低失业补助金与工资，对工人施行"资力考核"条例。条例规定：一家只要有一个人得到工作，那么这一家就不能领取失业补助金；如果一家得到救济，那么这家的妇女就不许再找工作。这些办法激怒了整个工人阶级。

1931年夏季，英国商业开始出现空前萧条的现象。商品出口额不断下降，国内市场也日益缩小，而税收却提得很高。在主要工业部门，失业工人达百分之五十以上。同时，政府发觉黄金储备量逐渐减少。在这些情况下，麦克唐纳和财政大臣斯诺顿等建议将工人失业补助金再次予以缩减，遭到一部分工党大臣的反对。于是工党内部分裂，工党内阁提出辞职。麦克唐纳、斯诺顿、托马斯等联合保守党和自由党，另行组阁，号称“国民政府”。形式上是联合内阁，实际上是一个反动的保守党政府。麦克唐纳等另组新党，名为国民工党。工党和职工会的领导机构，为了维持他们在工人中的威望，把麦克唐纳等开除工党党籍。

国民政府采取措施，应付严重局势。措施之一是削减工资和失业补助金。在英国共产党领导之下，工人运动的战斗性加强。失业工人在伦敦、利物浦、格拉斯哥等地区举行饥饿进军。最为严重的是 1931 年 9 月中旬，驻扎在英佛哥顿的北海舰队的骚动，麦克唐纳被迫屈服，撤销减发水兵薪饷的命令。

另一措施是放弃英镑的金本位。英镑在国际市场上跌落百分之三十至百分之三十五，而黄金储备仍在缩减。英国政府不得不正式承认英镑的贬值。

又一措施是重新采用保护关税制（1932），于是实行了八十年的自由贸易政策告一结束。1932 年夏，在加拿大首都渥太华召开帝国会议，和各自治领共同建立以“最惠国”原则为基础的关税同盟。这样，英国的关税壁垒愈筑愈高，和美国一样。英美两国争夺市场，争夺投资范围，越来越厉害了。英美之间的矛盾成为当时资本主义世界的主要矛盾之一。

8. 国民政府的绥靖政策　1935 年大选后，麦克唐纳引退，由鲍尔温组阁，仍称国民政府。1937 年起改由财政大臣纳维尔·张伯伦继任首相。

在资本主义经济危机一再爆发的 30 年代，世界局势日趋紧张。1931 年，日本帝国主义者侵占中国的东北，于是在远东形成了第一个战争策源地。1933 年，在英国、美国的支持下，希特勒在德国夺取政权，于是在欧洲中部形成了第二个战争策源地。1935 年，意大利在英法美三国的纵容之下，侵略阿比西尼亚，即今的埃塞俄比亚。于 1936 年将阿比西尼亚完全占领。1936 年 7 月，德国和意大利共同武装干涉西班牙内政，支持法西斯的佛朗哥反叛西班牙人民阵线政府，导致西班牙人民阵线政府的失败。1937 年，日本军阀占领北京，并向华中进攻。1938 年 3 月，德国出兵占领奥地利，同年 10 月，又出兵侵占捷克斯洛伐克的苏台德区，并于 1939 年 3 月强占捷克斯洛伐克。到这个时候，第二次世界大战的序幕已经拉开。

从 1931 年到 1939 年，英国“国民政府”的外交政策是“不干涉政策”，又名“绥靖”政策。绥靖政策是对侵略者的强盗行动一贯纵容和不断让步的政策，其主要目的是想扶植德、日反动势力进攻苏联。1933 年，英国拉拢法国和法西斯德国以及意大利订立四强公约，结成一个反苏集团。1934 年，英国政府同意德国把陆军军备扩充一倍，1935 年又同意德国扩充海军军备并实行普及兵役制。关于日本和意大利的强盗行动，英法控制的国际联盟曾一再开会，空谈制裁，不做有效措施。多年以来，苏联是不懈的和平保卫者。它倡导的集体安全政策得到英国及全世界爱好和平人民的拥护，它并竭力想同英国及一切愿意和平的国家订立保障安全的条约，但是英国的国民政府同法国政府一样，继续执行它的“不干涉”政策。

关于这“不干涉”政策的本质，毛泽东于 1939 年作出如下论断：“这个政策的目的，在于纵容侵略战争，自己从中取利。因此，英法从根本上就拒绝了苏联历来提出的组织真正反侵略阵线的建议，而采取，‘不干涉’的立场，纵容德意日侵略，自己站在一边看。其目的在于使战争的双方互相消耗，然后自己出台干涉。”[①]

1938年9月，正当希特勒准备进攻捷克斯洛伐克时，张伯伦和法国代表同德国、意大利在慕尼黑成立可耻的协定，纵容法西斯德国进攻捷克斯洛伐克。慕尼黑协定是英法两国牺牲捷克斯洛伐克，谋求与德意两国签订互不侵犯的条约。这是以“不干涉”的政策来“坐山观虎斗”达到“渔翁得利”的目的。1939年4月起，英法苏三国进行谈判，苏联提出平等互惠原则，而英法只要求苏联保证它们的安全，却不肯保证苏联的安全，不肯保证波罗的海诸小国的安全，并且不让苏联军队通过波兰去反对侵略者，于是谈判决裂。这时战火已蔓延到苏联边境。为了自卫，苏联接受了德国“互不侵犯条约”的建议。毛泽东指出：“英美法的计划是：推动德国进攻苏联，他们自己‘坐山观虎斗’，让苏、德打得精疲力竭之后，它们出来收拾时局。这种阴谋，被苏德互不侵犯条约击破了。”[②]

英国政府的帝国主义政策，是纵容战争、挑拨战争、扩大战争的政策，对于第二次世界大战的爆发起了极大的促进作用。

三　两次世界大战之间的美国

1. **大战后美国的经济情况**　美国是在1917年4月参战的，它积极参加军事行动则在1918年夏季以后。它参战的主要活动是供

① 《关于国际新形势对新华日报记者的谈话》，见《毛泽东选集》第二卷（人民出版社1952年版），第569—570页。

② 《苏联利益和人类利益的一致》，见《毛泽东选集》第二卷（人民出版社1952年版），第584页。

给协约国军火物资。因此，战争中美国的伤亡士兵比较少，死十三万余人，占大战中死伤总人数的百分之一，而赚的钱却很多。

战争促进美国工业的发展。战后美国的铜产量较战前增加一半，汽车生产增加三倍，商船吨数增加九倍以上。资本集中的过程大大地加快，占居民百分之二的人掌握了国家收入的百分之六十，而占居民百分之六十五的穷人只有国家收入的百分之五。摩根、洛克菲勒、杜邦、梅隆等金融寡头控制了工业生产的主要部门。

战争给美国资本家带来巨额利润。从 1914 年到 1919 年，美国的纯利润收入达到三百三十五亿美元以上。美国由债务国变成债权国。大战以前，美国欠欧洲国家五十多亿美元；大战以后，欧洲各国倒欠美国一百多亿美元。战争刚结束后两年之中，元气大伤的欧洲各国争向美国订货。1920 年，美国商品输出总值已由 1914 年的二十三亿美元增至八十亿美元。1919 年，美国商品出口超过四十亿美元。世界的黄金储备有半数以上集中在美国手里。

列宁在《给美国工人的信》里写道："美国的亿万富翁们几乎是最富的，并且在地理条件上处于最安全的地位。他们发财最多。他们把所有的国家，甚至是最富的国家都变成了向自己进贡的国家。他们掠夺了数千亿美元。……每一块美元都有污迹，都有使每个国家的富人更富、穷人破产的有利可得的军事定货的污迹。……"[①]

2. 美国与反苏的武装干涉 从苏俄存在的第一天起，美国政府就对它采取敌视态度。美国是武装干涉苏俄的组织者和积极参加者。还在 1917 年 12 月，威尔逊政府就已着手准备。1918 年 1 月 8 日，威尔逊向国会提出的"十四条"中包括了瓜分苏俄、消灭苏维埃

① 《列宁全集》第二十八卷（人民出版社 1956 年版），第 44—45 页。

政权的阴谋。同年3月14日，威尔逊给全俄第四次苏维埃代表大会发出电报，企图阻止布勒斯特和约的签订，想迫使苏俄于不利的条件下继续与德国作战，以便借德帝国之手来消灭年轻的苏维埃政权。这一意图失败后，美国政府即采取直接的武装干涉。

1918年4月，美国与英、法、意等国一起，派兵攻占苏俄北部的阿尔亨格尔斯克和牟尔曼斯克。同年8月，又向西伯利亚进军。由于红军的英勇反击和美国工人群众的坚强抗议，美国政府被迫于1919年到1920年撤回武装力量。

但美国政府的反苏活动并未因此而中止。美国继续以金钱和武器援助自卫军，对年轻的苏维埃国家实行经济封锁。直至1933年年底，美国政府一直拒绝承认苏联政府。

3. 工人运动的高涨和美国共产党的诞生 战争中得到好处的只是少数资本家，广大人民承担着战争的重负和资本家的剥削，生活境况更加恶化。压在人民头上的公债，由战前的十亿美元增至1919年的二百六十六亿美元。1919年的生活指数较1913年增加百分之一百零四，而同一时期工人的工资平均只增加百分之五十五。战后军火工业的缩减造成大批工人的失业。1918年年底，失业人数达到三百零九万九千。

对工人剥削的加强以及工人生活的恶化促成了工人运动的高涨，十月社会主义革命的影响更给工人运动以有力的推动。

工人们到处开展“不许干涉俄国”的运动。他们举行集会和示威游行，征集要求停止对苏俄武装干涉和经济封锁的签名，拒绝装运干涉苏俄的军火物资。工人们成立了“苏俄之友同盟”、“技术援助苏俄协会”等组织。1918年还发生了派遣志愿军参加苏俄红军的运动。

在同一时期，美国工人开展了要求改善生活条件和争取民主权利的斗争。1919 年，罢工运动达到空前巨大的规模，参加人数达四百十六万。其中最有意义的是 1919 年 9 月间由威廉·福斯特等组织的十个州五十个城市的三十五万钢铁工人大罢工。工人们要求实行八小时工作制、提高工资，并给予组织工会的权利，等等。钢铁托拉斯决定竭尽全力镇压罢工。威尔逊政府和以龚伯斯为首的劳联右翼领袖帮助钢铁托拉斯，在匹兹堡、克利夫兰、扬斯顿等钢铁中心，出动军队，实行戒严，同时招募工贼，破坏罢工。劳联的右翼领袖还利用工人的民族成分不同制造分裂。罢工延续至 1920 年 1 月初才被镇压下去。

工人运动的高潮标志着战后阶级斗争的尖锐以及工人觉悟的提高。在伟大十月革命和列宁的理论著作影响下，美国社会党内左翼力量加强。以查理·卢登堡为首的部分左翼分子于 1919 年 6 月决定脱离社会党的机会主义领导，另行建立美国共产党。以约翰·里德为首的另一部分左翼分子主张留在社会党内，争取革新党的领导。但是 1919 年 8 月 30 日，他们被机会主义者开除出党，于是里德等另行召开大会，成立美国共产主义工人党。

由于政府的残酷迫害，这两个共产党的组织都被迫转入地下。两个党在党纲上没有原则性的分歧，他们都把消灭资本主义和建立无产阶级专政作为斗争目标，都通过了参加共产国际的决议。在共产国际的促进之下，两个党于 1920 年进行联系，并于 1921 年 5 月合并为统一的美国共产党，由卢登堡任执行书记。同年，为了加强与工人群众的联系，又建立了公开的工人党。1923 年，共产党由地下转为公开,与工人党合并。共产党的组织在刚成立时未能摆脱宗派主义的影响。1920年,列宁的《共产主义运动中的"左派"幼稚病》发表后,卢登堡领导的工人党和福斯特领导的工会教育同盟,为加强党与工人运动的联系,展开了积极的活动。

4. 哈定总统的"恢复常态" 华盛顿会议 1920年举行大选,结果由一个煤油业大资本家的伙计、不甚有名的哈定当选总统。哈定上台,正值1920—1921年的经济危机,生产缩减,币值猛跌,物价狂涨。哈定提出"恢复常态"口号,并宣称:"美国现在需要的不是英雄气派,而是休养生息;不是寻找秘方,而是恢复常态;不是革命,而是复原;不是旅行手术,而是力持镇定。"他的任务就是:抢救资本主义,恢复战前状态。他的具体政策是:对内加重剥削劳动人民,为资本家创造利润;对外开拓市场,争取世界霸权。在哈定政府中任财政部长的是金融寡头梅隆,任商业部长的是工业巨子胡佛,任国务卿的是与华尔街有密切联系的休士。哈定政府全力为大资本家服务,它退还了资本家的所得税三十亿美元,并于1922年,为了保护大资本家的利益,由国会通过一项保护关税法案,提高进口税,增加劳动人民的负担。在哈定任职期间,发现了一系列的从上到下集体贪污案件,其中使国家损失二亿五千万美元的盗窃军用石油储备案还牵扯到内政部长、海军部长和司法部长,秽德彰闻,终以不了了之。

美国垄断资本集团,原想运用国际联盟,控制世界政治,但这野心没有得逞。因此,通过国会,拒绝批准凡尔赛和约,并拒绝参加威尔逊倡导的国际联盟,打算在国际联盟之外,自由活动,发展其侵略势力。大战结束后不久,美国资本家在德国及其过去的同盟国收买了许多工商企业,并与德国的重工业和银行建立密切联系。1921年,美国与德奥等国单独签订和约。

1921年召开的华盛顿会议是美国扩充其侵略势力的一个重大步骤。会议确定了英、美、日的战斗舰比率为五比五比三,即美国在海军实力上可以与英国并驾齐驱。对美国来说,华盛顿会议的另一成果是拆散了英日同盟,并迫使日本撤出中国的山东省,退还中国的山东半岛和胶济铁路。美国使与会各国同意了在中国贸易的"门户开放"和"机会均等"的原则。这一切都有利于美国向远东伸张其侵略势力。

美国还积极地向拉丁美洲施加经济和政治压力,排斥那里的英国势力,夺取原料和市场。从1913年到1927年,中美和南美12个国家从英国输入的货物由总输入量的百分之二十五降为百分之十六。在同一时期,美国货物的输入却由百分之二十四增加到百分之三十八。美国在十个拉丁美洲国家的投资在1913年到1929年之间增加了十二倍之多。

5. 资本主义相对稳定发展时期 1923年8月,哈定暴猝,由副总统卡尔文·柯立芝继任总统。这时美国正转入资本主义相对稳定发展时期。美国利用它战后的优越条件,集中资本,发展生产;同时,加强对劳动人民的剥削。新的技术设备的采用提高了劳动的强度,并把广大工人群众排挤到劳动后备军的队伍中去。在农业中,由于农业机器的使用和土地的不断集中,越来越多的农民陷于破产。

工农群众的不满,在1924年的大选中得到了反映。这次竞选中出现了一个第三党——进步党。它的组织者是代表小资产阶级和富裕农民利益的自由派议员拉佛莱特。他的纲领部分地反映了工农群众的要求，如：取消为禁止罢工而采取的审讯条例、降低农民贷款的利息、降低铁路运费、提高巨额收入税和遗产税等。当时工人党和工会教育同盟正进行建立独立的劳工党的活动，在它们的发起和支持下，1923 年成立了农工党。农工党提出了反映城乡无产者要求的政纲，但是农工党的右翼领导却竭力排斥工人党，即共产党，转而支持拉佛莱特。工人党提出在接受农工党竞选纲领的情况下，愿意支持拉佛莱特，这一要求遭到进步党拒绝，工人党乃另提福斯特为总统候选人。福斯特后来认为当时不支持进步党而另行提名是犯了宗派主义错误。竞选结果金融和工业巨头的代理人柯立芝（共和党人）获得胜利，连任总统。大选后，进步党即趋瓦解。

继柯立芝任总统的是共和党党魁胡佛。在柯立芝总统的整个任期和胡佛总统任期的头半年（1923—1929 在位），在这一段资本主义相对稳定发展的时期，美国的工业生产有迅速的增长。1926—1929 年间，美国的工业生产超过了德、法、英、日、意生产总和的百分之九。1923—1929 年间，垄断资本家的利润增长了百分之四十一。资产阶级把这一时期称为"繁荣"时期。但是，实际上所谓"繁荣"只是局部的、暂时的，并且孕育着内在危机。一些重要的工业部门的生产增加了，但另一些部门，如纺织业、煤炭业、造船业等部门的生产反而下降了。工业生产增加了，而农业产值 1929 年较 1923 年反而下降了百分之四。由于农业品和工业品的差价不合理，农民收入减少，大批农民陷于破产，1920—1929 年间，农民流入城市的达数百万。一些工业部门生产的增长，主要是由于采用电气化和加强劳动强度的生产"合理化"。电气化的采用，劳动强度的增加以及生产过剩所引起的开工不足，造成了大批工人的失业。据估计，1922 年到 1929 年,失业工人由一百万增至四百万。1924—1929 年,每年平均罢工人数约四十万。

柯立芝政府公开维护垄断资本家的利益,对内镇压工人运动,对外推行扩张侵略势力。柯立芝任职期间,最横暴无耻的行为是对意籍工人萨柯和英塞蒂两人的迫害。这两个工人是在威尔逊政府疯狂迫害共产党时被捕的。他们被诬告为抢劫工资款项和枪杀警卫。在他们被捕后的七年之中,美国以及全世界各地的工人和进步人士曾不断地举行示威和罢工,抗议美国政府的无理迫害。1927 年,柯立芝政府为了压制工人运动,竟不顾一切地把他们两人判处死刑。

柯立芝政府积极向欧洲扩张其经济势力,扶持反苏力量。1924 年,柯立芝政府成立了以芝加哥银行家道威斯将军为首的委员会,制订所谓"道威斯计划"。这一计划的目的表面上是为了寻求德国支付赔款的办法,实际上是为了恢复德国军事经济潜力,和缓革命危机,支持反苏势力,并通过"援助"加强对德国经济的控制。根据这一计划,美国的黄金像巨流涌向德国,德国就利用以美金为主的国际资本,恢复重工业,包括军火工业。从 1924 年到 1929 年,美国在德国的投资占同一时期德国所得到的全部国外总投资的百分之七十。

柯立芝总统继续推行奴役拉丁美洲的政策,美国出兵尼加拉瓜、海地等国,武装镇压那里的民族解放运动。到 1928 年,美国军事、政治和财政的控制已伸张到二十个拉丁美洲国家中的十四个国家。

美国对于中国人民的革命,一向抱着敌视的态度。1927 年,在中国大革命时期,美国舰队炮轰南京。美国并与英国一起,支持蒋介石叛变革命。

在同一时期,美国残暴地镇压了菲律宾的起义。

6. “美国例外”谬论　世界性经济危机　在资本主义相对稳定的发展时期,资本家利用他们优厚的利润,收买工人上层,宣扬“阶级合作”,创导建立工人银行,散布工人通过购买股票也可以成为资本家等等麻痹工人意识的谎言。劳联领导迎合资本家的需要,积极宣扬“阶级合作”,推行工会与经理合作的公司工会,主办“工人银行”,经营各种企业,促使工人意识腐化。

与此同时,资本家及其御用学者根据表面现象,制造了美国“例外论”,说什么“美国已经克服了内在的危机”。美国共产党党内的不坚定分子、党的执行书记洛夫斯通竟迎合资本家的口味,唱起“例外论”的调子,洛夫斯通及其追随者无视资本主义发展中的内在矛盾,认为美国资本主义正沿着它自己独特的道路向前发展,这道路将保证它“永远的繁荣”。1929 年 7 月,美共中央公开揭露并批判了洛夫斯通等机会主义的错误,并将机会主义分子开除出党。1929 年下半年,美国爆发了深刻的经济危机。这一事实本身宣布美国“例外论”的破产。

1929—1933 年的经济危机是一次世界性的总危机。由于这次危机是在资本主义体系总危机的条件下产生的,因此,它带有特别顽强的持久性和尖锐性。工业危机与久已发生的严重的农业危机交互作用。在危机发展特别严重的 1933 年 3 月,生产量几乎减少一半。这时失业人数达一千七百万,连同家属在内共有四千万人。胡佛政府拨了九十亿美元的巨款来救济银行家和工业家,但对失业者不闻不闻。在共产党的领导和推动之下,工人们广泛地开展了争取工作权利和生活权利的斗争。

1931—1932 年，失业者举行多次反饥饿的游行示威。1932 年的春天和夏天，二万三千退伍士兵向白宫进军，要求政府实现其诺言，发给战后补助金。胡佛不但没有满足退伍军人的要求，反而出动了武装军警，进行血腥屠杀。这次屠杀的指挥者是麦克阿瑟和他的助手艾森豪威尔。

7. 罗斯福总统及其“新政” 1932 年大选，民主党人富兰克林·罗斯福（1882—1945）当选为总统。此后他三度连任，直到 1945 年。罗斯福为了摆脱经济危机，一上台即宣布实行“新政”。

新政的基础是 1933 年通过的两项法案：产业复兴法案和农村经济调整法案。产业复兴法案是想建立政府对工业的控制。在每个工业部门推行“公平竞赛法案”，法案确定产品价格、生产水平、销售市场的分配，并规定工人最高限度的工作时数和最低限度的工资。法典的主要目的是用缩减生产的办法来缓和经济危机。为了执行产业复兴法案，设立了一个复兴委员会，大垄断组织的代表们都参加工作。垄断资本家掌握了制定法典的权力，由此可以强迫规定产品的价格和销售，可以压低工人的工资。结果是垄断组织的利润急剧上升，而许多中小企业被大的垄断企业吞并了。同时，为了调整劳资关系，设立了国家劳动局。国家劳动局实际上是维护企业主的利益，它极力阻止饥寒线上的工人罢工。此外，罗斯福政府还设立了联邦非常救济委员会，企图解决失业问题。委员会发给失业补助金，并把部分失业者派往参加公共工程的劳动。但是，从事公共工程的只占失业者的一小部分，领到微薄补助金的只占失业者的百分之二十，而政府给各银行的帮助却达三十亿美元之多。

农村经济调整法案是想用缩减农业生产的办法来提高农产品的价格。为了这个目的，政府对缩减播种面积、减少牲畜饲养的农民发给奖金。这种人工减产的办法只对大农业资本家有利，因为他们拥有大量农产品，一般农民并不能因此而避免破产的厄运。

“新政”企图通过“调节”私人资本的活动来摆脱经济危机，通过加强国家资本的办法来巩固资本主义制度，并通过对群众的某些让步来制止群众参加革命行动。“新政”虽然在某种程度上缓和了经济危机，但它并不能消灭经济危机。资本主义的内部矛盾继续加深。1933—1935 年间，工人罢工斗争不断增加，计达五千五百六十多次，罢工遍及纺织业、冶金业、煤矿业、汽车业以及其他工业部门。

随着工人运动的高涨，共产党在左翼职工会中的影响加强了。左翼职工会主张把原按车间组织的劳联按照产业的原则加以改组。1935 年，根据这一原则成立了“产业职工委员会”。1938 年改称“产业职工联合会”，简称“产联”。产联把当时尚未被劳联注意的重工业部门的广大职工，如汽车工业、炼钢工业，以及一直被关在职工会之外的黑人工人，吸收入会。产联不止一次地建议统一职工会运动，但都遭到劳联拒绝。1940 年年初，产联拥有四百万会员。在它成立的初期，“产联”是富有战斗性和进步意义的，但是后来它的领导被右翼分子篡夺了。

共产党除为加强职工会的左翼力量争取职工会统一行动而斗争外，还积极支持黑人争取平等权利，支援古巴和菲律宾的民族解放运动，支持中国人民反抗日本侵略的斗争。在西班牙国内战争期间，美国共产党遣派了三千名士兵组成的志愿军参加国际纵队，为保卫西班牙共和国而战。但是由于美国统治阶级对上层工人的收买，由于职工会右翼领导的分裂和投降行为，美国共产党与工人群众还未能建立巩固的多方面的联系。同时，罗斯福的新政在工人中引起了改良主义的幻想，这种情况反映在党内，产生了白劳德的修正主义思想。白劳德继续宣扬美国例外论，把资产阶级民族加以理想化，否认它的阶级实质，认为推进资产阶级民主便可实现社会主义。白劳德的机会主义观点最后发展到否认党的作用。

8. 美国的孤立政策 1933 年 11 月，罗斯福政府开始与苏联建立外交关系。当时苏联已胜利地完成了发展国民经济的第一个五年计划。这个日益强大的社会主义国家在美国人民心中日益增长的威望，以及美国某些实业集团想与苏联建立经济联系的要求，迫使美国政府不得不放弃多年来执行的“不承认”政策。

德国、日本对不发达国家的侵略活动引起了美国与法西斯集团之间的矛盾。美国政府对于法西斯国家的侵略活动采取了两面的态度。一方面它害怕这些国家的扩张侵犯到自己的势力范围；另一方面，它又想培植它们的势力作为反苏联的前锋。换言之，一方面，因为考虑到国内广大群众反法西斯和反战的情绪，美国政府不得不在口头上谴责法西斯独裁。但是，同时它却暗中援助法西斯国家。这就是美国政府于第二次世界大战前夕所标榜的“孤立政策”的实质。

孤立主义者宣扬不干涉政策。在他们的影响之下，国会于 1935 年通过了《中立法案》。该法案禁止把军火运往交战国，禁止贷款给交战国。但是交战国可以用现款购买美国货物，并可以用别国船只运送这些货物。当时意、德两个法西斯国家正援助法西斯分子佛朗哥，反对西班牙合法的共和政府。美国根据它的中立法案拒绝给西班牙援助,但却援助了德、意两侵略国。

日本军国主义者侵略中国时,也利用了这个中立法案经常向美国购买飞机、汽油及废铁等物资。日本帝国主义者侵华战争中所用军火及军用物资,有半数以上系从美国购买,而美国还装做是中国的朋友。

美国拒绝支持苏联的集体安全政策,而赞助英法与德意两国在慕尼黑所进行的交易。1938年,美国驻德大使赶往布拉格,迫使捷克斯洛伐克政府向希特勒德国让步。美国的政策,如同英法的政策一样,造成了第二次世界大战的爆发。

四　两次世界大战之间的文化发展

1. 凯恩斯的经济学说　这一时期,资本主义危机日益频繁,日益加深,生产与消费之间的矛盾也日益扩大。于是出现了各色各样的理论,为这种情况辩护,并散布幻想。其中传播最广的是英国经济学家凯恩斯的学说。

凯恩斯是《就业、利息和货币通论》(1936)一书的作者。凯恩斯不否认经济危机的存在,但力图掩饰它的根本原因。按照凯恩斯的说法,在自由放任的资本主义制度之下,工业生产能力的增长常常超过了人们对消费品的需求,于是市场缩小、疲滞了,周期性危机频繁、深刻化了,失业扩大、普遍化了。凯恩斯宣称:资本主义的自发作用不可能保证"全部"就业的均衡。因此,为了解决失业问题,国家必须执行干预经济生活的政策。怎样干预呢?大致有三个方面：第一，刺激消费；第二，降低利息率；第三，增加政府的预算支出。凯恩斯认为刺激消费和降低利息率的政策只能产生相当有限的“效果”，而增加预算支出是解决失业问题的最重要手段。很明显，这一学说并不能根除失业问题，但它得到了资本主义世界的普遍欢迎。它给垄断资本主义国家干预经济生活的政策，特别是增加预算支出政策，提供了“理论基础”，而垄断资本家们便能以解决失业问题为借口，“名正言顺”地干预经济生活，从而获得更高利润。

福斯特指出：“凯恩斯主义基本上是反动的，是同美国征服全球的计划相吻合的。它引向战争，引向集体屠杀和经济灾难的途径。”[①]

2. 几种资产阶级哲学流派 为了和马克思主义唯物主义对抗，资产阶级哲学家们创立了一些唯心主义流派。以杜威为首的实用主义，由他的门徒在美国进行广泛传播。此外，还有所谓新实在论。它在美国的主要代表是孟塔鸠，在英国的主要代表是罗素。所谓“新实在”是什么呢？他们的回答是：某些普遍概念和某些具体事物。初看起来，好像接近唯物主义，实则和唯物主义毫无共同之点。他们在这答案里偷运了中世纪唯实论者所谓普遍概念不依赖于人们的意识而客观存在的谬论。罗素宣称：这个“新实在”的本质不是“心的”，也不是“物的”，而是具有“中立”性的“逻辑构造”。这样，他把唯物主义的客观的物质实在完全否认了。新实在论者耍了许多花招，实际上还是贝克莱那一类的唯心主义。

还有发源于美国的所谓人格主义。这是道地的唯心主义形而上学的哲学，主要代表是拉尔夫·福留耶林。人格主义者认为：无人格的东西是不存在的，而“绝对”精神或上帝是“最高的人格”。人

① 《美国共产党史》(世界知识出版社 1957 年版)，第 519 页。

格主义者爱谈社会生活问题，宣传宗教信仰、阶级调和。福留耶林特别反对历史唯物主义，他认为世界上的一切都是偶然的和不确定的。又说：“对西方说，世界太狭窄，对东方说，世界又太宽敞”。人格主义是一种直接反对现实主义、而为统治集团作辩护的学说。

此外，还有从意大利、法国、西班牙等国传入的“新托马斯主义”以及从奥地利维也纳传入的“逻辑实证论——语义学”等唯心主义流派，在第二次世界大战以后，搅扰着英美人的头脑。

3. 科技进展的几个方面 和前期一样，英美国家，特别是美国对科技研究，着重于实用方面。就美国来说，最显著的进展是在交通运输部门。大型运货汽车和高速度的机车出现了，商办航空线开辟了。在1926—1938年间，航线从两千英里增至两万三千英里；1936年，开始了加利福尼亚和菲律宾之间的民用航空；1939年，开始了纽约和马赛之间的民用航空。垄断资本家立刻利用这一新科技，大量投资，建设大型机场，训练上万名航空人员。旧金山至新西兰相距八千英里，汽船至少走17天，而飞机则只需四个半小时。同时，美国的航空线不断向拉丁美洲伸展，巴拿马运河以南的航空网特别繁密，据说其目的在贯彻执行美国和拉丁美洲的“睦邻政策”。

这一时期，理论科学也有很大进展。英国物理学家拉塞福德于1919年对原子核理论作出了贡献，认为一切原子皆由若干质子与同数电子组成，通过原子核的分裂，一个元素可以变为另一元素，好像中世纪炼丹家的梦想得到了实现。1932年，另一物理学家沙德维克发现中子，并证明对元素变质有极大作用。科学家们继续研究，发现铀原子核的分裂可以解放大量中子，而这些中子又推动原子核的分裂，产生了前所未有的爆炸力量。这一系列的研究提出了原子能的利用问题。英美垄断资本家不是考虑它的和平利用，而是把它当作战争中的武器。第二次世界大战中的广岛事件，城市建筑全部被毁坏，杀伤了千千万万个无辜的平民，就是一个明显的例子。

这一时期，在其他科学部门，如天文、化学、生物学等，英美学者都有一定成就。但是，由于资本主义国家内部充满着矛盾，科学的发展受到阻碍。到了现在，社会主义国家在许多科学领域里已经迎头赶上，甚至在某些科技方面已经超过了英美。

4. 语言学方面的成就　大字典的编纂　这一时期，英美语言学界也作出了贡献，特别是《牛津英语大字典》和《美国英语大字典》的完成。

从 18 世纪后期起，语言学渐渐成为一门科学。到 19 世纪中叶，大家觉得英国还没有一部完善的大型字典。一百年前出版的约翰逊的字典，虽经一再增补，仍与时代不相适应，而且也不合字典学的标准，因为它没有忠实地反映英语发展的过程。1858 年，伦敦语言学会倡议编订新型字典，并规定工作目标。首先，要把 11 世纪以来可以找到的词与字全部记录下来；同时，要弄清楚每个词与字的来源，它的形体、语音、语义及其变化，并引用具体例子加以说明。这是一项巨大的工程。语言学会发出号召，征求义务读者，搜集材料。这号召得到了广泛响应。1884 年起，在牛津大学设立编辑部，整理材料，按字母次序，分期编印出版，到 1928 年才全部完工，包含单字二十四万多个。1933 年，另印补编，合为十三大册。

这部字典是近代语言中最大的字典。它内容丰富，包含着大量的可靠材料，英国语言史上许多问题可以从这部字典中得到解决或找到线索。它的字源、定义、解说等不是没有缺点，但是它总结了七十多年英语研究的成果，并力图摒除过去字典家的臆测与武断，所引例证都注明年代与出处，可据以核对。这对培养语言研究者的历史主义观点起了良好作用。在字典编辑过程中，发现英国早期作品漫漶不堪，不便征引，于是组织力量，分头校勘。七十年中，校印了二百五十多种，对英国文学的研究有很大帮助。

英语的一个重要部分是美式英语。从北美殖民时代起，英语是北美通用语言，但美洲英语由于地理、历史、政治、社会等不同条件，和英式英语在语音、词汇、用法等方面，渐渐分化。美国语言学者注意到这种现象，也做过一些工作，但是不系统、不完整、不全面。1925 年，牛津英语大字典主编人之一，威廉·克来琪倡议按照牛津字典的成规，另编字典。那年起在芝加哥大学集中了一批青年语言工作者开始搜集材料。1936 年起，着手编印，分 20 期出版，于 1943 年完成。在这以前，美国也出过有关美国英语的书，其中流传最广的是孟铿的《美国语言》，但其目的不是科学地记录美国英语，而是宣扬“美国精神”，并且硬说什么“在最近的将来，英国人的语言一定会变成美国语的一种方言”，又说什么“美国人一定会控制英语的前途”。克莱琪等的“美国英语字典”为科学地研究美国英语提供了丰富材料。

5. 英美文学潮流与进步作家 这一时期的英美文学流派，名目繁多，大致可以分成三类：一类是向后转、开倒车的颓废主义；一类继承批判现实主义的传统，对帝国主义虽不表示决裂，但也有所揭露；另一类是在十月社会主义革命影响之下产生的带有社会主义倾向的新型文学。

在各种颓废流派之中，影响最恶劣的是以艾略特为首的“现代主义”文学流派。艾略特是美国波士顿大商人家庭出身，1927年改入英国籍。艾略特宣扬新经院主义的文化思想，反现实主义的文艺理论、发表和上演虚无主义和神秘主义的诗歌与戏剧。第一次世界大战以后，这一流派的颓废的情绪、庞杂的内容、晦涩难明的技巧，在大西洋两岸形成一股歪风，叫做“艾略特风格”。正如日丹诺夫指出：“由于资本主义的衰颓和腐朽而产生的资产阶级文学的衰颓与腐朽，这就是现代资产阶级文化与资产阶级文学的特色和特点”。[①]

同时，批判现实主义作家显得衰颓了。英国的高尔斯华绥和威尔斯继续写作，但是揭露的力量减退了。美国的辛克莱·路易斯和海明威常能提供资本主义世界的真实图画，但他们的思想与作风充满着矛盾。这类作家中最有力量的是萧伯纳。十月革命对他产生了巨大影响。从年轻的苏维埃社会主义共和国成立起，他始终表示拥护。在一系列的戏剧与杂文里，他显示资本主义的必然灭亡和社会主义的必然胜利，在第二次世界大战前后，他坚持反对国内外法西斯的斗争，成为当时英美及西方国家一种精神力量。

就在这个时期，十月社会主义革命启发了英美的进步作家，并在他们的创作和文学评论上发生了显著影响。英国作家福克斯（1900—1937），曾于20年代到过中国，参加我国人民的革命运动。他写过《列宁传》（1933）、《共产主义》（1935）等。1936年，福克斯前往西班牙，参加国际纵队，与佛朗哥的法西斯军队作战，英勇地牺牲了。《小说和人民》（1937）是他的有名的遗著。美国的批判现实主义作家德莱赛（1871—1945）于1925年发表他的杰作《美国的

---

① 日丹诺夫：《在第一次全苏作家代表大会上的讲演》，见《日丹诺夫论文学艺术》（人民文学出版社1955年版），第7页。

悲剧》,全面地、深入地揭露美国的非人的社会制度。德莱赛在1927年游历苏联以后,进一步体验到社会主义制度的优越性,并积极参加国内工人运动与民主和平运动。德莱赛通过曲折的、反复的道路,终于晚年加入了美国共产党。1945年,他写给美国共产党全国委员会主席福斯特的信上说:"我的生活与工作的逻辑引导我申请加入共产党。"

第十五章

英国、美国和第二次世界大战

一　大战的原因与性质　大战的初期 1939—1940

1. **第二次世界大战的复杂性与多面性**　第一次世界大战结束后，列宁曾说："大家知道，如果帝国主义者和资产阶级仍然掌握政权，那么，同样的新战争将不可避免。"[①] 如前所述，第一次世界大战并没有解决帝国主义所固有的任何矛盾。而凡尔赛和约和其他一些条约又增加了新的矛盾：帝国主义战胜国和战败国之间的矛盾，以及战胜国之间因分赃不均而引起的矛盾。帝国主义各国之间的矛盾重新尖锐化，导致新的帝国主义战争，重新瓜分世界和争夺世

① 《在莫斯科苏维埃纪念第三国际一周年庆祝会上的演说》，见《列宁全集》第三卷（人民出版社 1957 年版），第 390 页。

界霸权。

从20世纪20年代末年起，德国、日本和意大利三国建立法西斯专政。第一次世界大战后，德国是战败国，但它依靠美、英垄断资本集团的扶植，很快就恢复了元气。到1938年，德国的工业产量又赶过英国和法国，在世界上仅次于美国。因此，迫切地要求夺回第一次世界大战中丧失的殖民地和市场。日本在第一次世界大战中原是一个战胜国，它利用战时和战后的有利时机，在中国大肆掠夺，并不断扩大其侵略范围，企图独霸大东亚，因而与英美两国发生尖锐的冲突。至于意大利，它在第一次世界大战中虽也是战胜国，但在战后分赃中，没有如愿以偿，对英法等国深怀不满，而意大利的垄断资本家还妄想在地中海建立一个"大罗马帝国"。德、意、日三国在1939年结成侵略集团，与另一争霸世界的帝国主义集团——美、英、法展开斗争。于是资本主义世界重新分裂为两个敌对的阵营。在1929—1933年间的资本主义世界的经济危机中，帝国主义国家之间的矛盾日益尖锐，各自加紧扩军备战，打算用新战争来解脱经济危机和政治危机，以延缓自己的灭亡。这样，终于爆发了第二次世界大战。

可是，第二次世界大战跟第一次世界大战有很大不同。第一次世界大战是两个侵略集团为重新瓜分世界和势力范围而发生冲突的结果。因此，就双方交战国：协约国与同盟国来说，都是帝国主义的掠夺战争。第二次世界大战的内容比较复杂。帝国主义各国的发展不平衡及其矛盾的极端尖锐化，引起他们之间的战争。帝国主义两大集团的目的都是为了争夺对殖民地、半殖民地和势力范围的统治权，它们挑起的战争是掠夺性的战争。这是一方面。在另一方面，德、意、日、法国家的侵略引起了被侵略国家人民大众的轰轰烈烈的反法西斯、卫国解放战争，这是正义的战争。

帝国主义战争与被侵略国家人民大众的反法西斯、卫国解放战争交织在一起，这是第二次世界大战的复杂内容。

2. 从"假战争"到敦克尔刻的被围 关于第二次世界大战开始的日期，历史学家是有不同意见的，我们暂且从 1939 年 9 月 1 日，即希特勒德国侵犯波兰那天算起。希特勒调动了七十个步兵师、六个摩托化师和三千架飞机大举进犯波兰。英国和法国政府曾对波兰独立一再承诺"保障"，因此，于 9 月 3 日被迫对德宣战，但并不采取任何军事行动。当时统治波兰的是地主、资产阶级的反动政府，一贯反苏反共而又腐败无能。德国侵略军于十七天中击溃了波兰的一百五十万大军。反动的波兰政府逃往罗马尼亚，波兰人民遭受法西斯匪徒的大规模屠杀。

英法两国虽已对德宣战，但实际上只是宣而不战。在秋冬两季，西方战线上平静无事。英法两国统治集团仍旧打算使德国掉过头去进攻苏联，以达到他们在慕尼黑会议时所定的目标。从 1939 年 9 月到 1940 年春季，只发生了一些小接触，人们把它叫做"假战争"。

在极其紧张的局势下，苏联采取了一系列措施，来巩固自己的边境和保障边境的安全。1939 年 9 月，苏联军队解放了西白俄罗斯和西乌克兰。同年 9 月和 10 月，苏联又同几个波罗的海国家签订互助条约。爱沙尼亚、拉脱维亚和立陶宛，加入苏联，这给法西斯侵略者后来在波罗的海地区实现其侵略计划时造成了困难。但是芬兰统治集团一贯仇视苏联，进行战争挑衅。在英、法、美的反苏分子以及希特勒德国的怂恿下，芬兰统治集团于 1939 年 11 月对苏联发动战争。英、美、法三国统治集团予以支持。张伯伦政府把飞机和装备赶紧运往芬兰，甚至还准备伙同法国派遣远征军去同红军作战。美国政府也积极参加反苏运动，建立了由胡佛领导的“援助芬兰委员会”，并把价值四千万美元的军用物资供给芬兰。1939 年年底，英法帝国主义者并在国际联盟通过了“开除”苏联的决议。但是英美的反苏阴谋未能得逞。1940 年 3 月，苏联击败了芬兰的进攻，并与芬兰签订和约。

在英法进行假战争的半年中，德国的实力增长了一倍。希特勒并不立即进攻苏联，像英、美、法帝国主义者所估计的那样，而把打击的锋芒针对西方。1940 年 4 月 9 日，德国法西斯军队侵入中立国丹麦和挪威，从而威胁英国最重要的交通线，张伯伦政府被迫下台。

1940 年 5 月，保守党首脑丘吉尔出面组阁，自由党和工党也参加，号称“联合政府”。丘吉尔向英国人民广播：“除了流血，出力、流泪、流汗之外，别无办法。”正在这时（5 月 11 日），德军侵入中立国荷兰与比利时，四五天内击破荷兰，十五天内摧毁法、比军队，迫使比利时投降。英、法军队在敦克尔刻被围，5 月底，英国军队，抛弃全部装备撤回本国。

战局急转直下。德军向巴黎挺进，同时意大利军队侵入法国南部。6 月 21 日，法国投降。这时，法西斯德国军队控制了从法国南部到挪威的海岸线，于是英国面临着德军入侵的直接威胁。

3.“不列颠之战”希特勒的打算 希特勒对英有三项战略：一、空中轰炸，二、潜艇封锁，三、渡海登陆。对这三项，他都有准备。1940 年 8 月起，他发动空中攻势。起初限于日袭，从 9 月至次年 5 月，进行不断夜袭，在 80 多个夜里，伦敦连续遭受空袭。从 1940 年

11月起，其他许多城市和港口如考文特里、伯明翰、曼彻斯特、设菲尔德、利物浦、赫尔、扫桑波顿、布里斯多、朴次默斯、普里默斯、泰因河口、克莱德河口、贝尔法斯特等，也被轰炸。伦敦被毁房屋达一百十五万所，而普里默斯七万所房屋之中只有五千所没有受到重大损害，各处死伤的居民达九万三千多人。同时，德国潜艇也很活跃，使英国航运遭受很大困难。但是希特勒的军队没有在英伦登陆，英国的海空军起了一定作用。丘吉尔以为这完全得力于海、空军，曾大事吹嘘，说什么"在人类战争史上从来没有那么一点力量对应那么多的人作出那么大的贡献"。这与实际是不相符合的。

在敦克尔刻事件以后，英国实际上已经解除了武装。装备齐全而可以用来防御的军队不到一个师团。英国历史家承认，就是在1940年6月法国投降的时候，德国如果对英国进行一两次严重夜袭，也很有可能使整个英国陷于瘫痪状态。但是，希特勒没有在英伦三岛登陆，也没有这样的打算。他有丰富的慕尼黑会议经验。他的参谋总部在法国投降后，已开始拟定进攻苏联计划。德国开动宣传机器，大事叫嚣，仿佛就要进攻英伦三岛，但是实际上只是散布烟幕，掩饰其进攻苏联的准备，并恫吓英国，以便在对自己更为有利的条件下实行勾结。

1940年10月28日，法西斯意大利进攻希腊，但到次年3月，希腊军队把侵略军赶出领土。1941年4月，法西斯德国突然进攻希腊和南斯拉夫。在征服巴尔干国家以后，它开始争夺伊拉克和埃及，表面上好像在打击英国的殖民地，实际上是想在南部建立一个基地，以便从外高加索进攻苏联。

4. 美国的态度 两个帝国主义联盟 1941年5月10日，一架奇怪的飞机出现在苏格兰上空，一个法西斯首领跳伞着陆。这是赫斯，是希特勒的副手。希特勒派遣赫斯通过他熟悉的英国官方人员向英国统治集团提出关于英德单独媾和以及共同对苏联作战的建议。英国政府没有能够接受这个建议。不列颠之战已使英国人民增加了对法西斯的痛恨，同时英国共产党正在“慕尼黑分子必须滚蛋”的口号下动员群众进行斗争。首相丘吉尔一贯反苏反共，但在当时情况下，也不敢接受德国的建议。

美国奉行的“孤立主义”以及体现该主义的“中立法案”，助长了德国和日本的侵略势力。1940 年 9 月 27 日，德、意、日三国在柏林签订军事政治同盟条约，这在英美两国引起严重不安。美国觉得它的强国地位，甚至它的安全，受到威胁。于是不得不重新考虑它的外交政策，开始加强对英国的援助。它加紧军火生产，并以越来越多的军用物资供应英国。1940 年 5 月，罗斯福总统向国会宣称，每年至少完成五万架飞机的生产。同年 12 月，发表炉边谈话，愿意努力完成“民主国家的伟大兵工厂”的任务。这种庞大的军火生产给垄断资本家提供了巨大利润，促成了美国的战时景气。

这时，德国正展开潜艇战术，英国的海上力量渐感穷于应付。1940 年 8 月，美国乘机把五十艘逾龄驱逐舰让给英国，同时向英国无偿租用纽芬兰、英属圭阿那等八个海空军基地，后来又从英国手里接管格陵兰和冰岛。到了 1941 年年初，英国财源枯窘，已不能按照“现购自运”条例订购军火，美国国会于 1941 年 3 月通过“军火租借法案”，支援英国以及对德、意、日作战的国家，从而使这些国家从属于它，同时努力摧毁自己的竞争者法西斯德国。

这样，在 1941 年年初，世界上已经形成了两个帝国主义联盟：

德、意、日的联盟和英、美的联盟。但是除了帝国主义国家之外,参加战争的还有为反对法西斯主义、为争取民族独立和民主自由而奋斗的世界各国人民。例如,波兰复亡后,波兰人民在共产党人的领导下,继续和侵略者行游击战争。又如,法国政府投降后,法国人民在法国共产党的领导下,开展了反对法西斯侵略者的抵抗运动,在1940—1941年间,参加这一运动的达二十五万人之多。特别是中国广大人民,在中国共产党的领导下,对日本侵略军进行了有名的持久战。因此,这次世界大战也具有反法西斯战争、解放战争的性质。在苏联开始伟大的卫国战争以后,这种反法西斯的解放战争,得到了更广泛的开展。

二　英美被迫和苏联结成反法西斯联盟 1941—1945

1. 德军进攻苏联　反法西斯联盟的建立　在上一时期,帝国主义国家之间的战争起主导作用。在这一时期,反法西斯的、解放的战争起主导作用。

到1941年,法西斯德国几乎已经征服了整个西欧。它强迫法国、比利时、捷克斯洛伐克、波兰和其他许多国家的工业为它服务。于是开动巨大机器,反对苏联。德国曾和苏联于1938年订立互不侵犯条约。但是它背信弃义,于1941年6月22日调动大量精锐兵力,不经宣战,分三路入侵苏联;北路攻打苏联波罗的海沿岸和列宁格勒,中路指向莫斯科,南路进取乌克兰。德国的附庸国,如意大利、匈牙利、罗马尼亚和芬兰也参加了侵略战争。在二百四十个基干师的突然攻击下，苏联军队在最初几个月中被迫后退。德国统帅指挥部指望运用“闪电战术”在一个半月到两个月内击败苏联。但是苏联人民在苏联共产党的领导下，进行英勇顽强的卫国战争，迫使敌人放弃闪电战而陷入消耗战。

法西斯德国进攻苏联的第二天，毛泽东指出：“苏联抵抗法西斯侵略的神圣战争，不仅是保卫苏联的，而且也是保卫正在进行反对法西斯奴役的解放斗争中的一切民族。”[①] 苏联反法西斯的神圣战争大大地鼓舞了反法西斯奴役的各国人民，同时也受到各国共产党和进步人士的热烈支持。英美人民也都要求与苏联合作，彻底粉碎法西斯势力。

英美统治集团一贯反苏反共，纵容法西斯的侵略势力。这时，一方面迫于人民群众的压力，一方面为了自身的安全，也不得不站到苏联一边，因为只有这样才能击败德国这个危险的竞争者。由于苏联的不断努力，1941 年 7 月 22 日，英国在莫斯科和苏联签订了关于对德作战采取共同步骤的协定。同年 8 月 14 日，丘吉尔和罗斯福在大西洋的一艘军舰上会晤，发表宣言，说什么两国都没有领土和其他野心，各国人民应有民族自决之权。在战争结束之后，各国人民应有“免于恐惧、免于匮乏之自由”，侵略国家应解除武装，各国应裁减军备等等漂亮词句，企图在爱好和平的人民面前，把自己打扮成反法西联盟的盟主。这就是所谓《大西洋宪章》”。1942 年 1 月，苏联、英国、美国等二十六个国家在华盛顿签订共同反对法西斯国

① 《关于法西斯的国际统一战线》，见《毛泽东选集》第三卷（人民出版社 1953 年版），第 807 页。

家的宣言,这就是“联合国宣言”。这样,也就建立起了反法西斯的联盟。

必须指出:苏联和英美的作战目的是完全不相同的。苏联的目的在于彻底消灭法西斯主义,建立民主制度,保卫世界持久和平。而英美只想击败世界市场上的劲敌德国,并确立自己的世界霸权地位。因此,在战争过程中,国际政治上一直贯彻着两条路线的斗争。

2. 日本发动太平洋战争 美国参战 德苏战争爆发后,日本帝国主义认为苏联已被牵制在西方战场,它可以放手在太平洋扩大侵略范围。1941 年 12 月 7 日,正当日本专使来栖和美国国务院进行谈判的时候,日本海军、空军同时突然袭击美国夏威夷群岛的军事基地珍珠港,烧了美国太平洋舰队的半数,接着又袭击关岛、威克岛、菲律宾群岛等美国军事基地,以及香港和马来亚。次日,美国和英法对日本宣战。接着英属自治领地加拿大、澳大利亚、新西兰,以及荷兰和法国(伦敦流亡政府)也对日宣战。

在日本侵华战争中,英美对日本军阀政府一贯采取纵容政策,助长其侵略势力。1939 年,日军已侵入华中和华南。那年 2 月,英美政府同法国积极准备召开“太平洋会议”,企图出卖中国。毛泽东揭露了这个阴谋,说,“所谓太平洋会议,就是东方慕尼黑,就是准备把中国变成捷克。”[①] 由于中国共产党和全国人民的坚决反对,这一劝降阴谋未能得逞。同年 7 月,英国和日本签订协定,实际上承认了日本在中国的侵略。次年,英国又再次对日本让步,封锁了从滇缅路和香港到中国的运输路线,使我国抗战的物资供应遭到极大困难。美国政府从日本侵华战争开始起,一直把石油、废铁、废钢等军

① 《反对投降活动》,见《毛泽东选集》第二卷(人民出版社 1952 年版),第 561 页。

用物资大量供应给日本,同时还一直和日本帝国主义者进行秘密谈判,想以牺牲中国来谋求妥协,同时鼓励日本进攻苏联。终因双方要价太高,没有达成协定。这也是“东方慕尼黑”方案,结果落得“搬起石头砸了自己的脚”。

太平洋战争爆发后,战争范围进一步扩大,世界人口的五分之四直接或间接遭到战争的祸害。这次大战名符其实地成为世界规模的战争。

3. 斯大林格勒的伟大胜利 导致战局的根本转变 1942 年 5 月 26 日,苏联外交部长和英国外交大臣艾登在伦敦签订以 20 年为期限的苏英战时反对希特勒德国及其欧洲同盟国以及战后合作互助的同盟条约。在苏英会议公报以及同年 6 月的苏美会谈公报中,英美两国都庄严地承诺在 1942 年并在欧洲开辟第二战场。但是英美政府为了保持自己的实力并削弱苏联的力量,一再拖延、持观望态度,不但在 1942 年,就是在 1943 年,都没有履行在欧洲开辟第二战场的诺言。

法西斯德国趁第二战场还未开辟的时机,于 1942 年 6 月,集中了二百六十六个师,发动了一次空前规模的夏季攻势。德军统帅指挥部计划于 7 月 25 日占领斯大林格勒。[①] 同时,日本侵略军结集于中国东北各省,准备在斯大林格勒攻克后进攻西伯利亚,与德军合力削弱苏联力量。然后,德军回师西向,对付英美;日本可以全力对付中国和英美,从而取得法西斯联盟的胜利。但这如意算盘没有打准。

德军遇到苏军最顽强的抗击,到 8 月中才到达斯大林格勒近郊。

---

① 1961 年 11 月,苏共二十二大以后苏联政府把斯大林格勒改称“伏尔加格勒”。

大会战随即展开，异常激烈。德军每天出动上千架次飞机，投弹轰炸，总计炸弹达一百万颗，重量达十万吨。守卫斯大林格勒的红军部队，壮烈战斗，每天击退敌人一二十次的冲锋。这英雄城的每一条街、每一幢房屋，都变成了狙击敌人的碉堡，每一寸土地都沾上了敌人的血迹。11 月 19 日，苏军开始从防御转为反攻，24 日突破德军阵线，歼灭敌人十来个师，包围了敌人二十来个师共三十三万人。1943 年 2 月初，全部歼灭被围德军，取得决定性的胜利。毛泽东在 1942 年 10 月 12 日就已指出："这一战，不但是苏德战争的转折点，甚至也不但是这次世界反法西斯战争的转折点，而且是整个人类历史的转折点。"①

苏军在斯大林格勒取得伟大胜利后，突破列宁格勒的包围，击退顿河流域、北高加索、沃龙涅什等战线的敌军。1943 年 7 月，希特勒集中巨大兵力，进攻库尔斯克，作孤注一掷。经过一个月的血战，苏军歼灭德军主力，然后乘胜前进，在广阔的战线上发动大反攻，获得辉煌战果。到 1943 年冬，解决了法西斯敌人占领的三分之二的国土。因此，1943 年被称为"根本转变的一年"。

4. 北非和意大利的战局　德黑兰会议和开罗会议　正当苏德战场上展开决定性斗争时，英美军队在北非战场上也活跃起来。

早在 1940 年 6 月，意大利向埃及和英属索马利兰等处发动进攻，企图抢夺英法两国在北非的殖民地和势力范围。意大利不但没有成功，而且遭到英军的反攻，差不多丧失了自己在北非的所有殖民地。法西斯德国调遣部队，支援意军，于 1942 年夏沉重地打击北非英军，

① 《第二次世界大战的转折点》，见《毛泽东选集》第三卷（人民出版社 1953 年版），第 886 页。

并向埃及领土推进,企图占领埃及后,和当时正向东南亚进犯的日军在印度会师。英军和德军进行长期的拉锯战,没有取得优势,直至1942年11月8日英美联军在北非阿尔及尔等处登陆后,才打垮德军。1943年1月,罗斯福和丘吉尔在摩洛哥的卡萨布兰卡举行十天会议,决定北非作战部署。同年5月,结束了北非战争。英美方面大肆吹嘘,甚至说这就是“第二战场”。其实,英美联军只歼灭了四个德国师,而苏军在斯大林格勒大会战中牵住了二百六十个德国师;正是因为苏军牵住了敌人的主力,英美才结束了北非战争。

北非战争结束后,英美联军乘苏军在库尔斯克痛击德寇的有利时机,于1943年7月在意大利的西西里岛登陆。意大利的墨索里尼法西斯政府垮台,新政府向盟军投降。同年10月,意大利转向德国宣战。国际局势对于反法西斯联盟越来越为有利。

1943年11月底至12月初,斯大林、罗斯福和丘吉尔在伊朗的德黑兰举行会议。会议决定:三大国应于次年更好配合,全面反攻;英美应于次年5月1日在西欧开辟曾承诺并一再拖延的第二战场。会议还通过三大国决心在战后继续合作的宣言。会议前,美国、英国和中国的政府首脑在埃及首都开罗举行会议,并发表宣言。宣言声明:日本强占中国的全部领土,其中包括东北各省、台湾及澎湖列岛,应归还中国;朝鲜应获得独立;日本于第一次世界大战期间在太平洋上强占的一切岛屿应予剥夺。

在当时,这两次会议对于进一步巩固反法西斯阵线的团结,起了重大作用。但是战后美国却背弃了自己签字的“开罗宣言”。

5. 大战期间的英美工人阶级　在反法西斯战争中,英美工人阶级不论在前线或后方,都有杰出贡献,但是垄断资本家却利用战争,牺牲劳动人民而大发横财。劳动强度增加了，物价上涨了，工资在名义上稍有提高，实际上还低于战前水平。

在英国，工党领袖参加的丘吉尔联合政府，竟对罢工工人进行严厉镇压。在 1944 年 3 月间矿工罢工结束之后，劳动大臣贝文（工党党员）颁布了制止罢工的特别条例，规定对“罢工教唆者”处以 5 年以下的有期徒刑。英国共产党在艰难的岁月，进行不断斗争。在战争初期，它反对假战争，反对慕尼黑分子；在 1942 年 5 月英苏会谈以后，争取开辟第二战场；在战争将近结束时期，它提出“清除保守党分子”的口号。由于这些斗争，1942 年 9 月，政府被迫启封《工人日报》；1943 年 9 月职工大会被迫撤销 1934 年排斥共产党人的“黑色通令”。英国共产党于战争期间建立和发展车间组织运动，并于 1945 年协助建立世界工会联合会，为国际工会运动的统一而斗争。

在美国，钢铁、造船、坦克、大炮、汽车、航空等工业有巨大发展。原子核的分裂在极度秘密中进行试验，并于战争将近结束时，制成大规模超强杀伤武器原子弹。垄断组织特别发达，资本家获利无算。根据不完全的统计，股份公司每年利润在一百亿美元以上。

美国垄断资本家对工人阶级采用极其恶毒的手段。他们积极收买工人中的上层分子，分裂工人阶级，于是工会上层分子中间发生了资产阶级的蜕化。美国共产党内出现了以当时总书记白劳德为代表的修正主义。白劳德错误地认为：美国无产阶级和垄断资本之间有“共同利害”，梦想经过阶级调和来避免美国资本主义所不可避免的危机。1944 年 5 月，他解散了美国共产党，另行组织非党的“美国共产主义政治协会”。但是，以福斯特为首的许多美国共产党员顽强地对资产阶级的进攻展开斗争。1945 年 7 月，在纽约召开美国共产主义政治协会特别全国代表会议，在福斯特的领导下，坚决纠正白劳德路线，重建美国共产党。这是美国工人阶级和马克思主义运动的一个伟大胜利。毛泽东曾致电祝贺。[①]

三　法西斯联盟的崩溃与人民民主制度的产生

1. 希特勒德国的溃败和投降　1944 年是苏联红军不断取得辉煌胜利的一年。1 月底，完全收复了列宁格勒及附近地区，并解放了乌克兰和克里米亚的全部领土。6 月至 7 月间，解放了白俄罗斯、立陶宛，并进入波兰国境。8 月至 9 月间，在苏联军队帮助之下，罗马尼亚和保加利亚爆发了人民起义，推翻了法西斯政权并对德宣战。不久，解放了南斯拉夫首都贝尔格莱德，并进入匈牙利国境。10 月间，解放了芬兰北部领土，进入挪威国境，替挪威人民的解放开辟了道路。这样，势如破竹的反攻使法西斯联盟丧失了自己的大部分成员。

希特勒的大部分兵力还在苏德战场，因此，英美联军得于 1944 年 6 月在法国西北部诺曼底登陆，顺利地开辟久已拖延的第二战场。8 月底，法国人民武装起义，解放了巴黎和马赛。意大利的爱国者解放了佛罗伦萨。

到 1945 年年初，法西斯德国已面临崩溃。2 月 4—12 日，苏、英、美三国首脑在克里米亚（雅尔达）举行第二次会议，决定了对希特勒德国发动总攻势的计划，并决定建立 1944 年秋在华盛顿预备会议

① 《给福斯同志的电报》，见《毛泽东选集》第三卷（人民出版社 1953 年版），第 117 页。

所筹划的联合国组织。会议宣布各国人民有权根据自己的选择建立民主制度。

直到最后关头，英美联盟还没有放弃利用希特勒法西斯的残余力量来反对苏联。同时，美国同日本之间也在进行秘密谈判，但是苏联的神速进军，打破了英美联盟的企图。5 月 2 日，攻克柏林。斯大林说："苏联人民以其奋不顾身的斗争，把欧洲文明从法西斯凶徒铁蹄之下救出来了。这是苏联人民在人类历史面前的伟大功勋。"[①]当苏联军队向柏林进军的时候，意大利北部在共产党的号召下，爆发了反对德国占领者的起义，并在英美军队到达之前解放了米兰、热那亚、都灵及意大利北部的大部分地区。法西斯政府的首脑墨索里尼畏罪潜逃，被人民部队截获枪毙。接着，捷克斯洛伐克的布拉格居民也起来反对法西斯的驻军，在苏联红军帮助之下，取得胜利。到这时候，法西斯德国已无法进行顽抗，于是英美军队占领了整个德国的西部和南部。5 月 8 日，德国无条件投降。

2. 旧金山联合国大会 柏林（波茨坦）会议 1945 年 4 月 25 日，五十个国家的代表在旧金山举行联合国大会，7 月间通过联合国宪章。同年 7、8 月间，苏英美三国首脑在柏林（波茨坦）举行第三次会议，讨论了战后和平建设事业的总方向。

按照联合国宪章，联合国组织设安全理事会，负责维护各国人民的和平与安全。苏、美、英、法、中五大国是安全理事会的常任理事国。因此，未经其中任何一国参加，理事会不得通过任何决定。安全理事会另有六个非常任理事国，按照依地理而划分的区域代表制原则由联合国大会选举，每两年改选一次。联合国大会系由联合

① 《论苏联伟大卫国战争》（莫斯科，1946 年版），第 143 页。

国一切会员国的代表组成。联合国大会听取安全理事会和联合国组织的其他机构的报告,如经济与社会理事会、托管委员会等,并可就联合国组织职权范围以内任何种类的问题,通过关于实际的或关于议程的决议。但是,维护和平与安全问题则是安全理事会的特殊职权,联合国大会对这种问题只能提出建议,无权作出决定。联合国组织的行政机构是秘书处,设秘书长一人,领导秘书处,由安全理事会推荐,任期五年。联合国组织的成立是一件重大的国际政治事件,但是它后来被美国变成了它一手操纵的工具。

波茨坦会议于8月3日发表宣言,确定了处理德国及欧洲各国的原则。会议上苏联提出了许多有利于保证持久和平的建议,如消灭德国的垄断组织和军事潜力、根除德国的军国主义和法西斯主义、恢复德国的国家统一、规定波兰西部的疆界,等等。英美两国在当时世界舆论压力之下,在许多问题上不得不表示同意,但是后来事实证明,他们背弃并破坏了会议中达成的国际协议,推行分裂德国,以柏林为界,使德国分为东德和西德;并恢复德国军国主义的政策,坚持同已被打垮但尚未彻底消灭的德国制定联合方针。

这时英美政治舞台上发生了一些变化。在欧洲战争将近结束的时候,连任四次总统的罗斯福逝世,由反苏反民主的杜鲁门继任。在波茨坦会议期间,英国进行大选。工党为了骗取选票,提出所谓“民主社会主义”纲领,包括工业国有化、巩固英苏邦交、建立社会主义社会,等等。工党获胜,丘吉尔下台,由艾德礼继任首相。

3. 日本侵略军的瓦解和投降 早在1931—1932年,日本进攻中国东北和上海。中国共产党号召人民抗击侵略者,从1932年起,在日本占领下的东北各省,抗击日军侵略者的游击战争始终没有停止。1937 年 7 月 7 日，日本帝国主义者发动卢沟桥事变，开始了进攻中国的新阶段。在中国共产党建立抗日统一战线之后，中国民族解放运动蓬勃高涨，无产阶级和农民在共产党组织领导之下，英勇地投入抗日战争。八路军和新四军深入日军的后方建立广大的解放区，牵制了在华日军的主力。这样，中国人民肩负了抗击希特勒最强有力的盟国日本帝国最主要的重任。

国民党政府，在人民群众的压力之下，不得不参加抗日统一战线。但它执行消极抗日，在国难当头它不枪口一致对外，积极推行反共政策，特别在 1938 年以后，发动多次反共高潮，替日本帝国主义侵略中国开辟了一条捷径的道路。当时任中国共产党中央军委主席的毛泽东在战争一开始的时候，就作了预见性的分析，发表了《论持久战》等辉煌的著作，对抗日战争的胜利起了决定性的作用。中国共产党领导中国人民，光荣地通过一切考验，由防御阶段转入相持阶段，再由相持阶段转入反攻阶段。在这艰苦的英勇的斗争中，英美两国不但没有给予任何援助，而且还纵容日本侵略者。美国垄断资本主义集团还长期以军用物资供应日本，已如上述。毛泽东在 1939 年 12 月写道：“抗日战争以来，没有一个帝国主义国家的政府真正援助我们，只有苏联是用了空军和物资援助了我们。”①

在 1945 年克里米亚（雅尔达）会议中，苏联承诺在欧洲战争结束三个月以后，对日本帝国作战。在 1945 年 7 月菠茨坦会议时，中国和英美两国促使日本投降，日本断然拒绝，英美也没有对日迅速作战取得胜利的打算。但这时，中国共产党领导的中国人民抗日军

① 《斯大林是中国人民的朋友》，见《毛泽东选集》第二卷（人民出版社 1952 年版），第 652 页。

队已转入对日本侵略军的全面反攻。8月8日，苏联政府对日宣战。8月10日，蒙古人民共和国政府对日宣战。苏联红军从海陆两方面进入中国东北和朝鲜，迅速击溃了日本陆军最精锐的主力军关东军。日本政府于1945年9月2日无条件投降。

当中国抗日军队全面反攻、苏联红军在远东参战的时候，美国于8月6日和9日分别在日本的广岛和长崎丢下两颗原子弹，死伤达四十五万人，后来由于辐射病而死亡的还不在其内。美国和国民党的宣传机关大肆叫嚣，说日本政府之所以投降是因为害怕美国原子弹的缘故。企图用这种宣传来诋毁苏联参战，在迫使日本投降方面所起的作用。实际上，从军事观点看，日本败局已定，当时美国对日本使用原子弹是没有必要的。美国利用原子弹做实验造成大规模杀伤，其目的无非是为了进行原子恐吓，以便于战后利用原子弹讹诈，对其他国家进行军事威胁。

4. 大战的结束　英国和美国的形势　长达六年的第二次世界大战结束了。世界上出现了一个新的局面。正如第一次世界大战使世界资本主义制度在俄国受到第一次打击一样，第二次世界大战使世界资本主义在东欧与远东又受到第二次打击。苏联力量不但没有被战争削弱，它反而更加强大了。在苏联的周围出现了一系列人民民主共和国。苏联红军解放了波兰、罗马尼亚、保加利亚、匈牙利和捷克斯洛伐克，在工人阶级政党领导下的人民武装打垮了地主与资本家的统治，先后建立了人民民主政权。阿尔巴尼亚人民在以霍查为首的共产党（称“劳动党”）领导下，展开游击战争，于1944年11月，在苏联红军胜利击垮法西斯主力军的有利条件下，推翻了德国占领者的统治，建立了人民民主共和国。在远东，除1924年成立的蒙古人民共和国之外,第二次世界大战后,又出现了中华人民共和国、朝鲜民主主义人民共和国和越南民主共和国。东欧和亚洲的这些人民民主国家和苏联一道组成了强大的社会主义阵营。同时,殖民地、半殖地的民族解放运动有了巨大的发展,非洲、亚洲出现了印度、缅甸、阿联酋等民族独立国家。帝国主义统治的地盘大大缩小,帝国主义制度走向全面崩溃。

毛泽东指出:“帝国主义除了把自己的命运寄托在对国内人民和殖民地人民的迫害以外,还指望着战争。但是他们能够从战争中指望什么呢?半个世界以来,我们已经经历过两次世界大战。第一次世界大战后,在俄国出现了伟大的十月社会主义革命。第二次世界大战之后,在东欧和东方出现了更多的革命。如果帝国主义好汉们决心发动第三次世界大战,他们除了促使世界资本主义制度根本灭亡以外,不会得到什么别的结果。”[1] 这就是历史对好战的帝国主义者作出的无情的结论。

世界社会主义阵营的形成和壮大促进了国际社会主义运动的发展和民族民主革命运动的高涨,这两大运动是第二次世界大战后具有历史意义的两个伟大潮流。

四　小结

关于大战后的英国和美国,1947 年 9 月在波兰举行的各国共

① 毛泽东:《在苏联最高苏维埃庆祝十月革命四十周年会议上的讲话》,见 1957 年 11 月 7 日《人民日报》。

产党代表情报会议曾作如下描述:“在欧洲方面,英国竟是显得无力对抗德国的侵略。在亚洲方面,英国这一巨大帝国主义强国却竟不能自力保持住它的殖民地。在战争时期,英国与供给宗主国原料、粮食以及与消纳宗主国大部分工业品的殖民地暂时隔绝,以致在军事、经济上不得不靠美国供给粮食和工业品,而从在战争结束时起,它又在财政经济上更加依赖于美国了。战争结束后,英国虽然已把殖民地领土收回,但同时,在这里遇到了已经巩固了的美国势力。因为战时,美国在战前所有认作是英国资本独占势力范围内的区域,如阿拉伯诸国、亚洲东南部,都进行了积极的活动。美国势力在不断颠覆帝国自治领地并在南美诸国巩固起来了,于是英国先前在这里的控制权已有很大一部分转入美国之手,而且还在有加无已地转入美国之手。”[1]

第二次世界大战以后,大英帝国的地位被削弱了,它的殖民体系已在瓦解之中。战争结束时,它的国家负债已从1939年的七十二亿四千七百三十万英磅增至二百三十七亿四千一百九十万万镑,于是陷入了在经济上依赖美国的地位。英国人往往自嘲自欺地说,“大英帝国”每况愈下了,做了美国的穷亲戚了。至于美国联邦政府,自以为独霸世界的时机到了,但是,越来越多的事实证明:这场幻梦是注定不能持久,总要破灭的。

第二次世界大战以后,美国成为现代帝国主义的主要国家。它虽然在经济上占据了资本主义世界的优势地位,但它同时也是经常失业现象特别严重的国家,它相对增长的经济力量面临着战后不稳定的、日益缩小的国内市场与国际市场,结果是:生产过剩的危机

① 《几国共产党代表情报会议》(莫斯科1948年中文版),第19—20页

更加严重、更加频繁。美国垄断资本对国家机器控制的加强，迫使国内阶级矛盾日趋尖锐，工人运动日趋活跃。例如，1930—1939年间，罢工两万次，参加人数九百万，而在1945—1949年间，罢工增至四万三千七百多次，参加人数增至二千七百三十万。在经济上，多次发生金融危机，使国民经济达到了“谷底”。在对外关系上，美国联邦政府继续执行扩张政策、侵略政策，扩大它在世界上的影响及其势力范围。对社会主义国家进行各种煽动和干扰活动；对亚洲、非洲和拉丁美洲的民族独立、民族解放运动，充当世界警察，实行干涉与国际干预，企图以新的形式给弱小国家的人民套上新型的殖民主义的枷锁。同时，控制他国的利益，从而利用他国的利益削减国内的金融负债，积累资本，让资本垄断继续进行。这样，美国联邦政府在政治、经济、金融、军事、科技等方面就自然发展成为世界瞩目的中心，成为全世界的寡头。

历史是前进的。任何势力都挡不住历史的车轮，这是不以人们意志为转移的客观规律。英美历史发展的前进道路，就是物质资料生产的历史，劳动群众的历史，人民的历史。在现代社会，每个国家都在快速地不断地改变和在变革中寻求社会发展，维护世界安定和平、争取民主自由、反对战争、反对垄断、反对霸权、愿意并将现代化的高科技和平利用；让社会良性的发展，让人类不断的进步，让历史留下文明的、美好的痕迹；这是越来越多的国家和爱好世界和平的人民所期待的。

写于1963年4月

附录一

大事年表

古代史

公元前 55—前 54 年	罗马将军凯撒两度侵略不列颠
43 年	罗马征服不列颠
410 年左右	罗马最后一个军团撤离不列颠

中世纪史

449 年左右	盎格鲁·撒克逊人开始侵占不列颠
597 年	基督教教士从罗马到英格兰传教
789 年	丹麦人开始侵占英格兰
829 年	盎格鲁·撒克逊诸王国统一为一个国家
1017—1042 年	丹麦王朝
1066 年	哈斯丁斯战役　诺曼征服开始
1066—1154 年	诺曼王朝
1085—1086 年	《末日审判书》

1154—1399 年	金雀花（普兰他日奈）王朝
1204 年	英国约翰失去诺曼底及法国领地
1215 年	英王约翰签署《自由大宪章》
1265 年	英国议会开始（西门·孟特福召开各等级议会）
1282—1284 年	英王爱德华一世征服威尔士
1295 年	英王爱德华一世召开“模范议会”
1337—1453 年	英法百年战争
1348—1350 年	“黑死病”在欧洲流行
1349—1361 年	英王爱德华三世颁布《劳工法》
1381 年 5—6 月	瓦特·泰勒的起义
1399—1461 年	兰加斯特王朝
1415 年	英法阿琴科特战役
1450 年	杰克·开德的起义
1455—1485 年	红白玫瑰战争
1461—1485 年	约克王朝
1476 年	活字印刷术传入英国
1485—1603 年	都铎王朝
1497—1498 年	加波特弟兄航行至北美洲沿海
1515—1516 年	托马斯·莫尔发表《乌托邦》
1534 年	英国教会脱离罗马教皇而独立
1536—1539 年	英王亨利八世解散寺院六百多所
1549 年	罗伯特·凯特的起义
1558—1603 年	伊丽莎白女王统治时期
1564 年 4 月 23 日	莎士比亚诞生（1614 年卒）
1578—1580 年	德瑞克绕地球航行一周
1588 年	英国击败西班牙的“无敌舰队”

1600 年	英国东印度公司成立
1603—1714 年	斯图亚特王国

近代史

1640—1653 年	英国长期议会
1642—1649 年	英国内战
1645 年	克伦威尔建立“新模范军”纳斯比战役
1649 年	英王查理一世被处死刑　共和国成立
1649—1653 年	英国为“共和国”
1651 年	英国颁布《航海条例》
1653—1660 年	英国“护国政府”克伦威尔为护国公（1658 年卒）
1660 年	斯图亚特王朝复辟　英王查理二世即位
1670 年	英国辉格党和托利党成立
1679 年	英国议会通过《人身保护法》
1688 年	英国“光荣革命”英王詹姆士二世逃往法国，威廉与玛利继位
1689 年	英国议会通过《权利法案》
1694 年	英格兰银行成立
1701 年	英国议会通过《王位继承法案》
1702—1713 年	英国参加西班牙王位继承战争
1715 年	汉诺威王朝开始
1721—1742 年	沃尔波尔任英国首相
1733 年	英国机械师凯伊发明织布飞梭

1757 年	英国征服孟加拉
1759 年	英国占领魁北克
1760 年	英国工业革命开始
1763 年	苏格兰技师詹姆士·瓦特开始试制蒸汽机(1784 年制成联动蒸汽机)
1765 年	英国织工哈格里夫斯发明“珍妮”纺纱机
1769 年	英国理发师阿克莱特安装水力纺纱机
1775—1783 年	北美英国殖民地的独立战争
1776 年 7 月 4 日	北美英国殖民地发表《独立宣言》
1783 年	巴黎和约,承认美国独立
1785 年	英国卡特莱特发明自动织布机
1786 年	美国麻萨诸塞州谢斯的起义
1787 年	美国颁布《联邦宪法》
1792 年	伦敦通信协会成立 英国开始组织反法联盟
1794—1802 年	英国《人身保护法》停止生效
1795 年	英国公布反对出版自由和集会自由的法律
1797 年	英国海军发生骚动
1798 年	爱尔兰起义
1799—1800 年	英国颁布禁止工人结社的法律
1800—1801 年	英国合并爱尔兰
1803 年	美国向法国购取路易西安那
1805 年	特拉法尔加战役　英国航队击败法国和西班牙的联合舰队
1807 年	美国富尔敦试制汽船初次航行
1811—1813 年	英国拉德运动高涨

1812—1814 年	美国对英国进行“第二次独立战争”
1814 年	英国技术员斯蒂芬孙试制机车（火车头）初次行驶
1815 年 6 月 18 日	滑铁卢战役　英国施行新谷物法
1818 年 5 月 5 日	马克思诞生
1819 年	曼彻斯特大屠杀（“彼得卢”）
1820 年 11 月 28 日	恩格斯诞生　美国北部的工业家与南部的种植园主达成“密苏里协议”
1820—1840 年	美国工业革命开始
1823 年	美国宣布“门罗主义”
1824 年	英国撤销禁止工人结社的法律
1825—1826 年	英国工业与财政危机
1830 年	英国利物浦与曼彻斯特之间的铁路开始通车
1832 年	英国第一次议会改革法案
1834 年	英国颁布新济贫法，建立劳动院
1836 年	伦敦工人协会成立
1836—1837 年	英国工业危机
1838 年	伦敦工人协会公布《人民宪章》
1839 年	英国宪章派第一次向议会请愿
1839—1842 年	英国对中国进行第一次鸦片战争
1842 年	英国与清政府签订《南京条约》
1842 年	英国工业危机　英国宪章派第二次向议会请愿
1844 年	美国与清政府签订《望夏条约》
1845 年	恩格斯发表《英国工人阶级状况》

1845—1846 年	爱尔兰的马铃薯灾荒
1846 年	英国撤销《谷物法》
1846—1848 年	美国对墨西歌进行战争
1847 年 6 月	共产主义者同盟成立
1848 年 2 月	《共产党宣言》在伦敦发表
1848 年	英国宪章派第三次向议会请愿
1849 年	英国废除 1651 年的航海条例
1851 年	英法之间开始电信交通
1854 年	英国参加克里米亚战争
	美国共和党成立　废奴运动加盟
1856—1865 年	英法对中国进行第二次鸦片战争
1857 年	欧洲和美国发生经济危机
1857—1859 年	英国镇压印度的民族大起义
1858 年	英国撤销东印度公司,直接统治印度
	英美俄与清政府签订《天津条约》
1859 年	达尔文发表《物种原始》
	美国约翰·布朗起义,废奴运动进入高潮
1860 年	林肯当选为美国总统
1861—1865 年	美国内战
1862 年	美国国会通过宅地法
1862 年 9 月	林肯宣布:自 1863 年 1 月 1 日起,叛乱各州奴隶一律解放
1864 年	第一国际成立(1876 年解散)
1865 年	林肯被刺身亡
1865—1866 年	美国南部诸州实施“黑人法典”
1866 年	美国“三 K 党”产生

	英美之间敷设海底电线
1867 年 3 月	爱尔兰芬尼党人起义
1867 年	英国第二次议会改革法案
	马克思发表《资本论》第一卷
	美国向俄国购取阿拉斯加
1869 年	苏伊士运河开始通航
	美国费城出现劳动骑士团
1870 年 4 月 22 日	列宁诞生
1875 年	美国出现“绿北纸币党”
	英国向埃及购取苏伊士运河股票
1876 年	英国维多利亚女王加冕为印度女皇
1877 年	美国社会主义工党成立
1878 年	美国全国工农党（“绿背党”）成立
	柏林会议　英国从土耳其取得塞浦路斯岛
1878 年	美国劳动骑士团公开活动
1879—1880 年	英国和爱尔兰歉收　工业萧条
	爱尔兰达维特建立“土地联盟”，对英国地主展开“杯葛运动”
1880 年	美国南部开始流行《林契法》，杀害黑人
1881 年	美国劳工联合会（“劳联”）成立
1882 年	英军开始占领埃及
1883 年 3 月 14 日	马克思在伦敦逝世
1884 年	英国社会民主同盟、费边社分别成立
	英国第三次议会改革法案
1886 年	英国并吞缅甸
	美国工人大罢工，争取八小时工作制

1886—1889 年	英国罢工运动高涨，工人与军警发生武装冲突，“新工联”成立
1889 年	第二国际成立（1914 年解散）
1890—1893 年	欧洲经济危机
1892 年	美国平民党成立
1893 年	英国独立工党成立
	美国干涉夏威夷群岛（1898 年国会决议并吞夏威夷群岛）
1895 年 8 月 5 日	恩格斯在伦敦逝世
1896—1898 年	英国夺取苏丹
1897 年	美国德布斯创立美国社会民主党
1898 年	美国对西班牙发动侵略战争
	英国强占威海卫与九龙半岛
1899—1901 年	世界经济危机
1899—1902 年	英国对布尔人进行战争
1899 年	美国对中国提出“门户开放”政策
1900 年	英国工人代表委员会成立
	英美与德、俄、法、日、意、奥、匈镇压中国义和团起义
1904—1914 年	美国开凿巴拿马运河
1905 年	美国世界产业工人联盟成立
1906 年	英国工党成立
1907 年	世界经济危机
1911—1914 年	英国铁路工人、煤矿工人、运输工人大罢工
1914—1918 年	第一次世界大战
1914—1916 年	美国威尔逊政府干涉墨西哥

1916 年	美国威尔逊政府干涉尼加拉瓜,武装驻扎圣多明各
1917 年 4 月	美国参加第一次世界大战

现代史

1917 年 11 月 7 日	俄国伟大十月社会主义革命胜利
1918 年	美国威尔逊总统公布“十四条”
	英国第四次议会改革法案
1919—1920 年	英美等八国干涉苏维埃共和国
1919 年	第三国际(共产国际)成立(1943 年解散)
	巴黎(凡尔赛)和会
	美国钢铁工人大罢工
	美国共产党成立
1920 年	英国共产党成立
1921 年	中国共产党成立
	英国被迫给予爱尔兰以自治领地位(爱尔兰于 1937 年宣布为独立国,于 1949 年脱离英帝国)
1921—1922 年	英美经济危机
	美国召开华盛顿会议
1924 年 1 月 21 日	列宁逝世
1925 年 5 月 30 日	英国巡捕枪杀上海和平游行群众,造成“五卅惨案”
1925—1927 年	英美干涉中国大革命

1926 年 5 月	英国工人进行同盟大罢工
1929—1933 年	世界经济危机
1931 年	日本侵略中国东北,中国抗日战争开始
1933 年	美国总统罗斯福施行“新政”
1935—1937 年	美国连续地通过中立法案
1936 年	美国西岸码头工人反对将废铁运往日本,进行大罢工
1937 年	新的世界经济危机开始
1938 年	英国、法国与法西斯德国、意大利订立《慕尼黑协定》
1939 年	英国对德国宣战
1940 年	英法军队在敦克尔刻被围,撤至英国
1940—1945 年	丘吉尔联合内阁执政
1941 年 6 月 22 日	希特勒德军进犯苏联,苏联伟大卫国战争开始
1941 年 8 月 14 日	罗斯福与丘吉尔发表《大西洋宪章》
1941 年 12 月 8 日	珍珠港事件,美国被迫参战,英国对日本宣战
1942 年 5 月 26 日	英苏缔结关于反对希特勒德国和它的同盟国的战争以及战后合作互助条约
1942 年 11 月 8 日	英美联军开始在北非登陆作战
1942—1943 年	苏军在斯大林格勒(现称伏尔加格勒)近郊击溃德军
1943 年 5 月	美国五十三万煤矿工人大罢工
1943 年 9 月	英美联军在意大利登陆
1943 年 11 月 22—26 日	中英美开罗会议
1943 年 11 月 28 日—12 月 1 日	苏英美三国领袖举行德黑兰会议
1944 年 3 月	英国矿工罢工

1944 年 6 月	英美联军在法国诺曼底登陆，开辟第二战场
1945 年 2 月	苏英美三国首脑举行克里米亚（雅尔达）会议
1945 年 4—6 月	旧金山联合国大会
1945 年 5 月 8 日	希特勒德国签署投降书
1945 年 7—8 月	苏英美等国举行柏林会议，发表《波茨坦宣言》
1945 年 7 月	英国艾德礼工党政府执政
1945 年 9 月 2 日	日本签署无条件投降书

附录二

参考书举要

注:凡未注出版处所者,均系由人民出版社出版

一、马克思列宁主义经典著作

古代史

恩格斯:《家庭、私有制和国家的起源》,第七、八节。汉译本(1955年),第127—151页。又见《马克思恩格斯文选》两卷集,第二卷(莫斯科中文版,1955年),第281—195页。

列宁:《论国家》。汉译见《列宁全集》,第二十九卷(1956年),第428—444页。

中世纪史

恩格斯:《论封建制度的解体及资产阶级的兴起》。汉译见《封建社会议文集》(三联书店,1955年),第7—17页。

列宁:《俄国资本主义的发展》,第三章。汉译见《列宁全集》,第三卷(1959年),第157—216页。另有单行本(1956年),第142—195页。

斯大林:《马克思主义和民族问题》,第一、二节。汉译见《斯大林全集》,第二卷(1953年),第291—308页。

近代史

马克思:《资本论》,第一卷,写二十四章。汉译本(1956年),第901—965页。

马克思:《资产阶段革命与反革命》。汉译见《马克思恩格斯文选》、两卷集,第一卷(莫斯科中文版,1954年),第42—46页。

马克思:《评基佐"英国革命为什么成功?英国革命史讨论"》。汉译见《马克思恩格斯全集》,第七卷(1959年),第247—253页。

恩格斯:《英国状况:18世纪》。汉译见《马克斯恩格斯全集》,第一卷(1956年),第656—677页。

恩格斯:《英国工人阶级状况》,第九节及1892年序言。汉译见《马克思恩格斯全集》,第二卷(1957年),第500年—529页。又单行本(1956年),第17—34页、262—292页。序言又见《马克思恩格斯文选》两卷集,第二卷(莫斯科中文版,1955年),第405—420页。

马克思、恩格斯:《共产党员宣言》。汉译见《马克思恩格斯全集》,第四卷(1955年),第461—504页。另有单行本,1952年。

马克思:《巴麦尊勋爵》。见《马克思恩格斯全集》(俄文第二版),第九卷,第357—425页。

马克思:《不列颠在印度的统治》、《不列颠在印度统治的未来结果》。汉译本《马克思论文》,1951年。

马克思:《不列颠宪法》。汉译见《马克思恩格斯全集》,第十一卷,第108—111页。

马克思:《约翰·罗素勋爵》。汉译见《马克思恩格斯全集》,第十一卷,第429—455页。

马克思、恩格斯:《论美国内战》。汉译本(1955年)。

马克思:《国际工人协会成立宣言》。汉译见《马克思恩格斯文选》两卷集,第一卷(莫斯科中文版,1954年),第354—362页

恩格斯:《社会主义由空想发展为科学》。汉译见《马克斯恩格斯文选》两卷集,第二卷(莫斯科中文版,1955年),第93—154页。另有单行本,《社会主义从空想到科学的发展》,1956年。

马克思:《致库格曼书信集》。汉译本(1957年)。

马克思、恩格斯:《马克思恩格斯通信集》。汉译本四卷,三联书店,1957—1958年。

马克思、恩格斯:《马克思恩格斯书信选集》。汉译本,1963年。

列宁:《马克思主义的三个来源和三个组成部分》。汉译见《列宁全集》,第十九卷(1959年),第1—8页。又见《列宁文选》两卷集(1953年),第一卷,第69—74页。

列宁:《卡尔·马克思》。汉译见《列宁全集》,第二十一卷(1959年),第25—72页。

列宁:《弗里德里希·恩格斯》。汉译见《列宁全集》,第二卷(1959年),第1—12页。

列宁:《我们究竟拒绝什么遗产》〔关于启蒙运动〕。汉译见《列宁全集》,第二卷(1955年),第443—445页。另有单行本(1952年),第17—20页。

列宁:《"伯克尔·狄慈根、恩格斯、马克思等致左尔格等书信集"俄译本序言》。汉译见《列宁全集》,第十二卷(1959年),第344—363页。

列宁:《国际社会党执行局会议》。汉译见《列宁全集》,第十五卷(1959年),第205—220页。

列宁:《欧洲工人运动中的分歧》。汉译见《列宁全集》,第十六卷

(1959 年),第 344—351 页。
列宁:《英国社会民主党代表大会》。汉译见《列宁全集》,第十七卷(1959 年),第 157—162 页。
列宁:《英国关于自由派工人政策的争论》。汉译见《列宁全集》,第十八卷 (1959 年),第 354—360 页。
列宁:《英国工党代表大会》。汉译见《列宁全集》,第十八卷, (1959 年),第 545—546 页。
列宁:《"英国社会党"代表大会》。汉译见《列宁全集》,第十九卷(1959 年),第 76—78 页。
列宁:《揭露英国机会主义者》。汉译见《列宁全集》,第十九卷 (1959 年),第 266—268 页。
列宁:《哈利·奎尔奇》。汉译见《列宁全集》,第十九卷 (1959 年),第 369—371 页。
列宁:《英国自由党人和爱尔兰》。汉译见《列宁全集》,第二十卷(1858 年),第 141—144 页。
列宁:《英国的宪法危机》。汉译见《列宁全集》,第二十卷 (1958 年),第 220—223 页。
列宁:《第二国际的破产》。汉译见《列宁全集》,第二十一卷 (1959 年),第 183—236 页。
列宁:《帝国主义是资本主义的最高阶段》。汉译见《列宁全集》,第二十二卷 (1958 年),第 179—297 页。又见《列宁文选》两卷集, (1953 年),第一卷,第 918—1032 页。
列宁:《帝国主义和社会主义运动中的分裂》。汉译见《列宁全集》,第二十三卷 (1958 年),第 103—119 页。
列宁:《给美国工人的信》。汉译见《列宁全集》,第二十八卷 (1956

年),第43—57页。

列宁:《第三国际及其在历史上的地位》。汉译见《列宁全集》,第二十九卷(1956年),第273—280页。又见《列宁文选》两卷集(1954年),第二卷,第567—574页。

斯大林:《无政府主义还是社会主义》,第三节。汉译见《斯大林全集》,第一卷(1954年),第302—322页。另见单行本(1956年),第40—59页。

斯大林:《关于英国罢工和波兰事件》。汉译见《斯大林全集》,第八卷(1954年),第141—150页。

斯大林:《与英国作家威尔斯的谈话》。汉译本(1952年)。

斯大林:《与德国作家艾米尔·路得维希的谈话》。汉译见《斯大林全集》,第十三卷(1956年),第93—109页。

现代史

列宁:《共产主义运动中的"左派"幼稚病》,第九节。汉译见《列宁全集》,第三十一卷(1958年),第59—70页。又见《列宁文选》两卷集(1954年),第二卷,第74—153页。

列宁:《给英国工人的信》。汉译见《列宁全集》,第三十一卷(1958年),第119—123页。

斯大林:《十月革命的国际性质》。汉译见《斯大林全集》,第十卷(1954年),第203—212页。又见《列宁主义问题》(1955年),第228—236页。

毛泽东:《和英国记者贝特兰的谈话》,特别是"民主制度和抗日战争"一节。见《毛泽东选集》,第二卷(第二版,1952年),第363—376页。

毛泽东:《反对投降活动》,见《毛泽东选集》,第二卷 (第二版,1952 年),第 559—563 页。

毛泽东:《关于国际新形势对新华日报社记者的谈话》。见《毛泽东选集》,第二卷 (第二版,1952 年),第 569—575 页。

毛泽东:《苏联利益和人类利益的一致》。见《毛泽东选集》,第二卷 (第二版,1952 年),第 583—591 页。

毛泽东:《新民主主义论》,第四节。见《毛泽东选集》,第二卷 (第二版,1952 年),第 659—665 页。

毛泽东:《揭破远东慕尼黑的阴谋》。见《毛泽东选集》,第三卷 (第二版,1953 年),第 805—806 页。

毛泽东:《关于反法西斯国际统一战线》。见《毛泽东选集》,第三卷 (第二版,1953 年),第 807—808 页。

毛泽东:《第二次世界大战的转折点》。见《毛泽东选集》,第三卷 (第二版,1953 年),第 885—890 页。

毛泽东:《评赫尔利政策的危险》。见《毛泽东选集》,第三卷 (第二版,1953 年),第 1115—1116 页。

毛泽东:《给福斯特同志的电报》。见《毛泽东选集》,第三卷 (第二版,1953 年),第 1117—1118 页。

毛泽东:《抗东战争胜利后的时局和我们的方针》。见《毛泽东选集》,第四卷 (第一版,1960 年),第 1123—1136 页,特别是第 1133—1134 页。

毛泽东:《和美国记者安娜·路易斯·斯特朗的谈话》。见《毛泽东选集》,第四卷 (第一版,1960 年),第 1189—1194 页。

毛泽东:《全世界革命力量团结起来,反对帝国主义的侵略》。见《毛泽东选集》,第四卷 (第一版,1960 年),第 1359—1362 页。

毛泽东:《“友谊”,还是侵略?》。见《毛泽东选集》,第四卷(第一版,1960年),第1509—1512页。

毛泽东:《关于正确处理人民内部矛盾的问题》,1957年。

毛泽东:《在苏联最高苏维埃庆祝十月革命四十周年会议上的讲话》。是1957年11月7日《人民日报》。

二、教材及参考资料

苏联方面

谢苗诺夫:《世界中古史》,汉译本,三联书店,1956年。

苏联科学院:《中世纪史》,第一卷,汉译本,三联书店,1957年。

苏联科学院:《中世纪史》,第二卷,莫斯科,1954年。

苏联科学院:《近代史教程》〔1789—1918〕,汉译本五分册,1950—1955年。

苏联科学院:《新编近代史》,第一卷〔1640—1789〕,汉译本,1955年。

苏联科学院:《新编近代史》,第二卷〔1789—1870〕,莫斯科,1958年。

鲍爵姆金等:《世界外交史》,汉译本四分册,50年代社,1951—1953年。

列甫宁科夫:《世界近代史讲座》,高教出版社,1957年。

苏联科学院:《哲学史》,汉译本,第一卷,三联书店,1959年;第二卷,三联书店,1961年;第三卷二册,三联书店,1963年。

祖波克等:《现代世界史》(1918—1939),汉译本,三联书店,1956年。

莫尔顿:《人民的英国史》,汉译本,三联书店,1958年。参阅苏联车尔涅也夫的书评,见张蓉初译:《历史科学的特性与任务》,群联出版社,1954年。

莫尔顿·台德:《英国工人运动史》(1770—1920),汉译本,三联书店,1962 年。
列文、施脱克马尔等:《英国史纲》,莫斯科,1959 年。
希尔顿与法根:《1381 年的人民起义》,汉译本,三联书店,1958 年。
施脱克马尔:《16 世纪英国简史》,汉译本,上海人民出版社,1958 年。
塔塔里诺娃:《英国史纲》(1640—1815),汉译本,三联书店,1962 年。
苏联大百科全书选译:《17 世纪英国资产阶级革命》,1954 年;《英国现代史》,群众书店,1954 年。

美国方面

叶菲莫夫:《美国史纲》〔1492—1870〕,汉译本,三联书店,1957 年。
祖波克:《美国史纲》〔1877—1918〕,汉译本,三联书店,1959 年。
福斯特:《美洲政治史纲》,汉译本,三联书店,1956 年。
福斯特:《美国共产党史》,汉译本,世界知识出版社,1957 年。
福斯特:《美国历史中的黑人》,汉译本,三联书店,1961 年。
韦纳:《美国工人运动史》,两卷。纽约,1947 年、1955 年。
黄绍湘:《美国早期发展史》(1492—1823),1957 年。
罗彻斯特:《美国人民党运动》,三联书店,1957 年。
苏联大百科全普选译:《北美独立战争、美国内战》,1954 年。

中国方面

《世界通史参考资料》,八册,中国人民大学出版社,1957—1958 年。
《世界史资料丛刊》、《中世纪初期的西欧》、《中世纪中期的西欧》、《1765—1917 年的美国》、《1871—1898 年的欧洲国际关系》、《1898—1914 年的欧洲国际关系》等,三联书店,1957 年。

《世界中世纪史原始资料选辑》,天津人民出版社,1959 年。

《世界近代史文献》,第二卷三册,人民教育出版社,1957—1958 年。

《世界近代史教学资料选辑》,第一、二辑(1642—1918),三联书店,1963 年。

附录三

译名对照表

本表分列四类:一、人名;二、地名;三、书名、法案名、条约名;四、其他。每类就比较重要的专用名词,按汉语第一个字的笔数,顺序排列。州名、国名以及山川、城市名词,凡属常见的,一般从略。

一、人名

三画

门罗	James Monroe, 1758—1831 (美国总统, 1817—1825 在位)
基洛德·马西	Gerald Massey, 1828—1907
马拉	Jean Paul Marat, 1743—1793
马尔萨斯	Thomas Malthus, 1766—1834
马考莱	T. B. Macaulay, 1800—1859
约翰·马克林	John McLean, 1785—1861
卡尔·马克思	Karl Marx, 1818—1883
爱莲若·马克思	Eleanor Marx, 1855—1898
马基雅弗利	Niccolo Machiavelli, 1469—1527

四画

王尔德	Oscar Wilde, 1856—1900
诺亚·韦伯斯脱	Noah Webster, 1758—1843

西德尼·韦伯夫妇	Sidney J. Webb，1859—1947
	Beatrice Webb，1858—1943
杰克·开德	Jack Cade，？ —1450
厄德加	Edgar（英王，959—975 在位）
戈登	Charles G. Gordon，1833—1885
詹姆士·瓦特	James Watt，1736—1819
贝文	Ernest Bevin，1884—1951
贝尔	Alexander G. Bell，1847—1922
埃德蒙·贝克	Edmund Burke，1729—1797
贝克莱	George Berkeley，1685—1753
日丹诺夫	Andrei A. Zhdanov，1896—1948
牛顿	Sir Isaac Newton，1642—1727
丹东	Georges J. Danton，1759—1794
巴太	Louis Botha，1862—1919
巴尔福	Arthur J. Balfour，1848—1930
巴纳尔	Charles S. Parnell，1846—1891
孔德	Auguste Comte，1798—1857
比德	Venerable Bede，673—735

五画

丘吉尔	Winston Churchill，1874—1965
	（英国首相，1940—1945 在任）
罗伯特·皮尔	Robert Peel，1788—1850
	（英国首相，1841—1846 在任）
威廉·皮特	William Pitt，1708—1778

(小)皮特	William Pitt, the Younger, 1759—1806 (英国首相, 1784—1801 在任)
布莱多克(将军)	(General) Edward Braddock, 1695—1755
布莱克(海军大将)	(Admiral) Robert Blake, 1599—1657
威廉·布莱克	William Blake, 1757—1827
约翰·布朗	John Brown, 1800—1859
布斯	Charles booth, 1840—1916
卡巴尼斯	Pierre J. G. Cabanis, 1757—1808
卡色瑞勋爵	Robert Stewart, Lord Castlereagh, 1769—1822
卡克斯顿	William Caxton, 1422?—1491
卡莱尔	Thomas Carlyle, 1795—1881
卡特莱特	Edmund Cartwright, 1743—1823
加波特	John Cabot, 1450—1498
加菲尔德	James Garfield, 1831—1881 (美国总统, 1881 年 3 月 —9 月在位)
兰加斯特	James Lancaster, 1550?—1618
兰格力	Samuel P. Langley, 1834—1906
白克特	Thomas à Becket, 1118?—1170
夏洛特·白朗蒂	Charlotte Brontë, 1816—1855
白劳德	Earl Browder, 1891—1973
汉密尔顿	Alexander Hamilton, 1757—1804
汉明威	Ernest Hemingway, 1898—1961

汉普顿	John Hampden，1594—1643
汉德森	Arthur Henderson，1863—1935
卢梭	Jean Jacques Rousseau，1712—1778
查理·卢登堡	Charles E. Ruthenberg，1882—1927
卢森堡	Rosa Luxemburg，1870—1919
圣西门	Comte de Saint—Simon，1760—1825
尼克拉一世	Nicholas Ⅰ，1796—1855（俄皇，1825—1855 在位）
台堪姆塞	Tecumseh，1768—1813
艾尔顿勋爵	John Scott，Lord Eldon，1751—1838
艾登	Anthony Eden，1897—1977（英国首相，1955—1956 在任）
约翰·艾略特	Sir John Eliot，1592—1632
艾略特	T. S. Eliot，1888—1965
艾森豪威尔	Dwight D. Eisenhower，1890—1969（美国总统，1953—1961 在位）
艾德礼	Clement R. Attlee，1883—1967（英国首相，1945—1951 在任）
皮姆	John Pym，1584—1643
左尔格	F. A. Sorge，1828—1906
德莱德·司各特	Dred Scott，1795—1858
边沁	Jeremy Bentham，1748—1832

六画

吉普龄	Rudyard Kipling，1865—1936
吉辛	George Gissing，1857—1903
吉佰斯	J. Willard Gibbs，1839—1903
亚瑟王	King Arthur，5 世纪末 —6 世纪初
劳合・乔治	David Lloyd George，1863—1945（英国首相，1916—1922 在任）
列宁	V. I. Lenin，1870—1924
列斯特	Joseph Lister，1827—1912
亚历山大二世	Alexander Ⅱ，1818—1881（俄皇，1858—1881 在位）
亚尔弗列克	Aelfric，955—1010
伊凡四世	Ivan Ⅳ，1530—1584（俄皇，1533—1584 在位）
伊丽莎白女王	Elizabeth，1533—1603（英女王，1558—1603 在位）
伊拉斯默斯	Desiderius Erasmus，1466—1536
约翰	John，1166—1216（英王，1199—1216 在位）
约翰逊	Samuel Johnson，1709—1784
安特路・约翰逊	Andrew Johnson，1808—1875（美国总统，1865—1869 在位）
伊斯迈尔	Ismail Pasha，1830—1895
伊斯特曼	George Eastman，1854—1932
乔治一世	George Ⅰ，1660—1727（英王，1714—1727 在位）

乔治二世	George Ⅱ, 1683—1760（英王，1727—1760 在位）
乔治三世	George Ⅲ, 1738—1820（英王，1760—1820 在位）
乔治四世	George Ⅳ, 1762—1830（英王，1820—1830 在位）
乔治五世	George Ⅴ, 1865—1936（英王，1910—1936 在位）
乔叟	Geoffrey Chaucer, 1343—1400
休士	Charles E. Hughes, 1862—1948
休谟	David Hume, 1711—1776
西莱	John R. Seeley, 1834—1895
托马斯	J. H. Thomas, 1874—1949
伦斯波洛上校	Col. Thomas Gainsborough, 1610—1648
伦敦	Jack London, 1876—1916
达尔文	Charles Darwin, 1809—1882
达尔贝	Abraham Darby, 1678—1717
达维特	Michael Davitt, 1846—1906
安恩	Anne, 1665—1714（英国女王，1702—1714 在位）
托兰德	John Toland, 1670—1722
乔治·华盛顿	George Washington, 1732—1799（美国总统，1789—1797 在位）
朱尔	James P. Joule, 1818—1889

丢勒	Albrecht Durer，1471—1528
马克·吐温	Mark Twain(S. L. Clemens), 1835—1910
毕尔苏斯基	Josef Pilsudski，1867—1935

七画

邵维	Humphry Davy，1778—1829
约翰·阿丹姆斯	John Adams，1735—1826（美国总统，1796—1801 在位）
约翰·昆西·阿丹姆斯	John Quincey Adams，1767—1848（美国总统，1825—1829 在位）
阿克莱特	Richard Arkwright，1732—1792
阿特乌德	Thomas Attwood，1783—1856
阿尔弗雷德大帝	Alfred the Great，849—899（英王，871—899 在位）
阿瑟	Chester A. Arthur，1830—1886（美国总统，1881—1885 在位）
威廉·汤姆逊	William Thomson，1824—1907
汤姆逊	J. J. Thomson，1856—1940
达·芬奇	Leonardo da Vinci，1452—1519
达·伽马	Vasco da Gama，1460—1524
克隆普顿	Samuel Crompton，1753—1827
克卜勒	Johannes Kepler，1571—1630
克里孟梭	Georges Clemenceau，1841—1929
克里夫兰	Grover Cleveland，1837—1908（美国总统，1885—1889，1893—1897 在位）

克纽特	Cnut (Knut or Canute), 994?—1035（英王, 1016—1035 在位）
克莱武	Robert Clive, 1725—1774
克莱格	William A. Craigie, 1867—1957
克彻纳	Herbert Kitchener, 1850—1916
克伦威尔	Oliver Cromwell, 1599—1658（英护国公, 1653—1658 在任）
希尔奎特	Morris Hillquit, 1869—1933
希特勒	Adolf Hitler, 1889—1945
亨利一世	Henry Ⅰ, 1068—1135（英王, 1100—1135 在位）
亨利二世	Henry Ⅱ, 1133—1189（英王, 1154—1189 在位）
亨利三世	Henry Ⅲ, 1207—1272（英王, 1216—1272 在位）
亨利四世	Henry Ⅳ, 1367—1413（英王, 1399—1413 在位）
亨利五世	Henry Ⅴ, 1387—1422（英王, 1413—1422 在位）
亨利六世	Henry Ⅵ, 1421—1471（英王, 1422—1461, 1470—1471 在位）
亨利七世	Henry Ⅶ, 1457—1509（英王, 1485—1509 在位）
亨利八世	Henry Ⅷ, 1491—1547（英王, 1509—1547 在位）

巴特利克・亨利	Patrick Henry, 1736—1799
麦可尼	M. G. Marconi, 1874—1937
麦克亚当	John L. McAdam, 1756—1836
麦克阿瑟	Douglas MacArthur, 1880—1964
麦克马洪	Sir Henry McMahon, 1862—1949
麦克唐纳	Ramsay MacDonald, 1866—1937（英国首相, 1924, 1929—1935 在任）
麦狄逊	James Madison, 1751—1836（美国总统, 1809—1817 在位）
麦哲伦	Ferdinand Magellan, 1480—1521
李卜克内西	Karl Liebknecht, 1871—1919
李尔本	John Lilburne, 1614—1657
李嘉图	David Ricardo, 1772—1823
约翰・李德	John Reed, 1887—1920
利物浦勋爵	Robert B. Jenkinson, Lord Liverpool, 1770—1828（英国首相, 1812—1827 在任）
狄更斯	Charles Dickens, 1812—1870
狄斯雷利	Benjamin Disraeli, 1804—1881 Earl of Beaconsfield,（英国首相, 1868, 1874—1880 在任）
狄德罗	Denis Diderot, 1713—1784
玛丽	Mary, 1662—1694（英国女王, 1689—1694 在位）

(血腥)玛丽	Bloody Mary，1516—1558
	(英国女王，1553—1558 在位)
鲍纳·劳	Bonar Law，1858—1923
劳德(大主教)	William Laud，1573—1645
杜威	John Dewey，1859—1952
杜鲁门	Harry Truman，1884—1972
	(美国总统，1945—1953 在位)
乔治·坎宁	George Canning，1770—1827
	(英国首相，1827 在任)
约瑟夫·张伯伦	Joseph Chamberlain，1836—1914
奥斯丁·张伯伦	Austen Chamberlain，1863—1937
纳威尔·张伯伦	Neville chamberlain，1869—1940
	(英国首相，1937—1940 在任)
张塞勒	Richard Chancellor，?—1556
佛洛斯特	John Frost，1785—1877
佛朗哥	Francisco Franco，1892—1975
库图佐夫	Mikhail I. Kutuzov，1745—1813
托马斯·库柏	Thomas Cooper，1805—1892
但丁	Alighieri Dante，1265—1321
伽利略	Galileo Galilei，1564—1642
怀德海	A. N. Whitehead，1861—1947
沙德维克	Sir James Chadwick，1891—1974
纳尔逊	Horatio Nelson，1758—1805
纽康姆	Simon Newcomb，1835—1909

八画

阿瑟·杨	Arthur Young, 1741—1820
罗伯斯比尔	M. Robespierre, 1758—1794
色塞尔·罗兹	Cecil Rhodes, 1853—1902
罗素	Bertrand Russell, 1872—1970
罗素勋爵	Lord John Russell, 1792—1878
西奥杜·罗斯福	Theodore Roosevelt, 1858—1919 (美国总统, 1901—1909 在位)
富兰克林·罗斯福	Franklin D. Roosevelt, 1882—1945 (美国总统, 1933—1945 在位)
罗维特	William Lovett, 1800—1877
林乃葛	Thomas Linacre, 1460?—1524
林肯	Abraham Lincoln, 1809—1865 (美国总统, 1861—1865 在位)
林顿	William James Linton, 1812—1897
西门·德·孟特福	Simon de Montfort, 1208?—1265
孟德斯鸠	Montesquieu, 1689—1755
孟铿	H. L. Mencken, 1880—1956
约翰·杰	John Jay, 1745—1829
杰克逊	Andrcw Jackson, 1767—1845 (美国总统, 1829—1837 在位)
杰斐逊	Thomas Jefferson, 1743—1826 (美国总统, 1801—1809 在位)
拉法叶特	De Lafayette, 1757—1834
拉美特利	Julien Offray de La Mettrie, 1709—1951

拉佛莱特	La Follete, Robert M. Sr. 1855—1925
拉塞福德	Ernest Rutherford, 1871—1937
拉萨尔	Ferdinand Lassalle, 1825—1864
凯伊	John Kay, 1704—1780
凯特	Robert Kett, 1492—1549
凯恩斯	J. M. Keynes, 1883—1946
凯撒	Julius Caesar, 100—44 B.C.
彼特拉克	Francesco Petrarch, 1304—1374
迪亚士	Bartholomeu Diaz, 1450—1500
弥尔顿	John Milton, 1608—1674
波义耳	Robert Boyle, 1627—1691
帕麦斯顿勋爵	Henry Temple Lord Palmerston, 1784—1865（英国首相 1855—1858, 1859—1865 在任）
法拉第	Michael Faraday, 1791—1867
罗伯特·欧文	Robert Owen, 1771—1858
居里夫人	Marie Curie, 1867—1934

九画

郝斯	Rudolf Hess, 1894—1987
（征服者）威廉	William the conqueror, William Ⅰ, 1027—1087, 执政 1066—1087
威廉二世（红胡子威廉）	William Ⅱ, William Rufus, 1056—1100（英王, 1087—1100 在位）

威廉三世（奥兰治亲王）	Prince William of Orange, William Ⅲ，1650—1702（英王，1689—1702 在位）
威廉四世	William Ⅳ，1765—1837（英王，1830—1837 在位）
约翰·威尔克斯	John Wilkes，1727—1797
威尔斯	H. G. Wells，1866—1946
威尔逊（总统）	Woodrow Wilson，1856—1924（美国总统，1913—1921 在位）
威廉·威尔逊	William Wilson，1875—1965
威尔逊	C. T. R. Wilson，1869—1959
威利赫	August Willich，1810—1878
威克里夫	John Wycliffe，1320—1384
威德迈耶	Joseph Weydemeyer，1818—1866
查理一世	Charles Ⅰ，1600—1649（英王，1625—1649 在位）
查理二世	Charles Ⅱ，1630—1685（英王，1660—1685 在位）
托马斯·哈代	Thomas Hardy，1752—1832
托马斯·哈代（作家）	Thomas Hardy，1840—1928
哈定	Warren G. Harding，1865—1923（美国总统，1921—1923 在位）
哈尔尼	G. L. Harney，1817—1897
哈罗德	Harold，1022?—1066（英王，1066 在位）
凯尔·哈帝	Keir Hardie，1856—1915

威廉·哈维	William Harvey, 1578—1657
哈理逊	Benjamin Harrison, 1833—1901 (美国总统, 1889—1893 在位)
哈格里夫斯	James Hargreaves, 1720—1778
哈德鄰	Catherine of Aragon, 1485—1536
爱德华·柯克	Edward Coke, 1552—1634
柯尔法克斯	Schuyler Colfax, 1823—1885
柯尔特	Henry Cort, 1740—1800
约翰·柯列	John Colet, 1466—1519
威廉·柯伯特	William Cobbett, 1762—1835
柯克西	Jacob S. Coxey, 1854—1951
科休休什科	Thaddeus Kosciuszko, 1746—1817
约翰·洛克	John Locke, 1632—1704
洛克斐勒	John D. Rockefeller, 1839—1937
洛夫斯通	Jay Lovestone, 1897—1990
约翰·保尔	John Ball, 1338—1381
查理·派克(红海军上将)	Richard Parker, "The Red Admiral"
柏高英将军	General John Burgoyne, 1722—1792
萨缪尔·勃特尔	Samuel Butler, 1835—1902
拜伦	George Gordon Byron, 1788—1824
胡佛	Herbert C. Hoover, 1874—1964 (美国总统, 1929—1933 在位)
冠松	George Nathaniel, Lord Curzon, 1859—1925
费边将军	General Fabius, ca. 280B.C.—203B.C.

十画

陶格拉斯	Frederick Douglass，1818—1895
诺里斯	Frank Norris，1870—1902
莱伊尔	Charles Lyell，1797—1875
莱特兄弟	Orville Wright，1871—1948
	Wilbur Wright，1867—1912
泰比尔	John Napier，1550—1617
坎勃尔·班奈曼	Henry Campbell—Bannerman，1836—1908（英国首相，1905—1908 在任）
爱迪生	Thomas A. Edison，1847—1931
爱尔维修	Claude A. Helvetius，1715—1771
爱格伯特	Egbert，775?—839（英王，802—839 在位）
爱斯奎斯	Herbert H. Asquith，1852—1928（英国首相，1908—1916 在任）
（信士）爱德华	Edward the Confessor，1002?—1066（英王，1042—1066 在位）
爱德华一世	Edward Ⅰ，1239—1307（英王，1272—1307 在位）
爱德华三世	Edward Ⅲ，1312—1377（英王，1327—1377 在位）
爱德华四世	Edward Ⅳ，1442—1483（英王，1461—1470，1471—1483 在位）

爱德华六世	Edward Ⅵ，1537—1553（英王，1547—1553 在位）
格兰特	Ulysses H. Grant，1822—1885（美国总统，1869—1877 在位）
格林将军	General Nathaniel Greene，1742—1786
格林	J. H. Green，1837—1883
格莱斯顿	William Gladstone，1809—1898（英国首相，1868—1874，1880—1885；1886；1892—1894 在任）
格雷勋爵	Lord Gray，1764—1845（英国首相，1830—1834 在任）
约翰·海	John Milton Hay，1838—1905
海伍德	William D. Haywood，1869—1928
海斯	R. B. Hayes，1822—1893（美国总统，1877—1881 在位）
海司丁斯	Warren Hastings，1732—1818
海德门	H. M. Hyndman，1842—1921
朗格兰	William Langland，1332—1400
朗费罗	Henry W. Longfellow，1807—1882
瓦特·泰勒	Wat Tyler，1341—1381
纳特·泰勒	Nat Turner，1800—1831
哥伦布	Christopher Columbus，1451—1506
哥顿堡	Johann Gutenberg，1398—1468
哥尔德斯密斯	Oliver Goldsmith，1730?—1774
高尔斯华绥	John Galsworthy，1867—1933

真纳	Edmond C. Genet，1763—1834
沃尔夫·唐恩	Wolfe Tone，1763—1798
拿破仑	Napoleon Bonaparte，1769—1821（法皇，1805—1815 在位）
席德默斯	Henry Addington，Lord Sidmouth，1757—1844
栾琴	Wilhelm C. Rontgen，1845—1923
浩斯上校	Col. Edward House，1858—1938

十一画

萨克雷	William M. Thackeray，1811—1863
菲利普二世	Philip Ⅱ，1527—1598（西班牙国王，1556—1598 在位）
菲尔丁	Henry Fielding，1707—1754
理查一世	Richard Ⅰ，1157—1199（英王，1189—1199 在位）
理查二世	Richard Ⅱ，1367—1400（英王，1377—1399 在位）
理查三世	Richard Ⅲ，1452—1485（英王，1483—1485 在位）
罗杰·培根	Roger Bacon，1214—1294
弗兰西斯·培根	Francis Bacon，1561—1626
托马斯·莫尔	Sir Thomas More，1478—1535
莫里斯	William Morris，1834—1896
康华里斯	Charles Cornwallis，1738—1805
康诺里	James Connolly，1879—1916

梅耶尔	Herman Meyer，1821—1875
梅隆	Andrew W. Mellon，1855—1937
莎士比亚	William Shakespeare，1564—1616
笛福	Daniel Defoe，1660—1731
雪莱	Percy B. Shelley，1792—1822
梭洛	Henry D. Thoreau，1817—1862
盖斯凯尔夫人	Elizabeth C. Gaskell，1810—1865
约翰·密契尔	John Mitchell，1870—1919
汤姆·曼	Tom Mann，1856—1941
彪特勋爵	John Stuart，Lord Bute，1713—1792（英国首相，1762—1763 在任）
维多利亚女王	Victoria，1819—1901（英国女王，1837—1901 在位）
龚伯斯	Samuel Gompers，1850—1924

十二画

塔夫特	William H. Taft，1857—1930（美国总统，1909—1913 在位）
奥古斯丁	Augustine，?—604
奥布莱恩	James B. O'Brien，1805—1864
奥马恩尼	John O'Mahony，1816—1877
奥康诺	Feargus O'Connor，1794—1855
奥凯西	Sean O'Casey，1880—1964
玛丽·斯图亚特	Mary Stuart，1542—1587（苏格兰女王，1542—1567 在位）
斯大林	J. V. Stalin，1879—1953

斯陀夫人	Harriet B. Stowe, 1811—1896
斯派恩	August Spies, 1855—1887
斯特拉福伯爵	Earl of Strafford, 1593—1641
斯宾塞	Herbert Spencer, 1820—1903
亚当・斯密	Adam Smith, 1723—1790
斯威夫特	Jonathan Swift, 1667—1745
斯蒂芬	Stephen, 1097?—1154（英王，1135—1154 在位）
乔治・斯蒂芬孙	George Stephenson, 1781—1848
斯诺顿	Philip Snowden, 1864—1937
威廉・琼斯	William Jones, 1746—1794
欧内斯特・琼斯	Ernest Jones, 1819—1869
富尔顿	Robert Fulton, 1765—1815
富兰克林	Benjamin Franklin, 1706—1790
约翰・富莱斯	John Fries, 1750—1818
伊利・惠特尼	Eli Whitney, 1765—1825
惠特曼	Walt Whitman, 1819—1892
惠帝尔	J. G. Whittier, 1807—1892
惠灵顿公爵	Arthur Wellesley, Duke of Wellington, 1769—1852
普拉斯基	Casmir Pulaski, 1748?—1779
普莱斯	Richard Price, 1723—1791
普里斯特里	Joseph Priestley, 1733—1804
彭斯	Robert Burns, 1759—1796
傅立叶	Francois M. C. Fourier, 1772—1837
渥尔波尔	Robert Walpole, 1676—1745（英国首相，1722—1742 在任）

温斯顿莱	Gerrard Winstanley，1609—1652
谢斯	Daniel Shays，1747—1825
萧伯纳	G. Bernard Shaw，1856—1950
斐迪南（亲王）	Prince Franz Ferdinand，1863—1914

十三画

查理・詹姆士・福克斯	Charles James Fox，1749—1806
福克斯	Ralph Fox，1900—1937
福留耶林	Ralph Flewelling，1871—1960
亨利・福特	Henry ford，1863—1947
威廉・福斯特	William Z. Foster，1881—1961
威廉・詹姆士	William James，1842—1910
詹姆士一世	James Ⅰ，1566—1625（英王，1603—1625 在位）
詹姆士二世	James Ⅱ，1633—1701（英王，1685—1688 在位）
路易十四世	Louis ⅩⅣ，1638—1715（法王，1643—1715 在位）
路易十六世	Louis ⅩⅥ，1754—1793（法王，1774—1792 在位）
辛克莱・路易斯	Sinclair Lewis，1885—1951
马丁・路德	Martin Luther，1483—1546
威廉・葛德文	William Godwin，1756—1836
威廉・劳合・葛利逊	William Lloyd Garrison，1805—1879

鲍尔温	Stanley Baldwin，1867—1947（英国首相，1924—1928 在任）
道威斯	Charles G Dawes，1865—1951
西拉杰·道拉	Serajah Dowlah
雷蒙德	George L. Raymond，1839—1929

十四画

赫胥黎	Thomas H. Huxley，1825—1895
蒙克将军	General George Monck，1608—1670
蒙默斯公爵	Duke of Monmouth，1649—1685
蒲伯	Alexander Pope，1688—1744
缪尔	Thomas Muir，1765—1798
缪勒	John Stuart Mill，1806—1873

十五画

德里昂	Daniel de Leon，1852—1914
德布斯	Eugene V. Debs，1855—1926
德莱赛	Theodore Dreiser，1871—1945
德瑞克	Sir Francis Drake，1540—1595
墨索里尼	Benito Mussolini，1883—1945
墨金莱	William McKinley，1843—1901（美国总统，1899—1901 在位）
摩根	John Pierpont Morgan，1837—1913
潘恩	Tom Paine，1737—1809

十六画、十七画

杰弗逊・戴维斯	Jefferson Davis，1808—1889
霍布斯	Thomas Hobbes，1588—1679
霍金斯	Sir John Hawkins，1532—1595
薄伽丘	Giovanni Boccaccio，1313—1375
戴贺胥（第一任达尔豪西侯爵）	James A. B. Ramsay，1812—1860，Marquis of Dalhousie

二、地名

三画

马耳他岛	Malta Is.
马来半岛	Malay Pen.
马达加斯加	Madagascar
马里兰	Maryland
马里亚纳（群岛）	Marianna (Is.)
马六甲	Malacca
马纳萨斯	Manassas
马昭尔（群岛）	Marshall (Is.)
马德拉斯	Madras
马赛	Marseille
门的内格罗	Montenegro
凡尔登	Verdun
广岛	Hiroshima

四画

不列塔尼	Brittany
不列塔尼亚	Britannia
巴巴多斯（岛）	Barbados (Is.)
巴尔干半岛	Balkan Pen.
巴伐利亚	Bavaria
巴拿马（运河）	Panama (Canal)
巴勒斯坦	Palestine
巴塞尔	Basel (Basle)
巴斯拉	Basra
乌干达	Uganda
乌克兰	Ukraine
乌斯特	Worcester
贝尔格莱德	Belgrade
丹麦区	Danelaw
日德兰	Jutland
冈姆洛同（即今科尔切斯特）	Camulodunum (Colchester)
厄瓜多尔	Ecuador
毛里修斯	Mauritius
匹兹堡	Pittsburgh
牙买加（岛）	Jamaica
长崎	Nagasaki

五画

弗拉德尔斐亚（费城）	Philadelphia
半塞卡湾	Gulf of Fonseca

北卡罗来纳	North Carolina
北海	North Sea
加尔各答	Calcutta
加来	Calais
加里波里（半岛）	Gallipoli (Pen.)
加勒比海	Caribbean Sea
加利福尼亚	California
加洛林群岛	Caroline Is.
布列达	Breda
布里斯多	Bristol
布拉格	Prague
布伦	Boulogne
圣多明各（即今多米尼加共和国）	Santo Domingo (Dominican Republic)
圣罗棱斯河	Saint Lawrence River
圣芬逻海角	Cape Saint Vincent
圣路西亚	Saint Lucia
圣路易斯	Saint Louis
弗兰德斯	Flanders
弗吉尼亚	Virginia
卡尔那的克	Carnatic
卡萨布兰卡	Casablanca
尼日利亚	Nigeria
尼加拉瓜	Nicaragua
东加里西亚	East Galicia
东盎格利亚	East Anglia

东普鲁士	East Prussia
汉诺威	Hanover
汉萨	Hanse
田纳西	Tennessee
邓巴	Dunbar
外高加索	Transcaucasia
兰开郡	Lancashire
立陶宛	Lithuania
旧金山	San Francisco
白俄罗斯	Byelorussia

六画

那不勒斯	Naples
伊利安	Irian
伊利诺伊	Illinois
伊利运河	Erie Canal
伊洛瓦底江	Irrawaddy River
伊士坦布尔	Istanbul
亚丁湾	Gulf of Aden
亚力山大	Alexandria
亚利桑那	Arizona
亚科特	Arcot
亚蒲基尔湾	Aboukir Bay
多米尼加共和国	Dominican Republic
多格浅滩	Dogger Bank
多维尔海峡	Strait of Dover

华尔街	Wall Street
华沙	Warsaw
达比尔（郡）	Derby (Shire)
达达尼尔（海峡）	Dardanelles
达灵顿	Darlington
约克（郡）	York (Shire)
约克镇	Yorktown
约翰斯顿群岛	Johnston Is.
关岛	Guam (Guahan)
庆伯利	Kimberly
考文特里	Coventry
老沙伦	Old Sarum
乔治亚	Georgia
印第安纳	Indiana
朴次默斯	Portsmouth
设菲尔德	Sheffield
齐美瓦德	Zimmerwald
冰岛	Iceland
西雅图	Seattle
米兰	Milan
刚果	Congo
扫桑波顿	Southampton

七画

阿巴拉契安山脉	Appalachian Mts.
阿比西尼亚（埃塞俄比亚）	Abyssinia (Ethiopia)

阿尔亨格尔斯克	Arkhangelsk (Archangel)
阿尔萨斯	Alsace
阿拉干	Arakan
阿拉斯加	Alaska
阿马里加	Amorica
阿勒互尼山	Allegheny Mts.
阿琴科特	Agincourt
苏台德区	Sudetenland
苏塞克斯	Sussex
克里米亚	Crimea
克利夫兰	Cleveland
克莱德（河）	Clyde (River)
佛日山脉	Vosges Mts.
佛罗里达	Florida
佛罗伦萨	Florence
伯金汉（郡）	Buckingham (Shire)
伯明翰	Birmingham
伯尔发斯特	Belfast
麦西亚	Mercia
麦哲伦海峡	Strait of Magellan
利物浦	Liverpool
利兹	Leeds
纳塔尔	Natal
纳斯比	Naseby
纽芬兰	Newfoundland
纽伯里	Newberry

切斯特	Chester
玛恩河	Marne River
里治蒙	Richmond
谷岛	Corn Is.
亨丁顿（郡）	Huntingdon (Shire)
杜堪堡（即今匹兹堡）	Fort Duquesne (Pittsburgh)

八画

耶路撒冷	Jerusalem
英佛哥顿	Invergordon
英属圭亚那	British Guiana
杨斯顿	Youngstown
波士顿	Boston
波多黎各	Puerto Rico
波多曼克河	Potomac River
波罗的海	Baltic Sea
波兹坦	Potsdam
肯尼亚	Kenya
肯宁顿公地	Kenington Common
肯特	Kent
孟加拉湾	Bay of Bengal
孟买	Bombay
直布罗陀	Gibraltar
图图伊拉（岛）	Tutuila (Is.)
昆塔尔	Kiental
底特律	Detroit

委内瑞拉	Venezuela
庞迪契里	Pondicherry
彼得堡（即今列宁格勒）	St. Petersburg (Leningrad)
林肯（郡）	Lincoln (Shire)
罗德岛	Rhode Is.

九画

郡士坦丁堡（即今伊斯坦布尔）	Constantinople (Istanbul)
威克岛	Wake Is.
威克斯福	Wexford
西塞克斯	Wessex
南卡罗来纳	South Carolina
南非联邦	Union of South Africa
哈瓦那	Havana
哈得逊河	Hudson River
哈得孙湾	Hudson bay
哈普斯渡口	Harper's Ferry
俄亥俄	Ohio
洛林	Lorraine
珍珠港	Pearl Harbour
叙利亚	Syria
玻利维亚	Bolivia
柯罗拉多	Colorado
科威特	Kuwait (Kuweit)
美索不迭米亚	Mesopotamia
剑桥（郡）	Cambridge (Shire)

十画

诺丁恩（郡）	Nottingham (Shire)
诺列季	Norwich
诺法·斯科西亚	Nova Scotia
诺森伯里亚	Northumbria
诺森普顿（郡）	Northampton (Shire)
诺福克	Norfolk
诺曼底	Normandy
莱克星顿	Lexington
莱茵（河）	Rhine (River)
莱斯特（郡）	Leicester (Shire)
格拉斯哥	Glasgow
格林维基	Greenwich
格陵兰	Greenland
特里尼达	Trinidad
特拉发尔加广场（伦敦）	Trafalgar Square (London)
特拉发尔加海角	Cape Trafalgar
哈斯廷斯	Hastings
海地	Haiti
海角殖民地	Cape Colony
海德公园（伦敦）	Hyde Park (London)
埃及	Egypt
埃塞克斯	Essex
爱丁堡	Edinburgh
哥伦比亚	Columbia

夏威夷群岛	Hawaiian Is.
泰因河	Tyne River
索姆河	Somme River
热那亚	Genoa
根特	Ghent
盎格利亚	Anglia
宾夕法尼亚	Pennsylvania
高加索	Caucasus
旁遮普	Punjab
俾路支	Baluchistan (Beluchistan)
得克萨斯	Texas

十一画

萨拉托加	Saratoga
萨拉热窝	Sarajevo
萨摩亚群岛	Samoa Is.
维尔特（郡）	Wilt (Shire)
密西西比（河）	Mississippi (River)
密诺卡	Minocqua
麻萨诸塞（湾）	Massachusetts (Bay)
康涅狄格	Connecticut
康沃尔	Cornwall
康考德	Concord
都灵	Turin
都塞特（郡）	Dorset (Shire)
曼切斯特	Manchester

盖底斯堡	Gettysburg
维尔京群岛	Virgin Is.

十二画

鲁尔	Ruhr
塔普河区域	Taff Vale
奥兰治共和国	Orange Free State
斯大林格勒（伏尔加格勒）	Stalingrad (Volgagrad)
斯特拉福	Stratford
斯图加特	Stuttgart
斯笃克台尔	Stockdale
雅尔达	Yalta
雅尔默斯	Yarmouth
普里默斯	Plymouth
普拉赛	Plassey
普特尼	Putney
普鲁士	Prussia
渥太华	Ottawa
敦刻尔克	Dunkirk
堪萨斯州	Kansas
滑铁卢	Waterloo
喀土穆	Khartoum (Khartum)
骚尔斯伯里（平原）	Salisbury (Plain)

十三画

蒙哥马利城	Montgomery

蒙斯	Mons
塞尔维亚	Serbia
塞瓦斯托波尔	Sevastopol
塞姆特要塞	Fort Sumter
塞福克	Suffolk
新罕布郡	New Hampshire
新港	Newport
新奥尔良	New Orleans
新泽西	New Jersey
路易斯安那	Louisiana

十四画

赫尔	Hull
魁北克	Quebec

十五画

德那塞林（下缅甸）	Tenasserim (Lower Burma)
德文（郡）	Devon (Shire)
德兰士瓦（共和国）	Transvaal (Republic)
德拉维尔	Delaware
德罗伊达	Drogheda
德黑兰	Teheran (Tehran)
慕尼黑	Munich

三、书名、法案名、条约名

二画

人民公约	Agreement of the people (1647)
人民宪章	People's charter (1837)
《人权论》	*Right of Man* (1790—1792) —Tom Paine
人身保护法	Habeas Corpus Act (1679)
《人类理解论》	*Essay on the Human Understanding* (1690)—Locke
《力士参孙》	"Samson Agonistes" (1671)—Milton

三画

《工人日报》	"Daily Worker"
工业争议和工联法案	Trades Disputes and Trade Unions Act (1927)
大西洋宪章	Atlantic Charter (1941)
大抗议书	The Grand Remonstrance (1641)
《大伟人魏尔德传》	"Jonathan Wild the Great" (1743) —Fielding
《马丁·伊登》	"Martin Eden" (1909)—Jack London
凡尔赛和约	Peace Treaty of Versailles (1919)
习惯法	Common Law

四画

王位继承法	Act of Settlement (1701)

王国保护法	Defence of the Realm Act (D. O. R. A., 1914)
《乌托邦》	"Utopia" (1516) —Thomas More
《乌有乡消息》	"News from Nowhere" (1891)—William Morris
《牛津英语大字典》	"Oxford English Dictionary" (O. E. D., 1884—1928)
《为英国人民声辩》	"Defence of the English People" (1650) —Milton
《贝奥武甫》	"Beowulf"
《仇纽斯通讯》	"Letters of Junius" (1767—1771)
《天演论》	"Evolution and Ethics" (1893) —T. H. Huxley
中立法	Neutrality Act
开罗宣言	Cairo Declaration

五画

印花税法	Stamp Act (1765)
《北不列颠人》	*North Briton* (1762—1763)
《北极星》	"Northern Star" (1837—1852)
末日审判书	Domesday Book (1086)
《失乐园》	"Paradise Lost" (1667) —Milton
《弗吉尼亚随笔》	"Notes on the State of Virginia" (1687)—Jefferson
归化法	Naturalization Act (1798)
《民族时代》	"National Era"

圣斯蒂芬和约	Treaty of San Stefano (1878)
《世界公民》	"Citizen of the world" (1762)—Goldsmith
布勒斯特和约	Treaty of Breast—Litovsk (1917)

六画

《阶级战争》	"The War of Classes" (1905)—Jack London
邦联条例	Articles of Confederation
自由大宪章	Magna Carta Libertatum (1215)
《自由法典概要》	"Law of Freedom in a Platform" (1652)—Winstanley
《共产主义运动中的"左派"幼稚病》	"Left-wing Communism, and Infantile Disorder" (1920)—Lenin
《共产党宣言》	"Manifesto of the Communist Party" (1848)—Marx and Engels
权利请愿书	Petition of Right (1628)
权利法案	Bill of Rights (1689)
《农民波尔斯之梦》	"Piers Plowman"—Langland
农民经济调查法案	Agricultural Adjustment Act (1933)
《关于政府的论文》	"Treatises on Government" (1690)—Locks
《关于法国革命的感想》	"Reflections on the French Revolution" (1790)—Burke
《再为英国人民声辩》	"Second Defence of the English people" (1654)—Milton

宅地法	Homestead Act (1862)
《危机》	"Crisis" (1776—1783)—Tom Paine
《名利场》	"Vanity Fair" (1847—1848)—Thackeray
《华伦夫人之职业》	"Mrs. Warren's Profession" (1896)—Bernard Shaw
《有产者》	"The Man of Property" (1906)—Galsworthy
军火租借法案	Lend-lease Act (1941)

七画

《社会主义从空想到科学的发展》	"Socialism, Utopian and Scientific" (1877)—Engels
《社会通诠》	"Principle of Sociology" (1896)—Spencer
《汤姆·琼斯》	"Tom Jones" (1749)—Fielding
《玛丽·巴顿》	"Mary Barton" (1848)—Mrs. Gaskell
劳工法	Statutes of Labourers
克拉伦敦法案	Clarendon Code (1661—1665)
(议会)改革法案	Bill of Reform (1832)
里麦里克条约	Treaty of Limerick (1691)
《利维坦》	"Leviathan" (1651)—Hobbes
《亨利五世》	"Henry Ⅴ" (1598)—Shakespeare
《李尔王》	"King Lear" (1605)—Shakespeare
《每周政治纪事报》	"Weekly Political Register" (1802—1835)—Cobbett

八画

《英吉利人的教会史》	"Ecclesiastical History of the English People"—Bede
《英国人民史》	"A History of the English People" (1878—1880)—J. R. Green
《英国工人阶级状况》	"The Condition of the Working-Class in England" (1845)—Engels
《英国史》	"History of England" (1848,1855) —Macaulay
《英国的向外扩张》	"The Expansion of England" (1883) —J. R. Seeley
《英国的新锁链》	"England's New Chains Discovered" (1649)—Lilburne
《苔丝》	"Tess of the D'Urbervilles" (1891) —Hardy
国家产业复兴法	National Industrial Recovery Act (1933)
《底层的人》	"The People of the Abyss" (1903) —Jack London
波茨坦宣言	Potsdam Proclamation (1945)
罗加诺条约	Locarno Pact (1925)
《学问的推进》	"The Advancement of Learning" (1605) —F. Bacon
建议大纲	Head of proposals
《国民财富的性质与原因的研究》	"An Inquiry into the Nature and

Causes of the　Wealth of Nations" (1776)—Adam Smith

《艰难时世》 "Hard Times" (1854)—Dickens

《物种起源》 "The Origin of species" (1859)—Darwin

"现购自运"条例 "Cash and Carry"

九画

《草叶集》 "Leaves of Grass" (1855)—Whitman

《政治的正义》 "Political Justice" (1793)—William Godwin

《政治经济学和赋税原理》 "Principles of Political Economy and Taxation" (1817)—Ricardo

《美国的英语字典》 "An American Dictionary of the English language (1828)—Noah Webster

《美国英语大字典》 "An Historical dictionary of American English" (1943)—Craigie and Others

《美国语言》 "The American Language" (1919)—Mencken

《美国的悲剧》 "An American Tragedy" (1925)—Dreiser

《哈姆雷特》 "Hamlet"(1601)—Shakespeare

《哈罗德游记》 "Childe Harold's Pilgrimage" (1812—1818)—Byron

《哈克里贝里·费恩历险记》	"Adventures of Huckleberry Finn" (1884) -Mark Twain
济贫法	Poor Law
独立宣言	Declaration of Independence
客籍法	Alien Act (1798)
叛乱法	Sedition Act (1798)
《威尼斯商人》	"Merchant of Venice" (1596)—Shakespeare
《复乐园》	"Paradise Regained" (1671)—Milton

十画

《埃特伯雷故事集》	"Canterbury Tales" (1386—1400)—Chaucer
航海条例	Navigation Act (1651)
唐森德法案	Townshend Acts (1767)
流浪取缔法	Vagrancy Laws
《盎格鲁·撒克逊纪年》	"Anglo-Saxon Chronicle"
《盎格鲁·撒克逊纪年续编》	"Peterborough Chronicle"
《格列佛游记》	"Gulliver's Travels" (1726)—Swift
《爱尔兰人民》	"Irish People"
《铁蹄》	"Iron Heel" (1907) —Jack London
资历考核条例	Means Test (1931)

十一画

《麻布商通讯》	"Drapier's Letters"(1724)—Swift

《堂琼》	"Don Juan" (1819—1824)—Byron
密苏里协议	Missouri Compromise (1820)
《常识》	"Common Sense" (1776)—Tom Paine

十二画

《奥赛罗》	"Othello" (1604)—Shakespeare
《黑奴吁天录》	"Uncle Tom's Cabin" (1852)—Mrs. Stowe
惩治间谍法	Espionage Act
联合国宪法	Charter of the United Nations Organization (1945)
《跟着赤道走》	"Following the Equator" (1897)—Mark Twain
《就业、利息和货币通论》	"A General Theory of Employment, Interest, and money" (1936)—J. M. Keynes
《鲁宾孙漂游记》	"Robinson Crusoe" (1719)—Defoe

十三画

《解放了的普罗米修斯》	"Prometheus Unbound" (1820)—Shelley
《解放者报》	"The Liberator" (1831—1865)—W. L. Garrison
《新工具》	"Novum Organum" (1620)—F. Bacon

《新大西洋岛》	"New Atlantis" (1626)—F. Bacon
《简爱》	"Jane Eyre" (1847)—charlotte Bronte

十四至十九画

魁北克法案	Quebec Act (1774)
《镀金时代》	"The Gilded Age" (1873)—Mark Twain
潘德尔顿文官服务法	Pendleton Act (1883)
《鳟鱼》	"The Octopus" (1901)—Frank Norris

四、其他

二画

二十一条要求	Twenty-one Demands (1915)
二月革命（俄）	February Revolution (1917)
十月革命	October Revolution (1917)
（威尔逊的）十四点	(Woodrow Wilson's) Fourteen Points (1918)
人文（人道）主义	Humanism
人文（人道）主义者	Humanist
人民之友协会（苏格兰）	Society of the Friends of the People
人格主义	Personalism
七年战争	Seven year's War
几内亚公司	Guinea Company

三画

三 K 党（美）	Ku Klux Klan (K. K. K.)
三国同盟	Triple Alliance (1882)
三国协议	Triple Entente (1907)
工人代表委员会（英）	Labour Representation Committee (1900)
工人党（美）	Workers' Party (1921)
工农党（美）	Farmer-Labor Party (1923)
工团主义	syndicalism
共党（英）	Labour Party (1906)
工联（职工联合会）	trade union
门户开放政策（美）	Open Door Policy
门罗主义（美）	Monroe Doctrine
马铃薯灾荒（爱尔兰）	potato famine
土地同盟（爱尔兰）	Land League (1879)
大陆会议（美）	Continental Congress
上议院（贵族院）	House of Lords
下议院（平民院）	House of Commons
小议会	Little Parliament (1653)

四画

不列颠人联合会	United Britons
“不许干涉苏俄”运动（英）	“Hands off Russia”
巴士底狱（法）	Bastille
巴黎公社	Paris Commune (1871)

巴黎和会	Paris Peace Conference (1919)
无政府主义	anarchism
无敌舰队 (西班牙)	Invincible Armada
长老派	Presbyterians
长期会议	Long Parliament (1640—1653)
历史唯物主义	historical materialism
内阁制	cabinet system
分成制（美）	share-cropping
什一税	tithe
丹麦人（斯干底那维亚人）	Danes (Scandinavians)
水力纺纱机	Water Frame
王廷	King's Court (Curia Regis)
（工厂）车间代表运动（苏格兰）	Shop Steward's Movement

五画

平民党（美）	Populist Party (1892)
平等派	Levellers
民主共和党	Democratic-Republican Party
民主社会主义	Democratic Socialism
民主党（美）	Democratic Party
民主联合会（英）	Democratic Association (1838)
东印度公司	East India Company (1600)
东陵公司	Eastland Company (1579)
布尔什维克党	Bolshevik Party
布尔战争	Boer War (1899—1902)
世界工会联合会	World's Federation of Trade Unions

世界产业工人联盟	Industrial Workers of the World (I. W. W., 1905)
卢西塔尼亚号	S. S. Lusitania
兰加斯特王朝	House of Lancaster
汇丰银行	Hong Kong and Shanghai Banking Corporation (HSBC)
闪电战术	blitzkrieg

六画

自由之子协会（美）	Sons of Liberty
自由土地党（美）	Free-Soil Party
自由托利派	Liberal Tories
自由党（英）	Liberal Party
自由贸易	free trade
自治领	dominion
自耕农（美）	yeoman (farmer)
自然神论	deism (natural religion)
共产主义者同盟	Communist League (1847)
共产主义者俱乐部（美）	communist Club (1857)
共产主义工人党（美）	communist Labor Party (1919)
共和政府（英）	commonwealth (1649—1653)
共和党（美）	Republican Party
全国改革协会（美）	National Reform Association
全国劳工协会（美）	National Labour Union
全国宪章协会（英）	National Charter Association (1840)
伦敦工人协会	London Working Men's

	Association(1836)
伦敦革命协会	London Revolution Society
伦敦通讯协会	London Corresponding Society (1792)
百年战争（英法）	Hundred Years' War (1337—1453)
百科全书派（法）	Encyclopedists
约克派，约克王朝	Yorkists, House of York
西姆拉会议	Simla Conference (1913)
托利党	Tory Party
伊比利亚人	Iberians
行动委员会（英）	Council of Action
农民协进会（美）	Grangers
朱特人	Jutes
亚罗号	Arrow
“光荣革命”（英）	“Glorious Revolution”
庄园制	Manor System
众议院（美）	House of Representatives
吉伦特党（法）	Gironde
齐美瓦德左派	Zimmerwald Left
华盛顿会议	Washington Conference (1921)
权利法案协会	Society of the Bill of Rights

七画

社会主义工党（苏格兰）	Socialist Labour Party
社会主义工党（美）	Socialist Labour Party of North America (1876—1877)

社会主义同盟（英）	Socialist League (1885)
社会民义同盟（英）	Social Democratic Federation (1884)
社会民主党（美）	Social Democratic Party (1897)
社会达尔文主义	Social Darwinism
社会沙文主义	Social Chauvinism
阿姆斯特朗公司（英）	Armstrong Company
花旗银行	National City Bank of New York
芬尼会（爱尔兰）	Fenian Society
劳工骑士团（美）	Knights of Labour (1869)
劳拉派（英）	Lollards
劳动党（英）	Workhouse
护国公	Lord Protector
护国政府（英）	Protectorate (1653—1660)
君权神授	Divine Right of kings
克里米亚战争	Crimean War (1853—1856)
进步党（美）	Progressive Party (1924)
改革同盟（英）	Reform League
辛迪加	Syndicate
均衡论	theory of equilibrium
启蒙运动	Enlightenment
谷物法（英）	Corn Laws
里凡特公司（英）	Levant Company (1581)
麦克马洪线	McMahon Line
批判现实主义	critical realism

八画

英日同盟	Anglo-Japanese Alliance
英国共产党	British communist Party
英国社会党	British socialist Party
英国国教（圣公会）	Anglicanism (Church of England)
英法协约	Anglo-French Entente (1904)
英伦银行	Bank of England (1694)
国王之友（英）	King's Friends
国民工党（英）	National Labour Party (1931)
国民共和党（美）	National Republican Party (1824)
国民政府（英）	National Ministry (1929—1940)
国会（美）	Congress
国际联盟	League of Nations
金雀花王朝（或不奈他日奈特王朝）	Plantagenet
金融寡头	financial oligarchy
波士顿茶党	Boston Tea Party
波士顿屠杀案	Boston Massacre (1770)
波茨坦会议	Potsdam Conference
（中世纪） 实在论者	realists
实用主义	pragmatism
实证主义	positivism
法俄同盟	Franco-Russian Alliance (1892)
罗马天主教	Roman Catholicism
废奴运动（美）	Abolition Movement
经院哲学	Scholasticism

规约公司	regulation company
股份公司	joint-stock company
枢密院（英）	Privy Council
宗教改革	Reformation
空想社会主义	Utopian Socialism
沼泽人（英）	marsh men
玫瑰战争（英）	Wars of the Roses (1455—1485)
委任统治制度	mandate system
彼得卢（英）	Peterloo (1819)
放任主义	laissez-faire
"林契法"（美）	"Lynch Law"
杯葛运动（爱尔兰）	Boycott Movement
参议员（美）	Senate
拉德党人（英）	Luddites
凯尔特人	Celts, Kelts

九画

宪章运动暴力派（英）	Physical Force Chartists
宪章运动道德力量派（英）	Moral Force Chartists
"美好的孤立"（英）	"Splendid Isolation"
美西战争	Spanish-American War (1898)
美孚石油公司	Standard Oil Company of New York
美国共产党	Communist Party of the United States (1920)
美国社会主义党	Socialist Party of the United States (1900)

美国劳工联合会（劳联）	American Federation of Labor (1881)
宪政促进会	Society for Promoting Constitutional Information
宪章主义者（英）	Chartist
宪章派土地合作者	Chartist Co-operative land Society
独立工党（英）	Independent Labour Party (1893)
独立派（英）	Independents
南部同盟（美）	Southern Confederacy (1861)
南海公司（英）	South Sea Company
皇家非洲公司（英）	Royal African Company (1588)
皇家学会（英）	Royal Society (1662)
星室法院（英）	Court of the Star Chamber
重商政策	mercantilism
首相制（英）	premiership
“珍妮”纺纱机	Spinning “Jenny”
（渥太华）帝国会议	Imperial Conference at Ottawa (1932)
保守党（英）	Conservative Party
统一自由党（英）	Union Liberals
契约奴（美）	indentured servant
俄土战争	Russo-Turkish War (1877)
费边社（英）	Fabian Society (1884)
鸦片战争	Opium Wars (1839—1842，1856—1865)

十画

诺曼征服（英）	Norman Conquest (1066)
盎格鲁人	Angles
盎格鲁·撒克逊人	Anglo-Saxons
盎格鲁·撒克逊语（古英语）	Anglo-Saxon (Old English)
神圣月（英）	Sacred Month
神圣同盟	Holy Alliance
神命裁判	ordeal
爱尔兰人联合会	United Irishmen
爱尔兰自治同盟	(Irish) Home Rule League (1871)
高级委员会法院（英）	Court of the High Commission
特许公司（英）	chartered company
圆颅党（英）	Roundheads
衰败选区	rotten borough
绥靖政策	Policy of Appeasement

十一画

第一国际	First International (1864—1876)
第二国际	Second International (1876—1914)
第三国际——共产国际	Third International—Communist International (1919—1943)
第五王国人	Fifth Monarchy Men
第五纵队	Fifth Column
骑士党（英）	Cavaliers
领事裁判权	consular jurisdiction
银行统治集团	bankocracy

维克斯公司	Vickers Company
商人冒险家	Merchant Adventurers
掘土派（英）	Diggers
基督的千年王国	millennium of Christ
都铎王朝	House of Tudor
圈地运动（英）	enclosure
陪审团制度	jury system
莫斯科公司（英）	Muscovy Company
船税（英）	Ship Money
教友派	Quakers
清教徒，清教	Puritan, Puritanism
逻辑实证论——语义学	logical positivism—semantics

十二画

奥地利王位继承战争	War of Austrian Succession (1740—1748)
绿背劳工党（美）	Greenback-Labor Party (1878)
绿背纸币运动（美）	Greenback Movement
绿背纸币党（美）	Greenback Party (1875—1876)
斯通亨治（英）	Stonehenge
斯图亚特王朝	House of Stuart
普尔门公司（美）	Pullman Company
普法战争	Franco-Prussian War (1870—1871)
普拉西战役（印）	Battle of Plassey
普莱特清洗（英）	(Colonel) Pride's Purge (1648)
联合内阁（英）	Coalition Cabinet

联合政府（英）	Coalition Ministry
联合国组织	United Nations Organization
联邦党（美）	Federalist Party
联邦宪法（美国宪法）	Federal Constitution
黑死病	Black Death (1348—1350)
辉格党（英）	Whig Party
喀尔文教派	Calvinism
短期议会（英）	Short Parliament (1640)
棒民	clubmen
残阙议会（英）	Rump Parliament
惠特澳斯公司（英）	Whitworth Company
雅各宾派	Jacobins
量子论	quantum theory
棋盘院（英国库）	exchequer

十三画

新工联运动（英）	New Unionism
新托马斯主义	Neo-Thomism
新芬党（爱尔兰）	Sinn Fein Party
新政（美）	New Deal
新经院主义	neo-scholasticism
新模范军（英）	New Model (Army)

十四画

模范议会（英）	Model Parliament (1295)
寡头政治	oligarchy

十五画

撒克逊人	Saxons

范存忠文集

英国文学史纲

A BRIEF HISTORY OF ENGLISH LITERATURE

中西文化散论

ESSAYS ON CHINESE AND WESTERN CULTURE

英美史纲

AN OUTLINE OF BRITISH AND AMERICAN HISTORY

中国文化在英国

CHINESE CULTURE IN ENGLAND

英国文学论集

ESSAYS ON ENGLISH LITERATURE